ESPORTE
UM PALCO PARA A VIDA

CRISTIANA PINCIROLI
com a (intensa) coloboração de
Pedro Pinciroli Júnior

ESPORTE
UM PALCO PARA A VIDA

PRIMAVERA
EDITORIAL

AGRADECIMENTO

Escrever este livro com meu pai era um anseio de muitos anos. Desde o início eu sabia que este conteúdo estava destinado a ser uma colaboração. Foi mais trabalhoso do que esperava e mais gratificante do que imaginava.

Nada disso teria sido possível sem a competente cooperação de um grupo que se uniu e contribuiu com suas histórias e conhecimentos para este projeto.

Agradeço ao Dr. Tal Ben-Sahar, meu professor e minha inspiração nos estudos de Psicologia Positiva e da Ciência da Felicidade, que tanto tem contribuído para eu lapidar o meu propósito de carreira atual. Frank Steel e Maria Eugênia Sosa Taborda, pessoas que constantemente me ensinam por suas atitudes, conhecimento e habilidades e que foram generosas com seu tempo e dividiram suas análises, transmitindo sua compreensão no contexto de suas próprias experiências.

Agradecimentos especiais aos campeões olímpicos, mundiais e de destaque no mundo esportivo, que compartilharam suas experiências pessoais e inspiradoras. Vocês são um exemplo de atuação tanto nas arenas esportivas como na vida. No final deste livro, dedicamos uma apresentação a cada um de vocês para nossos leitores se aprofundarem em suas narrativas.

Agradeço aos técnicos, mentores e educadores que tanto ensinam a desenvolver o melhor de cada atleta, considerando as habilidades e pontos fortes de cada um, seja no aspecto físico como na força da mente, Sandy Nitta, Adam Krikorian, Ratko Rudic.

À Priscila Covre e ao Daniel Waismann, que provaram ser pesquisadores engenhosos, grandes parceiros que transformavam nossas reuniões semanais em momentos prazerosos e de emoção e nos apoiaram a identificar a melhor forma na escrita das várias versões dos capítulos.

Aos meus amigos, valiosos companheiros, que dedicaram seu tempo para fornecer novas perspectivas, informação e contatos: Alexandra Araujo, Camila Pedrosa, Cristiana Conti, Giuseppe LaDelfa, Gisele Durazzo, Gustavo Sette da Rocha, Marcelo Orticelli, Mariza de Andrade, Montserrat Napolitano, Myriam Ortolan, Patricia Alessandri e Wilma Gonçalves.

Às superparceiras na criação de vídeos e comunicação por meio das histórias, Roberta Landmann e Helena Brant Carvalho, que não medem esforços em ascenderem faíscas de inspiração e ideias, unindo o projeto deste livro com a WeTeam.

Quero estender meus agradecimentos à Primavera Editorial, Lu Magalhães e Larissa Caldin, minhas editoras, pela organização deste projeto audaz em tempo recorde, não medindo esforços e trazendo valiosas sugestões para a qualidade do projeto e entrega durante os Jogos Olímpicos de Tóquio-2020. Elas foram minha janela para os leitores, com os quais têm vasta experiência de comunicação.

Ao Giles, que foi além da tradução para o inglês, trazendo sugestões e ideias devidamente adaptadas da língua nativa para o inglês e sempre mantendo os sentidos e interpretações do texto original.

Ao criativo designer de capa, Francisco Martins, do estúdio Nine Editorial, e ao grafista Jan Porks da ARCA+, que trouxe o toque de brasilidade para nosso material promocional.

Quero agradecer ao estímulo que recebi de minha família. Meu marido, Luis Pascual, que me apoiou neste empreendimento com entusiasmo, criatividade, amor e sonhos altos. Às minhas filhas – Alissa, Giorgia e Olivia – que vibram comigo em cada etapa cumprida, que me alimentam a alma e que são minhas maiores fontes de aprendizado e evolução. Aos meus irmãos, Guilherme e Filipe, que nos motivaram a esse projeto.

E em conjunto com meu pai, à nossa musa inspiradora, mãe e esposa, Olga Pinciroli, sempre presente, fundamentando nossas ideias, revivendo nossas experiências e inspirando cada palavra. Você sempre está ao nosso lado. Neste projeto, ela foi nossa atenta conselheira e suas sugestões nos ajudaram a moldá-lo.

Pai, você é meu grande companheiro em trazer a minha melhor versão para a vida. Desde as minhas primeiras braçadas no mar às minhas conquistas no esporte nacional e internacional e às vivências corporativas, você sempre participou intensamente, levando-me a exceder os limites imagináveis.

A todos: hoje eu me sinto abençoada, grata e feliz por ter finalizado este livro, que indica um novo começo no desabrochar dos desafios da ciência humana e na construção de um sistema que apoie o desenvolvimento de cada pessoa que almeja viver sua melhor versão.

Obrigada a você, leitor, por ter sido minha inspiração, meu propósito neste relato profundo de memórias, pesquisas e conteúdo. Esperamos que você se sinta motivado a fazer escolhas que o guie a uma vida de muitos momentos de felicidade.

PREFÁCIO

Os autores deste livro, Cristiana Pinciroli e seu pai, Pedro Pinciroli Júnior, são conhecidos por suas realizações dentro da comunidade do Polo Aquático Internacional.

Pedro integrou a Seleção Brasileira por 14 anos e disputou duas Olimpíadas. Cristiana seguiu a inspiração de seu pai, sendo reconhecida como uma das melhores jogadoras de polo aquático do mundo antes da modalidade feminina se tornar um esporte olímpico.

Cristiana e Pedro jogaram por amor ao esporte e pela honra de seu país. O que é menos conhecido é como eles usaram suas experiências de alta performance para alcançar o sucesso em suas vidas pós-atléticas.

Segundo os Pinciroli, aqueles que praticam o esporte como um meio, e não um fim em si mesmo, possuem uma chance maravilhosa de construir uma base de sustentação para uma jornada de vida de sucesso e felicidade. O esporte fornece ferramentas para o desenvolvimento físico em uma época que é fortemente necessário; dá a oportunidade para receber treinamento e adquirir conhecimento de homens e mulheres altamente qualificados; permite aprender a importância de perseverar, persistir e da força de vontade; é um meio de adquirir autoconfiança e coragem por via dos treinos e competições; é uma forma para aprender a colaborar e cooperar com colegas de equipe para alcançar objetivos maiores do que teriam se atuando sozinhos; por fim, é um meio de se aprender a importância da gestão do tempo e de muitas outras habilidades.

Ao ler a história deles, me lembrei de um artigo escrito pelo presidente dos Estados Unidos, John F. Kennedy, para a revista *Sports Illustrated*, em 1960:

"A relação entre a força do corpo e as atividades da mente é sutil e complexa. Muito ainda não foi compreendido. Mas sabemos o que os gregos sabiam: que inteligência e habilidade só podem funcionar no auge de sua capacidade, quando o corpo é saudável e forte, pois a boa forma física não é apenas uma das chaves mais importantes para um corpo saudável, é a base da atividade intelectual dinâmica e criativa".

Nenhum tolo jamais foi campeão, mas se as habilidades aprendidas por meio do esporte não forem usadas como base para alcançar a excelência e a felicidade na vida, a experiência como atleta foi desperdiçada. Infelizmente, muitos campeões do esporte sofreram durante a transição de atletas ativos para atletas aposentados.

Como a NFL (futebol americano) e a NBA (basquete), o Swimming Hall of Fame internacional (esportes aquáticos) está repleto de lições, mas a história mais antiga e talvez mais trágica pertence à luta-livre. Milo de Croton foi um lutador grego cuja carreira se estendeu de 536 a 520 a.C. Ele foi seis vezes campeão olímpico e conquistou títulos em todos os outros grandes jogos gregos. Sua força era lendária. Dizia-se que quando era adolescente, queria ficar mais forte, então seus pais compraram para ele um bezerro para que ele carregasse em seus ombros. À medida que o touro ficava maior e mais pesado, Milo se acostumava com o peso e se tornava mais forte com o tempo. Conta-se que Milo carregou o touro nos ombros para o matadouro e supostamente comeu toda a sua carne em um dia.

Também foi dito que quando os atletas desfilavam em ato solene no estádio olímpico, Milo intimidava seus oponentes carregando um touro pela pista nos ombros, abatia-o e comia a sua carne. Mas quando Milo foi derrotado por um oponente mais jovem, ele caiu em depressão.

Um dia, enquanto caminhava por um bosque, se deparou com uma árvore seca na qual havia cunhas cravadas para partir seu tronco. Ele colocou as mãos na fenda e tentou terminar o trabalho, mas seus braços não possuíam mais a força de seu "eu" mais jovem. Enquanto ele tentava quebrar o tronco, as cunhas escorregaram e o tronco da árvore voltou a se juntar, prendendo suas mãos. Naquela noite, ele foi devorado por lobos, que vagavam pela área em grande número.

"Que grito pode ser mais desprezível do que o de Milo de Croton?", escreveu Cícero. "Quando ficou velho, viu alguns atletas treinando na pista, olhou para os próprios braços, chorou e disse: 'E estes, de fato, já morreram.' De forma alguma, seu tolo. É você quem está morto, pois sua nobreza não veio de você, mas sim de seu tronco e braços".

Enquanto Milo era admirado como lutador, ele também foi condenado por ser contrário à Ética a Nicômaco de Aristóteles, que busca um meio-termo entre dois extremos, e ao ideal grego de Kalos kagathos, de ter uma mente nobre e um corpo saudável.

Ao ler este livro, visualizei Cristiana e seu pai Pedro como Circe, a deusa que guiou Ulisses, de Homero, e seu navio pelo perigoso estreito de Messina, com os perigos de Cila à esquerda e Caríbdis à direita. No lado bombordo do navio, em nosso exemplo, está o perigo de focar muito nos estudos e ser fisicamente fraco. O perigo a estibordo é se concentrar demais no treinamento físico e ignorar o acadêmico.

Em Esporte – um palco para a vida, os Pinciroli fornecem bons conselhos para treinadores, pais, executivos e atletas para desviar seu navio de um lado para o outro, sem serem consumidos por nenhum dos extremos, como meio de garantir sucesso, felicidade e gratificação na vida.

9 Bruce Wigo, J.D.
Member- INTERNATIONAL SOCIETY
OF OLYMPIC HISTORIANS
Executive Director USA Water polo 1991 – 2003
International Swimming Hall of Fame president 2005 – 2017

SUMÁRIO

Introdução **19**
    A dinastia do esporte 21
    O que se aprende no esporte, vale para a vida 26
    Excelência e felicidade 31
    Método *WeTeam* 34
    Sustentação 36
    Força interior 37
    Coragem e colaboração 37
    Significado e escolhas 38

DIMENSÃO 1: SUSTENTAÇÃO

Capítulo 1: Nas arquibancadas do jogo e da vida, uma rede de apoio e de segurança **43**
    Anos iniciais: experimentação e diversão 46
    Mentalidade de crescimento 48
    Especialização: preferências e escolhas 50
    "Como prefere que eu torça por você?" 51
    Os diferentes tipos de inteligência 53
    A fase do investimento: tempo para dedicação 55
    Apoio para a vida toda 57
    Um lindo inimigo 58
    Técnico e mentor 61
    Para além do suporte familiar e dos técnicos 63
    Apoio das escolas e universidades 65
    Empresas engajadas 67

Capítulo 2: Prática consistente: você é o que você treina **71**
    Tempo de prática e dedicação 73
    Aprendizado profundo 74
    O poder do hábito 77
    Foco no momento presente 80
    Rodízio de talentos 81
    Uso corporativo 84
    A prática levada ao extremo 86

Onde estão os limites? 90
O simulador mais poderoso que existe no mundo 92
Praticando a visualização 94

Capítulo 3: Estilo de vida saudável: só a prática não leva à perfeição, é preciso cuidar dos detalhes **99**
O que funciona para cada um 101
O estudo das "Zonas Azuis" 103
Longevidade no esporte 104
Segredos de uma boa alimentação 107
Obedecer à natureza para poder comandá-la 111
Férias e descanso 113
Desacelere 115
Uma boa noite de sono 116
O sono dos atletas 118
O sono nas Olimpíadas 120
Respirar e meditar para uma vida saudável 121
Conexão e relacionamentos 124
O poder do toque 126

Conclusões da dimensão I: Sustentação **130**

DIMENSÃO 2: FORÇA INTERIOR

Capítulo 4: Lidando com adversidades: é preciso abraçar a zona de desconforto para superar os próprios limites e desenvolver os músculos emocionais para a vida **135**
Para além da resiliência – a antifragilidade 139
O estresse é prejudicial à saúde? 141
O sistema muscular 144
Recuperação de lesões 146
O preparo mental começa na infância 149
Permissão para sermos humanos 152
Respiração profunda 155

Autocontrole em momentos decisivos...156
Ressignificar...157
O poder da escrita..161
Estresse e conexão social...163
A chegada da pandemia...165

Capítulo 5: Ampliando os pontos fortes e construindo a autoconfiança 171

Atue e experimente até que você realize o seu potencial máximo 173
A autoconfiança vem da ação.. 175
Analisar o que deu certo.. 177
Focar nos pontos fortes 179
Performance e paixão 183
Meditação em ação.. 184
Autoestima... 186
Permissão para ser feliz... 189
Superar limites e adversidades nos torna mais confiantes........ 191
Competitividade 193

Capítulo 6: Rituais de energização para sustentar a alta performance 199

É preciso cuidar do nosso reservatório de energia.................... 202
Os quatro tipos de energia e as quatro zonas de performance 205
É possível expandir a nossa energia... 210
Recuperação intermitente... 211
Recuperação para os quatro tipos de energia........................... 215
Rituais de energização 218
A energização também é necessária para o time...................... 221
Âncora mental 223
Efeito *Priming*... 226

Conclusões da dimensão II: Força interior 230

DIMENSÃO 3: CORAGEM E COLABORAÇÃO

Capítulo 7: Coragem para agir: seus erros não o limitam, mas o medo de agir sim **235**
    Curiosidade e abertura para experimentar 240
    A mente de principiante e as cinco dimensões
    da curiosidade 242
    Observar para se adaptar 247
    Agilidade na adaptação 249
    Quando a mudança vale a pena! 251
    Coragem e vulnerabilidade 255
    Aprenda a falhar ou falhe em aprender 259
    Erros e falhas podem ser motivadores 263
    De geração a geração 266

Capítulo 8: Trabalho em equipe: juntos todos realizam mais **272**
    Construir times é investir nos relacionamentos 276
    As amizades no esporte 278
    Times são como famílias 282
    A importância dos relacionamentos 284
    Interdependência 286
    Conflitos e adversidades 290
    Resiliência coletiva 292
    Um propósito compartilhado 294
    Um time é um quebra-cabeças 298
    O melhor de cada jogador 300
    Valores do trabalho em equipe 302

Capítulo 9: O poder da boa comunicação: empatia, conexão e interesse genuíno pelo outro **309**
    A comunicação é a base da confiança, da conexão e da
    construção dos relacionamentos 312
    A arte da indagação humilde 315

Conhecer a si mesmo e ao outro para uma comunicação eficaz e intencional 320
Comunicação colaborativa 324
Lidando com as próprias emoções 327
Papéis de liderança.. 329
Técnicos, pais e atletas..332
Elogios e expectativas 336
Impacto da positividade na comunicação 340

Conclusão da Dimensão III: Coragem e colaboração **345**

DIMENSÃO 4: SIGNIFICADO E ESCOLHAS

Capítulo 10: Autoconhecimento: um mergulho em si mesmo 349
A vida é uma jornada de aprendizagem e autoconhecimento .. 353
Conhecimento em espiral 355
O poder dos questionamentos.. 359
Pensamentos irracionais 363
Ouvindo as emoções...366
Zooming In e *Zooming Out* 367
O que as adversidades nos ensinam sobre nós mesmos........... 370
Ser autêntico 373

Capítulo 11: Uma vida com propósito e alinhada aos próprios valores **376**
Inspirando propósitos...380
No ambiente corporativo..384
O poder do propósito 386
Superando obstáculos 390
Espiritualidade e o esporte 391
Liberdade para aproveitar o aqui e o agora.................................. 393
O esporte e a experiência de qualidade 395
O poder social do esporte..399
Transição de Carreira 402
A difícil hora de parar...407

Capítulo 12: Felicidade: a moeda definitiva **412**
    Jornada de felicidade 414
    O paradoxo da busca da felicidade 417
    O exemplo de Helen Keller 421
    Ciência da felicidade 423
    Onde focamos o nosso olhar 425
    Felicidade no mundo corporativo 428
    A genialidade do "E" 430
    Esperança e expectativa 434

Conclusão da Dimensão 4: Significado e escolhas **441**

Conclusão **443**
    Infográfico final 443
    As quatro dimensões 446
    Agora é com você! 451

Memórias **454**

Sobre nós **469**
    Cristiana Pinciroli 469
    Pedro Pinciroli Júnior 471

Entrevistados **475**

Atletas destacados **495**

Referências **507**

INTRODUÇÃO

"O esporte tem o poder de mudar o mundo. Ele tem o poder de inspirar, de unir as pessoas de uma forma que poucas outras coisas conseguem. Ele fala aos jovens em uma linguagem que eles entendem. O esporte pode criar esperança onde antes só havia desespero."
– Nelson Mandela

Ele pediu autorização ao salva-vidas. Entramos na água devagarinho, sentindo a temperatura, a velocidade e o ritmo das ondas. Ali ficamos por um tempo, como se pedíssemos autorização ao mar para seguirmos com a nossa aventura. Então, partimos em direção ao horizonte. Nadamos, nadamos e, em algum momento, ele disse: "Veja, Cris, estamos mais longe que os surfistas". Senti um frio na barriga, mais gelado que a própria temperatura da água àquela hora da manhã. Com os olhos arregalados, eu me agarrei às costas do meu pai. Senti seu calor, sua energia. Ele estava calmo, confiante e vibrava de orgulho pela nossa peripécia. Eu estava tomada por medo e ao mesmo tempo com uma sensação de poder. Eu tinha 6 anos. Essa é minha primeira lembrança de ultrapassar meus limites.

Experiências como essa foram se tornando cada vez mais comuns. Dávamos a volta na ilha, e, na ponta da praia, pulávamos das pedras ao mar. No início, éramos meu pai e eu e, conforme foram crescendo, meus dois irmãos mais novos se juntaram a nós. Essas aventuras matutinas, recheadas de adrenalina, terminavam com um café da manhã em família, inundado por uma sensação de bem-estar, orgulho e satisfação pelo nosso feito.

Em cada vivência como essa, eu me percebia dando um passo além, superando medos, aprimorando habilidades e aprendendo mais sobre mim mesma. Os laços entre nós se estreitavam. Eu confiava cada vez mais em meu pai e ele confiava cada vez mais em mim e em meus irmãos. Apesar da ousadia dos nossos desafios, nunca sofremos um acidente sequer, e não foi apenas por sorte. Meu pai nos ensinava a observar o mar, a estabelecer uma comunicação com a natureza e, acima de tudo, a respeitar sua grandiosidade. "A força da natureza é muito maior que o homem", ele insistia. E, assim, aprendíamos que o foco daquelas experiências não era só a autossuperação, mas também a adaptabilidade, que é a habilidade de se ajustar e responder rápida e apropriadamente ao ambiente.

"Estou preparando vocês para a guerra", era uma brincadeira que meu pai fazia e que, mais tarde, virou uma piada entre nós. A verdade é que ele estava seguindo seu instinto natural de preparar os filhos para lidar com as incertezas do futuro e as adversidades da vida. A forma como ele encontrou para fazer isso possui um elemento em comum a todas as nossas façanhas familiares: a presença de atividades físicas e desportivas. Meu pai sempre acreditou no poder do esporte como um laboratório de aprendizagem para a vida e era por meio dele que nos passava seus principais ensinamentos.

O esporte fazia parte do nosso dia a dia e das nossas conversas. Era nossa diversão e uma forma importante de conexão entre nós. Quando formei minha família, busquei criar um ambiente similar junto ao meu marido, Luis, e minhas três filhas, Alissa, Giorgia e Olívia. Sinto imenso orgulho e felicidade ao vê-las compartilhando conosco a mesma paixão e um senso de propósito com o esporte.

Dos avós para a filha, da filha para as netas, formamos uma dinastia do esporte. Muitas pessoas me perguntam qual é a fórmula para essa continuidade. O ponto principal é criar um ambiente propício, sem pressão, onde as coisas ocorrem naturalmente. Os filhos aprendem muito mais pelo exemplo do que pelo discurso dos pais.

Exemplos podem ser inspiradores e trazem aprendizados profundos também para os adultos. Assim, ao compartilhar aspectos da minha história de vida, convido você, leitor, a refletir sobre sua própria jornada.

A DINASTIA DO ESPORTE

Meu pai, Pedro Pinciroli Júnior, foi um grande atleta de polo aquático. Capitaneou a Seleção Brasileira por 9 anos e competiu em duas Olimpíadas – a de Tóquio, em 1964, e a da Cidade do México, em 1968 –, na qual foi um dos dez maiores goleadores. Dentre outros feitos, na Universíade[*], de 1963, além da medalha de bronze, foi escolhido para o All-Star Team e, em 1967, foi apontado entre os "dez mais" do esporte mundial, conforme publicado no anuário de atualização da Agev (A Grande Enciclopédia da Vida).

---

[*] A Universíade, cujo nome é uma combinação das palavras universidade e olimpíada, é um evento multiesportivo internacional, organizado para atletas universitários pela International University Sports Federation (FISU).

Ele interrompeu a carreira esportiva enquanto estava em seu auge, poucos anos após o meu nascimento. Não assisti a muitos de seus jogos, mas me lembro de um em especial. Foi um amistoso contra os húngaros – que eram (e são) uma potência no polo aquático. Logo antes da partida, os jogadores da Hungria jogaram bolinhas em direção à arquibancada para animar a torcida. "Quero uma, pai!", eu gritava. Como era muito pequena, eu não fazia ideia do que representava para um atleta, prestes a iniciar a peleja, pedir ao jogador adversário uma bolinha para dar para sua filha. Ele fez isso. Quando jogou para mim na arquibancada, comemorei efusivamente. Em seguida, paradoxalmente, torci pelo meu pai, agarrada à minha bolinha húngara.

Minha mãe, Olga Pinciroli, era tenista e participou de campeonatos brasileiros em sua juventude. Sempre foi grande motivadora de meu pai e, mais tarde, minha e dos meus irmãos. Foi diretora do polo aquático feminino no Brasil, batalhou muito para desenvolver a modalidade no país e lutou pela equidade de gênero no esporte no âmbito internacional.

Desde muito nova, eu dançava *ballet* e nadava. Meu pai sempre estimulou a prática de atividades físicas, não importava qual. "Um agrega ao outro, o que conta é a experiência e o contato com o esporte", ele dizia. Participei de alguns campeonatos de natação. Eu não me destacava muito, mas amava aquele ambiente de competição. Aos 15 anos, encontrei uma modalidade para chamar de minha: foi no polo aquático que ouvi o meu chamado!

O polo aquático envolve velocidade, resistência, força, agilidade – um alto nível de habilidade e vigor físico. De acordo com o Bleacher Report[1], é considerado o esporte mais duro, seguido pelo futebol australiano (*aussie rule*), o boxe e o rugby. Por muito tempo, essa modalidade foi exclusivamente masculina. Tanto que, mesmo tendo sido o primeiro esporte coletivo integrado às Olimpíadas em 1900, as mulheres só foram autorizadas a competir nos Jogos Olímpicos de Sidney, 100 anos depois. Fico honrada em contar que minha mãe foi uma das grandes influenciadoras para essa conquista. Por conta desse feito, ela recebeu o Paragon Award – do Swimming Hall of Fame nos Estados Unidos, em 2014. Esse é um prêmio concedido a pessoas que fizeram contribuições excepcionais para o desenvolvimento dos esportes aquáticos em nível mundial.

No Brasil, o polo aquático só começou a ser praticado por mulheres em 1986. Os dois centros principais foram São Paulo, no clube Paulistano, e Rio de Janeiro, no Flamengo. Assim que soube, procurei me juntar ao time da capital paulista. Senti o poder do DNA e tudo fluía muito naturalmente para mim. Não significa que eu não precisasse treinar, pelo contrário, eu me dedicava rigorosa e apaixonadamente à prática e ao aprendizado profundo desse esporte. No polo aquático comecei a colher frutos com vitórias, reconhecimentos e aprendizados constantes. E quanto mais eu conquistava, mais almejava.

Fui capitã da Seleção Brasileira por 13 anos, joguei por quatro anos profissionalmente na Itália – dois anos em VisNova, Roma e dois anos no Orizzonte Catania, na Sicília, quando vencemos a Copa dos Campeões na Europa, uma vitória inédita, já que nenhum time italiano tinha conquistado esse campeonato anteriormente. Por ter dupla nacionalidade, cheguei a jogar por um ano e meio pela Seleção Italiana de Polo Aquático, que, mais tarde, viria a vencer as Olimpíadas de Atenas-2004. Pelo Brasil, participei de sulamericanos, panamericanos, copas do mundo e três mundiais e, no último deles, em Perth, Austrália, fui eleita uma das sete melhores jogadoras do mundo – a única atleta das Américas a figurar nesse seleto grupo –, além de ser a vice-artilheira do campeonato mundial.

No entanto, um dos feitos mais significativos para mim foi em um local onde meu pai também brilhou. Em 1967, a Seleção Brasileira de Polo Aquático Masculino conquistou a medalha de prata nos jogos Pan-Americanos de Winnipeg, no Canadá. Meu pai era o capitão do time, foi também o goleador na competição e acabou sendo escolhido para o All-Star Team. Trinta e dois anos depois, ele estava novamente na mesma cidade, não como jogador, mas como torcedor fervoroso de sua filha.

O polo aquático feminino tinha acabado de ser incluído nas Olimpíadas de Sidney em 2000, e o Pan-Americano de Winnipeg, de 1999, seria qualificatório para os Jogos Olímpicos. Só havia uma vaga. Vencemos a seleção dos Estados Unidos, favorita ao ouro, na primeira fase e, na semifinal, novamente contra as norte-americanas, numa partida extenuante que se manteve empatada no tempo normal e na prorrogação, perdemos no *golden goal***. Sentimos o gostinho de estar no mesmo nível dos Estados Unidos, que no ano seguinte conquistaria a medalha de prata nas Olimpíadas de Sidney.

A Seleção Brasileira acabara de completar 10 anos e estava saindo de sua infância. Nesse período, tínhamos amadurecido muito. Formávamos um time dos sonhos, todas integradas, no auge de nossas formas físicas e de preparo mental. Tínhamos dois excelentes técnicos, Sandy Nitta e Rodney Bell, e minha mãe fazendo um ótimo trabalho na diretoria do polo aquático

---

** O polo aquático é disputado em quatro períodos de 7 minutos com 2 minutos de intervalo. Em caso de prorrogação, há um período de repouso de 5 minutos e, a seguir, são jogados dois períodos de 3 minutos cada. Se o empate persistir, há um terceiro período de jogo que termina assim que o primeiro gol for assinalado, o chamado *golden goal*.

feminino. Orgulhosamente, levamos para casa a medalha de bronze, com uma vitória inesquecível sobre Cuba.

A tradição tem um papel importante na construção de um time vencedor. A experiência acumulada é transmitida de geração em geração. Os possíveis erros, dificuldades e momentos de pressão psicológica passam a ser antecipados. Os jogadores mais novos, incorporados à equipe, já iniciam a carreira mais amadurecidos, partindo de um patamar acima. Esse fenômeno foi notório com o passar dos anos na Seleção. Na minha família, percebia-se algo similar. Eu tinha um diferencial por conta do meu pai. Ele treinava comigo, passava sua experiência e dava dicas do que tinha vivenciado.

Tenho feito o mesmo com as minhas filhas. Comecei por criar uma atmosfera na qual as atividades esportivas estivessem sempre presentes, como acontecia na minha infância. O Luis, meu marido, assim como eu, tem uma conexão profunda com o mar. Ele praticava windsurf quando o conheci, hoje pratica kitesurf e sempre gostou de mergulho livre, sem equipamento. As meninas o acompanham em algumas aventuras. A versão delas do "mais longe que os surfistas" é o "mais perto dos peixinhos" (muitas vezes nada pequenos). Juntos, já descobriram cavernas no fundo do mar e voltaram para casa com polvos, mariscos, lulas, peixes saborosos e até ouriços.

Deixei-as livre para escolher o esporte que quisessem praticar. Inicialmente, e até por essa proximidade com o mar, todas se interessaram pela natação por uma questão de segurança e sobrevivência. Alissa, a mais velha, começou a jogar futebol e logo se destacou, chegou a ganhar um prêmio de reconhecimento por sua atuação, enquanto estava no Ensino Fundamental. Giorgia, a do meio, foi para o *ballet* e também se saiu muito bem. Eventualmente, as duas foram se aproximando do polo aquático. Giorgia se destaca por sua perseverança e tem evoluído muito. Alissa já competiu no mundial pela Seleção Brasileira Sub-17 e acabou de ser aceita na Universidade Stanford como estudante-atleta por essa modalidade esportiva. Olívia é mais novinha, ainda não participa de competições. Ela adora nadar, dançar, já ganhou da irmã uma bola de polo e começou seus primeiros treinos na piscina.

O histórico da família pode ter influenciado na aproximação delas ao polo aquático? Com certeza! Mas não foi algo forçado por nós. Para mim, não era a modalidade que importava, pois realmente acredito no poder do esporte como um campo de aprendizado para todos os âmbitos da vida.

O QUE SE APRENDE NO ESPORTE, VALE PARA A VIDA

Baseado nas mais recentes e importantes evidências científicas, um grupo de pesquisadores fez uma reflexão sobre como o sistema educacional poderia ser aprimorado. A escola do futuro, segundo eles, deverá levar em conta os aspectos fisiológicos da aprendizagem, possibilitando a otimização do sono, da nutrição e dos exercícios físicos de seus alunos de modo a oferecer um preparo consistente para lidar com a vida no futuro[2].

A prática regular de exercício físico não é benéfica somente para o corpo, mas influencia também o desenvolvimento das habilidades cognitivas em crianças e adolescentes. Isso não é novidade. O que mais me marcou no estudo foram as características que as atividades físicas deveriam ter para que fossem eficazes para um melhor desenvolvimento do córtex pré-frontal, região cerebral relacionada aos processos cognitivos envolvidos no controle do comportamento, que apresentam forte correlação com o sucesso acadêmico e profissional.

De acordo com os pesquisadores, as atividades físicas devem ser prazerosas; promover a melhora da capacidade cardiorrespiratória; desenvolver a coordenação motora e a atenção viso-espacial; fornecer desafios físicos e cognitivos, com aumento gradual, adequado e constante da dificuldade; oferecer oportunidades de interação social e trabalho em grupo; e transmitir valores morais e respeito às regras. Ou seja, o que promove o desenvolvimento do córtex pré-frontal é a atividade física apresentada no contexto da prática desportiva.

Os benefícios do esporte vão além da saúde e do desenvolvimento dos aspectos motores e cognitivos. Desenvolvem foco, determinação e responsabilidade, ao mesmo tempo em que se trabalham criatividade, ousadia e independência. Há um equilíbrio entre o desenvolvimento do espírito de equipe, fortalecendo as capacidades de comunicação e colaboração, e a competitividade saudável, que mantém o indivíduo em busca de fazer o seu melhor.

Assim como na vida, no esporte há a oportunidade de vivenciar o bem-estar e a satisfação da conquista, mas também as dores das falhas, fracassos e adversidades. A vantagem é que os ciclos são mais curtos e mais frequentes e ocorrem em um ambiente seguro e controlado. São inúmeras oportunidades para tonificar o músculo da resiliência.

As habilidades e atitudes e os conhecimentos aprendidos com a prática desportiva podem ser extrapolados para todas as outras áreas da vida, como a acadêmica, a profissional e a harmonia familiar. Para mim, isso é muito nítido. Vejo uma influência da minha vivência no esporte em praticamente tudo o que fiz e faço.

Era uma orientação de meus pais que eu fosse uma boa aluna e era um desejo meu mostrar para mim mesma que era possível me dedicar tanto à parte física quanto à intelectual. Paralelamente à carreira esportiva, eu me mantive estudando. Cursei Economia na PUC, fiz uma especialização na área na Itália e o Mestrado Profissional em Administração (MPA) na FGV-EAESP com extensão de estudos na University of North Carolina, Kenan-Flagler.

Como atleta, eu era movida por uma paixão e um senso de propósito muito forte, que me energizavam e davam forças para ultrapassar meus limites em busca da excelência. Eu temia que não fosse encontrar algo que eu gostasse tanto quando entrasse no mercado de trabalho. Mas logo entendi que é possível encontrar outros propósitos e paixões e, mais ainda, que é um trabalho interno dar significado àquilo que fazemos.

Fiz carreira no Unibanco, que posteriormente se uniu ao Itaú, formando o maior banco privado do Brasil. Iniciei na área financeira e depois passei para as áreas de recursos humanos, qualidade, ouvidoria e vendas. Eu me encantei pela empresa, pois seus valores se alinhavam aos meus. Via sentido no meu trabalho e uma oportunidade para aprender e me desenvolver em cada área pela qual passei.

Agilidade, adaptabilidade e visão estratégica eram as principais habilidades que eu trazia do esporte para o meu dia a dia. O espírito de equipe guiava meu relacionamento com meu time, meus superiores e os demais colaboradores do banco. Os anos como capitã da Seleção me ensinaram muito sobre comunicação e liderança. O esporte me preparou para começar minha vida corporativa em outro nível.

Pouco tempo depois, eu me mudei para os Estados Unidos e assumi o cargo de Chief Executive in Human Resources no

Itaú. Era responsável pela área de Recursos Humanos nas unidades do país, nas Bahamas e de um *private bank* no Chile. Nessa experiência corporativa, apliquei muito da ousadia e da coragem para agir que tanto treinei no polo aquático. Implementei e estimulei a excelência do atendimento aos clientes, por meio da implantação do fórum de diálogos com os clientes, e estruturei programas para aprimorar a qualidade dos serviços, com o nome de "Todos pelos Clientes". Além disso, introduzi o trabalho remoto nas unidades dos Estados Unidos (muito antes da pandemia do Covid-19 tornar essa prática necessária) e era uma grande motivadora da equidade de gênero e da diversidade cultural, desenvolvendo uma cultura de inclusão, respeito e integração.

Da mesma maneira, meu pai sempre utilizou metáforas do esporte para me explicar como lidou com as situações no trabalho. Ele teve uma carreira bem-sucedida chegando a ser diretor-superintendente do Grupo Folha, uma das principais empresas de comunicação do Brasil.

Como atleta, ele se destacava pela liderança, pela criatividade, pela ousadia e pela estratégia. Com frequência, era o goleador da partida. O olhar atento às oportunidades, o perfil inovador, a seriedade, a autoconfiança e o espírito de equipe eram suas marcas no trabalho. Fez vários gols também na carreira corporativa. Um deles foi a idealização e implementação do UOL, hoje a maior empresa brasileira de conteúdo, serviços e produtos da Internet.

Quando teve a ideia de criar um portal on-line de notícias, ele recorreu aos proprietários de dois grandes bancos de dados – o Grupo Folha e a Editora Abril. Em 1996, partiu para o Vale do Silício, em busca de parceria tecnológica para implementar o negócio. Nas reuniões com as empresas de tecnologia, geralmente vinham em torno de dez pessoas para ouvir a proposta. Do outro lado, estavam meu pai, como publisher, um jornalista e um engenheiro de *software*. Era uma equipe pequena, porém muito competente, como ele sempre ressaltou.

Quando penso nessas reuniões, imagino um torneio amistoso entre Brasil e Hungria no polo aquático. De um lado, uma seleção experiente, reconhecida como uma potência internacional; de outro, um time cheio de talentos, integrado e engajado, mas com menos tradição. Para a equipe menor, é necessário preparo mental, autoconfiança, conhecer suas próprias forças e os potenciais limitadores, assim como os do time adversário, para enfrentar a disputa com dignidade. A ideia no Vale do Silício não era competir, mas buscar uma parceria. Entretanto, nos dois contextos, é necessário conquistar o respeito do outro lado. A estratégia foi mostrar aos futuros parceiros o que eles tinham de mais valioso: o mais completo banco de dados do Hemisfério Sul. Pouco tempo depois, foi lançado o maior portal de notícias da América Latina.

Em 1999, como superintendente da Folha, meu pai apresentou a ideia de um novo veículo especializado em economia, negócios e finanças a João Roberto Marinho[***]. Assim nasceu a parceria entre os Grupos Folha e Globo, que deu origem ao jornal Valor Econômico. Ele sabia que precisava de um time forte para criar um produto complexo, com ótima qualidade e que faltava no mercado, e isso só seria possível com a união das duas empresas mais representativas do jornalismo brasileiro. A primeira edição circulou em maio de 2000. Após

---

[***] João Roberto Marinho atua como presidente do Conselho de Administração e do Conselho Editorial do Grupo Globo.

15 anos, a participação da Folha foi vendida ao Globo, mas o jornal segue como o mais importante do segmento no país.

EXCELÊNCIA E FELICIDADE

Ao mesmo tempo em que a experiência no esporte me ensinou a perseverar, independentemente da dificuldade da situação, também aprendi que é preciso reconhecer o momento de recuar e tirar o time de campo. Nas aventuras em alto-mar com meu pai, exercitávamos esses dois extremos – a coragem para ultrapassar nossos próprios limites e o reconhecimento de nossos limites perante as forças da natureza.

Garra e adaptabilidade são igualmente importantes para uma jornada de excelência e felicidade. Muitas vezes as circunstâncias mudam e com elas se alteram nossas necessidades, desejos e propósitos. O autoconhecimento é a chave para identificar quando é o momento de perseguir novas metas e objetivos em função de obter um maior senso de autorrealização na vida.

Muitas pessoas associam a felicidade à ausência de sofrimento ou à aquisição de bens materiais, entretanto, de acordo com a filosofia e a ciência, seu conceito é bem mais amplo e complexo. Para o pensador grego Aristóteles, a felicidade é a finalidade da existência humana, e nada tem a ver com uma vida de prazeres, honrarias e riquezas, mas com a prática das virtudes[3]. Para Tal Ben-Shahar, fundador da Happiness Studies Academy e professor de dois dos cursos com maior número de inscrições na história da Universidade de Harvard, ela está ligada a um senso de plenitude ou inteireza. Ben-Shahar utiliza um neologismo em inglês para defini-la: *"wholebeing"*, fruto da união da palavra *"whole"*, que se refere ao todo, e *"wellbeing"*, que significa bem-estar, e propõe que para cultivá-la é preciso se empenhar em desenvolver nosso potencial em cinco dimensões: espiritual, física, intelectual, relacional e emocional[4].

Ou seja, uma pessoa plena tem um senso de propósito na vida, cuida do corpo e da mente, está aberta às experiências – buscando aprender sempre com elas –, constrói relacionamentos construtivos consigo mesma e com os outros e aceita todas as suas emoções, positivas ou negativas, de maneira compassiva. O propósito não necessita ser algo grandioso e heroico, mas está relacionado a identificar significado nas pequenas coisas do nosso dia a dia.

De acordo com Viktor Frankl, neuropsiquiatra austríaco e criador da Logoterapia, a busca por sentido na vida é uma motivação primária para o ser humano[5]. Ele demonstrou que é possível encontrá-lo mesmo sob as circunstâncias mais miseráveis ou cruéis. Ao compartilhar sua dolorosa experiência como sobrevivente de um campo de concentração, corroborou a célebre frase do filósofo alemão Friedrich Nietzsche: "Aquele que tem um porquê para viver, pode enfrentar quase todos os 'comos'". Quando se tem algo no que acreditar, encontra-se forças e soluções para suportar os meios.

Esse ensinamento é válido também para contextos menos trágicos. Ter um sentido na vida nos permite ressignificar a dor e lidar de maneira diferente com obstáculos e adversidades. Na constante busca por excelência em minha jornada, compreendi que a alta performance só se sustenta se estiver associada a um propósito. E esse não é um conceito estático, mas dinâmico. Como diz Frankl, não há um sentido da vida de um modo geral, o que importa é o sentido específico da vida de uma pessoa em dado momento.

Trabalhei por mais de 25 anos no ambiente corporativo e quando saí, me dei conta de que estava diante de uma grande oportunidade de pensar em um novo propósito e recalcular a rota. Decidi que era o momento de ajudar o outro por meio dos aprendizados adquiridos ao longo da minha trajetória como atleta, executiva e mãe.

Baseada nessa experiência, desenvolvi uma teoria a respeito dos meios para se alcançar uma vida bem-sucedida e plena, a qual denominei Método WeTeam. Essa foi a forma que encontrei para estruturar, de forma didática, todos os conhecimentos que adquiri. Nos últimos anos, obtive uma Certificação na Ciência da Felicidade, pela Happiness Studies Academy, e mergulhei em estudos sobre Filosofia, Psicologia Positiva e Neurociência a fim de embasar teórica e cientificamente os elementos propostos em minha teoria.

Fundei a *WeTeam – Chasing Excellence and Happiness*, uma empresa de mentoria e treinamento, cujo principal objetivo é levar pessoas e times a desenvolverem todo o seu potencial de crescimento e se tornarem suas melhores versões no momento presente em que vivem. Por que o nome WeTeam? Nós não evoluímos sozinhos, mas a partir da comunidade da qual fazemos parte, da escolha de quem nos acompanhará em nossa jornada e da busca pela diversidade de pensamentos e ideias. Acredito no trabalho em equipe, da infância à vida adulta. Encontramos pessoas em diferentes momentos e etapas da nossa história, que nos deixam marcas profundas e nos fazem evoluir.

Tenho atuado com atletas que buscam aprimorar e sustentar a alta performance; executivos e educadores que buscam excelência e felicidade no trabalho e na vida; e familiares que buscam influenciar e apoiar a vida de seus filhos com a prática do esporte para uma jornada de sucesso e felicidade. A cada trabalho concluído, a cada cliente que eu vejo prosperar, sinto-me mais conectada com meu propósito de contribuir para um mundo melhor, com pessoas mais felizes e realizadas.

Há anos me preparo para esse projeto de vida tão significativo de escrever um livro com meu pai. O principal objetivo é trazer inspiração e conhecimento a cada leitor, para a realização de seu pleno potencial e apoiar as pessoas próximas a buscar uma vida de felicidade e sucesso. Compartilho exemplos práticos e aplicáveis, com embasamento teórico e científico, e trechos da minha atuação no esporte, no mundo corporativo, como mãe e empreendedora, somados à trajetória de meu pai, ilustrando os principais conceitos.

Além disso, apresento o exemplo de outros atletas de ponta, medalhistas do esporte, além de autoridades nas áreas da educação, da neurociência, da psicologia, da saúde e do setor empresarial. Todos esses profissionais, que cuidadosamente selecionei, aceitaram contribuir com suas experiências e conhecimentos para enriquecer ainda mais este conteúdo. Ao conhecermos as histórias de pessoas bem-sucedidas em diversos âmbitos da vida, miramos não no desempenho médio, mas no potencial máximo que podemos alcançar e nos inspiramos para tomar as melhores decisões no nosso dia a dia.

MÉTODO WETEAM

Para alcançar excelência e felicidade no esporte e na vida, precisamos: (1) de uma boa base de **sustentação** que nos dê liberdade de escolha; (2) conectarmo-nos com a nossa **força interior** para lidarmos com os desafios e obstáculos do caminho; (3) cultivar a **coragem** para agir **e** desenvolver o espírito de **colaboração**; e (4) buscar um senso de **significado** que inspire, direcione e ampare nossas **escolhas**. Esses aspectos formam as quatro dimensões do método WeTeam.

Costumo usar a imagem e as metáforas do polo aquático para explicar o método, mas ressalto que sua validade e aplicação transcendem a prática desse esporte. Considero-o uma ferramenta útil para qualquer modalidade ou área da vida, servindo como um guia para auxiliar indivíduos e times a atingirem seu potencial pleno.

A imagem de uma jogadora de polo aquático pronta para dar um passe ou um chute a gol (ver imagem abaixo) é símbolo de um trabalho que vai além do físico, mas que considera em igual relevância os aspectos espirituais, intelectuais, relacionais e emocionais.

- SIGNIFICADO E ESCOLHAS
- CORAGEM E COLABORAÇÃO
- FORÇA INTERIOR
- SUSTENTAÇÃO

Para sustentar a posição que levará à ação, todas as partes do corpo dessa atleta se coordenam em harmonia. Da mesma maneira, as quatro dimensões do método WeTeam devem ser pensadas como um todo, com partes interligadas a serem coordenadas harmonicamente entre si, as quais apresento detalhadamente abaixo.

SUSTENTAÇÃO

O polo aquático é jogado numa piscina com, no mínimo, dois metros de profundidade. Portanto, a sustentação do corpo depende de uma intensa movimentação das pernas. Quanto melhor o trabalho de pernas do jogador, melhor a sustentação e, consequentemente, maior a liberdade de escolha para suas ações dentro do jogo. Quem está do lado de fora da piscina, mal consegue ver as pernas do jogador, mas isso não as torna menos importantes para sustentá-lo. No método WeTeam, a sustentação reúne os aspectos que garantem a formação de uma base que suporta as ações, provê equilíbrio e força para agirmos de maneira flexível e assertiva. Os elementos que compõem essa esfera são aqueles que nem sempre estão "visíveis", mas que, assim como o trabalho de pernas no polo aquático, devem ser praticados e/ou cultivados de maneira consistente. São eles: conexões e relacionamentos que formam a nossa rede de apoio; prática e aprendizagem profunda; e um estilo de vida saudável.

FORÇA INTERIOR

A região central do nosso corpo é chamada de *core*. O fortalecimento dos músculos profundos desse local garante a estabilização da coluna e fornece uma segunda camada de sustentação da ação. Um *core* bem trabalhado fornece ao jogador um repositório de energia, o qual ele acessa quando contrai esses músculos e se concentra para executar uma jogada importante. Acionar o *core* é mais do que se conectar com o momento presente, é recrutar a energia necessária para o verdadeiro engajamento no jogo da vida. No método WeTeam, associei a ideia do *core* a uma força interior, a qual devemos aprender a acessar para garantir o engajamento necessário em cada ação e a nutrir para termos nosso repositório sempre cheio. Os elementos que compõem essa esfera são aqueles que nos preparam para lidar com os desafios, utilizando nossas fortalezas para superar obstáculos e situações inesperadas. São eles: aprendizado com as adversidades; a autoconfiança e a competitividade saudável; e os rituais de energização.

CORAGEM E COLABORAÇÃO

Uma partida consistente, com boas jogadas e sustentação do nível de desempenho requer presença, visão de jogo, criatividade e, sobretudo, trabalho em equipe. Você precisa conhecer, confiar e se comunicar com seu time para fazer uma jogada extraordinária, dar um passe preciso ou receber a bola exata para um chute a gol. E, assim, no método WeTeam, resumi esses comportamentos na esfera coragem para agir e espírito de colaboração. Os elementos que compõem essa esfera são atitudes e habilidades que nos permitam agir, criar, trabalhar em equipe e colaborar. São eles: coragem e abertura para experimentar e lidar com possíveis falhas; trabalho em equipe; e habilidades de comunicação.

SIGNIFICADO E ESCOLHAS

Um passe ou um chute, lançar a bola naquele exato momento ou segundos depois... Por trás de cada ação no jogo, há uma intenção e um processo de tomada de decisão. Com a bola em sua mão, a atleta escolhe para onde direcionar sua ação. No método WeTeam, defendo a importância de um senso de significado para inspirar, direcionar e amparar nossas escolhas. Os elementos que compõem essa esfera são aqueles que nos motivam, nos movem e nos possibilitam agir de maneira intencional. São eles: autoconhecimento; propósitos e valores e a felicidade como nosso resultado final.

SIGNIFICADO E ESCOLHAS	Autoconhecimento	Propósito e valores	Felicidade
CORAGEM E COLABORAÇÃO	Coragem para agir	Trabalho em equipe	Comunicação
FORÇA INTERIOR	Lidando com adversidades	Autoconfiança	Rituais de energização
SUSTENTAÇÃO	Rede de apoio	Prática consistente	Estilo de vida saudável

Dividi o livro em quatro partes, que correspondem às dimensões do método WeTeam, e em cada capítulo aprofundo os elementos-chave para uma vida mais plena e bem-sucedida. O livro é um convite à reflexão sobre a sua própria jornada e à maneira como você pode alcançar seu potencial de crescimento e influenciar as pessoas ao seu redor de maneira positiva.

Assim como em uma preparação para uma competição importante, cada etapa prepara o leitor para a plena assimilação da próxima, até que todas as partes se integram num profundo entendimento. A ideia é mostrar caminhos para você pensar, sentir e agir como um campeão – ao alcançar seus próprios sonhos e objetivos –, levando uma vida plena, alinhada aos seus propósitos, saboreando e aprendendo com cada momento do aqui e agora.

A intenção é que você, leitor, reflita sobre a importância das escolhas em sua vida e visualize como a implementação das sugestões descritas no livro podem ajudá-lo a alcançar seus objetivos e sonhos.

DIMENSÃO 1
SUSTENTAÇÃO

CAPÍTULO 1

NAS ARQUIBANCADAS DO JOGO E DA VIDA, UMA **REDE DE APOIO** E DE SEGURANÇA

"Chame de clã, de rede, de tribo ou de família. Qualquer que seja o nome que se dê, quem quer que você seja, você precisa de um."
– Jane Howard

"Aqueles que têm um forte senso de amor e de pertencimento têm a coragem de ser imperfeitos."
– Brené Brown

O ar era leve e frio naquela hora da manhã. Adorávamos ser os primeiros a desejar "bom dia" a todos que encontrávamos no percurso do clube, do porteiro ao salva-vidas. Caminhávamos juntos até a piscina e olhávamos para toda a sua extensão. Gostávamos de garantir que éramos os primeiros a dar as braçadas do dia na água. "Fale baixo, pois não queremos acordar os seus adversários", ele brincava. Além de treinar polo aquático no período da tarde, após a escola, eu praticava com meu pai ao menos uma vez por semana, ao nascer do sol, na piscina do clube. Ainda consigo fechar os olhos e visualizar o ritmo acelerado ao sair da piscina, tomar banho, saborear o café da manhã e ir para a escola com meus irmãos. Encontrávamos alguns conhecidos ao sair da água, que sorriam ao vislumbrar pai e filha treinando intensamente na frente do gol para aprimorar as jogadas. Foi nesse ambiente que aprendi sobre a escola húngara de polo aquático no manejo de bola, sobre a força dos chutes dos iugoslavos, sobre a criatividade do time italiano denominado "il Settebello"* e, sem me dar conta, estava dando os meus primeiros passos rumo ao sonho de jogar entre os melhores do mundo.

Meu pai sempre me desafiou a dar o meu melhor em tudo. Ele não fazia isso por meio de cobranças, e sim, por exemplo, seu e de campeões de diferentes modalidades, e mostrando que estava lá para me apoiar a galgar o meu caminho esportivo que estava se iniciando.

Em um mundo em que o sedentarismo está cada vez mais comum, com crianças e adolescentes gastando em média sete horas e meia por dia na frente de TVs, computadores, videogames e telefones celulares[1], o que leva uma adolescente a acordar, por vontade própria, antes do sol nascer, para aprimorar suas competências desportivas? A resposta está em como o esporte foi introduzido em sua vida nos anos anteriores.

Um estudo realizado pelo *Performance Lab for the Advancement of Youth in Sport (PLAYS)* da Queen's University, no Canadá, identificou que a maneira como atletas de elite se relacionam com a prática esportiva ao longo de suas vidas passa por três

---

* A Seleção Italiana de Polo Aquático masculina é conhecida como Settebello.

estágios: experimentação, especialização e investimento[2][**]. Nos anos iniciais, eles se aventuram em diversas modalidades para experimentar diferentes contextos: esportes individuais e de grupo, com ou sem bola, na escola e em clubes, durante a semana e em finais de semana com a família. O enfoque é no estímulo à diversão e na experimentação.

Com o tempo, os jovens atletas diminuem gradativamente o envolvimento nas múltiplas atividades e se concentram no esporte que lhe dá maior satisfação, alegria de jogar, sentido de pertencimento e aprendizado. Ocorre a especialização. Por meio da prática e da repetição, começam a desenvolver habilidades específicas e a desempenhar melhor e, com isso, cria-se um ciclo virtuoso, pois eles sentem mais satisfação em evoluir, jogar melhor e, consequentemente, querem treinar mais. Nessa fase há o investimento para o crescimento e aprimoramento, na qual aumentam a prática intensamente e se empenham em atingir a excelência. No dia em que o atleta sente que chegou ao ápice de seu desempenho, que não há mais o que evoluir, deve parar e mudar de atividade.

Reconheço na minha história essas mesmas fases na relação com o esporte até me tornar uma atleta profissional de polo aquático. Ainda criança, fui descobrindo meus próprios interesses e naturalmente selecionando aquelas atividades que mais me atraíam, como a natação e "pegar onda" no mar. Conforme fui aprofundando meus conhecimentos e habilidades, mergulhei de cabeça no polo aquático e entrei em um ciclo virtuoso, onde me sentia motivada a investir cada vez mais em aprendizado e aprimoramento.

[**] Na pesquisa eles nomearam o primeiro estágio de "amostragem", referindo-se ao contato com as diferentes modalidades esportivas, para as quais as crianças estariam obtendo uma amostra. Optei por utilizar o termo experimentação, por considerá-lo mais generalizável para outros contextos.

Como podemos auxiliar jovens e adolescentes a entrarem nesse ciclo virtuoso da excelência? A chave está em conhecer os desafios específicos de cada uma dessas fases de desenvolvimento e em identificar, para cada pessoa, qual a melhor forma de apoiá-la.

ANOS INICIAIS: EXPERIMENTAÇÃO E DIVERSÃO

Crianças são pequenos exploradores, cientistas curiosos, que querem experimentar o mundo ao seu redor. Seu repertório de gostos e habilidades ainda está se formando e, portanto, quanto maior contato elas tiverem com diferentes vivências, de uma maneira lúdica, recreativa e leve, melhor.

A família tem um papel importante para criar uma atmosfera de encorajamento e experimentações. No meu caso, atividades associadas ao esporte faziam parte do nosso lazer durante os finais de semana e férias, dos nossos momentos de conexão em família. Os pais não precisam ser atletas para proporcionarem essas vivências. O importante é demonstrar interesse e engajamento nas atividades esportivas do filho. Isso que gera o apoio necessário para que eles continuem nesse caminho. Essa lógica é similar para o desenvolvimento de outras habilidades, como música e arte.

Minha avó paterna era pianista e meu avô, joalheiro. Nenhum dos dois era atleta, mas ambos valorizavam a prática de esporte por seus inúmeros benefícios, como uma vida saudável física e emocionalmente. Meu avô foi um dos fundadores do Clube de Regatas Tietê em São Paulo, e foi com ele que meu pai deu suas primeiras braçadas na piscina. É algo que ele se lembra até hoje, assim como eu me lembro das nossas primeiras experiências no fundo do mar. São vivências que ficam em nossas memórias afetivas e tendemos a repetir em nossas famílias, pois passam a fazer parte de nossos valores.

Na minha infância, íamos para o litoral com frequência e a praia e o mar foram testemunhas de várias aventuras em família. Além disso, éramos sócios de clubes em São Paulo, que propiciavam o acesso às diferentes modalidades esportivas, além de espaços de convivência e relacionamento.

Todo esse ambiente não precisa ser criado especificamente por pais ou avós. Muitas vezes, outros familiares que tenham proximidade e convivam com o jovem atleta fazem parte dessa equação. Marcelinho Huertas é armador da Seleção Brasileira de Basquete desde 2005 e capitão nos últimos dez anos. Jogou em alto nível na Espanha, no DKV Joventud e no Barcelona, o que o levou a ser contratado pelo Los Angeles Lakers, na NBA. Marcelinho atua hoje pelo Iberostar Tenerife, onde continua se destacando. Ele me contou que seu irmão, quatro anos mais velho, foi quem despertou seu interesse pela prática de esporte. "Desde pequeno via meu irmão jogando basquete e queria ser como ele. Tínhamos uma bola em casa e eu passava um tempão na quadra jogando para o alto."

O foco nessa fase de experimentação está na variedade das experiências e, mais do que tudo, na diversão. O esporte é inserido como parte do dia a dia na vida das crianças, em atividades ao ar livre, na natureza, no espaço público, no clube ou na escola, envolvendo familiares e amigos. Não é o momento para fazer cobranças por escolhas ou por engajamento intensivo. Com o devido apoio, a busca por uma maior intensidade e prática ocorrerá naturalmente nos próximos anos.

Pesquisadores da George Washington University, tocados pelas estatísticas alarmantes de que cerca de 70% das crianças nos Estados Unidos interrompem a prática desportiva por volta dos 13 anos de idade, fizeram um estudo para investigar o que leva os jovens atletas a praticar um esporte. O principal motivo identificado foi: o prazer ao praticar a atividade. Os pesquisadores continuaram o estudo para verificar o que torna a prática prazerosa, divertida e encontraram nada menos que 81 fatores[3], sendo os principais: dar o melhor de si; ser tratado com respeito pelo técnico; tempo de participação no jogo (*playing time*) e relacionamento com os companheiros de equipe. Pode ser intuitivo para muitas pessoas pensar que a vitória seja o principal fator a ser celebrado, porém ganhar o jogo ficou na posição 48ª na opinião das crianças.

Os pesquisadores também investigaram o que significa para as crianças serem tratadas com respeito pelo treinador: que ele seja encorajador, atue como um exemplo de comportamento, comunique-se de maneira clara e consistente, tenha conhecimento sobre o esporte e seja alguém que saiba ouvi-las. Vale observar que essas características servem não somente para um treinador, como também para educadores e gestores em uma organização.

MENTALIDADE DE CRESCIMENTO

A renomada psicóloga da Stanford University, Carol Dweck, demonstrou, em uma série de estudos, que valorizar o processo, a jornada e o esforço em vez da vitória, do resultado final e do talento natural leva ao desenvolvimento de uma relação positiva com a aprendizagem[4]. Crianças que são elogiadas e reconhecidas por envolvimento, dedicação, engajamento ou perseverança desenvolvem uma mentalidade de crescimento***. Elas acreditam que podem melhorar suas habilidades a partir do esforço e, portanto, têm maior autoconfiança, mais disposição para aprender e aceitar desafios. Isso permite constante evolução e aprimoramento.

Por outro lado, elogiar as crianças por sua inteligência ou por um talento natural, como por exemplo, dizer "você é um excelente jogador" em vez de "deu para ver como você se dedicou bastante nessa partida", pode fazer com que acreditem que suas habilidades são um traço fixo e imutável, que "se você tem talento, não precisa de esforço". Elas desenvolvem o que Dweck chamou de mentalidade fixa****, que pode levá-las a rejeitarem situações de aprendizagem mais desafiadoras, pois tenderão a esconder seus erros ao invés de corrigi-los e aprender com eles.

A competitividade flui naturalmente no ambiente esportivo, mas ela não deve ser o fator predominante nessa fase de experimentação. No sistema educacional nos Estados Unidos, só é permitido que as crianças participem de competições escolares oficiais a partir do *Middle School* (6º ao 9º ano no Brasil), e as disputas só se tornam mais relevantes a partir do Ensino Médio. Antes disso, as escolas e clubes de esporte estimulam a prática do esporte associada ao divertimento. O sistema de avaliação do desempenho acadêmico segue a mesma lógica. Nos anos iniciais, as crianças são avaliadas em função da proficiência adquirida em cada habilidade e só passam a ser avaliadas por notas a partir do *Middle School*.

Frank Steel, diretor geral da renomada Gulliver Schools, uma das melhores escolas privadas da Flórida[5], argumenta que as crianças se desenvolvem em ritmos diferentes, física,

---

*** Do inglês: *growth mindset*.
**** Do inglês: *fixed mindset*.

emocional e intelectualmente. Por exemplo, um garoto que aos 7 anos é o mais rápido da sua turma, ganhará qualquer corrida, simplesmente por ter desenvolvido essa habilidade motora antes de seus pares. Premiá-lo por isso poderá levar ao desenvolvimento de uma mentalidade fixa em vez de estimulá-lo a aprimorar-se ainda mais.

As práticas baseadas em evidências científicas para os programas de esporte na juventude[6] sugerem que, nessa fase, a seleção dos jogadores para as partidas e para cada posição não seja baseada no talento. Assim, todas as crianças terão chances de participar, experimentar, se divertir e aprender com o processo.

ESPECIALIZAÇÃO: PREFERÊNCIAS E ESCOLHAS

A introdução do esporte de maneira leve e divertida nos anos iniciais não significa que todas as crianças desejarão se tornar atletas competitivos, mas pode ser crucial para que optem por manter a prática saudável do esporte ao longo da vida. A atividade física é necessária para todas as pessoas, pelos muitos benefícios que traz para a saúde, o que não quer dizer que todos devam e queiram praticar um esporte de alta performance. "Permita que seus filhos encontrem o motivo pelo qual querem estar no esporte. Quanto mais eles entenderem o que há no esporte que os atrai, mais vão se interessar pela prática", destaca Frank.

O diálogo aberto com o jovem atleta é a melhor forma de apoiar essa e outras decisões que venham a tomar. Essa é uma premissa básica para identificar como melhor apoiá-lo em seu trajeto de vida. Pergunte a eles quais são seus objetivos no esporte ou em qualquer outra atividade que eles desejem se envolver. Isso vai ajudá-los a refletir sobre suas escolhas. Além de ampliar a conexão e aprofundar o relacionamento, essa atitude fará com que os filhos se sintam ouvidos e respeitados.

No estágio da especialização, no qual o jovem atleta começa a identificar suas preferências e tende a restringir suas opções para se dedicar às modalidades com as quais mais se identifica, são essenciais o apoio emocional, a orientação e a presença da família. Demonstrar interesse pelo esporte escolhido pelo jovem atleta, comparecer eventualmente aos jogos, aos treinos uma vez ou outra e celebrar as conquistas são maneiras de fazer isso.

"COMO PREFERE QUE EU TORÇA POR VOCÊ?"

O estímulo e a torcida são muito bem-vindos, mas é preciso cuidado para não pressionar demasiadamente. É preciso estar alinhado com o nível de habilidade em que se encontra o jovem atleta. Também é um desafio para os pais não depositarem suas próprias expectativas sobre o caminho a ser trilhado pelos filhos, pois isso pode ter o efeito contrário, levando a uma relação aversiva com a prática.

Certa vez, levei minhas filhas para uma competição na Califórnia e me deparei com uma placa logo na entrada da piscina, que dizia o seguinte: "Lembretes do seu filho: sou uma criança; é só um jogo; meu treinador é voluntário; os árbitros são humanos; nenhuma bolsa de estudos será concedida hoje. Obrigado e divirta-se". Achei uma maneira maravilhosa de conectar os pais com o momento presente e com o real motivo de estarem ali – para apoiarem os seus filhos e se divertirem.

O impacto do comportamento dos pais depende também da maneira como suas ações são interpretadas pelos filhos. Pesquisadores da North Carolina State University demonstraram em uma pesquisa, publicada no *Journal of Sport Behavior*, que é comum haver incongruências na forma como pais e filhos analisam o apoio oferecido[7]. Ou seja, muitas vezes os pais acreditam estar incentivando seus filhos a darem o melhor de si, mas esses se sentem cobrados e pressionados. Mais uma vez, o diálogo é fundamental. Adorei um vídeo que assisti no YouTube, chamado *"I love to watch you play"*, dedicado a pais que apoiam seus filhos na prática de esportes. Nele, era perguntado às crianças sobre como se sentiam com o comportamento dos seus pais quando assistiam a seus jogos[8]. Inspirada pela pesquisa e pelo vídeo, decidi perguntar a cada uma das minhas filhas como se sentem quando eu as assisto no treino ou em uma competição e como posso apoiá-las da melhor maneira.

Alissa, a mais velha, disse que gosta quando eu a ajudo a se concentrar antes de iniciar uma partida de polo aquático e que adora me ver torcendo por ela, mas se desconcentra quando eu balanço a cabeça negativamente diante de um erro dela em algum lance do jogo. Eu mal sabia que fazia isso, mas passei a reparar em minha tendência automática a balançar a cabeça e colocar a mão na testa nessas situações. Giorgia, por outro lado, adora quando eu me comunico com ela da arquibancada, diz que a motiva e lhe transmite confiança. Ela adora ver minha animação quando marca um gol ou quando faz um bom lance, entretanto, não gosta quando quero conversar sobre suas jogadas e como ela poderia melhorar logo após as partidas. Para mim, foi importante perceber que minhas reações têm efeitos diferentes sobre cada uma delas. Também foi uma oportunidade de lembrá-las que meu único objetivo é estar ali por elas, não importa o que aconteça.

Até mesmo a Olívia, minha mais nova, que não participa de competições, comentou que gosta quando assisto à sua prática de natação e comento sobre algo que ela possa melhorar, mas não se sente confortável quando fico apenas observando, com o rosto sério. Quando perguntei se a minha presença a deixava nervosa, ela disse "um pouco", mas não soube explicar o motivo. Com sua resposta, refleti sobre a relevância dessas conversas mesmo com os filhos menores.

O ambiente do esporte, por si só, leva cada indivíduo a buscar o seu melhor e, portanto, mesmo que não haja pressão externa, a criança lida com a pressão interna de desempenhar bem. Conversar sobre isso pode ser uma forma de auxiliá-las mais de perto a lidar com as próprias emoções.

OS DIFERENTES TIPOS DE INTELIGÊNCIA

Conforme os filhos se dedicam às atividades esportivas, pode ocorrer dos pais se preocuparem com um possível desbalanceamento do uso do tempo e falta de foco na área acadêmica. No entanto, pesquisas demonstram os benefícios do esporte no aumento do foco para os estudos, graças à liberação de hormônios "do bem", como a dopamina e a serotonina, que também criam a sensação de bem-estar[9].

Quando minha filha mais velha estava no Ensino Fundamental II em uma escola tradicional do Brasil, eu e meu marido fomos chamados para conversar com o diretor pedagógico da escola, que nos indicou procurar um médico, pois ela era bem agitada e tinha dificuldades em se concentrar. Os testes não demonstraram nada a ser tratado, porém, a médica nos sugeriu um medicamento que aumentaria o seu foco. Fomos contrários a isso.

Por um momento, fiquei em dúvida se, com o intuito de ajudar minha filha, deveria propor a redução do tempo dedicado ao esporte. Mas sua psicóloga me apresentou um argumento diferente: "Se você tirar o esporte do dia a dia de sua filha, ela poderá ter ainda mais dificuldades, pois é exatamente o que a ajuda focar a sua atenção". De fato, comecei a reparar que, nos dias em que ela praticava alguma atividade física, conseguia se concentrar no estudo de forma muito melhor.

Quando meu marido estava cursando sua pós-graduação em Harvard e compartilhou o caso com um de seus professores, ele apresentou o estudo de inteligências múltiplas do psicólogo americano Howard Gardner[10]. Além das inteligências tradicionalmente mensuradas em testes de QI, como a lógico-matemática e a linguística, ele identificou outros seis tipos de inteligências, como a musical, cinestésico-corporal, espacial, interpessoal, intrapessoal e naturalística. O desafio está em identificar quais são as nossas inteligências, aquelas que afloram de forma natural para cada um de nós, pois é nelas que devemos focar para obtermos nossos melhores resultados e senso de realização.

O argumento da psicóloga e essa informação sobre as inteligências múltiplas de Gardner tinham mudado nossa forma de compreender a situação e dar suporte à nossa filha e as peças desse quebra-cabeça se encaixaram quando nos mudamos para os Estados Unidos e matriculamos nossas filhas em uma escola com uma proposta pedagógica inovadora. Já nos primeiros dias, os estudantes do *Middle School* passavam por uma avaliação de suas habilidades para identificar a maneira como aprendiam melhor. Tratava-se de uma avaliação ampla, que levava em conta as múltiplas inteligências, na qual ficaram claros os talentos naturais de Alissa para a inteligência cinestésico-corporal. Foi então que ela me disse: "Mãe, agora eu entendo por que você me sugere sempre escrever os pontos principais no caderno. Isso funciona bem para você. Já para mim, eu preciso me mover". Essa avaliação possibilitou não só uma compreensão maior de suas aptidões para que sua rede de apoio, nós e os professores, pudesse auxiliá-la, mas também aumentou seu autoconhecimento, o que a encorajou a identificar suas próprias estratégias de aprendizagem.

Alissa aprendeu a criar uma rotina de estudo de acordo com suas habilidades, na qual colocava alarmes para se movimentar de tempos em tempos e, com isso, seu desempenho evoluiu muito. Olhando para trás, fico feliz que a tenhamos apoiado em suas aptidões esportivas, musicais e artísticas, e agradeço por não a ter desencorajado no esporte, caso contrário, não estaríamos celebrando hoje sua aprovação como estudante-atleta na Stanford University, uma das mais conceituadas do mundo.

A FASE DO INVESTIMENTO: TEMPO PARA DEDICAÇÃO

Com o devido apoio e o maior envolvimento com as modalidades esportivas escolhidas, o adolescente desenvolve ainda mais suas habilidades, começa a colher resultados positivos e a notar seu próprio potencial. Segue-se então o estágio do investimento, no qual ele se sente motivado a alcançar um nível de elite na modalidade escolhida. O jovem atleta aumenta seu comprometimento e a prática se torna intensa.

Muitas vezes, o esporte ocupa um lugar central na vida de uma família e demanda investimento de tempo para que possa levar os filhos às competições de finais de semana, a treinos de madrugada e a clínicas de especialização. Com alguma frequência, isso representa abrir mão de realizar outras atividades de lazer ou viagens nas férias. Pode ser cansativo, mas o segredo está em encarar esses momentos como investimento em seu filho. Essas ações, que muitas vezes parecem gestos irrisórios, têm um poder enorme na vida dos filhos. É essencial que eles se sintam apoiados pelos pais no momento que começam a colher os resultados de sua prática, ampliar seu repertório de experiências e administrar o tempo entre competições, estudos e lazer.

Eu me lembro bem da presença de meus pais na borda da piscina, ensinando-me as rotinas da pré-competição, sobre as quais falaremos mais no capítulo 6. Nessa fase, o apoio emocional para auxiliar o jovem a lidar de maneira eficaz com lesões, fadiga, pressão e falhas é fundamental. Em uma das minhas primeiras competições, num jogo em Mococa, no interior de São Paulo, uma atleta do time adversário me surpreendeu com uma forma de jogar mais violenta do que eu estava habituada. Ao final do jogo, eu chorava, indignada. Meu pai estava ao meu lado, mas não fez menção de interferir ou de me proteger. Ele apenas aguardou que eu me acalmasse e, então, disse: "Cris, o polo aquático é um esporte duro, um jogo de contato físico, situações como essas vão acontecer e serão cada vez mais frequentes. Ao passar por isso, você aprenderá a como posicionar seu corpo e evoluirá. A escolha se você quer jogar esse esporte é sua: Você quer continuar?". Naquele momento, entendi que para evoluir precisaria aprender a me defender, a me posicionar melhor durante o jogo e a escolher como responder em momentos de frustração e derrota.

Precisamos de mentores em nossas vidas que possam ser honestos e nos desafiar com perguntas poderosas. É como se esses tipos de questionamentos mergulhassem dentro de nós para desvendar nossas motivações mais profundas e necessárias para nos tornarmos um atleta de alta performance.

Crianças e adolescentes precisam de espaço para aprenderem a lidar com momentos difíceis e desafiadores e o esporte propicia isso. Permitir esse espaço não significa negar suporte ou submetê-los a situações extremas de sofrimento. No entanto, é importante deixar que os jovens lidem com os momentos de dificuldades, criem suas próprias estratégias e se desenvolvam. Como pais, precisamos não cometer o erro de evitar o sofrimento para nossos filhos, por mais difícil que seja para eles e para nós.

APOIO PARA A VIDA TODA

Rita Pierson, que foi professora por quarenta anos, disse em sua vibrante palestra no TED Talks Education[11], que toda criança merece um "campeão" (ela se refere a um patrocinador ou um mentor, alguém que a banque em todos os sentidos), ou seja, um adulto que nunca desistirá dela, que se conecte e insista que ela se torne a melhor versão de si. Uma relação de confiança estabelecida com uma criança tem um poder imenso sobre o seu destino.

Com o nível de apoio adequado para cada fase do desenvolvimento, a entrada na vida adulta será feita com maior independência e autonomia. Isto não significa dizer que o suporte de familiares e amigos deixe de ser importante. Nem sempre a proximidade física é essencial. O apoio emocional e moral pode ocorrer por outros meios e diversas formas de comunicação ou até mesmo através dos nossos pensamentos, por meio da visualização e acesso à nossa memória. Se uma base sólida de sustentação foi construída na infância e adolescência, o adulto será capaz de se conectar com a sensação interior de segurança que ele viveu anteriormente, quando não tiver sua rede de apoio por perto.

Tive o privilégio de contar com meus pais na minha infância e adolescência e isso me fortaleceu para lidar com as situações em que eu não podia tê-los presentes fisicamente. Como aos 15 anos, quando eu fiz um intercâmbio e morei nos Estados Unidos por um ano, ou como quando me mudei para a Itália para atuar como atleta profissional, no início da vida adulta. A experiência de morar em outro país, longe da família, dos amigos e em contato com uma nova cultura, oferece um grande aprendizado em termos de adaptação e flexibilidade. Em ambas as situações, mantínhamos contato frequente por telefone e a sensação era de que, mesmo longe, eles vibravam com meus jogos e minhas conquistas, o que me dava a tranquilidade para seguir em frente.

UM LINDO INIMIGO

Nas arquibancadas dos jogos e da vida, o relacionamento com pessoas que nos apoiem e vibrem com as nossas conquistas e, ao mesmo tempo, nos auxiliem a vivenciar os momentos de dor, representa o maior indutor da felicidade.

Gosto da definição utilizada pelo filósofo do século 19, Ralph Waldo Emerson, para descrever a qualidade das pessoas que escolhemos para nos acompanhar pela vida. Ele combina a ideia de beleza, que representa o amor, o cuidado, a empatia e o querer bem, com a de um inimigo, que seria o nosso antagonista. Não se trata de um inimigo hostil, mas de um amigo transparente e muitas vezes difícil de encararmos, pois, ao fazer frente a nós, nos instiga a nos tornarmos melhores. Ele denominou essas pessoas, que representam um presente em nossas vidas, de "lindo inimigo"*****.

Um relacionamento real e autêntico pode nos levar à iluminação intelectual e espiritual, mas para isso precisamos de alguém que nos desafie e nos diga a verdade, não importa quão difícil seja ouvi-la. É a verdade inconveniente e não as concessões e validações constantes que nos faz evoluir para nos tornarmos nossa melhor versão. Precisamos que o outro seja autônomo, assertivo, livre e independente para que essa relação seja próspera. Emerson propõe: "Que ele seja para você uma espécie de belo inimigo, indomável, reverenciado com devoção, e não uma conveniência trivial a ser logo superada e posta de lado"[12]. Quando li, interpretei e analisei esse conceito, pensei logo em meu pai. Conforme a nossa relação foi amadurecendo, ele se tornou o meu "lindo inimigo". É até hoje. Estabeleci relações reais e autênticas com diversas pessoas, mas a minha relação com ele é uma das que mais me fizeram e fazem crescer e superar os meus limites.

No esporte, ele torcia por mim e comemorava cada vitória e aprendizado que eu alcançava, ao mesmo tempo em que fazia comentários duros quando percebia uma falha ou uma queda em meu desempenho. Quando assistia a meus jogos, eu o localizava rapidamente na arquibancada – ele ficava sozinho, lá no alto – e a gente se comunicava durante a partida. Com o olhar, gestos ou sinais, eu sabia o que ele queria dizer. Nos momentos de exaustão física, eu diminuía a intensidade das minhas jogadas, distribuía mais a bola para respirar um

---

***** Do inglês: *beautiful enemy*.

pouco, mas logo via meu pai bradando lá de longe: "Esquece esse cansaço, vai pro gol!". Ele sabia que eu podia dar mais e com o seu estímulo, eu me conectava comigo mesma, com a minha verdade e o meu propósito, e dava tudo de mim.

Muitas vezes, as minhas colegas de equipe me perguntavam: "Cris, como você aguenta essa pressão do seu pai?". Confesso que nem sempre era fácil. Havia sim momentos de explosões. Porém, por conta da minha vontade de evoluir e meu sonho de ser uma jogadora de alta performance internacional, buscava o seu *feedback* (parecer) após cada jogo, não importava quão difícil era ouvi-lo. Não me sentia pressionada e, sim, encorajada a fazer o meu melhor. Eu confiava em meu pai, ele confiava em mim e em todo o meu potencial. Para ser um lindo inimigo, precisa haver confiança recíproca. Esse tipo de relação não se estabelece do dia para a noite, é uma construção.

Outros atletas narram experiências de relações parecidas. Rafael Nadal, considerado um dos maiores tenistas deste século, conta em sua biografia[13] sobre a relação com um tio, que é extremamente exigente quanto ao seu desempenho e lhe dá *feedbacks* muito duros, mesmo quando ele considera que jogou bem. Quando entrevistei Marcelinho Huertas para o livro, ele me descreveu sua relação com o técnico Jesús Vidorreta Gómez da seguinte forma: "A gente tem uma conexão muito boa, dentro e fora das quadras. Ter um bom relacionamento não significa que ele 'me amacie'. Temos muita cumplicidade, ele confia em mim, mas me aperta ao máximo, me exige muito mesmo. Quando tem que dar uma bronca, eu sou o primeiro a tomá-la".

O "lindo inimigo" também pode ser um companheiro do time que leve os outros jogadores ao limite físico e mental, como era o caso de Kobe Bryant, jogador de destaque da NBA (National Basketball Association) nos Estados Unidos de 1996 a 2016. "Seu compromisso, foco e seriedade eram impressionantes. Ele era capaz de tudo para ganhar a partida e ele exigia o mesmo dos outros jogadores", me contou Huertas, que jogou com ele em sua passagem pela NBA. Mais tarde, o astro norte-americano criou a "Mamba Mentality", que ele definia como o mantra definitivo do espírito competitivo, "uma busca constante em tentar melhorar hoje o que você era ontem"[******].

Não é possível alcançar e manter a excelência sem ultrapassar os próprios limites. A rede de apoio propicia a segurança para um desenvolvimento pleno, nos acolhe nos momentos de vulnerabilidade, e também sabe nos dar os empurrões necessários para que possamos sair da zona de conforto.

TÉCNICO E MENTOR

Emeric Imre Szasz foi prisioneiro num campo de concentração durante a Segunda Guerra Mundial, quando a Hungria, seu país de origem, foi invadida pelos nazistas. Numa tentativa de fuga, perdeu um olho. Talvez por ter vivido em meio a tantas atrocidades, desenvolveu uma sensibilidade muito aflorada. Emeric foi técnico do meu pai no clube Tietê, o treinava na natação e no polo aquático e foi um dos seus grandes mentores.

Ele tinha uma educação diferente. Quando minha avó ia assistir ao treino, ele pegava uma cadeira e a deixava numa posição privilegiada para que ela pudesse acompanhar o desempenho de seu filho. Naquela época não era comum que os pais assistissem aos treinos, mas minha avó marcava presença. Com

---

[******] Do inglês: *it's a constant quest to try to be better today than you were yesterday.*

alguma frequência, meus avós convidavam o técnico e os outros jogadores do time para comer uma pizza e confraternizar.

Todos do time respeitavam muito Emeric. Ele era um exemplo de comportamento e competência, além de ter opiniões firmes. Certa vez, quando queriam proibir os treinos de polo aquático aos sábados e domingos no seu clube, ele protestou. A diretoria então o dispensou. O time foi solidário e ficou do lado do treinador nesse embate. Eles se reuniam na casa dos meus avós, na região central de São Paulo, para tomarem uma decisão em conjunto sobre o que fazer. Todos eram sócios remidos do Tietê, em função dos títulos que haviam ganhado pelo clube, mas não titubearam em seguir o técnico para outro clube.

Os pais devem sempre buscar o diálogo e uma aproximação com os técnicos. Isso não quer dizer que eles sempre concordem em suas posições. A base dessas relações deve ser de parceria e em prol do desenvolvimento do jovem atleta. Como pais, temos um papel muito importante como modelo para os nossos filhos, portanto, a maneira como nos comunicamos ou nos portamos com relação aos técnicos, aos oponentes e aos árbitros é relevante e deve ser pautada pelo respeito.

Faz parte do desenvolvimento e aprendizado dos filhos lidar com situações de desconforto que possam eventualmente existir e de amadurecimento na relação com os técnicos. Como em qualquer relacionamento na vida, haverá momentos de alegria e de conflitos. Os pais podem e devem estar atentos, porém é importante deixar os filhos aprenderem com a situação. Na vida adulta, eles terão de lidar com pessoas que nem sempre gostam e concordam. Respeitar a opinião alheia, saber como argumentar e se comunicar fará a diferença para o seu sucesso e bem-estar. Lembrar que há diferentes formas de expressar nossos pensamentos, emoções e vontades e quando somos capazes de reconhecer a intenção positiva, tornamo-nos mais tolerantes com o outro.

Ao falar sobre sua vasta experiência em diferentes times, em diversos países, Marcelinho Huertas me confidenciou que sempre buscou extrair o melhor do seu relacionamento com cada técnico e como isso colaborou e colabora com sua constante evolução. "Tive muitos técnicos e eles tinham estilos e abordagens diferentes com relação a tudo, a maneira de cobrar, de dar bronca, de treinar. Tem o técnico que grita, tem o mais prático, o mais motivacional. Com todos eles eu estabeleci um bom vínculo. Você tem que se adaptar e entender a mensagem que eles querem comunicar. O técnico quer ganhar tanto quanto o jogador. Há jogadores que não se adaptam, que levam para o pessoal, o que atrapalha o desenvolvimento deles e o do time", contou.

PARA ALÉM DO SUPORTE FAMILIAR E DOS TÉCNICOS

Quando tinha apenas 15 anos, meu pai passava suas férias na praia de Copacabana com os amigos, quando, coincidentemente, encontrou com um técnico que o conhecia. "Pedro, você não está treinando com a Seleção de Polo Aquático?", ele perguntou, e explicou que o time brasileiro estava reunido e se preparava para as Olimpíadas de Roma que aconteceriam dali a alguns meses. Meu pai nem estava sabendo desses treinos. Esse técnico, que acreditava muito em seu potencial, o levou até o centro de preparação do time olímpico.

Naquela época, mesmo ainda muito jovem, meu pai já se destacava pela sua capacidade técnica, estratégica e física. Durante os treinos com a Seleção, ele jogou muito bem e chamou a atenção do treinador. Só que, já fora da piscina, o técnico da Seleção o chamou de canto e avisou: "Se você tivesse aparecido antes, estaria na lista dos convocados, mas os nomes já foram passados para o Comitê Olímpico Internacional e não podemos incluir mais ninguém". Ou seja, o clube não havia comunicado à Federação sobre a nova revelação no clube e meu pai perdeu essa chance. Falhas de comunicação como essa podem ocorrer em diversos níveis, do clube à Federação, desta à Confederação e, por fim, ao técnico da Seleção.

Apesar do impacto para um jovem de ficar fora dos jogos, meu pai demonstrou resiliência e, ainda em 1960, logo após as Olimpíadas, foi convocado a participar da Seleção para um torneio em Buenos Aires e, posteriormente, disputou as Olimpíadas de Tóquio (1964) e do México (1968). Ele transformou a decepção em foco para se dedicar ao esporte e se desenvolver ainda mais. No entanto, essa falha de comunicação poderia ter encurtado sua carreira de atleta. Decepcionado, poderia ter desistido e buscado oportunidades em outras áreas. Quantos talentos de diversas modalidades não são desperdiçados dessa forma? Por isso é importante existir uma boa estrutura de identificação, acompanhamento e comunicação de talentos estruturada pelos clubes com entidades esportivas, educacionais e governo.

A atuação de minha mãe como dirigente do Polo Aquático Feminino Brasileiro se tornou uma referência em termos de desenvolvimento de um novo esporte nacional. Ela conseguiu patrocínios específicos para o polo aquático feminino e, com isso, pôde planejar um calendário de competições nacionais, fundamentais para incentivar a propagação do esporte no país, e internacionais, para aumentar o nível competitivo das jogadoras. Ela sabia da importância de jogarmos contra as melhores do mundo para nos desenvolvermos.

Além disso, promovia jogos no mar, acompanhados por um grande público, para popularizar o esporte. Seu relacionamento de credibilidade e parceria com escolas, empresas e mídia foi essencial. Minha mãe fazia isso por paixão, por amor à filha, às atletas, ao esporte e ao país. Sua influência e defesa para que o polo aquático feminino se tornasse uma modalidade olímpica, junto a outros líderes internacionais, mudaram para sempre a perspectiva e o reconhecimento da relevância desse esporte. Seu argumento sempre foi baseado no respeito e na equidade dos gêneros e no desenvolvimento de uma sociedade mais equilibrada, cidadã e saudável.

Existem muitos dirigentes competentes e sérios, que zelam por promover e desenvolver a prática da sua modalidade esportiva e construir a estrutura necessária para os jovens talentos e os atletas de ponta. Mas é preciso mais do que isso. É necessário criar um ambiente esportivo no país, que abarque desde o ensino nas escolas até a construção de estrutura física para treinamento de atletas de alto rendimento – boas piscinas, aparelhos de ginástica, pistas de atletismo profissionais etc.

APOIO DAS ESCOLAS E UNIVERSIDADES

Nos Estados Unidos, em muitas escolas, observa-se uma integração constante do esporte na rotina acadêmica. Um exemplo disso ocorre quando um atleta da escola consegue um feito importante. Ele é destacado no *morning announcement*, que comunica para todos, pelo sistema de som, a conquista do aluno e o parabeniza publicamente. O esporte faz parte dos valores da escola e possui um peso similar às conquistas acadêmicas.

Para os universitários, há uma estrutura de apoio à prática competitiva em faculdades e a integração com o esporte profissional do país. Muitos ex-alunos, conhecidos como *alumnis*, continuam torcendo pelos times de suas universidades. Para citar um exemplo, os jogos de futebol americano da Universidade de Michigan mantêm um público de mais de 100 mil espectadores desde 1975 – isso só foi interrompido pela pandemia do novo coronavírus. Alguns ex-alunos não apenas acompanham, como ajudam a custear a estrutura esportiva da universidade.

A NCAA, órgão responsável pelo esporte universitário no país, arrecada de 1,6 bilhão de dólares de recursos numa só temporada. Tudo isso dá a estrutura básica necessária para que o atleta possa fazer o que sabe e gosta, sem se preocupar com o básico – uniforme, equipamento, custear uma faculdade.

Os torneios das modalidades olímpicas e as mais populares, tanto entre jovens em idade escolar como universitários, atraem atletas do país inteiro. Os melhores são mapeados pelas federações. O desenvolvimento organizacional e estrutural em diversos esportes abre oportunidades para que talentos floresçam e sejam reconhecidos. A consequência se vê no quadro de medalhas das Olimpíadas, no qual os norte-americanos quase sempre lideram.

No país, o esporte é um método para promover mudanças sociais para o desenvolvimento social. As bolsas nas universidades são uma forma de garantir um futuro para esses atletas quando pararem de jogar. Claro que há sempre o que se evoluir nos modelos de incentivo e, no americano não é diferente. Por exemplo, a pressão excessiva dos pais para que filhos consigam bolsa nas universidades acabam, muitas vezes, prejudicando seu desenvolvimento natural.

Mas na balança, o modelo americano soma muito mais pontos positivos.

Na Itália, onde joguei, há uma estrutura profissional de campeonatos mais longos, com jogos semanais em diferentes cidades. Os times de polo aquático são divididos em séries A, A2, B, C, totalizando 56 times no feminino e 216 no masculino. Na última mensuração efetuada em 2020 pela Federazione Nazionale di Nuoto, havia 1.857 atletas femininas federadas e 14.524 atletas masculinos no campeonato *di pallanuoto* italiano. É um outro formato de incentivos e há uma tradição enraizada. Na Europa, os campeonatos profissionais conseguem atrair os melhores atletas do mundo pelos valores pagos, duração do campeonato, riqueza técnica e por propiciarem um ambiente de treino e de jogo fantástico para o desenvolvimento da alta performance.

EMPRESAS ENGAJADAS

Muitos consideram que a carreira esportiva deve finalizar quando ingressamos no ambiente de trabalho corporativo, porém, dependendo dos valores da empresa, eles continuam incentivando, pois enxergam os benefícios de ser um atleta para a carreira profissional. Com 18 anos, comecei a trabalhar no programa de *trainee* da então Price Waterhouse. Eu tinha licença remunerada e todo o apoio para participar dos campeonatos. Eles acompanhavam e valorizavam meu esforço de estudar, trabalhar e ainda treinar à noite. Mais tarde, quando retornei do meu período na Itália, ingressei no Unibanco, uma das maiores instituições financeiras privadas do Brasil. Encontrei gestores que me apoiavam fortemente toda vez que eu viajava para representar nosso país. Certamente, eles enxergavam também o quanto eu me esforçava para ser uma boa profissional e cumprir com minhas funções na empresa. O presidente executivo no Unibanco na época que eu ingressei era o Pedro Moreira Salles. Ele sempre foi um entusiasta da minha carreira esportiva associada ao profissional, junto do meu gestor e amigo Marcelo Orticelli. Antes das competições, a minha equipe da controladoria produzia faixas de boa sorte e, na volta, celebrávamos juntos as vitórias. A minha medalha de bronze, conquistada nos Jogos Pan-Americanos de Winnipeg, ficou exposta em uma redoma de vidro localizada na entrada do prédio, mesmo local onde eram exibidos os prêmios corporativos que o banco conquistava.

Muitas empresas incentivam a prática esportiva entre seus funcionários ou apoiam iniciativas esportivas organizadas por fundações. Outras promovem corridas de rua e eventos abertos. Isso é bom não só para os colaboradores, mas também para as próprias companhias, que veem uma melhora na produtividade e na integração de suas equipes, além de uma boa imagem para a marca, o que pode impactar positivamente seu lucro.

Utilizei neste capítulo o exemplo do esporte, mas a lógica é similar para se atingir excelência em outras áreas do conhecimento, como nas artes ou na ciência. Uma rede de apoio para que um indivíduo desenvolva seu pleno potencial vai muito além da família. Inclui suas relações sociais, a comunidade esportiva, escolar e a sociedade como um todo, no papel das empresas e governos.

PONTOS PRINCIPAIS ABORDADOS NESTE CAPÍTULO

- Uma boa base de sustentação permite a liberdade de escolha.
- Somos seres sociais: amar, ser amado e se sentir pertencente de um grupo estão entre as necessidades humanas mais básicas. Precisamos de uma rede de pessoas com quem possamos contar em momentos de dor e de celebração de conquistas.
- O tipo de apoio varia ao longo das diferentes fases da vida. É importante um olhar atento para o momento do desenvolvimento e para as necessidades individuais para proporcionar que cada pessoa realize o seu potencial. O diálogo e a escuta ativa são ferramentas essenciais para facilitar esse processo.
- Ao fornecer suporte emocional, é importante não fazer ou resolver as coisas pela pessoa, mas apoiá-la e muni--la de estratégias e ferramentas para gerenciar as próprias emoções. Devemos dar espaço para que crianças, adolescentes e adultos vivenciem e aprendam com as adversidades, pois só assim desenvolverão o músculo da resiliência, que lhes permitirá reagir de maneira construtiva ao lidar com situações desafiadoras no futuro.
- Para uma jornada de excelência, a pessoa deve ser estimulada a ultrapassar os próprios limites. Para isso ela precisa estabelecer relações autênticas e de confiança, com pessoas que lhe darão *feedbacks* sinceros e dirão verdades muitas vezes difíceis de serem ouvidas, mas que são essenciais para que ela se conecte com sua essência e seus propósitos para crescer e evoluir.
- A rede de apoio e suporte vai além de familiares e amigos, envolve a relação com a comunidade local e ampla, incluindo escolas, clubes, empresas e governo.

PERGUNTAS PODEROSAS PARA REFLETIR

- Como sua rede de apoio e suporte influenciou sua trajetória até agora? Como essa experiência contribuiu positivamente para a sua vida?
- Como está a sua rede de apoio atualmente? E como você tem dado suporte para as pessoas ao seu lado? O que pode ser melhorado?
- O que você tem feito e poderia fazer para cultivar "lindos inimigos" em sua vida?
- O que você tem feito para contribuir que as crianças e adolescentes ao seu redor alcancem seu potencial máximo?

CAPÍTULO 2

PRÁTICA CONSISTENTE: VOCÊ É O QUE VOCÊ TREINA

"Ninguém nasce um gênio, torna-se um gênio."
– Simone de Beauvoir

"Por não saber que era impossível, foi lá e fez."
– Jean Cocteau

Ele abriu o livro, colocou os óculos 3D – aqueles coloridos, com lentes em azul e vermelho – e a foto do ginásio lotado em um jogo de polo aquático praticamente saltou à sua frente. Por alguns minutos, meu pai sentiu como se estivesse dentro daquele ambiente, ouvindo o incentivo da torcida. Como jogador iniciante, notava que aquilo mexia com as suas emoções. Ele já se imaginava na piscina, com aquele ginásio lotado gritando seu nome ao vê-lo jogar.

Extasiado, fechou a edição especial sobre as Olimpíadas de Berlim, de 1936, que seu técnico Emeric Imre Szasz lhe mostrava. Aquela era mais uma das boas provocações do seu técnico húngaro, para desafiá-lo a superar seus próprios limites e tornar-se um atleta olímpico, o que se concretizaria dali a alguns anos.

Ao lado da piscina, no Clube de Regatas Tietê, havia uma salinha, um cubículo, no qual Emeric guardava seus livros. Outra obra que ele costumava mostrar ao meu pai era a de Béla Rajki, lendário técnico que comandou a Seleção Húngara nas Olimpíadas de 1948, 1952 e 1956, sempre ganhando a medalha de ouro. O livro era todo ilustrado com fotos das performances dos atletas. Ele passava página por página, ressaltando a posição dos jogadores. Apontava quem era o melhor de cada time e todos os detalhes de seus movimentos. Meu pai então era desafiado a reproduzi-los. Quando entrava na água, certo de que estava executando com precisão o que via nas fotos, Emeric apontava: chegou a 40%, faltam outros 60. Ele então mostrava a altura em que o braço deveria estar e a forma exata da movimentação, e meu pai voltava para a água. Era um entra e sai constante, até ele realmente incorporar o jogador da foto. Depois de dez, quinze dias, passava para a próxima página.

Outro exercício que ele dava a meu pai era nadar com a bola em meio à piscina do clube, em pleno domingo, quando estava lotada pelos sócios. O desafio era: ele tinha que atravessar os 50 metros sem encostar em ninguém. Parecia impossível, mas Emeric o encorajava. O percurso era imprevisível. Tinha gente que, repentinamente, mergulhava na água, próximo de onde ele passava, crianças que iam em sua direção, um caos. Era como atravessar um campo minado, só que com as minas se deslocando em movimentos não calculados. Aquilo foi muito útil para ele e para o time. Foram pouquíssimas as vezes em que conseguiu completar o desafio sem esbarrar em alguém, mas não teve uma única vez em que saiu da piscina sem levar consigo um aprendizado. Mesmo quando trombava com um sócio no caminho, sentia que melhorava em vários fundamentos: no ziguezague, na puxada de bola, na atenção ao entorno.

TEMPO DE PRÁTICA E DEDICAÇÃO

É comum que as pessoas atribuam o sucesso de atletas de elite – ou de qualquer outra pessoa que demonstre expertise em sua área, como músicos, cientistas ou jogadores de xadrez – a um talento inato. Mas a verdade é que atingir e sustentar a alta performance requer tempo de prática. Diversos atletas e ídolos admirados por sua maestria se diferenciam não em virtude de um dom, mas, sim, por seu empenho, foco e trabalho árduo.

E não basta praticar até fazer corretamente uma única vez, é necessário continuidade e consistência, conforme afirma o professor de Psicologia Cognitiva e Neurociências da University of Virginia, Daniel T. Willingham. O objetivo da prática é melhorar, portanto, requer tempo, repetição, esforço, concentração e *feedback* constante sobre o progresso que está sendo feito.[1] Como nas incontáveis vezes em que meu pai entrava e saía da piscina, conferindo com seu técnico a reprodução das posições de seus ídolos húngaros nas fotos.

Marcelinho Huertas é um ótimo exemplo de convergência entre a paixão pelo esporte e a valorização do tempo de prática para a construção de uma carreira sólida. Ele me contou que começou a jogar basquete por prazer: "Quando você é criança, faz o que gosta. Eu contava nos dedos as horas do dia para ir para a quadra, ficava lá o máximo de tempo possível, o fim de semana inteiro e não parava nem para almoçar". Ainda jovem, ele começou a se destacar, mas não chegou a ser convocado para as seleções de base. "Minha carreira foi diferente. Tive que me esforçar muito. Conquistei meu espaço pouco a pouco na Seleção Brasileira. Não cheguei lá com *status* diferenciado. Tive que ganhar meu espaço." E ele fez isso com muita dedicação e perseverança, investindo seu tempo e energia em praticar e se aprimorar em seu esporte preferido. Em 2004, vestiu a camisa da Seleção Brasileira pela primeira vez e, a partir de então, sua carreira decolou. Mais de 15 anos depois, ele continua jogando em alto nível na Europa. O segredo? Não interromper o investimento em sua própria evolução um minuto sequer. Mesmo após colecionar tantos títulos internacionais, sua dedicação se mantém no patamar do início da carreira.

Grandes ídolos do esporte como Kobe Bryant também são conhecidos pelo compromisso acentuado com a prática. Marcelinho, que foi seu companheiro de time na NBA, confidenciou-me que se inspirava com sua dedicação: "Kobe era realmente inspirador. Em um jogo, ele errou um arremesso em um lance decisivo. Inconformado, depois que todos foram embora do ginásio, ele voltou para a quadra e ficou arremessando a bola madrugada adentro. Repetiu exaustivamente o arremesso para aperfeiçoá-lo. Também não era raro assistir Kobe, próximo à cesta, com a bola na mão, mas sem arremessá-la, treinando seu *footwork* (um movimento de pés, que se tornou uma de suas marcas no basquete), por horas a fio".

APRENDIZADO PROFUNDO

Treinadora da Seleção Americana de Polo Aquático por vários anos, Sandy Nitta era a técnica do time brasileiro quando levamos a medalha de bronze no Pan-Americano de

Winnipeg, em 1999 (ela contribuiu muito para a nossa evolução). Renomada e experiente, foi eleita para o Swimming Hall of Fame do polo aquático em 1998. Quando perguntei a ela qual conselho daria a um jovem atleta, sua resposta foi categórica: "Estude, estude, estude! E pratique! É preciso se dedicar por horas e horas. Continue sempre pensando em formas melhores para 'chegar lá'".

A chave está em buscar aprimoramento constante. Além do treino em si, é preciso também o estudo teórico. Ler sobre o esporte, táticas, estratégias e, principalmente, sobre técnicas de preparo mental. Assistir a todos os jogos: do seu próprio time, do time adversário, de equipes de diferentes países. Sempre é possível aprender algo novo, uma forma diferente de fazer as coisas.

Hoje em dia, a maioria dos jogos em campeonatos são filmados e é fácil conseguir acesso aos vídeos. Na minha época de jogadora, quando participávamos de competições, buscávamos assistir ao máximo de jogos *in loco*. Além disso, minha mãe, como diretora do Polo Aquático Feminino, investiu em equipamentos de filmagens e se desdobrava para gravar os jogos que não conseguíamos presenciar. Lembro que, após o jantar, o técnico trazia as fitas de vídeo em VHS para assistirmos todas juntas e nos prepararmos para os próximos jogos.

Ao realizar minha certificação na ciência da felicidade, pela Happiness Studies Academy, o nosso professor, Tal Ben-Shahar, doutor em psicologia, destacou: "Para cumprir nosso potencial como animais racionais, precisamos nos engajar em um aprendizado profundo. Embora não haja conexão entre inteligência e felicidade, há uma forte conexão entre como usamos nosso intelecto e quão felizes somos. Engajar-se profundamente em aprender algo expande o nosso horizonte e aumenta potencialmente nosso bem-estar". Quanto maior o nosso bem-estar, maior nossa disposição para treinar, melhor nossa imunidade, mais confiantes estamos e mais aptos a evoluir.

Isso foi muito bem ilustrado pelo astro português de futebol, Cristiano Ronaldo, eleito cinco vezes o melhor jogador do mundo pela FIFA, quando disse: "Eu sinto uma necessidade sem fim de aprender, de melhorar, de evoluir, não apenas para agradar ao treinador ou aos fãs, mas também para satisfazer a mim mesmo"[2].

O aprendizado profundo é a busca de um refinamento máximo das nossas competências. Uma forma eficiente de aprimorá-lo é por meio de perguntas e não de respostas prontas. Timothy Gallwey* é tido como pai da psicologia esportiva moderna. Ele trouxe muita inovação no método de treinamento, substituindo a maneira autoritária como os técnicos se relacionavam com os jogadores por uma formação da autoconsciência corporal e técnica dos atletas. Gallwey dava ordens por meio de perguntas, do tipo: "Diga como você se sente fazendo isso; quando você vira mais o corpo neste movimento, o que você percebe de diferente?". Esses questionamentos levavam o jogador para dentro de sua própria experiência, construindo o conhecimento dos seus movimentos e suas variações.

Emeric também costumava usar essa técnica. "Quando você nada, carrega a bola com os braços ou com a cabeça?", questionava, até que meu pai chegasse à conclusão de que a resposta correta é com os braços, já que a cabeça deve estar erguida para olhar o jogo e o posicionamento dos adversários. Esta é uma das maneiras mais poderosas para se gerar um aprendizado. Em vez de decorarem regras básicas, os jogadores fazem reflexões

---

* Autor da série de livros "The inner game", que alcançou muito sucesso, como *The inner game of tennis, of stress, of work, of skiing and of golf.*

que lhes ajudam a encontrar dentro de si as respostas que precisam para ir além. Como constroem o próprio conhecimento, ele acaba sendo mais profundo e flexível.

Meu pai retransmitiu os ensinamentos de Emeric para mim. A certa altura, ele me perguntou: "Em um contra-ataque rápido, você carrega a bola com os braços ou com a cabeça?". Antes que eu respondesse a primeira opção, ele deu a dica: "O que parece estar errado, pode ser útil em determinadas ocasiões. Quando você nada forte e com a cabeça baixa, cria uma ondulação na água em sua frente, o que lhe ajuda a carregar a bola". Nesse caso, afundar a cabeça dá mais velocidade para iniciar um contra-ataque quando o campo está livre à sua frente, o que, nesse tipo especial de situação momentânea, era mais importante do que ter a visão do jogo e dos adversários.

O PODER DO HÁBITO

Eu acordava bem cedinho, colocava a calça jeans, a camiseta e o moletom e ia para a faculdade. Almoçava, substituía as roupas de estudante pelo traje de executiva e partia direto para o trabalho na empresa de auditoria PriceWaterHouse. Após o trabalho, eu já vestia o maiô e ia para o treino de polo aquático, das sete às dez da noite. Eu chegava em casa exausta, comia, dormia e no outro dia começava tudo outra vez. Eu adorava minha rotina, essas mudanças de papéis, sentia a plenitude de estar investindo em aprendizagem profunda para diversas habilidades associadas aos meus propósitos, de ser uma atleta de alta performance e colocar em prática o meu conhecimento acadêmico no início de minha vida corporativa. Aos fins de semana, nos momentos de lazer, praticava com meu pai e irmãos, encontrava com minhas amigas e me envolvia em outras atividades esportivas.

Devido à maneira determinada com que eu treinava, mesmo em meio a outras tantas atividades cotidianas, era frequente que as pessoas me elogiassem pela força de vontade. Sempre fui disciplinada, é fato, entretanto, eu nunca considerei que tivesse mais força de vontade que minhas companheiras da Seleção.

Minha vida era ritualizada. Para manter o ritmo dos estudos, trabalho e fazer tudo o que eu me propunha durante o dia, eu precisava ter uma agenda muito bem organizada. Mais do que força de vontade, eu focava em criar rotinas e hábitos.

Pode parecer que as pessoas com um grande autocontrole não estejam se esforçando, mas é porque elas passaram a se dedicar a suas atividades no automático. De acordo com Charles Duhigg, o premiado escritor do livro *O poder do hábito*[3], a força de vontade é o hábito mais importante entre todos para o sucesso individual. Ela funciona como um músculo e precisa ser exercitada no dia a dia, cada vez com cargas maiores, para ir se fortalecendo. Temos apenas que tomar cuidado para não sobrecarregarmos "o músculo da força de vontade", com muitas tarefas que exijam autocontrole, para não cansarmos e ficarmos com maior tendência a falhar.

Quando escolhemos fazer algo que exige autocontrole por benefício próprio ou para ajudar alguém, a atividade é prazerosa ou, ao menos, não tão cansativa. Quando não temos autonomia de escolha e estamos apenas cumprindo ordens, nossos músculos da força de vontade se cansam muito mais rápido.

A prática de esporte, desde a infância, não deixa de ser um treino progressivo de autocontrole, disciplina e perseverança, isto é, uma maneira de exercitar o músculo da força de vontade. E se você encontra um significado para essa prática, se ela está ligada a um propósito, terá mais chance de transformá-la num hábito.

"Os campeões não fazem coisas extraordinárias, fazem coisas ordinárias, mas as fazem sem pensar, rápido demais para o outro time reagir. Seguem os hábitos que aprenderam."[4] Essa frase de Tony Dungy, um dos poucos a vencer o SuperBowl como jogador (em 1979) e como técnico (em 2007), remete à importância dos hábitos para o desempenho em alta performance.

Mas como formamos hábitos? Hábitos decorrem de mudanças neurais, o que faz com que o comportamento se torne parte de você. Em primeiro lugar, eles são estabelecidos a partir da repetição de uma determinada sequência de ações – que pode ser uma rotina física, mental ou emocional – portanto, são totalmente dependentes da prática consistente e continuada.

Duhhig apresenta um olhar mais detalhado, dividindo o hábito em três estágios: uma deixa, uma rotina e uma recompensa. Por exemplo, para o comportamento automatizado de escovar os dentes antes de dormir, a deixa poderia ser o pensamento "estou indo dormir". Só de passar pela sua cabeça, essas palavras servem de estímulo para que seu cérebro entre no modo automático e inicie a rotina, que é a sequência automatizada de ações que executamos, desde abrir o armário, onde estão guardadas a escova e a pasta de dentes, até o enxague da boca – fazemos isso sem pensar. A sensação de frescor e de estar com os dentes limpos seria a recompensa, que é o que ajuda seu cérebro a saber que vale a pena memorizar esta rotina e torná-la um hábito.

Para automatizar novos comportamentos, é importante ter clareza do ritual que pretende automatizar e identificar recompensas poderosas para ele, preferencialmente ligadas aos seus propósitos, valores e anseios. O ritual deve ser associado a uma deixa, que pode ser um alarme do celular, uma pulseira, uma frase que você repita a si mesmo – qualquer coisa que o faça lembrar e acessá-lo rapidamente em sua memória. E, então, repetir, repetir e repetir, praticando esse ciclo exaustivamente.

FOCO NO MOMENTO PRESENTE

Mindfulness, que tem sido traduzido para o português como Atenção Plena, é um termo que se refere a um tipo de meditação ou a um estado mental. Estar *mindful* significa estar presente, com o foco no aqui e agora, consciente da nossa experiência momento a momento e dos nossos próprios pensamentos e emoções, sem julgá-los.

No esporte, a alta performance geralmente ocorre quando executamos nossos movimentos e rotinas de maneira automatizada, porém com toda a nossa consciência e atenção focada no momento presente. Ou seja, o estado de atenção plena amplifica o poder do hábito.

Automatizar comportamentos tem a função de liberar recursos cognitivos e mentais para que possamos focar nos aspectos estratégicos de cada jogada. Por exemplo, numa partida de polo aquático, o movimento do braço ou das pernas devem ser automáticos, enquanto o pensamento deve estar no presente, para executar a melhor estratégia, da mesma forma que, para entregar um relatório importante, digitar deve ser algo automático, para que você se concentre apenas no conteúdo.

Quando estamos distraídos, preocupados demais com o futuro, arrependendo-nos de algo que fizemos no passado, ou quando deixamos que nossas emoções ou pensamentos ansiosos tomem o controle, podemos até ser capazes de realizar os movimentos e rotinas automatizados, mas nosso desempenho fica muito abaixo do nosso potencial.

Para nos aprimorarmos em qualquer habilidade é importante aprender com os erros do passado e visualizar nossas metas futuras, entretanto, durante o treino e a prática, devemos estar totalmente focados no momento presente. Ellen Jane Langer, professora de Psicologia na Universidade de Harvard, diz que há duas maneiras de agir quando fazemos algo: de maneira atenta, consciente e presente (*mindful*), ou de maneira distraída e displicente – com a cabeça em qualquer outro lugar que não seja o momento presente (*mindlessly*). As consequências de estar em um ou em outro estado mental é enorme[5].

O estado de atenção plena permite que você aproveite a vida conforme ela acontece e que você aprenda mais com cada experiência. Se estamos engajados com o presente, o aqui e agora em nossas vidas, aprendemos a observar o ordinário de forma extraordinária. Manter esse estado mental não é uma tarefa fácil, mas é um esforço que vale a pena e que fica mais fácil conforme exercitamos essa habilidade. A prática de *mindfulness* e outros tipos de meditação deve fazer parte do treino, assim como outras técnicas de preparo mental.

RODÍZIO DE TALENTOS

Eu sempre gostei de descrever minha atuação como jogadora universal, pois aprendi a jogar em todas as posições (menos no gol). Não foi fácil. Quando fui para a Itália, como atacante comecei a aprender técnicas defensivas, meu ponto fraco até então. Isso não só fortaleceu meu lado defensivo, como aprimorou meu lado atacante, afinal, a partir daquela experiência, eu sabia melhor como as defensoras pensavam e agiam.

O polo aquático é um esporte dinâmico e que se parece muito com a vida. Há algumas jogadas em que você, mesmo sendo especialista das pontas, acaba sendo levada para defender o centro ou que você precisa chutar de um lado que não é o seu melhor. Quando as jogadoras do time adquirem o conhecimento sistêmico do jogo, conseguem improvisar em situações inusitadas e as chances de sucesso aumentam.

Como atacante, nunca tive característica de jogar como centro, posição no polo aquático em que se joga de costas para o gol, no centro da armação do time. No entanto, no final de um jogo contra a seleção da Espanha, com o placar empatado, a defesa adversária estava marcando muito bem pressão – quando cada jogadora da equipe marca individualmente uma adversária. Então tomei a iniciativa de me lançar como centro. Recebi a bola e fiz o gol da vitória, aplicando um chute reverso, chutando a bola de costas, sem olhar para o gol. Foi a primeira vez na vida que fiz um gol nesse estilo, e esse improviso só foi possível porque o vivenciei nos treinos, mesmo sem a pretensão de usá-lo. Quando exercitava chutes com meu pai na piscina, em dado momento ele pedia para que eu lançasse a bola na sua mão de reverso, nos alternávamos repetidas vezes, até se tornar um movimento automatizado.

Para ampliar meu desempenho como esportista, não só aprendi a jogar em todas as posições no polo aquático. Antes disso, ainda no Ensino Médio, quando fiz intercâmbio nos Estados Unidos, pratiquei diversos esportes, como basquete, equitação e lacrosse. Cada um me ensinou habilidades que certamente foram úteis para o meu desenvolvimento como atleta de polo aquático. No basquete, o trabalho em equipe é fundamental, da equitação, levei o equilíbrio e do lacrosse, a coordenação.

Meu pai sempre me dizia: "Pratique com vontade outros esportes. Você aprende novas técnicas e estratégias, outros tipos de chutes e saques, formas diferentes de posicionamento do corpo e a malícia de cada jogo. No final, todas as habilidades e experiências convergem para a sua própria técnica e visão de jogo, completando seus fundamentos para ser um campeão".

Frank Steel, diretor da Gulliver Schools, comentou comigo sobre a importância do treinamento cruzado**: "Quando você pratica muitos esportes diferentes, especialmente nas fases iniciais de experimentação, você lida com desafios físicos e mentais diversos. E, então, quando chega a um nível mais alto no esporte em que escolheu se especializar, você tem um conjunto mais amplo de experiências para recorrer, tornando-se mais adaptável. Diante daquele tipo de situação em uma partida, na qual tudo o que você fez para vencer não está funcionando, você conseguirá inovar, adaptar-se. Mesmo que nunca tenha lidado com uma determinada situação, você estará mais bem equipado para descobrir como agir".

O bom técnico prepara a equipe para responder em momentos críticos do jogo, mas em dado momento, são os jogadores na água que vão tomar a decisão, com base na leitura de oportunidade que se apresenta naquele instante, que às vezes dura segundos. Por isso, é essencial treinar ao máximo essas situações diferentes do que será exigido em sua posição.

Emeric, quando era treinador do meu pai no Tietê, estimulava que cada jogador treinasse nas diversas posições e, inclusive, colocava alguns atletas do time para fazer o papel do árbitro durante o treino. Assim, os jogadores tinham uma visão diferente e, na hora do jogo, poderiam saber com mais clareza o que o juiz estava pensando e como lidar com suas decisões.

** Do inglês: *cross-training*.

Esse sistema de aprender diversas habilidades em vez de focar apenas na sua especialidade é chamado de rodízio de talentos. É um procedimento que pode melhorar a performance individual e do time e tirá-los da zona de conforto – lugar conhecido, onde ações, pensamentos e comportamentos aos quais uma pessoa está acostumada a ter não lhe causam tipo algum de medo ou risco.

Permanecer na zona de conforto, ao mesmo tempo que propicia satisfação, segurança, conexão e previsibilidade, impede que o atleta melhore. Durante o treino, repetir sempre os mesmos movimentos, marcar sempre o mesmo jogador e dar os mesmos chutes é limitador. A repetição é importante, mas não pode ser a única forma de treinamento. Buscar a versatilidade pode ser uma das chaves para alcançar uma performance melhor e ultrapassar limites.

Claro que, em qualquer modalidade esportiva é difícil dominar todas as posições. Mas é preciso, pelo menos, tentar aprender aquilo que você tem dificuldade. É importante sempre se testar e se colocar em posições de risco.

Ampliar o arsenal de técnicas e aprender novas posições é sair do convencional, pois obriga a pensar além do que está acostumado. No começo, pode causar um estranhamento, mas com o passar do tempo começa a ser executado naturalmente e tornará o atleta mais completo.

USO CORPORATIVO

Os pesquisadores Tor Eriksson e Jaime Ortega estudaram empresas dinamarquesas para investigar os principais benefícios da rotação de cargos[6]. Apesar de muitos teóricos apontarem os efeitos motivacionais, pois os colaboradores não ficam entediados e cansados de executarem sempre as mesmas tarefas, eles demonstraram que os maiores benefícios de se realizar um rodízio de talentos estão na aprendizagem, tanto dos colaboradores quanto dos gestores. Os colaboradores acumulam mais conhecimentos e habilidades, pois são expostos a uma gama maior de experiências. A empresa aprende mais sobre os próprios funcionários, pois pode observar como eles atuam em diferentes funções. Para encontrar o papel corporativo em que um colaborador desempenha melhor, o gestor precisa movimentá-lo e observar como ele se sai em diferentes posições e responsabilidades.

No tempo em que trabalhei no Unibanco, passei por diversas áreas da empresa, como setor financeiro, RH, qualidade e ouvidoria. Quando mudava de setor, não apenas aprendia novas habilidades, mas também levava a experiência de um lugar para o outro. A experimentação em uma nova função pode ser de forma permanente ou temporária, apenas para a diversificação do conhecimento entre áreas correlatas. Sempre ficávamos atentos à frequência das mudanças. A permanência em uma função por um determinado período também possui seus benefícios, pois permite que o colaborador domine e aprimore as atividades inerentes ao papel desempenhado.

Lá, criamos a prática *"putting yourself in the other person's shoes"*, ou, traduzindo, "use o sapato do outro", uma experiência em que os funcionários vivenciavam alguns dias em outras áreas relacionadas a sua. Nesse exercício, eles percebiam como novas perspectivas podem engrandecer sua performance. Ao compreender melhor as diferentes posições, o colaborador tanto aprimora a qualidade de entregas, pois entende como a informação ou produto é usado pela área par, como também ameniza momentos de desentendimento com pessoas de outras áreas em relação à culpa de eventuais problemas. Afinal, sente a dificuldade do que é trabalhar no lugar do outro e consegue ter um papel mais protagonista em termos de eficiência e trabalho em equipe.

Nesse sentido, o rodízio de talentos pode ser útil para ampliar a visão sobre o funcionamento da empresa como um todo, o negócio e as estratégias. Essa visão holística melhora o desempenho dos funcionários diante das variáveis e obstáculos que se apresentarem. E isso, claro, reflete nos resultados da empresa.

Nessa prática, pessoas podem descobrir aptidões que nem sabiam que tinham e até mesmo dar um novo direcionamento às suas carreiras. O papel dos gestores, assim como dos técnicos no esporte, é detectar em qual habilidade o indivíduo analisado pode se desenvolver na nova função.

Programas como esse têm que ser feito de forma responsável e com planejamento, criando um processo que traga benefícios tanto para o departamento que cede o colaborador, quanto para o que recebe, além do próprio profissional. Colocar alguém sem o perfil adequado em alguma função gera problemas de eficiência. O foco está no processo de aprendizado. A rotatividade deve ser temporária.

A PRÁTICA LEVADA AO EXTREMO

Ao jogar no time italiano Orizzonte Catania, na Sicília, eu me lembro com muito carinho de um grande técnico, entusiasta do esporte: Mauro Maugerri. Suas veias saltavam em cada jogo. Sua voz intensa e seus comandos fortes eram sua marca registrada – tanto nos treinos como nos jogos.

Em um dos treinamentos, em que fazíamos uma série de natação em velocidade máxima de dez tiros, Mauro me desafiou: "Quero ver você fazer o seu melhor tempo nos 100 metros livres". Ele colocou ao meu lado Cristina Consoli, uma das maiores velocistas de natação e jogadora da Seleção Italiana. Ele queria que eu a superasse. Eu já estava cansada, era o último tiro e eu já achava que tinha dado tudo de mim. Topei o desafio.

Quando demos a largada, disputei braçada a braçada com a italiana. Na virada dos 50 metros, percebi que estávamos na mesma toada e que eu poderia vencer. Chegamos quase juntas ao final da prova – Cristina ganhou por uma braçada. E eu não somente fiz meu melhor tempo da vida, como o reduzi em dois segundos, o que é muita coisa para uma prova de 100 metros. Cheguei na borda e foi inevitável: ao sair da piscina, exausta, coloquei "tudo para fora". Mauro, em pé, me aplaudia e me olhava com orgulho, bradando: "Brava, Pinciroli! Brava!".

Era só uma parte do treino, mas eu encarei como se fosse a final olímpica daquela modalidade. Atingi ali a minha *peak performance*, que consiste em desempenhar acima dos seus níveis usuais e produzir as melhores marcas pessoais. Não estou defendendo que os atletas devem chegar a esse estágio de esforço em todos os treinos e, sim, como podemos nos surpreender com os resultados quando quebramos a barreira do cansaço físico.

E, então, comecei a refletir: como podemos fazer com que as pessoas – no esporte, no trabalho, na ciência ou nas artes – atinjam a *peak performance* com maior frequência e consistência?

Quanto mais enfrentamos situações extremas durante os treinos, ganhamos confiança em nós mesmos e criamos âncoras para acessar o mesmo nível de desempenho posteriormente.

Além disso, de acordo com Robert J. Harmison, professor do programa de Psicologia do Esporte da Argosy University, em Phoenix, nos Estados Unidos, o atleta precisa investir em autoconhecimento, tomar consciência sobre o estado mental que o leva à alta performance e adquirir as habilidades psicológicas que lhe permitirão voltar àquele estado[7].

Sempre considerei que o treino não pode ser algo protocolar, apenas a repetição de movimentos, quando toda a emoção fica guardada para o dia das partidas oficiais. A emoção e a superação têm que estar presentes no dia a dia. No treino é possível quebrar limites, principalmente quando você se coloca em situação de jogo. É importante simular circunstâncias extremas, como uma final de campeonato empatada, o tempo acabando, e encontrar soluções para o que fazer naquele momento, antes que ele ocorra de verdade.

Durante qualquer jogo, meu pai sempre me falava: jogue como se estivesse numa final de mundial. Transporto esse pensamento para o treino. Pratique como se estivesse em um jogo importante. Na piscina, quando treinava chutes a gol contra a goleira do nosso time, eu a enxergava como uma adversária a ser superada e usava todo o meu repertório para vencê-la.

Conversando com Sandy Nitta, que se tornou uma grande mentora e amiga para a vida, ela se lembrou de minha determinação nos treinos, da minha vontade de sempre aprender coisas novas e de levar suas instruções até as últimas consequências. "Em toda a minha experiência, você foi uma das únicas jogadoras que eu já treinei que precisei pedir para não ir ao treino e ir descansar", confidenciou-me. É verdade, ela precisava me lembrar sobre a importância das pausas e do descanso para que, além de atingir a excelência, ela seja sustentável. Inclusive, falaremos mais sobre isso no próximo capítulo.

Se há um técnico que leva os jogadores ao limite no treino, este é Ratko Rudic, considerado um dos treinadores mais renomados da história do polo aquático. O croata ficou conhecido no Brasil ao treinar a Seleção Masculina de Polo Aquático nas Olimpíadas do Rio de Janeiro, em 2016. No final dos jogos olímpicos, ele foi eleito pelo Comitê Olímpico Brasileiro (COB) "Treinador do ano em modalidades coletivas". Rudic me contou que esse prêmio é um dos mais representativos que já recebeu em toda sua carreira. Nos Jogos Olímpicos, ele conduziu os brasileiros a uma campanha histórica, chegando às quartas de final, após três vitórias consecutivas na competição. Na primeira fase, o Brasil derrotou a forte seleção da Sérvia, que viria a ser a medalhista de ouro.

O currículo de Rudic é imenso. Ele participou de nove Olimpíadas (quatro como jogador – 1968, 72, 76 e 80 – e outras cinco como treinador), por cinco países diferentes, conquistando quatro medalhas de ouro. Um dos segredos de seu sucesso era: um plano de treinamento que considera desde a parte física, psicológica, de trabalho em equipe, até aspectos espirituais, de conhecimentos gerais, ética e valores. Esse treinamento era considerado "insano" por muitos que passaram por ele.

Entre 2001 e 2004, ele treinou a Seleção Norte-americana, que tinha entre seus atletas Layne Beaubien, considerado um dos grandes jogadores da história do esporte no país – medalhista de prata nas Olimpíadas de Pequim, em 2008. Até a chegada do croata, ele costumava nadar em torno de 3 mil metros por dia na universidade em sua rotina de treinamento. Quando Rudic chegou, exigia que, no mínimo, os atletas percorressem 4 mil metros na piscina, chegando ao pico de 14 mil metros diários. "Ele me fez acreditar que podia fazer qualquer coisa – física, mental e espiritualmente. Eu passei a enxergar além da borda", disse Beaubien[8].

O técnico também incluía nos treinos sessões duras de levantamento de peso, trabalhos incansáveis de perna, além de exaustivas repetições para aprimorar a técnica e o entendimento da parte tática. Sua filosofia é que se um jogador desistir durante a prática, acabará por desistir também no jogo. E ele não poupa ninguém. Para Rudic, há dois tipos de jogadores: os talentosos e aqueles que agregam ao time, sem os quais uma equipe excepcional não seria possível de ser formada. Para ambos, a prática é fundamental. Pela sua observação, os talentosos são justamente aqueles que treinam com mais afinco, pois sabem que só assim alcançarão a excelência.

Ian Adamson, campeão de corridas de aventura, que acumula sete títulos de campeonatos mundiais e três marcas registradas no livro Guinness World Records, defende que, se você vivenciar situações intensas com frequência, isso pode ajudá-lo a encarar situações difíceis, quando estas aparecerem. "Lidar com aventuras ou esforços extremos torna os problemas que aparecem regularmente menos problemáticos. Você aprende a ver desafios, não problemas, lições, não erros e, com o tempo, mais coisas vão se tornando possíveis".

ONDE ESTÃO OS LIMITES?

Até 1954, acreditava-se que era impossível correr uma milha (equivalente a cerca de 1,6 quilômetro) abaixo de quatro minutos. O australiano John Landy, um dos grandes corredores dessa distância na época, chamava esse limite de *"the brick wall"*, ou a parede de tijolos. Especialistas comparavam o feito a escalar o Everest e diziam que, quem tentasse bater a marca, poderia correr sérios riscos de saúde. No entanto, um estudante de Medicina da Oxford University, Roger

Bannister, também um brilhante corredor, foi em busca de quebrar essa barreira. Ele afirmou – o que foi um choque na época –, que esse limite não era físico, mas, sim, mental.

Reservou o dia 6 de maio de 1954, em Iffley Road, a principal estrada arterial em Oxford. Em um dos momentos mais emocionantes da história do atletismo mundial, ele chegou aos inacreditáveis 3 minutos, 59 segundos 4 décimos.

Geralmente, basta uma pessoa demonstrar que o "impossível" é possível para que outros façam o mesmo. Landy melhorou o recorde de Iffley Road no mês seguinte, com um tempo de 3 minutos e 57 segundos e 9 décimos, enquanto nos três anos que se seguiram, outros 15 corredores também realizaram o mesmo feito. Bannister pôde comprovar que sua teoria estava correta, o limite estava na mente dos corredores.

Michael Phelps, nadador e o maior medalhista individual da história em cinco jogos olímpicos – seu primeiro foi somente com 15 anos, em Sidney-2000, e o último no Rio de Janeiro-2016 – e que já conquistou 39 recordes mundiais, resume: "Você não pode colocar um limite em nada. Quanto mais você sonha, mais longe você chega"[9].

O croata Rudic ensina: "É tudo mental". Por isso, ele levava seus atletas além do limite e os fazia acreditar que podiam se esforçar ainda mais quando estavam no auge do cansaço. Ele sabia que podia tirar mais do jogador do que o próprio jogador poderia imaginar. Rudic me explicou que procurava dar o exemplo, pois a maneira como agia e suas atitudes influenciavam todo o time. "Meu objetivo era preparar homens para a vida e não somente para serem o melhor no esporte."

Para atingir picos máximos de desempenho com maior frequência, é necessário desenvolver *mental toughness*. Esse é um conceito central na área de Psicologia do Esporte, que muitas vezes é traduzido como resistência ou vigor mental, e refere-se à capacidade de resistir e superar dúvidas, preocupações, medos e anseios e de administrar construtivamente situações adversas.

Quando Sandy Nitta foi treinadora da Seleção Brasileira e ajudou a formar o nosso *dream team*, o aspecto em que mais investiu foi no preparo mental.

Mental toughness depende da prática consistente, com atenção plena e, muitas vezes levada ao extremo. Cada vez que antecipamos situações de jogo nos treinos, não estamos apenas aprimorando nossas habilidades, mas nos preparando para lidar com a hora "H" e administrar melhor os fatores emocionais envolvidos.

Também é possível treinar e melhorar a resistência mental a partir de um trabalho focado em nossos pensamentos e em atitudes perante problemas, erros, dificuldades e pressão. "Leia livros sobre *mental toughness*", aconselha Sandy, "eu mesma já li mais de 34 livros e vira a mexe releio alguns deles", complementou.

O SIMULADOR MAIS PODEROSO QUE EXISTE NO MUNDO

"Eu me machuquei gravemente antes de ir para os Jogos Olímpicos. Não havia um tratamento para a minha lesão nas costas e não conseguia treinar, o que tirava minhas chances de ganhar. Bem, eu treinei – em minha mente. Usei a visualização para praticar os movimentos, controlar o tempo, tudo. No momento em que minha competição chegou, minhas costas estavam descansadas o suficiente para me permitir competir e minha mente compensou o que eu necessitava fisicamente. Ao entrar no Estádio Olímpico no dia da competição, eu me senti bem. Durante o aquecimento, eu me sentia pronta. Minha mente estava convencida de que aquele era o meu dia"[10]. Esse relato, que ilustra quão poderosa pode ser a visualização, foi feito pela norte-americana Dana Hee, vencedora*** da categoria peso-leve no taekwondo nas Olimpíadas de 1988, em Seul.

O simulador mais poderoso que existe no mundo é a nossa mente. E a visualização é a forma mais eficiente de utilizar esse simulador para situações importantes da vida. Ela consiste em imaginar repetidamente, de forma consciente e planejada, o que você deseja alcançar, para criá-lo e atraí-lo na vida real. A simulação pode incluir ações motoras, planejamento de estratégias e outras experiências sensoriais, utilizando todos os nossos cinco sentidos.

Esse processo ativa as mesmas áreas cerebrais que utilizamos para realizar aquilo que estamos visualizando – o córtex motor e sensório-motor. Em outras palavras, o nosso sistema nervoso não sabe a diferença entre um evento imaginado e um evento real. Tudo parece ser o mesmo para a nossa mente e é isso que torna essa técnica tão poderosa. No entanto, não basta focar nos resultados, como se imaginar no pódio, com a medalha de ouro no peito. É importante simularmos o processo e vivenciarmos as etapas para alcançar o objetivo principal.

Foram os atletas russos e do leste europeu que utilizaram, pela primeira vez, essa técnica para melhorar sua performance. Essa prática foi bastante disseminada e é comum entre atletas de elite. Sabe-se que Pelé, lenda do futebol, passava 30 minutos antes de cada jogo deitado, com uma toalha sobre a cabeça, ensaiando mentalmente suas diferentes habilidades

---

***   Em Seul 1988 e Barcelona 1992, o taekwondo esteve presente como esporte de demonstração e, portanto, não distribuiu medalhas.

e vários cenários de jogo. Além de melhorar o desempenho por meio de maior confiança e foco, as imagens mentais ampliam nossa capacidade de controlar a ansiedade, afinal, é como se já tivéssemos vivido aquela situação importante.

Um estudo publicado na *Applied and Preventive Psychology* fez uma revisão de todas as situações em que a visualização tem sido utilizada por atletas e encontrou cinco contextos principais: aquisição de habilidades, manejo de ansiedade, aumento da autoconfiança, controle da dor e como adjunto ou substituto da prática física[11] (como ilustrou o relato de Dana Hee).

PRATICANDO A VISUALIZAÇÃO

Eu sempre gostei de treinar e a prática não acabava quando eu saía da piscina. Várias foram as noites que, após o treino, com a cabeça apoiada no travesseiro, pensava nas jogadas que precisavam ser melhoradas. Como um *replay* de vídeo, vivia as mais diferentes passagens de um jogo ou treino ou até dos meus movimentos. E não raramente, encontrava meu pai no café da manhã, pronto para compartilhar ideias de jogadas. Simulávamos juntos os movimentos que ocorreriam, posteriormente, dentro da água.

Certa vez, eu estava jogando na Itália e abriu meu supercílio. Com o machucado e o sangue escorrendo, eu me desconcentrei e deixei a emoção de raiva me controlar. Após a partida, uma jogadora napolitana do time adversário me provocou: "Já percebi como te parar na água: quando você se machuca, você perde a cabeça e não joga mais com maestria". Eu sabia que precisava fazer algo para melhorar minha forma de lidar com a raiva e frustração e usei a visualização para isso.

Poucos meses depois, eu estava assistindo presencialmente a final de polo aquático masculino nas Olimpíadas de Barcelona, em 1992, quando Manoel Estiarte[****] abriu o supercílio, mas se manteve sob controle. Ele nem saiu da água. O médico foi até ele, grampeou seu corte para estancar o sangue (pois não é permitido jogar com sangue escorrendo) e ele seguiu jogando como se nada tivesse acontecido. Essa cena passou a fazer parte das minhas visualizações. Em minha imaginação, era eu quem sofria a lesão e mantinha tudo sob controle posteriormente.

Umas das vantagens da visualização é que pode ser praticada quantas vezes quiser, a qualquer momento e em qualquer lugar. Em apenas cinco minutos por dia, pode ter um enorme impacto, qualquer que seja o objetivo que você pretende alcançar.

Meu pai, ainda nos anos 1960, praticou a visualização com frequência. Cenas importantes da partida eram repetidas na sua mente no ônibus que o levava à piscina, no alinhamento dos times para o início do jogo, nos intervalos e depois do jogo. Fazia isso quase que diariamente, com visualizações que aconteciam não mais do que alguns pares de minutos.

O primeiro passo, para começar o exercício, é respirar e tentar esvaziar ao máximo a sua mente. A partir daí, aprender a criar e dar forma à sua realidade (mentalização) de maneira a despertar dentro de você um sentimento para colocar em prática tudo o que é necessário para chegar aonde você deseja.

[****] Manuel Estiarte fez parte da geração de ouro do polo aquático espanhol, foi vice-campeão olímpico de 1992 e medalhista de ouro em Atlanta, 1996.

Ao imaginar esses cenários, o atleta deve construir os detalhes e a sensação que sentiria numa atuação real. Esses cenários devem incluir o máximo possível de nossos sentidos. Eles podem ser visuais (imagens e fotos), cinestésicos (como o corpo se sente) ou auditivos (os gritos da multidão). Esses fatores sensoriais ajudam a tornar a visualização mais detalhada e poderosa.

A prática da visualização deve ser semelhante e complementar ao treino físico. Ela só funciona se acompanhada do trabalho eficaz. Como os atletas olímpicos, você ainda precisa dedicar muitas horas trabalhando fisicamente em suas habilidades para obter resultados. A visualização atua como um *software* no subconsciente. Com a prática, você construirá uma base forte para o desenvolvimento mental, essencial para a qualidade do seu jogo. Em consequência, atuará melhor dentro e fora das piscinas, quadras e arenas esportivas e da vida. Ser um campeão não é somente superar o outro, mas conseguir aproveitar os seus talentos no nível mais alto.

Os limites estão somente em nossas mentes e, se aprendemos como utilizar as ferramentas certas para aprimorar nossa prática e nosso desempenho, descobrimos possibilidades ilimitadas.

PONTOS PRINCIPAIS ABORDADOS NESTE CAPÍTULO

- Para atingir e sustentar a alta performance é necessário tempo de prática e dedicação. A prática deve ser consistente e continuada e envolver aprendizagem profunda.
- A repetição de comportamentos, rotinas e rituais leva à formação de hábitos, que permitem a liberação de recursos cognitivos e mentais para sermos mais estratégicos em nossa atuação e vivermos de maneira mais conectada ao presente.
- Para ampliar a frequência e a consistência com que alcançamos nossa *peak performance*, é importante buscarmos superar nossos próprios limites não apenas durante as competições, mas também nos treinos.
- Os limites e barreiras estão em nossa mente, portanto, o preparo mental deve acompanhar as práticas para ampliar nossa capacidade de resistir e superar dúvidas, preocupações, medos e anseios.
- A visualização é uma técnica poderosa que pode ser utilizada para o preparo mental e emocional e como adjunto da prática física.

PERGUNTAS PODEROSAS PARA REFLETIR

- Seus comportamentos diários refletem seus objetivos? Quanto você tem se dedicado à prática e ao treino das habilidades para as quais almeja alcançar e sustentar a alta performance?
- Você tem se dedicado ao aprendizado profundo das suas áreas de interesse?
- Como está o seu preparo mental para lidar com situações adversas ou de pressão? Você tem incluído esses aspectos na sua prática?

CAPÍTULO 3

ESTILO DE VIDA SAUDÁVEL: SÓ A PRÁTICA NÃO LEVA À PERFEIÇÃO, É PRECISO CUIDAR DOS DETALHES

"Se adotássemos o estilo de vida correto, poderíamos acrescentar pelo menos dez bons anos e sofrer apenas uma fração das doenças que nos matam prematuramente. Isso pode significar uma década de vida extra com mais qualidade."
– Dan Buettner

"Sua longevidade no esporte é ditada por como você vive entre as lutas."
– Carl Froch

A viagem levou 32 horas. Atravessamos o mundo com escala na Terra do Fogo, na Patagônia, Argentina, e em Auckland, na Nova Zelândia, passando por Sidney, até chegarmos a Perth, na Austrália. Aterrissamos a poucos dias do início do torneio. Eu tinha apenas 19 anos e estava a caminho do meu primeiro Mundial de Esportes Aquáticos. Os melhores atletas de natação, nado sincronizado, maratona aquática, saltos ornamentais e polo aquático, masculino e feminino, estavam ali reunidos. A primeira Seleção Brasileira de Polo Aquático Feminino, da qual eu fazia parte, foi como convidada e estava começando a se desenvolver na modalidade. Era formada basicamente por jogadoras paulistas e cariocas, na época os únicos centros do esporte no Brasil.

Chegando lá, treinamos algumas vezes e nos ambientamos entre todos aqueles atletas de ponta. Sabíamos que não tínhamos chances de vencer pela pouca experiência, mas queríamos aprender muito e certamente não fazer feio.

Foi um campeonato que durou dez dias e jogamos em um grupo dificílimo, com as húngaras, as norte-americanas e as australianas, donas da casa. As partidas eram intensas e eu não saía da água por um minuto sequer. Eu dava tudo de mim na piscina, jogava como se cada jogo fosse o último da minha vida. Tanto que, nesse período, perdi seis quilos. Nos últimos dias do campeonato, quando respirava, minhas costelas doíam.

Logo constatamos que havia uma desproporção de atuação entre o nosso e os principais times. Ali percebi que não era suficiente um bom preparo técnico e tático para estar entre as melhores do mundo. Lembro como, perto de nós, as jogadoras dos times favoritos eram não somente mais fortes, mas também mais integradas, alinhadas no modo como se comportavam, nos rituais antes e durante as partidas e consistentes na maneira de jogar. E isso não se dava apenas pela experiência e pela técnica. O segredo estava nos detalhes.

Anos mais tarde, disputando o Campeonato Pan-Americano de Polo Aquático Feminino, em Porto Rico, o cenário era diferente. Já estávamos entre as favoritas daquela competição. Foi um campeonato duro, disputado sob um calor de 40 graus. Nós nos superamos a cada jogo e vencemos. Poucos dias depois, eu estava de volta à Itália, jogando as semifinais do campeonato italiano pelo time VisNova, em Caserta, Nápoles. Na semana seguinte, cruzei o oceano novamente e estava em Quebec, no Canadá, jogando o Mundialito com a Seleção Brasileira.

Àquela altura, já entendia a importância dos detalhes para suportar essa sequência de jogos que exigem do corpo e da mente esforços acentuados. Sabia que a base de sustentação que necessitamos para alcançar e manter a alta performance inclui, além da rede de apoio e da prática consistente e continuada – das quais falamos nos capítulos anteriores –, o cuidado com corpo, mente e espírito, incorporando um estilo de vida saudável.

O QUE FUNCIONA PARA CADA UM

Não existe um único caminho para se alcançar um estilo de vida saudável, é importante que você encontre o que funciona para você. Há três níveis de conhecimento: as verdades universais, as culturais e as individuais. A verdade universal representa aquilo que é válido para os seres humanos de maneira geral, como a importância de uma boa alimentação, de um boa noite de sono, de se exercitar e de se conectar com outras pessoas. A verdade cultural varia de acordo com os costumes, hábitos e valores da uma determinada cultura, por exemplo, a maneira como as pessoas de diferentes partes do mundo demonstram sua afeição. Na Itália, assim como no Brasil, percebi que o toque é muito importante nas relações, assim como a família é presente. Nos Estados Unidos, onde moro atualmente, o contato físico é menos frequente e, no lugar da família, há um forte senso de comunidade. Já a verdade individual diz respeito a cada um de nós: qual a quantidade de comida que preciso ingerir? Em que horário devo dormir e acordar para me sentir mais descansado? Que tipo de exercício físico gosto de fazer? Sinto-me à vontade em abraçar e tocar as pessoas ou sou mais reservado?

As verdades universais podem ser conhecidas a partir do estudo do ordinário e do extraordinário. Com o intuito de entender um fenômeno comportamental ou da natureza, muitas pesquisas científicas investigam o que é esperado, o comum para a média da população. Abraham H. Maslow, um dos principais teóricos da Psicologia Humanista, foi por um caminho diferente para desvendar o potencial humano. Ele sugeriu estudar a fundo uma amostra seleta de indivíduos extremamente talentosos – buscando compreender o extraordinário. "Se queremos saber quão rápido um ser humano pode correr, não adianta calcular a média da velocidade de uma amostra representativa da população; é muito melhor coletar vencedores da medalha de ouro olímpica e ver quão bem eles se saem"[1], justifica. Alguns criticaram sua abordagem como sendo antidemocrática, mas o que ele propõe é justamente o oposto. Ao promover maior entendimento sobre as pessoas que se diferenciam nos mais diversos âmbitos, o conceito de excelência é democratizado e é possível formular estratégias e ações de melhorias e aprimoramento a todos.

Para conhecermos as nossas verdades individuais, devemos nos munir dos saberes universais e culturais e ao mesmo tempo mergulhar no autoconhecimento – para aprendermos por tentativa e erro o que faz sentido ou não para nós. A metodologia proposta por Maslow também pode ser aplicada quando investigamos nossas próprias experiências. Podemos refletir sobre os momentos em que fomos extraordinários e os fatores envolvidos quando atingimos nosso desempenho máximo. Ao identificarmos os componentes que nos levam à nossa melhor versão, conseguimos replicar mais vezes essas ocasiões e aprimorar nosso bem-estar como um todo por um longo período de tempo.

O ESTUDO DAS "ZONAS AZUIS"

Autor de diversos livros que figuraram na lista dos mais vendidos do jornal *New York Times*, Dan Buettner, junto a *National Geographic*, identificou quatro áreas no mundo nas quais as pessoas são mais longevas, ultrapassando a marca dos 100 anos de idade, e as denominou Zonas Azuis[*]. São elas: uma região da Sardenha, uma ilha italiana; as ilhas de Okinawa, no Japão; a Península de Nicoya, na Costa Rica; e uma comunidade de Adventistas do Sétimo Dia na cidade de Loma Linda, que fica na Califórnia, nos Estados Unidos.

Ele entrevistou as pessoas de cada uma dessas localidades e identificou que elas não só viviam por mais tempo, mas gozavam de boa saúde e qualidade de vida. Buettner estudou seus hábitos, práticas e comportamentos e identificou os ingredientes fundamentais para uma vida mais longa e saudável.

Os habitantes das Zonas Azuis têm um forte senso de propósito na vida e de pertencimento à comunidade. Em geral, estão associados a uma religião, zelam pelos aspectos espirituais. A família e as conexões sociais são extremamente importantes para eles. Seus hábitos alimentares incluem cuidados com a quantidade, uma dieta rica em vegetais e plantas e a ingestão de uma taça de vinho. Além disso, eles se mantêm ativos – não frequentam academias de ginástica,

---

[*] Traduzido do inglês, *Blue Zones*.

mas incluem a atividade física na vida diária, como ao cuidar do jardim e ir caminhando para os seus compromissos – ao mesmo tempo em que fazem momentos de pausa e descanso para recuperarem a energia[2]. Ao longo deste capítulo, compartilharei mais dos ensinamentos das Zonas Azuis coletados por Buettner.

Um estudo clássico, realizado com pares de gêmeos dinamarqueses, identificou que uma vida longa depende apenas em 25% dos aspectos genéticos e hereditários, enquanto os outros 75% são ditados pelo estilo de vida[3]. Assim sendo, utilizando a metodologia de Maslow, a investigação do comportamento das pessoas mais saudáveis com a vida mais longa do planeta tem muito a nos ensinar sobre escolhas que podemos fazer em nosso cotidiano para maximizar nossa saúde e nossa expectativa de vida. Da mesma maneira, podemos aprender com atletas que conseguem manter a alta performance em carreiras longevas.

LONGEVIDADE NO ESPORTE

Há pouco tempo, em grande parte das modalidades esportivas, quando um atleta passava dos 30 anos era considerado como se já estivesse no fim de sua carreira. No entanto, nos últimos anos, essa realidade tem mudado. O multicampeão de iatismo e maior medalhista olímpico individual brasileiro, Robert Scheidt, é um exemplo de longevidade no esporte. Ele passou os últimos 25 anos sempre se mantendo entre os melhores do mundo. Depois de conquistar seu primeiro mundial com apenas 22 anos, Scheidt venceu outros 12 torneios e ainda conquistou o ouro em duas Olimpíadas – além de duas pratas e um bronze. Aos 47 anos, em plena forma física, ele se classificou para a sua sétima Olimpíada, tornando-se o primeiro brasileiro a conquistar tal feito.

Quando o entrevistei para o livro, Scheidt atribuiu a maior longevidade dos atletas atuais a uma preparação mais completa, visando vários aspectos da saúde do esportista. "Antes havia o preparador físico, o treinamento e a competição. Hoje temos uma preparação em 360 graus, com o fisioterapeuta, o osteopata, o nutricionista e o psicólogo esportivo. Com o passar dos anos, o treinamento se torna mais qualitativo do que quantitativo e o atleta pode se dedicar mais à recuperação e à parte física."

Scheidt defende que não é preciso ser uma máquina para conseguir os resultados que ele conseguiu por tanto tempo, nem ter uma rotina extremamente rígida. "Claro que você precisa de disciplina para se manter fiel ao processo que você criou. Mas tem que haver a hora da diversão, da pausa, o tempo com a família e com os amigos. Tem que ter esse balanço, porque se você esticar a corda muito de um lado, ela estoura do outro."

O paradigma do atleta "velho" aos 30 anos está se quebrando, como o tenista suíço Roger Federer. Recordista de títulos de Grand Slam com 20 conquistas, Federer é o jogador que ficou por mais tempo como número um, num total de 310 semanas entre 2004 e 2018. Para garantir seu 18º título de Grand Slam, no Aberto da Austrália em 2017, o suíço com seus 35 anos venceu o espanhol Rafael Nadal, cinco anos mais jovem e conhecido pelo seu exímio vigor físico. A partida durou mais de três horas e meia e foi decidida em um quinto *set* épico – Federer conseguiu uma improvável virada após Nadal construir uma vantagem de 3 a 1 –, marcando um dos momentos mais emblemáticos da história do tênis mundial.

René Stauffer, compatriota e biógrafo do suíço, aposta no planejamento a longo prazo para explicar a vitalidade de Federer. "Roger nunca buscou metas de curto prazo, ele sempre quis estender ao máximo o seu tempo no circuito"[4]. Ainda jovem, no início da carreira, ele jogava menos torneios do que muitos de seus concorrentes, preservando seu físico. Já com mais idade, Federer adaptou seu estilo para finalizar as jogadas em pontos curtos e menos deslocamentos na quadra.

Marcelinho Huertas conta que, aos 37 anos, não tem o mesmo físico de quando começou sua carreira no basquete. "Mas minha cabeça está muito melhor. Eu faço *coaching* de performance, cuido da alimentação, descanso, respeito minhas noites de sono e estou sempre buscando formas de melhorar." Para ele, os fatores extra-quadra são importantes para o seu desempenho individual dentro do coletivo. Quanto mais passa o tempo, mais é preciso atenção aos fatores externos: "São poucos jogadores que chegam à minha idade e que continuam se destacando; eu me cuido ao máximo porque quero continuar jogando".

A longevidade dos atletas tem sido observada nos mais diversos esportes, como no surfe, onde o norte-americano, 11 vezes campeão, Kelly Slater, segue na ativa aos 45 anos; na ginástica olímpica, onde a uzbeque Oksana Chusovitina competiu nas Olimpíadas no Rio de Janeiro com 41 anos; ou no hipismo, onde a neozelandesa Julie Brougham disputou a prova de adestramento também no Rio aos inacreditáveis 62 anos.

Peter Diamandis da Singularity University, dos Estados Unidos, acredita que em breve a longevidade humana será acrescida em 40 anos graças ao avanço da medicina e das novas tecnologias. "Com a *Big Pharma*, as *startups* e o FDA (Food and Drug Administration nos Estados Unidos) começando a analisar o processo de envelhecimento como uma doença, estamos começando a transformar respostas em ações práticas para estender nossa expectativa de vida", acredita[5].

Todos esses avanços também poderão impactar ainda mais na vida útil dos atletas de ponta. A expectativa é vermos cada vez mais esportistas de elite com uma idade já avançada. Unindo a qualidade do preparo físico à experiência, poderão desafiar os jovens atletas de igual para igual.

SEGREDOS DE UMA BOA ALIMENTAÇÃO

Na época em que disputei aquele primeiro campeonato mundial, em 1991, não ouvíamos falar tanto da relevância da nutrição esportiva, mas, ao observar nossas adversárias, percebemos que tínhamos que ter um acompanhamento especializado. Nosso time não podia mais sair da piscina com aquele nível de exaustão. Precisávamos de orientação para a nossa alimentação nos treinos, no pré e pós-jogo, assim como para os suplementos necessários.

Anos depois, quando joguei no Orizzonte Catania, na Sicília, havia uma preparação nutricional para a temporada inteira. Era um detalhe que fazia a diferença. Uma vez por mês tínhamos um nutricionista, que inspecionava a geladeira das atletas, anotava o que estávamos comendo e nos orientava. Aquilo foi determinante para o aprimoramento da minha performance individual e da equipe. Tanto que chegávamos sempre em boa forma para encarar os melhores times do mundo. A boa alimentação foi um dos fatores-chave para vencermos a *Copa dei Campioni* interclubes, o equivalente ao que é a UEFA *Champions League* para o futebol.

Dan Buettner estudou que a nutrição tinha grande efeito na longevidade e na qualidade de vida nas Zonas Azuis. Assim, tirou algumas lições. A primeira se refere à quantidade ingerida. Os idosos de Okinawa comem em pratos menores, mantém a comida longe, em um balcão, onde se servem e trazem o prato à mesa e, antes de se alimentarem, repetem a frase: *hara hachi bu*. Literalmente, ela quer dizer "80% do seu estômago". Trata-se de um lembrete de quando devem parar de comer. Hoje, a ingestão média diária no local é de apenas 1.900 calorias.

Outro ensinamento é beber vinho tinto. Claro que o consumo deve ser feito com moderação. Na Sardenha, uma taça de vinho tinto com cada refeição é essencial, sempre que os amigos se encontram para jantar. "Um copo de vinho de vez em quando vai bem, sempre tomo; só não se pode tomar uma garrafa", confidenciou-me Robert Scheidt, que vive atualmente com sua família na Itália. Eu também aprendi a apreciar uma boa taça de vinho enquanto morava na Sicília, hábito que cultivo até hoje.

Evitar alimentos processados é mais uma das lições aprendidas, o que é praticamente consenso entre os nutricionistas. A maioria dos centenários em Nicoya, Sardenha e Okinawa nunca teve a chance de desenvolver o hábito de comer alimentos processados, como refrigerantes ou salgadinhos. Além disso, eles evitam carne – até porque não tinham acesso a ela – exceto em raras ocasiões. Grãos, legumes, frutas, nozes (*nuts*) e verduras de jardim são a base de sua alimentação, ou seja, o *plant based diet*.

Marcelinho Huertas me contou que fez uma mudança importante em sua alimentação nos últimos anos. "Segui a recomendação de uma nutricionista e fui aos poucos cortando queijo e carne. Sou quase vegetariano, ainda como peixe, mas o resto é baseado em plantas. Essa mudança refletiu em muitas coisas boas para a minha saúde. Perdi gordura e ganhei massa muscular. Eu sentia muitas dores nas articulações, nos joelhos, tinha muitas inflamações e, por incrível que pareça, elas foram embora. Não sei como eu estaria se não tivesse mudado minha alimentação."

A tendência de diversos atletas de ponta em optar pela dieta baseada em plantas foi registrada no documentário *The Game Changers*, dirigido pelo documentarista vencedor do Oscar, Louie Psihoyos. O filme conta a história de James Wilks, vencedor do *The Ultimate Fighter* pelo Reino Unido, enquanto viaja o mundo em busca da dieta ideal para o melhor desempenho humano. Em sua saga, ele mostra a mudança na alimentação de astros como o (até então) sete vezes campeão de Fórmula 1, Lewis Hamilton, o tenista Novak Djokovic que, até julho de 2021, venceu 20 torneios do Grand Slam, o levantador de peso Patrik Baboumian, que é considerado o homem mais forte da Alemanha, entre outros.

A ciclista norte-americana Dotsie Bausch conquistou a medalha de prata na perseguição por equipes nos Jogos Olímpicos de 2012, em Londres. Ela tinha 39 anos e se tornou a mulher mais velha a conquistar uma medalha olímpica em uma das modalidades mais intensas da competição. Dotsie revela que, em sua preparação, ao adotar a dieta baseada em plantas, viu uma melhora drástica em seu desempenho e recuperação. "Eu era capaz de mover 300 libras (136 quilos) no *leg press* invertido antes de começar a dieta, mas logo antes dos Jogos Olímpicos eu cheguei a fazer o exercício com 600 libras (272 quilos) em 60 repetições e cinco séries.[6]" A alimentação, segundo ela, foi fundamental para conseguir o preparo ideal para conquistar a medalha olímpica.

O astro do futebol americano Tom Brady – que, aos 43 anos, em 2021, tornou-se o atleta mais velho a disputar o Super Bowl – criou uma dieta mais flexível para balancear os alimentos vindos da terra com outros alimentos. Tanto que lançou o *Manual de Nutrição de TB12***, onde diz que 80% de sua alimentação é baseada em plantas e frutas orgânicas, muitas delas colhidas na própria horta do atleta e consumidas cruas. Segundo ele, nessa lista devem ser cortados açúcar, sal iodado, cafeína, álcool, alimentos processados, glúten e até mesmo alguns vegetais, como tomate. Já nos outros 20%, ele inclui carnes, peixes e frango, e ainda guarda um pouco para o que tem vontade, mesmo que não seja muito saudável. "Se eu tenho vontade de comer *bacon*, eu pego apenas um pedaço. Mesma coisa com pizza", disse em uma entrevista[7]. Ele atribui jogar em alta performance, mesmo aos 43 anos, à sua dieta.

Robert Scheidt nunca tentou a dieta baseada em plantas, já que precisa ganhar peso e manter massa muscular alta. "Eu tenho receio de ter um efeito contrário. Na alimentação, eu evito excessos, como bastante peixe, salada, frutas, sem muita fritura e carne vermelha."

Esse equilíbrio também funcionou para mim. Em casa, com meus pais, aprendi a ter uma alimentação saudável. Na Itália, e mais tarde com a Seleção Brasileira, percebi como a alimentação podia potencializar ainda mais a minha performance. No entanto, não deixava os meus gostos pessoais de lado. Apesar de saber que a cafeína não era algo muito recomendável para a prática esportiva, de vez em quando tomava um cafezinho. Aquilo me conectava, de alguma

---

** Do inglês, *TB12 Nutrition Manual*, sendo que TB é a abreviação de Tom Brady e 12 o número da camisa que o consagrou.

maneira, ao Brasil. Era uma forma de, sensorialmente, matar a saudade da minha família e amigos, o que me dava mais energia. Outra coisa que não deixava passar por muito tempo era um *vero gelato italiano* ou uma granita de amêndoas com um toque de café, sobremesa típica em Catânia, na Sicília.

OBEDECER À NATUREZA PARA PODER COMANDÁ-LA

Quando engravidei da minha primeira filha, Alissa, eu tinha um ritmo de vida frenético. Estava verdadeiramente engajada em meu trabalho no banco, adorava o que fazia e estava comprometida em atingir excelência agora como executiva. Eu aceitava todas as demandas e desafios propostos pelo meu gestor e puxava a minha equipe para irmos sempre além. Em nome de alcançar as metas definidas, não era raro que eu pulasse uma ou outra refeição, dormisse menos que o necessário ou penalizasse minhas horas de descanso e lazer.

Durante a minha carreira esportiva, eu tinha aprendido a ignorar dores e desconfortos físicos em prol do meu propósito de ser uma das melhores jogadoras de polo aquático do mundo. "Os grandes atletas nunca pedem para sair da água, não se entregam ao cansaço, eles sabem que a barreira é mental e eles sempre podem dar mais", me lembrava meu pai. E eu incorporei esse aprendizado e o reproduzia em minha carreira corporativa.

Com a gravidez, a realidade se tornou outra. De repente, eu me via exausta, cansada, com sono e eu não conseguia escapar dessas sensações, não importa o quanto tentasse. Se eu não comesse durante o dia ou passasse do horário no trabalho, meu corpo me parava. Era como se ele me dissesse: "Você está gerando um bebê, vá com calma!".

Entendi que era o momento de aceitar minhas limitações, de ouvir meu corpo, interagir com ele e descobrir o que eu estava precisando em cada mês da gestação. O filósofo inglês do século 16, Francis Bacon, dizia que "A natureza, para ser comandada, deve ser obedecida". Isso pressupõe compreendê-la, respeitá-la e aderir ao que é natural. Esse ensinamento é válido não somente para o contato com o meio ambiente, mas também para a maneira como lidamos com o nosso próprio corpo, com as nossas necessidades mais básicas – aquilo que faz parte da nossa natureza, por assim dizer.

Com a gravidez, aprendi a ouvir meu corpo. Ao mesmo tempo em que encarava seus limites, descobria suas novas potencialidades. Foi uma fase maravilhosa de conexão com minha bebê ainda na barriga e comigo mesma.

O autoconhecimento é a chave para uma vida de excelência e felicidade. É essencial se conectar com a própria natureza e identificar os momentos em que convém obedecê-la e os momentos em que podemos ousar domá-la, superando limites e barreiras.

O caso do maratonista Derek Clayton ilustra os riscos de ignorar os sinais do próprio corpo. Como preparação para as competições, Clayton seguia uma exaustiva rotina de corridas. Todos os sábados, ele percorria a distância de uma maratona e fazia até 28 quilômetros na maioria dos outros dias da semana. Diminuía o ritmo somente às sextas-feiras, quando corria por volta de 16 quilômetros. O preço pago por sua prática incansável foi alto. Ele sofreu muitas lesões, chegando a passar por nove cirurgias durante o período em que competia. Além disso, seus resultados eram inconsistentes.

Uma dessas lesões ocorreu no período que antecedeu a Corrida Internacional de Fukuoka, em 1967. Durante sua recuperação, necessitou fazer uma pausa no treinamento, sendo forçado a descansar. O resultado? Ele alcançou um feito formidável. Completou o trajeto de mais de 42 quilômetros em 2 horas 9 minutos e 36,4 segundos, ficando abaixo do recorde anterior por dois minutos e meio. Em menos de 18 meses, superou seu próprio recorde em Antuérpia, na Bélgica.

"O erro que cometi ao longo da minha carreira foi que às vezes eu exagerava. Nem sempre escutei meu corpo. Continuei treinando quando deveria ter recuado e isso deu início a uma reação em cadeia que muitas vezes levava a lesões", analisa Clayton. "O segredo do treinamento é se esforçar sem destruir o corpo. Muita gente achou que eu estava louco com o treinamento que fiz, e talvez eu estivesse", lamentou[8].

Sua história mostra que ouvir o próprio corpo e, assim, valorizar momentos de pausas, descanso e recuperação, não é apenas uma forma de cuidar da saúde e prevenir lesões, mas uma condição essencial para se atingir excelência.

FÉRIAS E DESCANSO

Vivemos em um mundo globalizado, onde há inúmeras vantagens: o surgimento de direitos e liberdades, o número crescente de mulheres no poder, os avanços na medicina e a consequente melhoria na qualidade de vida, a democratização da arte e da informação, e a maior abertura para o debate e o surgimento de iniciativas que abordam temas relacionados à diversidade.

Ao mesmo tempo, o que nos impomos é, muitas vezes, extenuante. Tendemos a buscar o nosso melhor em diferentes frentes: para a nossa saúde, no trabalho, nos estudos, no esporte e nos relacionamentos. A tecnologia digital, que celebramos inicialmente com entusiasmo, tem demonstrado não ser a ferramenta ideal de conexão e de compartilhamento de experiências e de sentimentos, mas, sim, algo que tem causado mais ansiedade, solidão, com uma interminável comparação entre a nossa vida e as fotos sempre felizes nas redes sociais. Sem contar a quantidade de informações que recebemos e processamos todos os dias. Por isso, precisamos cada vez mais de práticas de descanso tanto física quanto mentalmente.

"Eu posso fazer um ano de trabalho em nove meses, mas não em doze". Essa frase, atribuída ao banqueiro e financista J. P. Morgan, resume a importância das férias e do descanso para que o nosso rendimento seja melhor e maior. Há muito o que se aprender quando observamos os atletas de alta performance que alternam, cuidadosamente, entre períodos de exercício intenso e relaxamento. Quando não estão praticando, estão descansando deliberadamente, preparando-se para a próxima sessão.

Quando estamos descansados, nossa mente foca com muito mais facilidade e conseguimos nos empenhar nas diferentes atividades do dia. Dessa maneira, é mais provável que você pratique perto do seu desempenho máximo ou até ultrapasse seus limites. Mestres, professores e treinadores consideram tentar focar em alguma atividade quando se está cansado não apenas um desperdício, mas até mesmo prejudicial para melhorias sustentadas.

Para que o descanso seja verdadeiramente restaurador, ele não deve ser pensado apenas como parar uma atividade cansativa ou sair de um estado de fadiga. Descansar vai muito além de não trabalhar, não estudar ou não treinar. Envolve separar um tempo para não fazer nada e cuidar de si próprio – física, mental e espiritualmente. É importante usufruirmos do silêncio e da inatividade para criar um espaço em nossa rotina e termos tempo para a introspecção. Quando ficamos introspectivos, refletimos sobre nossas próprias experiências, sobre o que ocorre em nosso íntimo. Dessa forma, desenvolvemos a habilidade e flexibilidade para mudar nossa perspectiva com relação aos acontecimentos em nossas vidas, da visão macro para a micro e vice-versa. Importante também promovermos o tempo livre na rotina de nossos filhos de forma que tenham tempo para "não fazer nada" e, dessa forma, explorarem a criatividade e o que lhes der prazer.

O descanso deve fazer parte do planejamento intencional. Ele precisa ser incluído na agenda, deve ser destacado da mesma forma com que priorizamos outras atividades de trabalho ou da prática esportiva. Uma boa forma de nos sentirmos revigorados é quando escolhemos atividades que gostamos de fazer. Para mim, o contato com o mar transmite esse sentimento de renovação da mente e do corpo. Sinto isso desde a minha infância e carrego até os dias de hoje. Como somos seres sociais, faz parte de nossa natureza fazer parte de uma comunidade. Nos sentimos melhor, mais plenos, seguros e mais felizes. Dessa forma, dê preferência para aquelas atividades que estimulem conexão com seus relacionamentos.

DESACELERE

Raffaella Monne, moradora da aldeia de Arzana, na Sardenha, estava descascando tranquilamente uma maçã, enquanto Dan Buettner a entrevistava. Ela respondia laconicamente às suas perguntas sobre sua dieta, nível de atividade física e relacionamentos com a família. Frustrado com suas respostas evasivas ele questionou: "Do auge dos seus 107 anos, você tem algum conselho para os mais jovens?". Ao que ela respondeu: "A vida é muito curta. Não corra tão rápido a ponto de não aproveitá-la".

Reservar um tempo para nos recuperarmos do cansaço também é uma das lições das Zonas Azuis. Os moradores da Sardenha costumam sair às ruas por volta das cinco da tarde, e os da Península de Nicoya fazem uma pausa no meio da tarde para descansar e socializar com os amigos. A comunidade de adventistas de Loma Linda guarda o sábado como uma tradição religiosa. Do pôr do sol da sexta-feira ao pôr do sol do sábado, eles criam um "santuário no tempo", durante o qual se concentram em Deus, em suas famílias e na natureza, sem utilizar aparelhos tecnológicos, como celulares. Para os adventistas, é hora de diminuir o agito da vida cotidiana e colocar o resto da semana em perspectiva.

Essa desaceleração une, de certa forma, muitas das outras lições capturadas nas Zonas Azuis, como comer com consciência e adequadamente, valorizar os amigos, fazer da família uma prioridade, mover-se fisicamente, encontrar um tempo para a espiritualidade e viver cada momento no aqui e agora.

UMA BOA NOITE DE SONO

O sono é uma das formas mais importantes de recuperação física e mental. A privação ou uma má qualidade do sono pode levar a uma série de prejuízos. De acordo com o professor titular da Universidade Federal de Minas Gerais, Marco Túlio de Mello, educador físico e proeminente pesquisador na área do sono: "Se você dormir mal de um dia para o outro, o principal sintoma será o mau humor e a irritabilidade. A médio prazo, apresentará problemas como esquecimento, dificuldades para se concentrar e uma maior probabilidade de erros e acidentes por conta da diminuição dos reflexos. No longo prazo, o principal afetado é o sistema imunológico; você fica doente com mais frequência e pode até ter dificuldades de responder adequadamente às vacinas".

Nosso sono é dividido em quatro fases, que têm funções restaurativas diferentes. As fases 1 e 2 caracterizam o sono leve. Na primeira ainda estamos pegando no sono e, na segunda, apesar do nosso corpo já estar dormindo, relaxado, somos mais suscetíveis a acordar com algo que ocorra no ambiente externo, como barulhos ou luzes. A fase 3 é o sono profundo e está associada à liberação de hormônios de crescimento e recuperação física. Por fim, a fase 4, conhecida como sono REM (referindo-se aos *rapid eye movements* – os movimentos rápidos dos olhos, que ocorrem enquanto estamos nesse estágio), está associada aos aspectos cognitivos. Dormir bem significa passar por todas essas fases em quantidade suficiente para se sentir revigorado e bem disposto no dia seguinte.

A maioria da população precisa de sete a oito horas de sono por noite. Entretanto, há também os dormidores curtos e os longos. Para os curtos, dormir quatro ou cinco horas por noite é o suficiente, enquanto os dormidores longos precisam de mais de nove horas na cama.

As pessoas variam também em função de seus ritmos biológicos. Há os matutinos, que preferem dormir cedo e se sentem mais ativos nas primeiras horas do dia; os vespertinos, que se sentem mais produtivos no final do dia e tendem a estar sonolentos pela manhã; e os intermediários, que dormem por volta da meia-noite e acordam às oito da manhã.

Conhecer o seu próprio ritmo biológico e suas necessidades individuais em termos de quantidade de sono é essencial para que consiga organizar sua rotina com a dose certa de recuperação, pois é um fator-chave para otimizar sua performance.

Para esse processo de autoconhecimento, o professor Marco Túlio aconselha utilizar o período das férias, especialmente os últimos 15 dias, pois nos primeiros pode ser que você necessite de horas a mais de sono para compensar uma possível privação devido à correria cotidiana. Durante a sua auto-observação, busque respeitar seu ritmo biológico, dormindo quando sentir sono e acordando sem despertadores.

Para isso, é essencial evitar o uso de telas – televisão, *tablets* e celulares – durante a noite, pois a luz emitida por esses equipamentos pode tornar esse processo menos natural. "O nosso organismo reage à luz e à escuridão. Há uma região do nosso cérebro que detecta a chegada da noite e começa a liberar hormônios que nos auxiliarão a entrar no processo do sono", comentou o professor Marco Túlio.

Uma vez que tenha identificado o que funciona melhor para você, é importante dormir e acordar por volta do mesmo horário todos os dias, pois de acordo com o pesquisador, "o nosso organismo é rítmico e funciona melhor se esse ritmo for respeitado". É claro que podemos variar eventualmente, mas não devemos fazer disso um hábito.

O SONO DOS ATLETAS

Quanto de sono um atleta de elite precisa? Roger Federer diz necessitar dormir por volta de 11 a 12 horas por dia. E ele não está sozinho nessa. Outros atletas de ponta, como o homem mais rápido do mundo, o jamaicano Usain Bolt, tricampeão olímpico nos 100 e 200 metros rasos, e LeBron

James, um dos maiores jogadores de basquete de todos os tempos, também já disseram que precisam dormir por mais de 10 horas por dia[9].

Além da variação individual, esportistas podem realmente precisar de mais tempo de sono que a média da população. O desgaste físico da prática exige um processo mais intenso de recuperação – que é alcançado durante o sono. Para um atleta, dormir menos que o necessário pode significar não só uma queda no desempenho, mas um risco ampliado de lesões musculares.

Essa quantidade de sono não é necessariamente alcançada ininterruptamente, Federer, por exemplo, dorme dez horas à noite e faz duas sonecas de aproximadamente uma hora ao longo do dia. Shannon Miller, uma das ginastas mais bem-sucedidas da história dos Estados Unidos, ganhadora de sete medalhas olímpicas, nove mundiais e cinco Pan-Americanos, também é uma entusiasta dos cochilos e reconhece a importância do sono para manter sua alta performance. "Aprendi desde cedo que dormir era tão importante para o meu treinamento quanto condicionamento, alongamento e habilidades. Eu precisava dar tempo ao meu corpo e à minha mente para se recuperarem. Eu buscava dormir pelo menos oito horas ou mais, sempre que possível. E tirava cochilos. Eu praticamente tirava uma soneca todos os dias desde o momento em que comecei o treinamento intensivo até o dia em que me aposentei"[10].

O professor Marco Túlio ressalta que as sonecas têm efeitos poderosos de recuperação sobre a performance, mas devemos tomar cuidado para que sua duração não exceda 60 minutos. "Um cochilo mais longo que isso pode atrasar o início do sono noturno e isso interfere de maneira negativa no ritmo individual", explica.

Atletas costumam ter rotinas intensas, sendo necessário conciliar a prática, os estudos ou o trabalho, a família, além das viagens e mudanças de fuso horário em épocas de competição. Tudo isso pode interferir no estabelecimento de uma rotina de sono. É preciso um esforço deliberado para cuidar disso, diminuindo o uso de telas à noite ou mesmo aumentando a quantidade de sonecas durante o dia.

Em meio a tantos jogos e competições importantes, ora com a Seleção Brasileira, ora na Itália, eu frequentemente dormia nos trajetos. Entrava no carro, no avião ou em qualquer veículo em movimento e caía no sono. Nunca tive dificuldade para dormir. Algumas colegas de equipe precisavam fechar cortina ou se isolar de qualquer barulho exterior. Eu não. Muitas vezes, acordava no avião pegando uma bola imaginária ou fazendo algum movimento da partida. As pessoas ao redor morriam de rir. Essa reposição constante de sono era essencial para a minha recuperação.

O SONO NAS OLIMPÍADAS

O professor Marco Túlio atua como consultor do sono para o Comitê Paraolímpico Brasileiro desde 1994 e prestou consultoria para o Comitê Olímpico em 2016. Ele me contou sobre o trabalho inovador que realizou com atletas de diversas modalidades nessa ocasião. Ele e sua equipe fizeram uma avaliação completa do sono nos atletas e forneceram assessorias individualizadas para aqueles que apresentaram demandas.

"É possível atrasar ou adiar o sono a partir do uso de equipamentos muito simples. Utilizando uma luva para o resfriamento da mão, podemos induzir ao sono, pois há uma diminuição da temperatura do sangue que chega ao sistema nervoso central. Com o uso de óculos especiais, é possível dar 'um banho de luz' que mantém o indivíduo acordado por mais tempo e posterga o início do sono", explica o pesquisador. A partir dessas técnicas, pode-se ajustar o relógio biológico do atleta a horários incomuns de competição e facilitar a adaptação às mudanças de fuso.

RESPIRAR E MEDITAR PARA UMA VIDA SAUDÁVEL

A gravidez e o nascimento das minhas três filhas foram experiências muito intensas e cheias de aprendizados. Eu me conectei com meu corpo, com minha natureza e fui tomada por um amor incondicional por cada uma delas. Quando a mais velha nasceu, eu queria dar conta de tudo sozinha, mas compreendi que "é preciso uma aldeia para criar uma criança", como diz o ditado africano. Aprendi a pedir ajuda e reforcei minha convicção na importância de se ter uma rede de apoio.

Com o nascimento da Giorgia, minha segunda filha, mesmo com todo o apoio da minha família, manter um estilo de vida saudável e gerir o tempo entre as diversas demandas da vida corporativa e familiar tornou-se um grande desafio para mim. Foi quando conheci Maria Eugênia Anjos, uma estudiosa da yoga há mais de 33 anos, diretora da Arhka Medicina Integrativa, ex-atleta de hipismo, que criou a Respiração Terapêutica – uma metodologia que usa exercícios respiratórios para a promoção e manutenção da saúde, prevenção e tratamento de doenças.

Ela me ajudou a encontrar um equilíbrio em minha rotina e, posteriormente, quando engravidei da minha terceira filha, ela me auxiliou a curtir profundamente cada fase da gestação e a me preparar melhor para a hora do parto, entrando em conexão com cada mudança em meu corpo, com meus sentimentos e aprendendo a usar métodos que todos nós possuímos, e mesmo assim, muitas vezes, deixamos de colocar em prática.

Maria Eugênia defende que exercícios respiratórios deveriam ser incluídos em nossa rotina para uma vida saudável. "Deveriam ensinar nas escolas, o que beneficiaria tanto os alunos, como o corpo docente, para melhorar a qualidade de aprendizado e bem-estar. Apenas 20 minutos ao dia já seriam suficientes", disse.

Seus argumentos são amplos e convincentes: "Se dedicar a cuidar da sua respiração é se dedicar a cuidar da sua vida, da sua saúde, da nutrição das suas células a partir do oxigênio. Assim como necessitamos fortalecer os músculos do corpo, precisamos cuidar dos músculos respiratórios. Aprender a respirar adequadamente é dar condições para que o nosso corpo chegue ao seu potencial máximo. Além disso, os exercícios respiratórios ajudam a acalmar a mente e a equilibrar as emoções, mantendo um fluxo energético saudável".

Ela propõe que as pessoas prestem atenção na própria respiração e priorizem a inspiração pelas narinas e não pela boca, pois uma respiração lenta e profunda feita pelas narinas ativa a produção de calmantes naturais em nosso corpo. Os exercícios respiratórios devem ser setorizados, treinando a respiração baixa, média e alta, que envolve os músculos abdominais, da região das costelas e da parte alta do peito, respectivamente.

Além disso, a porta de entrada para a meditação é a respiração lenta e profunda. Depois de fazermos várias respirações profundas, saímos do estado automático e entramos em um estado meditativo.

A prática de meditação tem ganhado adeptos no mundo todo, pois ela não só promove bem-estar, como produz efeitos benéficos para a saúde física, cognitiva e emocional. Meditar alivia dores crônicas e ansiedade, melhora a saúde cardíaca, o humor e a imunidade. Estudos científicos com monges budistas mostraram que a prática consistente de meditação gera mudanças duradouras na atividade cerebral, em áreas envolvidas na atenção, memória e aprendizagem[11].

Jon Kabat-Zinn, professor emérito da University of Massachusetts Medical School e criador da Stress Reduction Clinic and the Center for Mindfulness in Medicine, Health Care, and Society, defende que a essência da prática de *mindfulness* – um dos tipos de meditação que têm sido mais estudados cientificamente – é estarmos conscientes do que estamos fazendo enquanto estamos fazendo, focando em uma única coisa de cada vez. Ao tornarmos isso um hábito, promovemos períodos de descanso para a nossa mente. É como se criássemos "ilhas de sanidade" em meio às nossas vidas agitadas.

Diminuindo a quantidade de distrações e absenteísmo da mente enquanto realizamos nossas tarefas diárias, como ao comer, estudar, cozinhar ou conversar com as pessoas que amamos, nos mantemos mais conectados com o momento presente.

CONEXÃO E RELACIONAMENTOS

Durante 75 anos, a Harvard University acompanhou a vida de 724 homens, ano após ano, questionando sobre seus trabalhos, vidas domésticas e saúde.*** Esse é considerado o estudo mais longo sobre a vida adulta que já foi feito. Robert Waldinger é o diretor atual dessa pesquisa e compartilhou os resultados obtidos com relação aos fatores que levam ao bem-estar. A resposta não está no acúmulo de riquezas, fama ou nas horas de trabalho. As dezenas de milhares de páginas de informação geradas ao longo de tantos anos dessa investigação apontaram para um único fator: cultivar e manter bons relacionamentos.****

As pessoas que estão mais conectadas socialmente com família, amigos e comunidade são mais felizes, fisicamente mais saudáveis e vivem mais do que as pessoas que têm poucas conexões. "O que importa não é o número de amigos que você tem, se está ou não em um relacionamento afetivo, mas, sim, a qualidade dos seus relacionamentos mais próximos", diz Waldinger. Relacionamentos bons e íntimos, nos quais as pessoas sentem que podem contar umas com as outras em caso de necessidade, protegem o corpo e a mente, levando a um envelhecimento saudável e com menor declínio das habilidades de memória.

Outros pesquisadores reforçam a centralidade das relações em nossas vidas. Arthur Aron, professor de Psicologia na *Stony Brook University*, baseado em anos de pesquisa sobre

---

*** Um compilado dos artigos publicados a partir desse estudo pode ser encontrado nesse site: https://www.adultdevelopmentstudy.org/publications
**** Link para a palestra na TED Talks: https://www.ted.com/talks/robert_waldinger_what_makes_a_good_life_lessons_from_the_longest_study_on_happiness/transcript?source=facebook&language=pt-br

intimidade nos relacionamentos interpessoais, afirma que "O maior indicador da felicidade humana é a qualidade dos relacionamentos de uma pessoa"[12]. Somos seres sociais, "inatamente inclinados a formar ligações fortes, duradouras e harmoniosas com outras pessoas", como propõe a psicóloga social Ellen Berscheid[13] em um capítulo de um livro, cujo título achei bastante sugestivo: *The human's greatest strength: Other humans*.

No estudo das Zonas Azuis, Dan Buettner notou que os centenários mais bem-sucedidos e saudáveis eram aqueles que colocavam suas famílias em primeiro lugar. Eles tendem a se casar, ter filhos e construir suas vidas em torno desse núcleo, criando rituais ou rotinas que estimulam a união familiar, como fazer refeições com todos à mesa ou tirar férias em família, por exemplo.

Depois que eu e meus irmãos crescemos, estabelecemos uma tradição familiar em que meus pais escolhem onde passar férias junto com os filhos e netos a cada dois anos. Identificamos sempre um local que haja a possibilidade de praticarmos esportes, pois assim a conexão em família é muito maior. Meus pais criaram uma boa regra: se todos os integrantes da família estiverem presentes, eles oferecem a estadia e a viagem!

Essa centralidade da vida familiar também é encontrada entre atletas de ponta, como é o caso de Robert Scheidt, que mesmo sendo apaixonado pela sua vida esportiva, confessou: "As competições já não são minha prioridade número um como eram há dez anos. Hoje eu tenho uma família, minha vida mudou. Tenho conseguido manter um balanço entre as duas, mas se tivesse que optar entre uma e outra, optaria pela família".

Para além da vida familiar, as pessoas que fazem parte do nosso círculo de amizades também podem influenciar nossa longevidade e saúde. Uma pesquisa publicada no *New England Journal of Medicine* mostrou como nossa rede social imediata, formada pelas pessoas com quem mais convivemos em nosso dia a dia, afeta nosso estilo de vida. Olhando para uma comunidade de 12.067 pessoas em um período de 32 anos, os pesquisadores descobriram que as pessoas tinham maior probabilidade de se tornarem obesas quando seus amigos se tornavam obesos. Num grupo de amigos próximos, se um ficasse obeso, as chances dos outros também se tornarem quase triplicou. O mesmo efeito ocorria com a perda de peso[14].

O PODER DO TOQUE

Em mais de 30 anos de pesquisa, Tiffany Field, psicóloga e diretora do The Touch Research Institute da University of Miami Miller School of Medicine, vem comprovando os inúmeros benefícios do toque. O simples ato de abraçar, beijar, segurar as mãos, acariciar ou fazer uma massagem nas costas de alguém é capaz de reduzir dores, ansiedade, depressão e comportamentos agressivos e de promover melhora na função imunológica e na reatividade ao estresse.

As pesquisadoras norte-americanas Brittany Jakubiak e Brooke Feeney publicaram um artigo na revista científica *Personality and Social Psychology Review*, no qual defendem que dar e receber toques que demonstram afeto promove bem-estar físico, psicológico e relacional, independentemente da cultura e das preferências individuais. Ou seja, pessoas mais reservadas e que preferem manter um maior distanciamento físico nas relações também são afetadas positivamente pelo toque[15].

Field concorda com essa ideia e afirma que, mesmo que o toque não seja algo tão natural para uma pessoa, ela pode fazer um esforço consciente para trazer mais contato físico para sua vida diária. "Dê um abraço em seus filhos quando eles saírem para a escola pela manhã e quando voltarem para casa. Segure a mão do seu ou da sua companheira quando der um passeio. Acaricie seu bicho de estimação. Agende algumas sessões com um massagista profissional"[16], ela exemplifica.

Como mencionei no início do capítulo, não há um só caminho e não há uma só verdade sobre o que caracteriza um estilo de vida saudável. Considero importante levar em conta esses seis aspectos: manter-se ativo, cuidar da alimentação, do descanso, do sono, da respiração e dos seus relacionamentos. Agora, a maneira como você vai fazer isso depende da sua experiência, dos seus valores e propósitos. E como descobri-los? Muitas vezes necessitamos ir pelo método da tentativa e erro, até encontrarmos aquilo que funciona para nós. Por isso é importante mantermos o olhar aberto, atento e curioso – como o das crianças –, e construirmos nossa própria jornada de crescimento e evolução, sendo compassivos com nossos tropeços no caminho.

PONTOS PRINCIPAIS ABORDADOS NESTE CAPÍTULO

- Podemos aprender muito com as atitudes dos habitantes das Zonas Azuis e com os atletas que mantiveram a alta performance por vários anos, para atingirmos a longevidade com qualidade de vida.
- Manter uma boa alimentação é essencial para o seu bem-estar – a dieta baseada em plantas tem sido uma tendência entre atletas de ponta.
- Ouça o seu corpo, promova momentos de silêncio, respeite o período de férias e aprenda a descansar. Momentos de pausa são tão importantes quanto os de treino.
- O sono é parte decisiva para a restauração da energia de seu corpo e da mente. Descubra o quanto você precisa dormir e quais os melhores horários para você.
- Exercitar os músculos da respiração e meditar pode ser tão importante como exercitar os músculos do corpo.
- Manter bons relacionamentos por perto e exercitar o toque pode melhorar o seu bem-estar.

PERGUNTAS PODEROSAS PARA REFLETIR

- Seu estilo de vida atual promove bem-estar no curto e no longo prazo?
- O que você pode fazer para ter mais momentos de recuperação em seu estilo de vida atual?
- Qual foi o momento ou período mais feliz em sua vida (pode ser desde um projeto relacionado ao seu trabalho, um lugar especial em que você esteve, um período em que você esteve com uma certa pessoa ou mesmo sozinho)? O que você fez durante esse momento que o tornou tão especial?
- O que você está vendo, ouvindo e sentindo neste exato momento? Quão conectado está ao seu momento presente?
- Quando você se sentiu melhor fisicamente no passado? O que você fazia, quais eram seus hábitos e rituais?

CONCLUSÕES DA DIMENSÃO 1

SUSTENTAÇÃO

Nesta primeira parte do livro apresentei aspectos, atitudes e escolhas que devemos levar em conta para **formar e fortalecer a base de sustentação para uma vida de excelência e felicidade**. Para atingir e sustentar a alta performance, é necessário: uma rede de apoio, prática consistente e continuada e um estilo de vida saudável, integrando cuidados com corpo, mente e espírito.

Ao aplicar o método WeTeam, tenho atuado em três perspectivas: promovendo um olhar para a jornada percorrida até então, para o momento presente e estabelecendo um plano de ação para ampliar a sustentabilidade de seu desempenho em pico máximo – sejam quais forem as áreas da vida que queiram aprimorar.

DIMENSÃO 2
FORÇA INTERIOR

CAPÍTULO 4

LIDANDO COM ADVERSIDADES: É PRECISO ABRAÇAR A ZONA DE DESCONFORTO PARA SUPERAR OS PRÓPRIOS LIMITES E DESENVOLVER OS MÚSCULOS EMOCIONAIS PARA A VIDA

"Quanto mais tempo você passa na sua zona de desconforto, mais a sua zona de conforto irá se expandir."
– Robin Sharma

"Entre o estímulo e a resposta existe um espaço. Nesse espaço está nosso poder de escolher nossa resposta. Em nossa resposta está nosso crescimento e nossa liberdade."
– Viktor Frankl

Meu tio Ricardo, o caçula dos três irmãos, foi um grande jogador de polo aquático. Ele costumava treinar com o meu pai todas as manhãs antes do colégio e todas as noites até às 22h30. Às vésperas das Olimpíadas de 1968, os dois ficaram concentrados entre Rio de Janeiro e São Paulo. Na hora de definir o time que defenderia o Brasil nos Jogos, meu tio foi cortado. Até hoje meu pai se lembra das palavras do técnico após o último treino na piscina do Fluminense: "Pedro, você marcou tão bem o atacante que disputava a posição com o seu irmão, que ele teve uma atuação apagada. Mas escolhi cortar o Ricardo, embora ele tenha aparecido mais, pois acredito que ele não tenha tido a mesma qualidade de marcação".

Meu pai ficou indignado com aquela decisão. Na volta para São Paulo, de ônibus, ele esbravejava e meu tio se mantinha sereno, sem reclamar, como era de seu feitio. Ele ainda acalmava o seu irmão mais velho, que seguia indignado.

A partir daquele momento, Ricardo passou a se dedicar em tempo integral ao curso de Engenharia e à Matemática, pelos quais era apaixonado e em que tanto se destacava. Já no primeiro ano, ele se tornou aluno-assistente do professor e chegou a publicar apostilas de cálculo integral que foram usadas por diversos anos pela faculdade. Meu tio se queixava de uma dor nas costas, mas pensava que era devido aos treinos intensos que havia enfrentado nos últimos meses, disputando a vaga na Seleção Brasileira de Polo Aquático.

Exatamente quatro meses após o casamento de meus pais, a delegação brasileira partiu para as Olimpíadas do México, em outubro de 1968, com meu pai como parte do time. Durante os Jogos, ele se comunicava com minha mãe, Olga, e com meus avós por cartões postais. As ligações internacionais eram caríssimas. Ao retornar após 18 dias, apenas minha mãe e meu avô o receberam no aeroporto e ele notou que algo estava errado. Por que Ricardo, minha tia e minha avó não estavam lá? Era tradição da família sempre receber os viajantes já no aeroporto, ainda mais depois de uma viagem tão representativa.

Em seguida, dirigiram-se à casa de meus avós e meu pai sentiu uma das tristezas mais intensas de sua vida quando viu seu irmão numa cadeira de rodas, após uma cirurgia que detectou câncer na medula óssea.

Depois do baque, seguiram-se meses de intensa terapia. Ele contou com apoio de seu amigo e companheiro de time, João Gonçalves Filho, atleta que participou de duas Olimpíadas na natação (Helsinque-1952 e Melbourne-1956), três no polo aquático (Roma-1960, Tóquio-1964 e Cidade do México-1968 – da qual foi porta-bandeira) e, mais tarde, como técnico de judô. Para ajudar na recuperação, eles faziam exercícios com foco na reabilitação na piscina do clube durante a manhã e, à noite, retornavam com exercícios, meditação e visualização na própria casa de Ricardo e de meus avós. Entre ligeiras melhoras e após a segunda cirurgia, meu tio, companheiro de esporte, de estudo e de vida de meu pai, faleceu aos 21 anos de idade.

Meu pai ficou sem rumo após o ocorrido. Seu mundo desmoronou. Ricardo era o irmão criativo, que gostava de se aprofundar nos estudos. Já meu pai sempre foi realizador. Os dois se complementavam e sonhavam com mais uma parceria, desta vez no campo profissional. Ele só conseguiu sair do estado de tristeza profunda quando meu avô lhe disse: "Pedrinho, precisamos de você". Ele, então, teve que encontrar uma força mental e resiliência que ainda não sabia que possuía. A união da família foi essencial para transformar a dor da incompreensão e da saudade em propósito para uma vida de alegrias e realizações que todos tinham pela frente.

A vida é repleta de adversidades que estão fora do nosso controle. Elas podem vir em diversos graus de intensidade, na forma de um contratempo, um revés ou uma fatalidade. O esporte tem a vantagem de apresentar de forma gradativa, em um ambiente controlado, de pequenos a grandes obstáculos, tornando-se um campo de aprendizado perfeito para nos forjar e, assim, fortalecer os músculos da resiliência. Afinal, não são as dificuldades que você encontra na vida que importam, mas como escolhemos responder a elas.

Minha filha Alissa destacou, na redação de admissão para Stanford University, como o esporte a ajudou a enfrentar as adversidades. "As lições que aprendi com minha montanha-russa de vitórias, fracassos, testes físicos e mentais nos esportes, vão além dos jogos: eles moldaram a maneira como vivo, faço escolhas, analiso diversas situações, aceito a diversidade e respeito todos os tipos de pessoas. Os esportes amenizaram os obstáculos da minha chegada e adaptabilidade aos Estados Unidos, um país sobre o qual eu sabia muito pouco quando me mudei do Brasil, ajudando a desbravar uma nova cultura, aprender um novo idioma e construir autoconfiança. Meus anos de colégio foram desafiadores: praticar dois esportes universitários, viajar com a Seleção Brasileira Juvenil de Polo Aquático, tirar boas notas e ter uma vida social não são pouca coisa! Mas as lições que aprendi com os esportes que pratiquei contribuíram para que eu pudesse superar os tempos difíceis e me permitiram crescer. O mantra de que os esportes competitivos, ao nos ensinar a abraçar nossa "zona de desconforto", nos tornam mais bem-sucedidos no longo prazo, definitivamente é verdade para mim, e não apenas na piscina. Elaborar estratégias para resolver situações complicadas; estabelecer metas, superá-las e estabelecer novas conquistas; colaborar com pessoas de quem você pode discordar ou ter pouco em comum; estar aberta a diferentes perspectivas e aprender novas maneiras de fazer as coisas – essa é a mentalidade que desenvolvi como atleta e me beneficiou e beneficia em todas as áreas da vida."

PARA ALÉM DA RESILIÊNCIA – A ANTIFRAGILIDADE

Hidra é uma criatura da mitologia grega que possui várias cabeças. Sempre que uma delas é cortada, duas voltam a crescer. Ou seja, quanto mais ela é abatida, mais ela se fortalece. A Hidra representa a antifragilidade, termo cunhado por Nassim Taleb, pesquisador da New York University e autor do livro *Antifrágil: Coisas que se beneficiam com o caos*.

Esse conceito vai além da resiliência, que está associada à nossa capacidade de resistir e se recuperar diante de contextos adversos. Perante o infortúnio, o resiliente permanece o mesmo, o antifrágil fica melhor. Quando penso em um exemplo de antifragilidade no esporte, me lembro da Seleção de Polo Aquático Feminino dos Estados Unidos nas Olimpíadas do Rio de Janeiro-2016.

O técnico da seleção, Adam Krikorian, estava há dois dias na Vila Olímpica, quando recebeu a notícia de que seu irmão havia sofrido um infarto fulminante e falecido. Além da tristeza, ele foi tomado por uma grande dúvida: voltar ou não para casa. Por um lado, ele queria estar com a sua família, por outro, não queria abandonar as atletas em um momento tão importante de suas vidas. Quem decidiu foi o próprio time: "Vá ficar com a sua família", disseram.

Ele passou alguns dias nos Estados Unidos, mas voltou para encontrar as jogadoras antes dos jogos. O treinador acessou sua força interior para cumprir com seu senso de responsabilidade e usou de forma surpreendente a sua experiência recente como forma de inspirar as atletas a superarem as adversidades. "O pensamento que não saía da minha cabeça naquele momento" – me disse – "era: eu não posso deixar o meu time na mão. Eu posso me sentir triste, sentir a dor pelo que aconteceu, não há nada de errado com isso, mas eu tenho que estar lá por elas."

Uma hora antes do time entrar para o primeiro jogo, Krikorian recebeu mais uma má notícia: a mãe da jogadora Melissa Seidemann havia sofrido um acidente vascular encefálico – um derrame cerebral – e estava internada em um hospital do Rio de Janeiro.

O técnico lidou com essas adversidades preparando o time com mais afinco e Seidemann se superou na piscina, jogando todas as partidas posteriores em que os Estados Unidos foram vitoriosos. Nos intervalos, ela podia ser encontrada na cabeceira da cama da mãe no hospital.

A equipe já havia conquistado a medalha de ouro nos Jogos Olímpicos de Londres-2012, e não foi diferente no Rio de Janeiro. "Há duas opções para as adversidades; ou elas te quebram, ou elas te fortalecem", me disse Krikorian. E eles saíram gigantes dessa experiência. Além da vitória em condições adversas, o time se uniu ainda mais. Após o pódio, as 13 jogadoras colocaram suas medalhas no pescoço do técnico, enquanto ele enxugava as lágrimas em seus olhos.

É possível desenvolver as habilidades necessárias para se tornar antifrágil e, dessa forma, responder às situações traumáticas com crescimento ao invés de paralização. Uma das formas de se fazer isso diz respeito à maneira como interpretamos as situações adversas, estressantes ou até mesmo desconfortos.

Como disse Tal Ben-Shahar em uma aula sobre crescimento pós-traumático: "Não acredito que as coisas aconteçam sempre da melhor forma, mas tenho convicção de que podemos escolher fazer o melhor com tudo o que nos acontece"[1].

O ESTRESSE É PREJUDICIAL À SAÚDE?

Por volta dos anos 1960, a Organização Mundial da Saúde declarou guerra à gordura, considerando seu consumo extremamente danoso. No entanto, a ciência demonstrou que isso não era totalmente verdadeiro, já que há gorduras ruins, mas existem também as gorduras boas, como aquelas encontradas nos azeites, nozes, castanhas e abacate. Cinquenta anos mais tarde, o estresse se tornou o novo vilão. Cientistas, profissionais da saúde e a mídia apontavam seus efeitos devastadores, associando-o a baixa imunidade, maior risco de desenvolver doenças cardíacas, depressão e vícios, além de acelerar o processo de envelhecimento. Entretanto, um novo corpo de pesquisadores está desafiando essa noção e demonstrando que podemos estar, mais uma vez, combatendo o inimigo errado.

O estresse é um estado de tensão mental ou emocional resultante de circunstâncias adversas ou exigentes. O que é estressante para uma pessoa, pode não ser para outra. Por exemplo, um indivíduo pode ficar estressado ao realizar provas escolares, mas saltar de paraquedas tranquilamente. Outro pode ter que tomar sedativos antes de viajar de avião, mas falar para uma multidão sem qualquer ansiedade. Não são só as causas para uma reação de estresse que variam para cada indivíduo. A maneira como as pessoas encaram o estresse também muda. Há aquelas que o veem como negativo e prejudicial – algo a ser evitado – e aquelas que acreditam que há muito a se aproveitar da vivência de situações de dor e dificuldades.

Em 1998, foi realizada uma pesquisa com 30 mil adultos nos Estados Unidos, sobre quanto estresse eles haviam experimentado no ano anterior. Também foi perguntado se eles acreditavam que o estresse era prejudicial à saúde.

Oito anos depois, pesquisadores da University of Wisconsin – Madison vasculharam os registros públicos para descobrir quais entrevistados haviam morrido. Altos níveis de estresse aumentaram o risco de morte em 43%. Mas esse risco aumentado aplicava-se apenas às pessoas que também acreditavam que o estresse estava prejudicando sua saúde. Pessoas que relataram altos níveis de estresse, mas que não consideravam seu estresse como prejudicial, não tinham maior probabilidade de morrer. Na verdade, eles tiveram o menor risco de morte no estudo, ainda menor do que aqueles que relataram experimentar muito pouco estresse[2]. Ou seja, não é o nível de estresse, mas a *forma* como ele é percebido, o fator a ser considerado.

E se você faz parte do grupo de pessoas que têm uma visão negativa sobre o estresse, saiba que o simples fato de estar lendo sobre uma perspectiva diferente e, ao refletir sobre isso, pode já estar se beneficiando, como demonstra uma pesquisa da Harvard University, em que os participantes foram ensinados a perceber seu estresse de uma maneira positiva. Foi dito a eles que os sinais fisiológicos frente a uma situação de tensão ou nervosismo, como o suor e a aceleração dos batimentos cardíacos e da respiração, não indicavam dificuldades para lidar com pressão ou ansiedade, mas que seus corpos estavam se fortalecendo e se preparando para enfrentar os desafios, levando mais sangue e oxigênio ao cérebro e aos músculos do corpo. Logo após essa explicação, eles deveriam fazer uma apresentação oral diante de examinadores que haviam sido treinados para darem *feedbacks* negativos e cruéis – situação que deixaria a maioria deles estressados.

Os participantes que receberam essas informações não só se sentiram mais confiantes durante a apresentação, mas também houve uma mudança fisiológica. Em uma resposta típica a essas situações, nossa taxa cardíaca sobe e nossos vasos sanguíneos se contraem. E essa é uma das razões pelas quais o estresse crônico está associado a doenças cardiovasculares. Não é saudável ficar nesse estado por um longo período de tempo. Mas, no estudo, apesar de o coração dos participantes continuar batendo forte, seus vasos sanguíneos permaneceram relaxados. Esse é o perfil cardiovascular mais saudável, pois se parece muito com o que acontece em nosso corpo nos momentos de alegria e coragem[3].

Esses dois estudos impressionaram a professora da Stanford University e autora do livro *The Upside of Stress*, Kelly McGonigal, e impactaram sua forma de atuar. "Por anos eu disse às pessoas que o estresse as deixava doentes. Mas aprendi que a melhor maneira de lidar com ele não é reduzi-lo ou evitá-lo, mas, sim, como o interpretamos. Então, meu objetivo como psicóloga de saúde mudou completamente. Não quero mais ajudar as pessoas a se livrarem do estresse, quero torná-las melhores em navegar por ele"[4]. A forma como ela faz isso é auxiliando as pessoas a mudarem sua mentalidade ao lidar com situações difíceis.

Ver o lado positivo do estresse não lhe trará uma vida sem sofrimentos, mas permitirá que você encare situações difíceis como desafios e não como ameaças, o que terá um grande impacto sobre suas ações. Pessoas que enxergam o estresse como prejudicial, tomam seus primeiros sinais como uma deixa para escapar ou fugir, e suas estratégias diante de uma situação estressante são tentar se distrair, ao invés de lidar com ela, ou dispender energia e esforço para se livrarem do desconforto, ao invés de tomarem atitudes para resolverem o problema causador do estresse.

Já as pessoas que acreditam que o estresse pode ser útil são mais propensas a lidar com ele de forma proativa. Elas tentam tirar o melhor proveito da situação, usando-a como oportunidade de crescimento, buscando medidas efetivas para superar, remover ou alterar a fonte de estresse.

O SISTEMA MUSCULAR

A nossa musculatura faz parte de um sistema naturalmente antifrágil. Quando aumentamos a carga numa rotina de exercício físico, estressamos os músculos e isso causa rupturas microscópicas em suas fibras. Se dermos tempo para a recuperação, elas não apenas se regenerarão, mas os músculos se tornarão maiores, mais fortes, e com capacidade para lidar com cargas mais pesadas.

Pessoas que praticam atividade física geralmente sabem que a dor faz parte do processo e têm uma mentalidade positiva com relação a esse tipo de estresse, ou seja, recepcionam esse desconforto, pois sabem que a dor é positiva. O desconforto está presente, mas sabemos que o nosso crescimento e nossa evolução dependem daquela experiência e, portanto, ao invés de fugir dela, optamos por encará-la. A exposição frequente e gradual a essa dor muscular, além de tornar os músculos mais fortes, nos torna mais tolerantes a ela, o que expande a nossa possibilidade de crescimento.

Em um estudo publicado na revista científica *Pain*, pesquisadores da University of Heidelberg, na Alemanha, analisaram como atletas diferem de não atletas fisicamente ativos com relação ao limiar da dor – o momento em que a dor começa a ser sentida – e à tolerância à dor – quando ela começa a se tornar insuportável. O que eles observaram é que os limiares eram semelhantes para os dois grupos, mas os atletas tinham maior tolerância à dor. Em outras palavras, atletas começam a sentir a dor ao mesmo tempo em que os não atletas a sentem, porém reconhecem os benefícios e, consequentemente, são mais resistentes à sua intensidade.

Nosso corpo dói quando estamos em alta performance e, como atletas, aprendemos a manejar essa dor que representa o aperfeiçoamento de nossas habilidades. O desafio costuma estar em respeitar a necessidade de pausas para a recuperação – como falaremos mais no capítulo 6 – e identificar aquela dor que pode representar uma lesão e, portanto, merece cuidados especiais, um tempo ainda maior de recuperação e, muitas vezes, auxílio de profissionais de saúde.

Eu me lembro de participar de um campeonato em Fort Lauderdale, nos Estados Unidos, quando meu ombro travou. Eu queria ir para a água jogar e não me importava com a dor, mas não conseguia levantar os braços. Estava imobilizada. Não podia rodar o braço para a braçada e muito menos fazer o movimento de chutar a gol. Meu pai tentou aplicar algumas técnicas de Do-in*, mas não foram suficientes. Os médicos ali presentes avaliaram, viram que não era algo sério, perguntaram se eu podia aguentar a dor, fizeram uma manobra e em poucos minutos eu conseguia me mexer novamente. Eu nunca havia presenciado um processo tão efetivo assim para aliviar a dor e soltar um músculo para o momento do jogo. Após a partida, tive maior atenção na recuperação com gelo e descanso.

Com a atenção focada no momento presente e o autoconhecimento, vamos desenvolvendo a nossa capacidade de reconhecer quando podemos seguir com a dor ou quando é necessário tomar uma medida e solicitar auxílio.

---

* Técnica de automassagem baseada na Medicina Tradicional Chinesa e utiliza os mesmos pontos da acupuntura para promover saúde mental e física.

RECUPERAÇÃO DE LESÕES

Lesões graves podem ser bem difíceis de lidar. Seu impacto nos atletas vai além dos aspectos físicos. Elas trazem uma carga mental substancial. Há uma interrupção na rotina do esportista, surgem dúvidas sobre o treinamento – se houve exagero, por exemplo – e, dependendo do caso, a qualidade da sua performance e o futuro de sua carreira podem estar em risco.

É necessário preparo mental para lidar com as consequências emocionais de uma lesão física, assim como para manejar qualquer outra adversidade que possamos enfrentar na vida. A disposição para ir além da zona de conforto, com exposição gradual ao estresse, amplia as nossas capacidades e a nossa tolerância à dor. Isso é verdadeiro para as dores físicas e emocionais.

A brasileira Kahena Kunze, velejadora campeã olímpica e mundial de iatismo na classe 49er FX, foi considerada a melhor velejadora do mundo em 2014 junto à parceira e timoneira Martine Grael. No entanto, quando se preparava para as Olimpíadas do Rio de Janeiro-2016, ela se lesionou no joelho. Na nossa conversa, ela revelou que isso a abalou muito, pois não queria prejudicar a parceira e a equipe. "Eu não sou sozinha no barco. Tenho um time em volta."

No entanto, ela acabou ressignificando a lesão para seguir em frente: "Talvez o time não estivesse totalmente alinhado naquele momento, e aquela pausa foi importante para nos reorganizarmos. Foi complicado, mas acabou sendo bom, pois pudemos parar e observar onde estávamos e aonde queríamos chegar".

A dupla conseguiu voltar ainda melhor, subindo ao degrau mais alto do pódio olímpico, ganhando o primeiro ouro feminino brasileiro do iatismo na história dos Jogos.

Apesar da tensão diante da lesão, Kahena sempre acreditou que podia melhorar, mesmo quando estava impossibilitada de treinar. "Hoje em dia é mais importante o preparo mental do que físico. Eu fiz muita preparação psicológica. Mesmo parada, trabalhei a minha mente para estar em uma regata, o que muitas vezes funciona até melhor do que treinar no próprio barco."

A possibilidade de lesões sempre assombra os atletas de ponta, que podem desenvolver a percepção de que seu valor social é diretamente vinculado ao seu desempenho esportivo. Por essa razão eles se preparam tanto preventivamente. Ao mesmo tempo, se o atleta tem a compreensão de que o esporte, por natureza, leva ocasionalmente a lesões, ele tenderá a aproveitar da melhor forma o momento de reabilitação física para exercitar-se também de outra forma, por exemplo com exercícios de visualização e preparo mental.

Seis meses antes das Olimpíadas de Pequim-2008, o remador canadense tricampeão mundial, Adam Kreek, estava com uma hérnia de disco e uma dor excruciante nas costas. "A dor física era insuportável, mas os desafios psicológicos agravaram a dor exponencialmente. No começo, fiquei aliviado porque poderia tirar alguns dias de folga no treinamento. No entanto, o alívio se transformou em pânico e desesperança. Atingi meu ponto mais baixo cerca de duas semanas após o repouso. Um dos meus médicos me disse que minha lesão não me permitiria competir novamente. Esse futuro sem esperança combinado com minha incapacidade de treinar alimentou uma depressão dolorosa"[5], confessou Kreek.

No caso dele, foi uma grande mudança na forma de olhar para a situação que o ajudou a se recuperar e participar das competições que lhe renderam o ouro olímpico.

"Os objetivos permanecem, o que mudou foi o caminho para chegar a eles", lhe disse Bruce Pinel, seu psicólogo esportivo.

Com isso em mente, em vez de treinar seis horas por dia, ele se comprometeu a se engajar em seu tratamento e cura por seis horas diariamente. Para uma lesão que geralmente leva um ano e meio para ser curada, ele estava de volta aos treinos em oito semanas. Junto de seus companheiros, ganhou a medalha de ouro em Pequim, na categoria Oito Com (M8+)**.

Estar lesionado no momento de uma competição pode representar um momento de superação para o atleta. Quando o judoca brasileiro Leandro Guilheiro sonhava em ir para as Olimpíadas, ele se visualizava em seu auge e na sua melhor forma física, e jamais imaginaria que lutaria com a mão quebrada em Atenas-2004 e com uma hérnia de disco em Pequim-2008. "Mas a verdade é que o momento ideal nunca vem e devemos fazer o melhor com a condição que se apresenta para nós", ele me contou. "Desde que eu era muito novo, fui treinado a superar a dor física e, na minha carreira como atleta, meu limiar de dor se expandiu ainda mais. Lutei com febre, com catapora e treinei diversas vezes com dor. Acredito que estar lesionado nessas situações acabou me fortalecendo internamente. Precisei voltar para mim e fazer um trabalho mental mais profundo, e isso me fez sentir ainda mais focado para cada luta. Às vezes me pergunto: será que se eu estivesse na condição ideal com a qual havia sonhado, teria resgatado toda essa força em mim? Em Pequim, por exemplo, lutei muito limitado por causa da hérnia; eu não conseguia levantar a perna direita, só conseguia desferir um único golpe. Essa situação me obrigou a tirar o melhor de mim", contou Leandro, que

---

** Prova mais clássica do remo, presente em todas as Olimpíadas desde 1900, em que o barco é movido por um timoneiro (que dá o ritmo às remadas) e mais oito atletas.

levou a medalha de bronze nas duas Olimpíadas em que lutou machucado.

O PREPARO MENTAL COMEÇA NA INFÂNCIA

As experiências de lazer em casa eram sempre circundadas por atividades esportivas. Dessa forma, adquiri desde muito cedo o gosto pela autossuperação. Isso só foi possível porque meus pais souberam dosar muito bem o nível de apoio e o nível de encorajamento que me ofereciam para que eu pudesse lidar com situações de desafio.

Aos 13 anos, eu já tinha aprendido com meu pai a observar e a respeitar o mar. Desde muito pequena, passava horas com ele utilizando noções de física para adaptar os movimentos corporais numa arrebentação de ondas, de maneira a não lutar contra a natureza e sim responder a ela. Certo dia, as ondas estavam enormes, havia poucos surfistas no mar e os banhistas não se atreviam a passar da água na cintura. Resolvi ousar e comandar ao invés de obedecer à natureza. Entrei no mar e com meu conhecimento das ondas e preparo da natação, consegui passar a arrebentação. De repente, séries cada vez mais fortes começaram a se formar e ondas violentas quebravam na minha frente. Eu não conseguia sair do mar. Cada vez que tentava, levava um caldo sempre maior.

Meu pai estava atento, observando meus movimentos da areia. Quando percebeu que eu estava com dificuldades, mergulhou no mar para oferecer ajuda. Ele sabia que eu não corria perigo, eu já sabia nadar bem, só não estava conseguindo executar o movimento que eu queria. Quando chegou até mim, disse: "Cris, você está bem?". Eu respondi que sim, mas que queria pegar uma onda. "Quer ajuda?"

ele perguntou. "Não, eu quero tentar sozinha". Ele respeitou minha decisão e voltou para a areia.

Devo ter ficado por umas três horas ali, tentando e tentando, até que ele entrou novamente no mar e propôs: "Vamos juntos?". Finalmente me rendi ao seu auxílio. Eu saí exausta do mar. Meu pai em sua primeira entrada poderia ter me desencorajado, ter insistido para eu sair da água, mas ele escolheu suportar a angústia de me assistir tentar desempenhar algo que eu ainda não estava apta a fazer. Por conta disso, ao invés de me sentir derrotada, saí do mar orgulhosa pela manhã intensa e desafiadora e por ter aprendido sobre os meus limites.

Quando, aos 15 anos, decidi que queria fazer um intercâmbio nos Estados Unidos, meus pais inicialmente resistiram, mas decidiram me apoiar. Eles escolheram uma escola internato em Maryland e eu topei. Minha mãe me levou e meu pai ficou no Brasil com meus irmãos. A chegada foi cheia de surpresas e novidades, porém, assim que ela foi embora, o pânico tomou conta de mim. Era tudo diferente do que eu havia imaginado. A escola estipulava um horário rígido para estudo e às 17 horas já ficava tudo escuro. Acima de tudo, minha "nova casa" era muito diferente do que eu já tinha vivido até então: de um apartamento com uma família de cinco pessoas, eu fui morar no dormitório escolar com uma companheira de quarto que nunca estava presente e, com isso, eu me sentia muito sozinha. Tive medo, achei que não conseguiria me adaptar. Liguei para o meu pai e disse: "Quero voltar, não é o que eu imaginei, não estou conseguindo". Ele respondeu: "Cristiana, você aguenta mais dois dias?". Não entendi sua pergunta. Ele complementou: "É o tempo que eu preciso para comprar uma passagem e ir até aí para buscá-la".

Meu pai me acolheu. Ele não ficou enfatizando que eu havia feito uma escolha e, portanto, deveria arcar com ela.

Também não se desesperou e agiu como se eu estivesse com um problema tão grande para resolver. Ele calmamente se mostrou disposto a me ajudar, mas ao mesmo tempo, com sua pergunta, deixou claro que haveria a possibilidade de uma saída radical caso eu precisasse. Mas não foi o caso. Quando ele falou em aguentar por dois dias, eu me lembrei do que ele me dizia desde criança: "Fatie a montanha". Sempre que eu queria fazer algo que parecia muito além da minha capacidade, ele propunha quebrar aquele desafio em metas menores, para poder focar nas ações que precisava no momento e que me levariam até a expectativa final. Ao atingir cada meta menor, ganhamos mais confiança.

Ainda no mesmo telefonema, recuperei o fôlego e disse: "Vamos esperar. Eu acabei de chegar. Se eu não der conta, eu te aviso". Essa experiência em Maryland foi muito desafiadora em diversos sentidos e ao mesmo tempo extremamente enriquecedora. A estratégia de fatiar a montanha e a segurança de poder contar com uma alternativa caso eu precisasse deu tão certo, que acabei decidindo estender minha estadia por um ano.

Para desenvolverem resiliência e antifragilidade, as crianças necessitam de cuidadores que sejam sensíveis às suas necessidades, que identifiquem quando são capazes de administrar uma situação adversa sem intervenção dos adultos e que as orientem quando elas se tornarem extremamente desafiadoras. Se os pais intervierem constantemente antes que as crianças tentem lidar com os desafios de forma independente, eles podem, involuntariamente, impedir o desenvolvimento das habilidades essenciais para navegarem pelas incertezas e adversidades da vida quando crescerem. Sou grata aos meus pais pela maneira como me conduziram perante as situações difíceis que passei ao longo do meu desenvolvimento. Hoje, como mãe, tenho plena consciência de que não é uma tarefa fácil encontrar o equilíbrio entre propiciar um ambiente seguro e de suporte emocional para os filhos sem limitar a autonomia deles ou superprotegê-los.

PERMISSÃO PARA SERMOS HUMANOS

Em uma situação de luto, é comum que as pessoas se dividam em dois grupos de acordo com suas reações imediatas. Há aqueles que automaticamente vestem sua armadura e afirmam *Eu sou forte, sou capaz de passar por isso*, e não se permitem sofrer pela perda de seu ente querido. E há as pessoas que experimentam profunda tristeza, choram e, por vezes, causam preocupação a quem está ao seu redor pela forma que vivenciam intensamente a dor.

Existe uma tendência da nossa sociedade de achar que as pessoas do primeiro grupo são mais bem preparadas no longo prazo, mas a verdade é que, dali um ano, as pessoas que se permitiram sentir a dor e realmente vivenciaram o luto são as que estarão mais fortes emocionalmente.

É muito arraigada à nossa cultura a ideia de que se estamos tristes, frustrados, com medo, raiva ou vergonha, há algo de errado conosco. Categorizamos as emoções como positivas e negativas e buscamos rejeitar aquelas que nos trazem desconforto, acreditando que, assim, seremos mais felizes. Mas a verdade é que não é dessa maneira que funciona o nosso sistema emocional.

Brené Brown, pesquisadora da University of Houston, defende que não é possível anestesiar seletivamente uma emoção. Você não pode dizer "aqui estão as coisas que eu não quero sentir" e simplesmente ignorar emoções específicas.

Se você tentar entorpecer a tristeza, entorpecerá também sua capacidade de sentir entusiasmo. Se rejeitar o medo, também rejeitará o amor.

Ela ressalta a importância de aceitarmos nossa própria vulnerabilidade em nome de uma vida mais feliz e autêntica[6]. Se queremos uma vida bem vivida, conectada aos nossos propósitos, atingindo o nosso máximo potencial, devemos, antes de tudo, nos dar permissão para sermos humanos.

"Hoje em dia, percebo que é ainda mais difícil as pessoas se darem permissão para serem humanas. Com as mídias sociais, vemos imagens de perfeição o tempo todo. Assumir suas lutas e dificuldades vai se tornando, portanto, cada vez menos provável. Isso é um problema especialmente para as novas gerações", acredita Adam Krikorian. Como técnico, ele não restringe o uso dos celulares pelas atletas, mas faz um processo educativo, orientando-as e alertando-as sobre esses aspectos negativos das redes sociais e a importância de acolherem todas as suas emoções.

Quando aceitamos os sentimentos dolorosos, percebemos que as nossas emoções são, por sua própria natureza, temporárias. Toda emoção tem um começo e um fim, há um fluxo e elas se vão da mesma forma que vieram. Mas isso só ocorre se você não fizer um esforço consciente para rejeitá-la. Nesse caso, elas são amplificadas.

"A única maneira de se libertar da dor debilitante, portanto, é enfrentá-la tal como ela é. A única saída é atravessar o sofrimento. Precisamos caminhar com bravura na direção da dor, consolando-nos durante o processo, para que o tempo possa trabalhar na sua cura mágica",[8] escreveu Kristin Neff, autora do livro *Autocompaixão: Pare de se torturar e deixe a insegurança para trás*. Ela foi uma das primeiras acadêmicas a estudar cientificamente a autocompaixão, e a define como tratar a si mesmo com a mesma bondade e cuidado que ofereceríamos a um amigo.

Permitir que uma emoção dolorosa flua por nós, paradoxalmente, faz com que ela perca força e, portanto, nos permite recobrar o controle sobre nossas ações. A autocompaixão, portanto, nada tem a ver com dó de si mesmo ou com uma atitude conformista com as situações. Pelo contrário, quando nos damos permissão para sermos humanos, nos libertamos da nossa autocrítica e do desgaste desnecessário de energia focado em evitar o sofrimento (que já sabemos que tem efeito contrário). E, assim, ganhamos mais força para agir em direção às nossas metas e conectados aos nossos propósitos.

A nadadora sul-africana, Natalie du Toit, sonhava em ir para as Olimpíadas desde antes dos 10 anos de idade. Aos 14, começou a participar de competições internacionais e estava se mostrando uma atleta promissora. Aos 17, sofreu um acidente de moto, que levou à amputação de sua perna esquerda. Esse poderia ter sido o fim de seu sonho olímpico, mas seu amor pelo esporte, sua perseverança e sua capacidade de lidar com essa adversidade deu origem a um feito espetacular.

Em três meses, ela estava de volta à piscina – mesmo antes de reaprender a andar. Ela não só ganhou 13 medalhas de ouro e duas de prata em três Paraolimpíadas (Atenas-2004, Pequim-2008 e Londres-2012), como foi a primeira atleta paralímpica a se classificar para os Jogos Olímpicos regulares. Em Pequim, ela ficou em 16º lugar na maratona aquática e foi a primeira atleta a ser porta-bandeira nas cerimônias de abertura, tanto dos Jogos Olímpicos quanto Paralímpicos.

Natalie du Toit é um exemplo de como encarar as adversidades de frente, deixando que as emoções dolorosas fluam ao invés de resistir a elas. Essa é uma atitude poderosa que pode nos conectar ainda mais com os nossos propósitos.

Como ela diz: "A tragédia da vida não reside em não atingir os objetivos. A tragédia da vida está em não termos objetivos a alcançar. O problema não está em não alcançar as estrelas, mas em não ter estrelas para alcançar".[8]

RESPIRAÇÃO PROFUNDA

Sempre que passo por um momento difícil ou estou tensa antes de uma apresentação, o que funciona para mim é respirar profundamente e me conectar com o momento presente. Fazia isso também antes de importantes apresentações no banco em que trabalhei e em competições. Quando estamos ansiosos ou nervosos, a respiração se torna mais superficial, diminui o fluxo de oxigênio e a tensão muscular aumenta. Respirar fundo e prolongar a expiração promove uma resposta de relaxamento interno.

A especialista em respiração terapêutica, Maria Eugênia Anjos, defende que respirar profundamente é uma ferramenta poderosa no manejo das emoções dolorosas por diversos motivos. Além de produzir hormônios com efeitos calmantes, ajuda o corpo a dissolver as tensões emocionais. Quando respiramos utilizando toda a musculatura torácica e abdominal, movimentamos regiões que costumam ser tensionadas quando sentimos medo, ansiedade, raiva ou tristeza. Esses efeitos podem ser sentidos no curto prazo, mas são ampliados se incorporarmos os exercícios respiratórios em nosso dia a dia.

O simples fato de voltarmos a atenção para a nossa respiração junto à sensação de amplitude que ela provoca nos ajuda a criar condições para acolher as nossas emoções e permitir que elas passem por nós, sem resistência. "É como se criássemos um espaço interno para senti-las. E, assim, podemos respirar o medo, sem sermos dominados por ele", explicou-me Maria Eugênia.

Enquanto observamos o fluxo da nossa respiração, nos conectamos com o momento presente e isso nos empodera a ver a situação com maior clareza. Thich Nhat Hanh, um dos mestres do zen-budismo mais conhecidos e respeitados no mundo, diz que quando permitimos que a nossa mente divague demais sobre eventos passados, ficamos mais suscetíveis à depressão, e se ela se fixa no futuro, estamos mais suscetíveis à ansiedade. É com a mente focada no momento presente que nos abrimos verdadeiramente para as experiências.

AUTOCONTROLE EM MOMENTOS DECISIVOS

A autocompaixão e a utilização da respiração profunda são estratégias úteis para lidar com as emoções no dia a dia. Quando se trata de alta performance, é o preparo mental – que ocorre antes e após o evento – que nos permite o vigor mental necessário para mantermos o foco no momento presente e no desempenho.

Durante uma avalanche de pressão, que ocorre durante um jogo decisivo, é que acontece o teste real da sua resistência mental e capacidade de focar. Na hora H, toda a nossa atenção e energia devem estar canalizadas para desempenharmos da melhor forma possível. Picos de emoção podem surgir, mas é essencial que retomemos o controle rapidamente e nos conectemos com a nossa autoconfiança, sobre a qual falaremos mais no próximo capítulo.

Os meios para fazer isso variam de pessoa para pessoa e o autoconhecimento é a chave. Marcelinho Huertas me disse: "Busco entrar na quadra com a mente zerada e o foco total no momento. Durante o jogo, muitas vezes fico bravo, me irrito. Sou coração quente. Quando isso acontece, vou para o banco, pego uma toalha, ponho na boca e dou um grito, extravaso. É minha forma de colocar para fora. Isso me ajuda a relaxar e a retomar o controle".

Para mim, a melhor estratégia é respirar profundamente – dessa vez não de maneira lenta, mas ritmada – e buscar o olhar encorajador de meu time. Algumas jogadoras já sabiam e se me viam fazendo essa breve pausa, falavam de maneira enfática e motivadora, trazendo-me novamente para o estado de alta performance. Já meu pai, olhava para o seu técnico no banco e recobrava o controle e o foco quando o ouvia dizer: "Pedrinho, eu preciso de você, vamos lá". Essa frase o reconectava com seu senso de responsabilidade como capitão do time.

RESSIGNIFICAR

Quando Sandy Nitta, a técnica que tanto contribuiu para ampliar o vigor mental da Seleção Brasileira de Polo Aquático Feminino, perguntou para uma das jogadoras o que se passava em sua cabeça quando estava diante de um contra-ataque, ela respondeu "Vou errar, vou errar, é isso o que eu penso". O motivo pelo qual Sandy a questionou era justamente por que, embora fosse uma das nossas jogadoras mais velozes, ela sempre desperdiçava os chutes quando estava cara a cara com a goleira. Com todo o seu preparo físico e técnico, aqueles erros não faziam sentido. O problema estava em seu preparo mental.

A maneira como interpretamos as situações do dia a dia afeta como nos sentimos e agimos. Muitas vezes essa intepretação é feita de forma subconsciente e aparece em nossa mente na forma de pensamentos como esse da jogadora. É importante tomarmos consciência deles e desafiá-los para diminuir seu poder sobre nós.

Desafiar os pensamentos significa deixar de encará-los como uma verdade absoluta e engajar em reflexões e questionamentos que possam nos ajudar a lidar com ele ou até mesmo nos trazer evidências contrárias a ele. Por exemplo, quando estiver pensando *Eu não vou conseguir fazer isso*, pergunte-se: *Quando eu consegui fazer isso, o que estava acontecendo? O que fiz de diferente? Como estava meu corpo, em que eu estava pensando? Quais as habilidades que ainda necessito aprender para conseguir executar essa ação com sucesso?*

Ao responder essas perguntas, conseguimos reformular a nossa forma de pensar. Essa ressignificação de nossas vivências é uma ferramenta poderosa também no ambiente corporativo, para lidar com as adversidades, sejam elas pequenas ou grandes.

Podemos olhar para um mesmo problema e rotulá-lo de difícil ou desafiador. Qual deles você estaria mais motivado a resolver? Podemos interpretar uma falha como a comprovação da nossa incapacidade ou como um indicativo de que há mais o que aprender. Enquanto a primeira forma de pensar pode nos levar a desistir dos nossos sonhos, a segunda aumenta a nossa motivação para perseverar.

Um estudo publicado na revista científica *Clinical Practice & Epidemiology in Mental Health*, fez um levantamento de diversas pesquisas sobre otimismo e os resultados demonstraram que pessoas que têm uma disposição para ver as coisas pelo lado bom e esperam o melhor desfecho mesmo nas situações mais difíceis têm melhor qualidade de vida, em relação às menos otimistas. O otimismo pode influenciar significativamente o bem-estar físico e mental, a imunidade e está associado a uma maior flexibilidade, capacidade de resolução de problemas e uma elaboração mais eficiente de informações negativas.⁹

No esporte profissional, há uma pressão dos clubes, da torcida e dos próprios jogadores pela vitória. Contudo, nosso engajamento é sustentável quando focamos na forma como queremos alcançá-la, ou seja, no processo – com garra, disciplina, estratégia e dando o melhor de nós. Ao adotarmos uma mentalidade que valorize a jornada e não somente os resultados finais, ressignificamos a pressão externa e interna, lidamos melhor com as derrotas inerentes ao processo e priorizamos o que é chave no momento presente.

Quando perguntei a Robert Scheidt qual conselho daria para a nova geração, ele disse: "Primeiro você tem que ter um sonho, depois do sonho, é o plano. Você deve criar um processo e ser fiel a ele. Colocar esforço, trabalho e disciplina e reunir as pessoas que são capazes de lhe ajudar. E, então, você tem que criar uma força interior para superar os obstáculos que aparecem. É superar cada barreira e seguir…". Ele, que é um atleta longevo e multicampeão, adicionou: "Quando cheguei ao topo, foi um grande desafio. Permanecer no topo é muito difícil. Você começa a ter mais atenção da mídia, a ser colocado como um herói nacional e as pessoas esperam que você ganhe sempre. Isso cria um peso e uma expectativa grande. Não é fácil administrar isso e continuar matando um leão a cada dia. Eu tive uma base familiar forte por trás e técnicos que me ajudaram muito, pois é importante sempre se reinventar. Estar consciente de que o que eu fiz para ganhar um campeonato não será o suficiente para ganhar o próximo. O preparo mental e essa busca de estar sempre evoluindo são fatores que ajudam a permanecer no topo".

Quando soube que os Jogos Pan-Americanos de 1963 seriam em São Paulo, meu pai ficou ainda mais animado em participar. Era a sua cidade natal, onde estavam sua namorada e sua família. Teria a chance de enchê-los de orgulho com sua performance. Por conta de outros compromissos, como o exame vestibular, ele havia treinado poucas vezes naquele ano com a Seleção Brasileira. Mas não só marcou presença nos treinos prévios ao campeonato, como se destacou por seu desempenho. Um dos treinadores enfatizou: "Parabéns, você mostrou que ainda é o melhor, mesmo tendo treinado pouco". Entretanto, houve uma disputa política – o técnico que escolheria os jogadores para o time não se dava bem com o Emeric, treinador e mentor do meu pai no Tietê – e meu pai ficou de fora. Sua frustração foi enorme.

Quando se acalmou, meu pai se deu conta de que, além de estar chateado por não participar do campeonato, aquela situação havia ferido valores extremamente importantes para ele, como a justiça e a meritocracia. Essa situação o impulsionou a tomar uma decisão de sempre atuar em sua vida e fazer escolhas baseado nesses dois princípios: justiça e meritocracia. Foi o que ele fez em sua bem-sucedida carreira corporativa, buscando ser transparente e imparcial, adotando critérios de avaliação que valorizassem seus colaboradores em função do mérito.

Eu levei o que aprendi sobre superação de adversidades no esporte para o mundo corporativo. Quando trabalhei na área de qualidade e excelência do atendimento do Banco Itaú-Unibanco, fui a gestora da ouvidoria. Trata-se da instância final de reclamações de clientes que não foram resolvidas por meio de canais de contato anteriores, como centrais de atendimento por telefone, Internet ou nas agências bancárias. Passei a identificar em uma reclamação e recorrência, as oportunidades de melhorias e aprendi como evoluir na forma de comunicação, que muitas vezes é o maior problema do relacionamento. Era preciso ir a fundo no problema, identificar suas raízes, para então definirmos um plano de ação para causar um impacto positivo no melhor atendimento ao cliente. Esse foi um dos meus grandes aprendizados corporativos. Eu destacava para nosso time a nossa importante missão em resolver o problema do cliente e a arte de ouvir uma melhoria em uma reclamação. Passamos a encarar a reclamação como uma oportunidade de aprendizado e evolução organizacional.

O PODER DA ESCRITA

Tenho o hábito de escrever em um diário. Nele registro os momentos emocionalmente difíceis e as coisas boas que acontecem em minha vida, pelas quais me sinto grata. Também rascunho sobre minhas metas e objetivos e porque elas são importantes para mim. Gosto de folhear algumas páginas eventualmente, especialmente quando sinto que preciso me reconectar com os meus propósitos.

Quando decidi reformular a rota da minha vida profissional, ao deixar o mundo corporativo, retomei meus diários de anos atrás. Enquanto relia e refletia sobre minha jornada e como evoluir em meu propósito de ajudar o próximo na sua jornada de desenvolvimento, abri uma página onde havia escrito sobre o desejo de fazer um livro com meu pai. A ideia era compartilhar nossas experiências e aprendizados ao perseguirmos excelência e felicidade no mundo esportivo, corporativo e em nossa vida familiar, exatamente como estamos fazendo agora. Foi em 2009 que registrei esse desejo em meu diário. É uma verdadeira satisfação ter iniciado esse processo e ter colocado em prática esse tão sonhado objetivo.

Além de ser uma ferramenta de autoconhecimento e oferecer uma oportunidade de resgate e reconexão com nossa essência, escrever um diário promove um senso de consciência e coerência sobre os acontecimentos dolorosos. Conseguimos integrar e compreender melhor as nossas experiências, o que nos permite planejar e ressignificá-las.

James W. Pennebaker, psicólogo social da University of Texas, é considerado o pioneiro no estudo sobre os benefícios terapêuticos da escrita. Segundo ele, a escrita é fundamentalmente um sistema organizacional e, portanto, manter um diário ajuda a organizar os eventos em nossa mente e a dar sentido a eles. Seus estudos demonstraram que pessoas que mantêm esse hábito sofrem menos oscilação do humor, dormem melhor e apresentam, inclusive, melhora do sistema imune.[10] Tudo isso faz com que escrever em um diário seja uma intervenção eficiente e poderosa.

Sonja Lyubomirsky, psicóloga e professora russa formada na Harvard University e com doutorado na Stanford University, liderou uma pesquisa nas quais os participantes deveriam reviver mentalmente suas piores experiências.[11] Eles foram divididos em três grupos em função da maneira como fariam isso. Um deveria escrever sobre suas vivências, o outro falaria em um gravador e o terceiro apenas pensaria silenciosamente a respeito delas.

Escrever ou falar sobre elas promoveu efeitos positivos, físicos e mentais, enquanto pensar silenciosamente provocou efeitos negativos. Quando escrevemos ou falamos a respeito de experiências difíceis e traumáticas em um diário, numa sessão de psicoterapia ou em uma conversa com um amigo, engajamos em um "modo analítico", no qual refletimos sobre nossas experiências, podendo ressignificá-las. Quando pensamos silenciosamente sobre as vivências de dor, tendemos a ficar apenas "ruminando" aquela situação, como se a revivêssemos mentalmente, e isso não nos beneficia.

Em um estudo, publicado na revista científica *Psychology and Health*, os pesquisadores Chad Burton e Laura King encontraram os mesmos efeitos positivos quando solicitaram que os participantes escrevessem sobre as experiências mais maravilhosas de suas vidas. As instruções enfatizavam: "Escolha um momento feliz de sua vida e tente se imaginar naquele momento, revivendo todos os sentimentos e emoções associado àquela situação. Agora escreva sobre essa experiência da maneira mais detalhada possível".[12]

Ao escrever, compartilhar ou pensar sobre os momentos alegres, é como se pudéssemos reviver o bem-estar provocado por eles. É muito bom quando compartilhamos um feito especial com um amigo ou pessoa que amamos e ela nos ouve e pergunta mais detalhes sobre o ocorrido. Sentimos praticamente a mesma felicidade daquela vivenciada no momento do fato ocorrido!

ESTRESSE E CONEXÃO SOCIAL

A ocitocina é conhecida como o hormônio do amor. Ela é liberada em mulheres na hora do parto e está associada ao vínculo entre a mãe e o bebê. O hormônio também é desprendido quando abraçamos alguém ou estamos próximos de quem amamos. A ocitocina estimula os instintos sociais do nosso cérebro, fazendo com que nos tornemos mais propensos a interagir e realça a nossa capacidade de sermos empáticos e gentis.

Sabemos que quando estamos diante de uma adversidade, estressados, nosso cérebro libera uma série de substâncias, como a adrenalina – que faz o nosso coração bater mais forte para nos preparar para a ação. Mas o que muita gente não sabe é que nesses momentos também há uma liberação da ocitocina. De acordo com Kelly McGonigal, essa resposta biológica ao estresse é um incentivo a buscar conexão social. É como se o seu cérebro estivesse o estimulando a contar para alguém o que você está sentindo, ao invés de guardar para você.

É importante procurar ajuda e receber o suporte e acolhimento das pessoas que se importam com você. Frequentemente procuro meu pai quando estou passando por um momento difícil. Isso pode parecer contraintuitivo, pois como contei anteriormente, meu pai sempre foi uma das pessoas que mais me puxou para ultrapassar o meu limite, sendo muitas vezes exigente e me fazendo duras críticas. Entretanto, é justamente por eu ter certeza de seu amor e de sua torcida por mim, e ao mesmo tempo saber da sua postura verdadeira e autêntica, que ele se torna a minha escolha. A verdade é que ele me faz sentir acolhida, me ouve com sua escuta ativa, me lembra dos meus recursos e habilidades para lidar com a situação e pensa junto comigo em soluções para aquilo que não está no meu controle.

Buscar o apoio de pessoas que só querem nos validar, que nos elogiam ou digam somente o que queremos ouvir, com o intuito de nos animar, pode parecer uma boa ideia para lidar com os momentos de fragilidade ou vulnerabilidade. Mas é o belo inimigo – como o conceito proposto por Ralph Waldo Emerson, que apresentamos no capítulo 1 – que ajuda a nos conectarmos com a nossa essência e é isso que nos permitirá emergir das situações difíceis com mais força e resiliência.

A CHEGADA DA PANDEMIA

Se houve um ano desafiador para a população mundial e, particularmente, para os atletas de ponta, foi 2020. A pandemia do novo coronavírus pegou a todos de surpresa, causando milhões de mortes pelo planeta e sérios problemas socioeconômicos em diversos países. Muitas empresas e países fecharam as portas e grandes eventos tiveram que ser adiados, como os Jogos Olímpicos de Tóquio. O ano de 2020 será lembrado mais pelas mudanças frequentes, inusitadas e radicais nas vidas do que por performances de excelência dos atletas como esperado no início daquele ano.

Mesmo com a volta de algumas competições, o cenário era de arenas, piscinas e estádios vazios, que ecoavam o som do silêncio de torcedores ausentes. Os ruídos dos toques de bola e da explosão dos atletas no momento de um ponto ou um gol eram alguns dos poucos sons audíveis. O espetáculo ficou incompleto. Este "novo normal" nos esportes de alta performance evidenciou a percepção de que um espetáculo esportivo tem como protagonista os atletas, mas que só é completo com a vibração do público.

Tudo isso impactou muito a rotina dos atletas. Para um esportista de ponta, as Olimpíadas representam o momento máximo de exposição. Muitos passam quatro anos se preparando apenas para o evento. Portanto, o adiamento repentino colocou em xeque todo esse preparo.

Além da frustração de não participarem dos Jogos, eles tiveram que rever suas expectativas e planejamento estratégico para as Olimpíadas que foram postergadas para 2021. Tudo foi abruptamente adiado.

Os atletas tiveram que se apoiar em suas vivências anteriores, nas experiências constantes de adversidade, para passar por este momento sem perder o preparo e a confiança. Foi o que fez Simone Biles, ginasta americana, dona de dez ouros em Mundiais, sendo a mais condecorada dos Estados Unidos. Ela brilhou em sua primeira participação olímpica, nos Jogos do Rio de Janeiro-2016, ganhando quatro ouros e um bronze. Além disso, esbanjou carisma e simpatia, conquistando o público brasileiro e sendo aplaudida de pé após sua apresentação no solo.

Ela estava se preparando intensamente para a sua segunda Olimpíada, quando o mundo foi surpreendido pela pandemia. "Só podemos controlar o que depende de nós, que é o treinamento (...) Porque não sabemos o que vai acontecer", disse ela.[13]

No entanto, nem todos tiveram esse poder de adaptabilidade de Biles. Muitos atletas enfrentaram dúvidas sobre como manter sua performance de excelência por mais um ano, principalmente os que já pensavam em encerrar a carreira nos Jogos de Tóquio. Mesmo a renovação com os patrocinadores gerou ansiedade em alguns esportistas.

Eles tiveram que rever sua rotina e ressignificar suas crenças para seguir em frente. Foi o que mostrou um estudo, realizado por pesquisadores na Inglaterra e África do Sul[14], sobre o impacto respiratório que a Covid-19 causou em alguns atletas, e que também analisou o impacto sobre a saúde mental. A pesquisa revelou que continuar com o treinamento foi um componente importante para proteger a saúde mental do atleta, principalmente para reduzir o risco de ansiedade e depressão.

Com as restrições, foi preciso lidar da melhor forma com o novo cenário, com flexibilidade e criatividade. Alguns desenvolveram planos de treinamentos adequados com sua equipe de apoio, mesmo à distância. Felipe Perrone, atualmente capitão da Seleção Espanhola de Polo Aquático, que já participou de três Jogos Olímpicos (em Pequim-2008 e Londres-2012 pela Espanha, e no Rio de Janeiro-2016 pelo Brasil), desafiou as autoridades de Barcelona ao decidir treinar no mar. Como havia sido definido que somente barcos à vela, windsurfistas e surfistas estavam autorizados a entrar no mar, Felipe ia com sua prancha de surfe, para que em seguida pudesse fazer seu treino de natação. Tal feito teve até repercussão na televisão local, como exemplo de criatividade ao lidar com momentos inesperados na vida.

Ryosuke Irie, aos 30 anos, seguia mantendo um protagonismo consistente no nado de costas em 100 e 200 metros. Tendo conquistado por três vezes medalhas olímpicas e seis vezes de campeão mundial, ele era tido como a grande estrela do Japão para os Jogos Olímpicos de 2020. Com o adiamento para 2021, ele e os demais atletas enfrentaram um novo caminho de desafios.

Na dúvida, Irie olhava para a frente: "Se as Olimpíadas de Tóquio não acontecerem, acredito que irei a Paris em 2024", disse ele, durante sua preparação.[15] Em Paris, ele terá completado 34 anos, mas isso não o preocupava. Ele mencionou o fato do medalhista olímpico Kosuke Kitajima só ter pendurado seus óculos de natação em 2016, com os mesmos 34 anos. Ou seja, se essa fosse a condição imposta, ele teria que se adaptar.

Empresas e profissionais de diversas áreas também tiveram que se adaptar. Alguns apostaram em tecnologias para continuar a manter a produtividade e até conseguiram aumentar sua lucratividade. Inovações que talvez só fossem aplicadas depois de anos tiveram que ser aceleradas, como a criação de vacinas contra o coronavírus. Empresas que já estavam digitalizadas, preparadas para o pior, saíram ainda mais fortes, provando-se antifrágeis.

No campo pessoal, mesmo sob as medidas de restrição, muitos conseguiram formas de não ficarem sozinhos. Por meio das diversas plataformas digitais de vídeo-chamadas, puderam manter seus relacionamentos. Aceitaram o distanciamento físico, sobre o qual não tinham controle, mas não o distanciamento social. Não ficaram isolados e puderam contar com o importante apoio de familiares e amigos.

Lindsay Shoop, remadora norte-americana que competiu nos Jogos Olímpicos de Pequim, em 2008, e hoje é treinadora na modalidade, escreveu um artigo no jornal *USA Today*,[16] que reforçou como o conceito de "fatiar a montanha" foi útil para os atletas neste momento. Uma das partes do artigo, intitulada "Pequenos hábitos. Grande impacto", deu algumas dicas nesse sentido: "Permaneça motivado. Dê a si mesmo tempo para se adaptar. Você já fez mudanças estressantes em sua vida isolando-se, trabalhando em casa e lidando com uma pandemia. Dê um passo de cada vez na sua saúde. Gerencie uma coisa nova. Em seguida, adicione outro. Com um pouco de paciência e motivação, você é mais do que capaz de criar hábitos de saúde agora pelos quais será grato a longo prazo".

Ela também deu dicas para praticar a aceitação do que não se pode controlar e, sim, focar no que é possível influenciar: comer, dormir, cuidar de si mesmo, permanecer conectado, ter um propósito, visualizar o futuro, além de orientar que as pessoas pensassem sobre suas prioridades.

Temos muito o que aprender com as adversidades que aparecem na vida, sejam elas grandes ou pequenas, previsíveis ou repentinas. Buscar significado em cada uma delas é chave para nossa existência com saúde, bem-estar e felicidade. Nem tudo o que acontece é para o melhor, mas cabe a nós escolher o que fazer para o melhor de cada situação.

PONTOS PRINCIPAIS ABORDADOS NESTE CAPÍTULO

- Adversidades podem vir na forma de um contratempo, um revés ou uma fatalidade; elas fazem parte da vida e nos proporcionam uma oportunidade de crescimento pessoal.
- Não são as dificuldades que encontramos na vida que importam, mas como escolhemos responder a elas.
- A maneira como percebemos o estresse influencia a forma como lidamos com ele. Encarar seus aspectos positivos promove mudanças fisiológicas e comportamentais, que melhoram a nossa saúde, produtividade, aprendizagem e crescimento.
- Devemos nos dar permissão para sermos humanos e aceitar que todas as emoções são legítimas e devem ser vivenciadas.
- A respiração profunda e lenta nos acalma, nos conecta com o presente e cria um espaço para o acolhimento e aceitação das emoções.
- A ressignificação é uma ferramenta poderosa para nos ajudar a lidar com os momentos de adversidades.
- O hábito de escrever um diário é uma excelente estratégia tanto em momentos de prazer ao ampliar a alegria como em situações dolorosas e difíceis ao integrar e dar sentido às nossas experiências.
- Buscar ajuda e se conectar com pessoas importantes para nós é uma maneira de lidar com as adversidades; devemos apenas tomar o cuidado de não procurar somente aqueles que vão validar nossas ações.

PERGUNTAS PODEROSAS PARA REFLETIR

- Como você lida com momentos de estresse em sua vida?
- Você consegue identificar as oportunidades de aprendizagem e crescimento ou enxerga como algo a ser evitado a todo custo?
- Como essa visão tem influenciado suas ações?
- Como você lida com momentos de frustração?
- Você tem se dado "permissão para ser humano"?
- Quais são os meios que você utiliza para se abrir e refletir sobre tais momentos – um amigo, terapeuta, família ou mesmo um diário?

CAPÍTULO 5

AMPLIANDO OS PONTOS FORTES E CONSTRUINDO A **AUTOCONFIANÇA**

"Todo mundo é um gênio. Mas se você julga um peixe por sua habilidade de escalar uma árvore, ele vai viver sua vida inteira achando que é estúpido."
– Albert Einstein

"Um cavalo nunca corre tão rápido como quando tem outros cavalos para alcançá-lo e ultrapassá-lo."
– Ovídio

As holandesas dentro da água pareciam gigantes. No primeiro Mundial do qual participei, em 1991, na Austrália, elas foram as campeãs. Antes já tinham vencido três vezes o campeonato europeu. As jogadoras eram entrosadas de um jeito que pareciam todas iguais. Elas colocavam os cabelos presos no alto da cabeça, o que as deixava ainda mais altas e soberanas.

Ao longo dos anos, em meio a vários confrontos na piscina, percebi que as holandesas não eram tão grandes assim. Também não eram perfeitas. Como todo ser humano, erravam.

Mas o segredo estava na postura como entravam no jogo. Elas ocupavam todos os espaços no ambiente da piscina, formando uma espécie de um grande paredão, em que todas faziam os mesmos movimentos ágeis e se posicionavam frente às adversárias como se já fossem vencedoras daquela partida.

Era o equivalente ao Haka da equipe de rugby da Nova Zelândia, os All Blacks. Eles fazem a dança típica do povo Maori, para demonstrar paixão e intimidação. O ritual se tornou marca registrada da equipe, até hoje uma das mais temidas do mundo no esporte.

Começamos a fazer algo semelhante na Seleção Brasileira. Antes do início dos jogos, nos reuníamos e puxávamos nosso grito de guerra: "É força! É raça! É união! Pra frente, Brasil! Ooohhhh BRASIL!". Em seguida, perfilávamos na borda, todas juntas, saltávamos ao mesmo tempo na piscina e dávamos nossas primeiras braçadas vigorosas até o meio do campo. À espera do apito do árbitro para iniciar a partida, olhávamos as adversárias com confiança e saboreávamos a adrenalina e a forte energia, até segundos antes do começo do jogo.

Conforme esse ritual se tornou um hábito, começamos a nos portar nos jogos de outra forma. Havia respeito pelo adversário, isso sempre, mas nenhum time nos intimidava. Nos sentíamos fortes internamente para jogar com qualquer seleção de igual para igual.

A autoconfiança pode ser a diferença entre o sucesso e o fracasso, dadas as margens estreitas que existem no esporte de alto nível. Apesar disso, devemos reconhecer que a autoconfiança é volátil, o que significa que seus níveis podem oscilar entre altos e baixos.

ATUE E EXPERIMENTE ATÉ QUE VOCÊ REALIZE O SEU POTENCIAL MÁXIMO

Fake it till you make it, que em tradução livre seria "Finja até você conseguir", é uma expressão inglesa que sugere que, se as pessoas simularem uma postura de confiança, competência e uma mentalidade otimista, mesmo que elas não estejam se sentindo daquela maneira naquele momento, isso influenciará o modo como elas pensam, agem e se sentem e também a forma como serão percebidas pelas outras pessoas, o que impactará suas chances de obter sucesso. Há uma variação dessa expressão que gosto ainda mais: "Experimente um comportamento até que você aprenda sobre novas possibilidades, se desenvolva e se torne o que almeja". E como isso é possível?

A psicóloga social norte-americana e professora da Harvard Business School, Amy Cuddy, fez uma pesquisa que demonstrou que apenas dois minutos de uma pose de poder – uma postura confiante, com as mãos na cintura ou os braços esticados para o alto formando o "v" da vitória –, realizada antes de uma entrevista de emprego, foi capaz de impactar a maneira como os candidatos se sentiam e se desempenharam, conseguindo um resultado positivo nas entrevistas.

Observou-se que muitos candidatos ficavam aguardando o momento da entrevista, na qual deveriam demonstrar um nível de energia positiva e uma desenvoltura na comunicação, fazendo justamente o oposto em termos corporais. Eles olhavam para baixo ao focar no celular, com o tronco curvado, absorvidos pelos *posts* das mídias sociais. Na pesquisa liderada por Amy, os entrevistadores não sabiam quem havia ou não adotado a postura de poder antes da entrevista e, ainda assim, foram eles os contratados.

Em casa, também já experimentamos os impactos positivos da pose de poder. Notei antes de uma competição de natação que minha filha Giorgia estava sentada, olhando para o celular, toda encolhida e alheia à realidade ao seu redor. De longe dava para notar o seu estado mental. Ao me aproximar, percebi que ela estava insegura e nervosa para a competição. Chamei-a de canto e sugeri que fizesse uma pose de poder por apenas três minutos. "Vamos simular que estamos aqui conversando, vire para mim e coloque suas mãos na cintura com o tronco ereto. Feche os olhos e foque em sua respiração profunda", estimulei. Depois brincamos e ela saiu para o seu desafio. A mudança foi impressionante. O modo como ela andou até a borda da piscina, com os braços soltos, refletiu na sua performance. Em apenas três minutos, ela se transformou.

Não é apenas a postura que influencia nossas emoções e comportamentos, mas as expressões faciais também têm esse efeito. Um sorriso no rosto e um olhar atento, antes da partida, também aumenta a sensação de autoconfiança e bem-estar. É importante pensar na nossa linguagem corporal como um todo, da cabeça aos pés.

Em uma das mais populares palestras da história das TED Talks[1], Amy compartilhou uma história pessoal, que exemplifica bem o poder de como nos portamos na vida. Aos 19 anos, ela sofreu um acidente de carro muito sério. Quando quis voltar à faculdade, foi desencorajada, pois diziam que ela não acompanharia o curso.

Ela continuou estudando e levou quatro anos a mais que seus colegas para se formar. Quando foi aprovada como aluna de doutorado na prestigiosa Princeton University e precisou fazer uma apresentação para 20 pessoas, ela estava tão insegura – sentindo-se uma grande impostora –, que disse à sua orientadora, a psicóloga Susan Fiske, que iria desistir de sua vaga. Fiske retrucou: "Você não vai sair. Você vai ficar e atuar de sua melhor forma. Você vai fazer todas as apresentações que pedirem a você. Vai fazer e fazer e fazer, mesmo se estiver aterrorizada e paralisada, até o momento em que você disser: 'Meu Deus, estou fazendo. Eu me tornei isso. Estou fazendo isso agora'". Foi o que ela fez e, quando menos esperava, tornou-se parte do corpo docente da Harvard University.

William James, um dos principais pensadores do final do século 19, considerado o pai da psicologia norte-americana, dizia: "Se você quer uma qualidade, aja como se você já a tivesse". A ideia por trás é que, se você experimentar, agir e perseverar na sua ação, você tende a se tornar daquela forma. Embora, em um primeiro instante, essa ideia de "atuar até você se tornar" pareça algo que nos separa de nossa essência, o que ocorre é um processo de experimentação de novas possibilidades. Nós simulamos uma postura até nos tornarmos quem realmente somos, pois é a partir da ação que entramos em contato com o nosso potencial e aprendemos. São nossas ações dirigindo nossos sentimentos, o que demonstra mais uma vez (conforme falamos no capítulo 2), a integração da mente e do corpo.

A AUTOCONFIANÇA VEM DA AÇÃO

Quando uma pessoa faz o que gosta, com uma postura de poder, demonstrando domínio sobre aquilo, a vemos como confiante e segura de suas habilidades e convicções.

Ou seja, avaliamos as outras pessoas a partir de suas ações e de seus comportamentos.

O psicólogo social Daryl Bem, professor emérito de Cornell University, propôs a teoria da autopercepção*, que sugere que nós também nos avaliamos a partir dos nossos próprios comportamentos. Ou seja, se eu ajo de maneira corajosa e confiante, também começo a pensar em mim como uma pessoa corajosa e confiante.

Para cultivar autoestima e autoconfiança, agir de acordo com nossos propósitos e paixões é mais poderoso do que considerar somente a maneira como nos sentimos, pensamos ou falamos de nós. O ideal é visualizar a pessoa que você quer ser, a sua melhor versão, e começar a agir como se já fosse essa pessoa. Com essa atitude, você não só passará a se ver como uma pessoa segura, confiante e autêntica, mas seus comportamentos se tornarão hábitos e, então, você não precisará mais pensar sobre isso antes de agir. Essa conduta será automatizada.

De acordo com o psicoterapeuta canadense Nathaniel Branden, um dos maiores especialistas do mundo em autoestima – seus livros foram traduzidos para 18 idiomas, com mais de 4 milhões de cópias impressas –, existe um ciclo de *feedback* contínuo entre as nossas ações no mundo e a nossa autoestima. O nível de uma acaba influenciando a outra.

Há uma expressão inglesa que diz *go for the low hanging fruits*, que significa que, diante de uma árvore cheia de frutos, devemos ir primeiro para os frutos que estão mais baixos, aqueles ao nosso alcance. Se diante de uma meta ambiciosa, iniciamos com o que é mais fácil para nós, conforme vamos obtendo bons resultados, vamos nos sentindo cada vez mais

---

* Em inglês: *Self-perception theory*.

confiantes para dar os próximos passos e partirmos para desafios cada vez maiores. Assim, entramos numa espiral positiva.

Com o treino, a prática e o foco em agir, vamos desenvolvendo maestria. Aperfeiçoamos as nossas habilidades, aprofundamos os conhecimentos e aprendemos cada vez mais sobre nós mesmos. Consequentemente, aumentamos a nossa autoconfiança e autoestima.

ANALISAR O QUE DEU CERTO

Para otimizar ainda mais essa relação entre os nossos feitos e a construção da nossa autoconfiança, é importante dedicar um tempo para analisar o que fizemos que levou aos resultados positivos. A treinadora norte-americana de polo aquático Sandy Nitta sempre recomendou que, após cada partida – no treino ou nas competições –, as atletas refletissem sobre o que fizeram. Para cada gol que marcavam ou cada boa jogada, deviam pensar quais eram as condições externas e internas que ajudaram para que isso ocorresse. Ela nos desafiava a analisar: "O que estava passando por suas cabeças? Como estavam se sentindo? O que fizeram que deu certo?".

É comum que as pessoas engajem nesse tipo de reflexão diante de um erro ou quando as coisas não saem como elas gostariam. Obviamente, considero relevante analisar e aprender com nossas falhas, mas também é primordial que analisemos os nossos acertos. "Costumamos nos responsabilizar pelo que deu errado, mas não pelo que deu certo. Precisamos nos dar os créditos pelo que fizemos bem. É isso que vai construindo a nossa autoconfiança", nos ensinou Sandy.

Essa abordagem também pode ser extremamente útil quando educamos nossos filhos. Não devemos focar somente em suas falhas e erros, é importante valorizar seus feitos e acertos. E a maneira como fazemos isso é crucial, pois é na infância que começamos a criar o nosso autoconceito e a formular as crenças sobre as nossas próprias habilidades.

Carol Dweck, professora de Stanford University e autora do livro *Mindset: a nova psicologia do sucesso*, destaca a importância de elogiar as crianças com sabedoria. Em vez de associar suas realizações a uma característica ou ao resultado final, como dizer que são inteligentes por terem tirado uma boa nota na prova, devemos enaltecê-las pelo processo, pela maneira como se esforçaram e focaram, pela estratégia utilizada e perseverança enquanto estudavam para a prova. Se no lugar de simplesmente exaltar seus feitos, fizermos perguntas que as auxiliem a refletir sobre esse processo por si próprias, o efeito é ainda mais poderoso, pois possibilita que elas aprendam mais sobre o que fizeram para chegar lá e desenvolvam o seu próprio repertório para que repitam em novas situações.

Depois de celebrar com uma das minhas filhas a redução do tempo nas quatro provas de natação que competiu durante o campeonato estadual, evoluímos para um bate-papo profundo sobre o que a levou a ter essa consistência de performance: "O que você fez ao longo do caminho para obter esse resultado?". Uma descoberta importante que ela fez foi sobre a maneira que estava se concentrando entre uma prova competitiva e outra, ouvindo música, em silêncio e focada em suas ações e evitando pensar sobre a ansiedade natural do momento. Percebo que esse tipo de reflexão as deixa mais conscientes sobre o que funciona para elas, e isso traz mais confiança e autonomia para realizarem as próximas provas, seja no esporte, no colégio ou na vida.

Isso vale também para a vida corporativa. Presenciei muitas vezes a criação de equipes para identificar a causa-raiz do que deu errado e reduzir o risco operacional de novas falhas. Isso era relevante, claro. Contudo, o aprendizado ao avaliar um projeto que foi um sucesso de lançamento, por exemplo, nos demonstra um caminho diferenciado para alcançar resultados extraordinários. Quando eu atuava como gestora de qualidade, eu me encantava com o fórum que fazíamos com clientes. Aprendíamos demais ao darmos espaço para o cliente contar como havia tomado conhecimento do produto, o que o tinha atraído na comunicação, qual havia sido o meio mais utilizado de contato, se a experiência de contratação e utilização inicial tinha sido amigável e o que o fazia continuar consumindo o produto. Cada uma dessas conversas nos permitia identificar fórmulas de sucesso que facilmente podiam ser usadas em outros projetos na empresa. Era importante saber os fatores decisivos que tinham levado ao resultado positivo de um projeto, desde o processo de concepção da ideia até o teste de conceito com os clientes, para que os novos conhecimentos passassem a fazer parte do repertório de conhecimento corporativo, que leva à excelência de atuação.

FOCAR NOS PONTOS FORTES

Muitas pessoas acreditam que, para atingir a excelência, devemos focar em identificar os nossos pontos fracos e investir boa parte do nosso tempo em remediá-los ou em transformá-los em características positivas. Mas isso não é o melhor a ser feito. Para nos desenvolvermos e buscarmos a alta performance, o foco deve ser nos nossos pontos fortes. São eles que nos levarão ao destaque, a quebrar recordes e a nos sobressairmos. Fazendo o que somos bons, tornamo-nos ainda melhores e, portanto, cada vez mais confiantes em nós mesmos.

Peter Drucker, escritor, professor e consultor austríaco, dizia que devemos desperdiçar o mínimo de esforço possível na melhoria de áreas de baixa competência. Afinal, é preciso muito mais energia e trabalho para passar da incompetência à mediocridade do que do desempenho de primeira classe à excelência.

Como atleta e como executiva, eu me deparei algumas vezes com pessoas que focavam somente no que não funcionava bem, ou seja, na metade vazia do copo. É difícil cultivarmos a autoestima, a saúde emocional e o bem-estar intelectual sem focar também (enfatizo a palavra também) no aspecto positivo, no que fazemos bem e no que está dando certo em nossas vidas.

Devemos sim identificar e reconhecer os nossos pontos fracos, que eu prefiro chamar de potenciais limitadores, para evitar o teor fatalista que esse termo pode carregar. Mas o intuito é potencializar os nossos pontos fortes. Se um atleta de futebol tem como ponto forte o seu chute, porém não é veloz, deve trabalhar em aprimorar sua velocidade para que aumente as chances e oportunidades de se posicionar na frente do gol e fazer o que sabe melhor: chutar.

Quando Sandy Nitta treinou a Seleção Brasileira de Polo Aquático, ela identificou que nosso ponto forte era o ataque. "Vocês brasileiras adoram o ataque, a criatividade na frente do gol", ela brincava e estimulava que desenvolvêssemos nossas habilidades nesse sentido. Contudo, nós tínhamos limitações na defesa e tendíamos a apresentar uma queda no desempenho quando o jogo se tornava mais duro fisicamente.

Ela nos colocou para lutar boxe e fazer artes marciais e, assim, melhoramos nossa confiança em nossa capacidade de nos defender e de utilizar a respiração para engajar os músculos corretos. Também passamos a treinar táticas de defesa durante a prática e a observar outros times que eram fortes nesse quesito, como a Seleção Italiana. Tudo isso com o intuito de consolidar ainda mais a nossa atuação naquilo em que nos destacávamos – nosso poderoso ataque.

Robert Scheidt, que está classificado para participar de sua sétima Olimpíada, reconhece que a parte física pode ser um fator limitador para enfrentar competidores mais jovens que ele. Por conta disso, tem investido em preparo e recuperação física, mas o seu maior foco está em aprimorar e fazer uso de seus pontos fortes, que são as habilidades táticas, a sua experiência em atuar com diferentes ventos e o preparo mental.

"A vela é um esporte que mistura o físico e o lado estratégico e tático da regata. A experiência e o fato de já ter passado por muitos momentos de decisões de competições, de pressões de todos os lados, podem me ajudar. Eu me sinto mais preparado para esses momentos em relação a quem está indo para a sua primeira Olimpíada. Meu ponto forte é já ter passado por muita coisa dentro do esporte e saber a rotina que funciona para mim", me contou. Além disso, ele acumula anos de experiência com excelentes resultados e isso aumenta sua autoconfiança. "O fato de eu ter conseguido os resultados anteriores me dá maior confiança. Depois de ganhar uma primeira vez, você conhece aquele caminho. É claro que repetir não é fácil, mas você já passou por isso."

Ao conversar com Martine Grael e Kahena elas me contaram que também têm investido em aprimorar seus pontos fortes na preparação para as próximas Olimpíadas. "Na vela, existem as especialistas, aquelas que são muito boas em vento forte e aquelas que se destacam quando o vento está fraco, por exemplo. Mas o que temos como principal habilidade é a nossa capacidade e agilidade em nos adaptar a qualquer condição", me contou Martine. E, assim, em vez de tentarem se especializar em um ou outro tipo de vento, elas têm investido em aprimorar essa capacidade de adaptação.

Antes de eu entrar na piscina para a disputa de jogos relevantes, meu pai procurava me dizer palavras que ratificavam o que eu fazia bem. Minha confiança e autoestima iam às alturas. Isso impactava a maneira como eu caminhava em direção ao jogo, meus tipos de pensamento, a concentração e como lidava com esses momentos pré-jogo.

Imediatamente após os jogos, recebia um rápido *feedback*. Em casa, com mais tranquilidade, focávamos no que eu havia feito de bom e no que precisava aprimorar. No início, os aspectos técnicos eram os mais presentes, como o posicionamento de corpo, um chute com mais efeito ou uma defesa específica. Com o passar do tempo, o foco maior era como eu podia aproveitar mais as oportunidades que surgiam durante o jogo, como antecipar uma bola e partir em contra-ataque, em sair de uma marcação específica, em ler melhor a goleira e saber como chutar. Essa reflexão dos aprendizados do jogo, somados aos comentários de meu técnico, me inspiravam a, nos meus próximos treinos, buscar o aperfeiçoamento do que eu havia feito bem e a diminuir os riscos dos meus potenciais limitadores interferirem em meu desempenho.

PERFORMANCE E PAIXÃO

Quando estávamos indo ao Pan-Americano de Winnipeg-1999, meu pai me deu uma carta que dizia o seguinte: "Hoje, vocês representam 170 milhões de brasileiros e a medalha construirá uma consciência de cidadania mais profunda, mais confiante, o que é fundamental para o futuro da nossa nação. Carreguem com vocês o espírito de patriotismo, de coragem e de ousadia; façam o que vocês tanto treinaram – jogadores, técnicos e dirigentes – e será o suficiente. Com a medalha, a glória e a história estarão com vocês, e sem ela, fica desde já uma grande performance (senão a maior) do polo aquático brasileiro no exterior. Mostrem o ataque demolidor que vocês têm e a defesa que é uma verdadeira muralha; e o espírito de conjunto e a solidariedade deste time, que jamais vi igual. Estejam certas de que, quando vocês pegarem a bola, o adversário vai tremer, pois conhecem o perigo de gol que vocês carregam, todas e em qualquer posição. Cumpram somente o que vocês sabem, com consciência, muita vontade, coração quente e com a categoria e habilidade que Deus lhes deu, e a medalha virá, naturalmente. Com energia e luta, sem dúvida, mas com uma consagração que chegará a seus netos e bisnetos, e passará para a nossa história".

Eu só abri a carta quando estava reunida com o time e a li em voz alta. Lembro até hoje da emoção que senti. Fiquei energizada e confiante. Meu pai soube escolher muito bem as palavras de forma a nos conectar com os nossos pontos fortes, nossos valores mais importantes e a nossa maior paixão.

Assim como nossos pontos fortes podem estar relacionados ao desempenho, também podem estar ligados à paixão. O primeiro caso diz respeito às nossas habilidades e aptidões, àquilo que fazemos bem ou ao que temos um maior potencial de nos tornarmos *experts*. Já os pontos fortes associados a nossa paixão referem-se àquelas atividades que acendem uma chama dentro de nós, que adoramos fazer e sentimos um enorme prazer.

Para identificar os seus pontos fortes de desempenho, pergunte-se: "Quais tarefas eu aprendo com facilidade?", "O que eu faço bem?" e "Com que tipo de atividades eu tive maior sucesso no passado?". Para identificar seus pontos fortes de paixão, questione-se: "O que eu amo fazer? Que tipo de coisa me enche de energia?" e "O que eu realizo que faz com que eu me sinta eu de verdade?".

Pense em alguém que você considera extraordinário, como um campeão ou um executivo bem-sucedido, por exemplo. É possível que você tenha pensado em uma pessoa altamente competente e apaixonada pelo que faz, pois é a união desses dois pontos que nos leva a uma espiral ascendente em direção à excelência.

Quando usamos os nossos pontos fortes de desempenho e de paixão simultaneamente, atingimos a nossa zona de performance máxima e o nosso nível de confiança aumenta. E quanto mais repetimos a vivência de situações que nos leva ao ápice do desempenho, mais nos sentiremos plenos, fazendo o que nos dá prazer e com resultados positivos e, dessa forma, criarmos um ciclo virtuoso que se autorreforça.

MEDITAÇÃO EM AÇÃO

Mihaly Csikszentmihalyi é um psicólogo húngaro-americano e um dos principais pesquisadores em Psicologia Positiva do mundo. Ele cunhou o termo *flow*, que tem sido traduzido como fluxo, para se referir a um estado mental altamente focado.

Experimentamos o *flow* quando estamos imersos e totalmente absorvidos por uma experiência, como quando lemos um livro e não vemos as horas passarem. Isso pode acontecer também quando interagimos com um amigo ou na realização de um trabalho. É como se nós e a experiência que estamos vivendo formássemos uma única entidade.

Atletas costumam vivenciar essa sensação quando estão plenamente absorvidos e focados em suas jogadas. Eu me lembro de quando estava no meio de uma partida ou do treino, e se alguém de fora tentasse me chamar por algum motivo, precisava fazer isso por mais de uma vez, pois eu praticamente não ouvia o que fosse alheio àquela experiência do jogo.

O *flow* representa uma meditação em ação, que acontece quando atingimos nosso máximo desempenho. Nele nos sentimos autoconfiantes e estamos totalmente focados na atividade que estamos realizando. Trabalhando no nosso máximo, aprendemos, crescemos, melhoramos e avançamos em direção ao nosso próximo objetivo.

Para atingir esse estado de espírito, é necessário haver um equilíbrio entre o nosso nível de habilidade e o nível do desafio daquilo que estamos nos propondo a realizar. Se a dificuldade de uma tarefa é alta demais para o nosso nível de perícia, sentimos ansiedade; se nossa perícia é alta e a dificuldade da tarefa é baixa, sentimos tédio e aborrecimento.

A chave para garantirmos mais momentos de *flow* está em regular esse equilíbrio. Diante de metas ambiciosas, é importante fatiar a montanha e adequar o nível de desafio a nossa habilidade. Por outro lado, conforme aprimoramos nossas habilidades, a partir da prática e do treino, precisamos aumentar o desafio cada vez mais.

Por isso, é tão importante respeitar a fase de desenvolvimento de um atleta, conforme mencionamos no capítulo 1. Como no início do desenvolvimento acadêmico, esperamos que nossos filhos sejam acolhidos e tenham uma experiência lúdica para gostarem da escola e se estimularem para o aprendizado, o mesmo vale no esporte. Ao enfatizarmos momentos de prazer, estimulamos que a criança goste e queira continuar com a prática esportiva. Assim que suas habilidades se desenvolvem e suas preferências pelo esporte ficam mais claras, o nível de exigência nas atividades que lhes dão prazer e os desafiam passa a ser outro.

AUTOESTIMA

Edwin Moses havia ganhado uma bolsa acadêmica para estudar Física e Engenharia no Morehouse College, uma faculdade na cidade de Atlanta, que formou líderes afro-americanos como Martin Luther King. Lá eles não tinham instalações de atletismo, mas Moses treinava mesmo assim. "Passei os anos de 1974, 1975 e 1976 literalmente pulando cercas", conta. Ele era totalmente desconhecido quando se classificou para as Olimpíadas de Montreal-1976. Para conseguir tal feito, enfrentou uma série de obstáculos políticos e financeiros, que o levaram a falar diretamente com o reitor da faculdade, Hugh Gloster. Moses solicitou o valor de 3 mil dólares, para que ele e seu técnico pudessem disputar as seletivas das Olimpíadas. O presidente o desafiou: "Você realmente acha que pode ganhar uma medalha de ouro?", ao que ele respondeu: "Se eu tiver esse dinheiro, vou comparecer às competições, ganhar todas sequencialmente, quebrar o recorde americano ao longo do processo e, quando chegar nas Olimpíadas, quebrarei o recorde mundial".

Com o cheque em mãos, Moses se sentia como um gladiador. "Eu sabia que estava preparado, sabia que ganharia e quebraria todos os recordes. E foi o que fiz."[2] E ele fez muito mais. Edwin Moses se tornou o maior nome na história dos 400 metros com barreira. Ele não só é bicampeão olímpico e quatro vezes recordista mundial, mas ao longo de uma década de carreira acumulou 122 vitórias, sendo 107 delas consecutivas.

A autoestima e autoconfiança não são os únicos fatores que o levaram a colecionar tantos títulos, mas com certeza tiveram sua parte nisso. Ter uma boa autoestima é um fator crucial para traçarmos metas para as nossas vidas e lutarmos por elas. Segundo Nathaniel Branden, a autoestima cria um conjunto de expectativas implícitas sobre o que é possível e apropriado para nós e essas expectativas acabam se tornando profecias autorrealizáveis[**].

Uma profecia autorrealizável acontece quando uma pessoa faz uma previsão de algo que acredita que ocorrerá no futuro. Dessa forma, age como se a previsão já fosse algo real criando um processo no dia a dia para alcançá-la e, assim, acaba por realizá-la efetivamente.

A autoestima é formada a partir de fatores internos – nossas próprias crenças, pensamentos, práticas e comportamentos – e externos – mensagens, críticas e *feedbacks* que recebemos das outras pessoas. Por conta disso, é importante refletirmos sobre a forma que gestores, professores, técnicos e pais elogiam ou criticam seus filhos, atletas e colaboradores de uma empresa. Dependendo da maneira com que enfatizamos

---

[**] Em inglês: *Self-fulfilling prophecies*.

a crítica, o risco de impor rótulos ao outro é alto e deve ser evitado, para que não se torne uma realidade para a pessoa e a limite na melhora de seu desempenho.

Pessoas com autoestima baixa traçam metas pouco ambiciosas e tendem a não dar o seu melhor para alcançá-las. Elas desistem diante dos obstáculos e são mais guiadas pelo desejo de evitar a dor do que o de vivenciar a satisfação e o contentamento. Dessa maneira, acabam não alcançando seus objetivos e confirmando suas ideias sobre si. Pessoas com uma boa autoestima, por outro lado, fazem previsões otimistas para o próprio futuro e tendem a persistir perante as dificuldades e a dar tudo de si para alcançar suas metas, o que aumenta suas chances de obter sucesso.

No livro *Os seis pilares da autoestima*, Branden defende que a autoestima funciona como um sistema imune da nossa consciência, fornecendo-nos resistência, força e capacidade para regeneração. "Assim como o sistema imune do nosso corpo não garante que nunca ficaremos doente, mas nos torna menos vulneráveis a doenças e mais bem equipados para superá-las, uma autoestima saudável não garante que não sofreremos com ansiedade ou depressão perante as dificuldades da vida, mas nos torna menos suscetíveis e mais bem equipados para nos recuperarmos e transcendermos essas situações."

Como psicoterapeuta, Branden desenvolveu uma técnica que ajuda as pessoas a ampliarem seu autoconhecimento e a produzirem mudanças significativas em suas vidas, aumentando assim sua autoestima.[3] É uma técnica de complementação de frases***, na qual são apresentadas sentenças

---

*** O guia completo dessa técnica pode ser encontrado neste link: http://www.nathanielbranden.com/sentence-completion-i

incompletas para as quais devemos propor o maior número de finalizações possível.

A ideia é que façamos isso rapidamente, deixando de lado a nossa mente crítica. A reflexão fica para o momento em que terminarmos a tarefa. Alguns exemplos de frases incompletas são:

- Se eu trouxer para a minha vida 5% a mais de atenção...
- As coisas que me fazem feliz são...
- Se eu for mais cuidadoso com a satisfação de meus desejos...
- Se eu trouxer 5% a mais de integridade para a minha vida...
- Se eu disser "sim" quando quiser dizer "sim", e "não" quando quiser dizer "não"...

A ideia é criarmos mais de uma forma de completar cada uma dessas frases, no mínimo seis. Depois de formular as respostas por uma semana, devemos examiná-las, verificar o que aprendemos com elas e escolher uma ou duas ações para colocar em prática. Podemos repetir a realização desse exercício quantas vezes desejarmos e, quanto mais fizermos isso, maior se torna o nosso autoconhecimento, mais experimentaremos novas possibilidades e agiremos no que é chave para ampliar a nossa autoestima.

PERMISSÃO PARA SER FELIZ

É muito comum na cultura ocidental as pessoas apresentarem certa hesitação com relação ao sentimento de felicidade. Diante de emoções prazerosas de alegria e contentamento, uma voz interna nos diz "Eu não mereço isso", "Isso não vai durar", "Está bom demais para ser verdade", "E se algo de ruim acontecer a qualquer momento?". É como se nos sentíssemos culpados por estarmos bem.

Por mais paradoxal que possa parecer, precisamos nos dar permissão para sermos felizes, para desfrutar do que nos dá prazer e saborear os frutos dos nossos esforços. Celebrar vitórias e acertos contribui para a construção da nossa autoconfiança, além de promover uma sensação de bem-estar.

Devemos cultivar emoções prazerosas não apenas como um estado final em si próprio, mas também como meio para nos fortalecermos e evoluirmos psicologicamente. Barbara Fredrickson, professora da University of North Carolina, publicou na revista científica *The American Psychologist*[4] um artigo em que apresenta sua teoria a respeito da importância de deixarmos as emoções prazerosas fluírem por nós (assim como devemos fazer com as dolorosas).

Emoções como amor, alegria e orgulho têm um propósito evolutivo. Quando as vivenciamos, momentaneamente, é como se ampliássemos a nossa forma de olhar para as situações, com novas perspectivas e repertórios. Ao longo do tempo, essas experiências nos levam a construir recursos pessoais para lidar com as adversidades. As emoções prazerosas nos tornam mais criativos, resilientes, socialmente integrados e saudáveis. Elas se manifestam através de um aumento da nossa motivação e energia. Quando nos sentimos bem sobre nós mesmos e sobre a nossa vida, temos mais energia para fazer as coisas e nos engajamos mais em qualquer coisa que nos propusermos a fazer.

Além de tudo isso, a felicidade é contagiosa! Quando aumentamos o nosso próprio bem-estar, contribuímos para o bem-estar das pessoas ao nosso redor. Sorrisos e gargalhadas são os mais óbvios indicadores das emoções de prazer e são altamente contagiantes. Se almejamos fazer com que nossos familiares, amigos, parceiros de time e de trabalho tenham uma vida de sucesso e sejam felizes, devemos começar por nós mesmos.

SUPERAR LIMITES E ADVERSIDADES NOS TORNA MAIS CONFIANTES

Yusra Mardini começou a praticar natação quando tinha 3 anos, em sua cidade natal, Damasco, na Síria. Aos 9 ela já sonhava em ir para as Olimpíadas. Quando tinha entre 12 e 13 anos, estourou a guerra civil em seu país. Foram anos de muita tensão, apesar de continuar com os estudos e os treinos. Ataques com bombas de alto grau de destruição eram frequentes e ela perdeu muitos amigos durante esse período.

Em agosto de 2015, Yusra e sua irmã, Sarah, decidiram fugir do país e ir para a Alemanha, em uma saga que durou 25 dias. Em determinado ponto da viagem, entraram, com outros 18 refugiados em um bote (projetado para no máximo seis pessoas) que as levaria da Turquia para a Grécia. O tempo estimado para esse trecho era de 45 minutos, mas após 15 minutos o motor do barco parou de funcionar e ele começou a se encher de água em meio ao Mar Egeu. Mardini, sua irmã, e mais dois homens pularam na água e empurraram o bote por três horas e meia, até que chegassem à costa.

"Foi nesse ponto em que eu me dei conta de que tinha tanta força dentro de mim. Eu senti que eu era corajosa o suficiente para fazer qualquer coisa em minha vida", disse Mardini[5]. Pouco tempo após sua chegada na Alemanha, ela voltou para as piscinas. "Quando estou na piscina, eu foco só em nadar e fazer o meu melhor e isso me ajuda a lidar com momentos de dificuldades na vida."

As Olímpiadas do Rio de Janeiro-2016 foram as primeiras que contaram com um time de atletas refugiados, que competiram sob a bandeira olímpica. Yusra Mardini foi uma das atletas qualificadas para integrá-lo. "Nós éramos um só time, que representava a diversidade e o espírito olímpico. Todos nós lutamos para estar lá", ressaltou. Para a atleta, participar daquele momento histórico era mais importante do que a realização do sonho de participar das Olimpíadas. "Percebi que eu representava muitas pessoas, eu era um exemplo aos refugiados e até hoje recebo cartas de crianças que se inspiram com a minha história." Ela se qualificou para integrar o time de refugiados também nas Olimpíadas de Tóquio e se tornou Embaixadora da Boa vontade da Agência da ONU para Refugiados (ACNUR).

A maneira como reagimos às adversidades pode nos levar a crescer e evoluir com elas – como explorei no capítulo 4 – e um dos efeitos desse crescimento após momentos de dificuldades é o aumento na nossa autoconfiança. Quando você lida com adversidade, cria um método próprio para responder a essas situações que são usadas novamente no futuro. Ao percebemos nossa capacidade de lidar com situações dolorosas, encontramos uma força dentro de nós, pois sabemos que somos capazes de sobreviver ou superar a dificuldade.

Essa ideia também está por trás de estratégias de treinamentos que levam os atletas ao extremo, como as do técnico croata Ratko Rudic. Quando superamos nossos limites, colhemos os resultados dos nossos esforços e ganhamos um novo olhar sobre nossas capacidades.

Felipe Perrone, aquapolista brasileiro, naturalizado espanhol, jogou as Olimpíadas de 2008 e 2012 pela Espanha e a de 2016 pelo Brasil e foi o capitão do time treinado por Rudic. Ele enfatizou que o técnico não apenas os levava ao limite, mas fazia um trabalho mental simultaneamente. "Ele estava nos preparando para a final, criando um cenário mais próximo das sensações que poderíamos ter em uma situação limite. Tiveram jogadores que ficaram pelo caminho, que disseram 'não aguento, não consigo', e saíram; quem permaneceu ficou com a sensação de que seria capaz de aguentar qualquer coisa que viesse a aparecer na vida."

Felipe ainda reforçou que essa percepção que ganhou sobre si naquele momento perdura até hoje e não está restrita às competições no polo aquático: "Eu realmente acho que estou pronto para tudo, em qualquer contexto". O que reforça a visão que sempre tive sobre a prática esportiva, sobre o seu poder em ampliar nossa autoconfiança para diversos palcos da nossa vida.

E isso não ocorre somente pela superação dos nossos próprios limites, mas pela possibilidade de observar e competir contra os melhores da nossa modalidade.

COMPETITIVIDADE

"Eu não acredito em torneios em que todos que participam são premiados", me disse Frank Steel, diretor geral da Gulliver Schools. Ele acredita que a competição tem valor e deve ser estimulada, pois ela dá a chance de a pessoa testar suas próprias habilidades. Em nossa conversa, ele explicou que a competição nos dá uma referência sobre o que podemos melhorar e, dessa forma, nos incentiva a trabalhar mais, superar as barreiras percebidas e nos esforçar para sermos melhores. Isso, frequentemente, expande os limites daquilo que pensamos ser capazes e aumenta a nossa autoconfiança.

Meu pai sempre dizia: "Almeje ser o segundo melhor, pois quando você é o melhor em algo, você estagna, para de evoluir". Se tiver alguém melhor que você, é como se houvesse um alvo tangível para definirmos as nossas metas. E ele também reforçava: "Se aproxime dos seus ídolos e você verá que é possível chegar lá, com dedicação e trabalho extra".

Era 1959, o grande atacante Aladar Szabo, aquapolista húngaro naturalizado brasileiro, foi convidado a jogar pelo Brasil. Sua chegada atraiu mídia e público aos jogos da Seleção. Era o ídolo que faltava por aqui. Meu pai estava iniciando no esporte quando ele chegou e o encontrou pessoalmente em julho de 1960, quando foi convidado a treinar com os atletas da Seleção Brasileira, nos preparativos para as Olimpíadas de Roma.

Szabo era um atacante viril e dono de um dos melhores chutes do mundo, além de ter habilidades diferenciadas dentro da água. No entanto, era um ser humano, disposto a dar alguns passos rumo a excelência com esforço, prática e persistência. "Basta você tocar em um mito, que carrega a imortalidade por seus feitos, para notar que é também humano nas virtudes e defeitos", dizia meu pai.

Ele, que desde seu início no esporte, aprendeu a admirar e a se espelhar nos grandes jogadores húngaros do livro de Béla Rajki, teve a oportunidade de jogar com seus ídolos, tricampeões olímpicos, Dezső Gyarmati e György Kárpáti, na Universíadas-1963, realizada em Porto Alegre. "Percebi que as inseguranças que eu sentia, eles também sentiam, e isso me deu mais confiança para jogar", contou.

Os mitos do esporte não são deuses inalcançáveis. Na realidade, são pessoas que se dedicam horas praticando suas habilidades e técnicas na piscina, quadra, pista ou campo, juntamente com as habilidades da mente. Mirar em seus exemplos faz com que se persiga sempre a excelência e não se satisfaça com o bom.

Esse fato tão evidente no esporte se repete na escola, na família e no trabalho. Você pode aproximar sua performance daquelas pessoas que mais admira. E competir ao lado ou contra elas pode ajudar nesse desenvolvimento.

Atletas de alta performance acabam criando o hábito de serem competitivos o tempo todo. O iatista Robert Scheidt, na sua preparação para disputar sua sétima Olimpíada, aos 47 anos, me falou que não queria ir até o Japão apenas para bater o recorde de participação olímpica de um atleta brasileiro, mas acima de tudo, para ser competitivo. "A Olimpíada é um lugar de performance, não um lugar de participação. Se eu achasse que não tinha nenhuma chance de vencer, eu nem tentaria."

Em uma das cenas mais divertidas do documentário *Arremesso final*, da Netflix, o astro da NBA, Michael Jordan, disputa com seu segurança, John Michael Wozniak, quem conseguia jogar uma moeda mais próxima à parede. Jordan não só foi derrotado nessa disputa, como ainda viu o segurança realizar a clássica comemoração dele do "dar de ombros". E isso o deixou extremamente irritado, como se tivesse perdido um jogo importante do campeonato de basquete.

Competir implica em aprender na vitória e na derrota, em reconhecer os pontos fortes e os potenciais limites e focar constantemente na própria evolução. Isso requer fazer escolhas, antecipar e corrigir erros, tornar-se mais cuidadoso e atento. Independentemente do resultado, cada vivência lhe move para a melhoria de sua performance. Quem ganha quer um novo desafio para conferir se continua vencedor. Quem perde quer uma nova chance.

Na minha história pessoal, o que me atraiu no esporte foi a competitividade. Eu sempre gostei da ideia de buscar minha autoevolução e de me testar com relação a outros times. Conforme minha carreira esportiva foi evoluindo, descobria que havia sempre pessoas mais talentosas do que eu, e se eu focasse em simplesmente me comparar a elas, eu me desapontaria. Dessa forma, embora me espelhasse em quem eu admirava, os meus objetivos eram definidos de acordo com o que eu podia alcançar, sempre de forma desafiadora, mas não concentrada nas outras pessoas.

Algo que levei do esporte para a minha vida como executiva é que o lado da disputa pela vitória e da competição caminha junto com a atitude de respeito, integridade e responsabilidade.

Um time ou empresa que busca a alta performance e a sustentabilidade de resultados precisa ter o espírito competitivo, mas de forma adequada a seguir princípios e valores. A competitividade, tão importante para motivar a busca da superação, pede grandeza técnica e moral.

Para seguirmos em uma trajetória de construção do caminho de excelência e felicidade, é importante desenvolvermos a autoconfiança, focando naquilo que gostamos e somos bons, trabalhando no processo de construção da imagem que almejamos e buscando a competitividade para conhecer e superar nossos próprios limites.

PONTOS PRINCIPAIS ABORDADOS NESTE CAPÍTULO

- Autoestima e autoconfiança são chave para alcançar e sustentar a alta performance. Para cultivá-las, devemos focar não só na maneira como nos sentimos ou pensamos sobre nós, mas no modo como agimos. Agir de maneira confiante e segura nos torna mais confiantes e seguros, mesmo que inicialmente tenhamos que atuar.
- Comece pelo que você faz bem, pelo que está mais ao seu alcance e foque em melhorias incrementais. Ajuste os desafios às suas habilidades e continue se desafiando.
- Conheça muito bem as suas habilidades. Invista mais tempo e energia em ampliar seus pontos fortes. Esteja consciente dos potenciais limitadores e trabalhe neles para que possa aumentar suas fortalezas.
- Atingimos nosso ápice do desempenho quando mesclamos o que fazemos bem com o que nos move – nossa paixão.
- Aprenda não só com os seus erros, mas também com seus acertos. Permita-se ser feliz. Celebre suas conquistas, aprenda sobre o processo que deu certo e valorize o que você fez bem.
- A competição propicia oportunidades de aprendizado sobre nossas próprias habilidades e nos motiva a evoluir cada vez mais.

PERGUNTAS PODEROSAS PARA REFLETIR

- Suas ações e comportamentos demonstram confiança e segurança?
- Quais são os seus pontos fortes e o que você tem feito para aperfeiçoá-los?
- O que você faz bem e com facilidade? O que é natural para você?
- O que você sente um enorme prazer fazendo?
- Quando desempenhou seu melhor? Com quem você estava? Como se sentia? O que estava fazendo?

CAPÍTULO 6

RITUAIS DE ENERGIZAÇÃO PARA SUSTENTAR A ALTA PERFORMANCE

"Vivemos em um mundo que celebra o trabalho e a atividade, ignora a renovação e a recuperação e não reconhece que ambos são necessários para um alto desempenho sustentado."
– Jim Loehr e Tony Schwartz

"Meus pensamentos antes de uma grande corrida geralmente são bem simples. Digo a mim mesmo: saia dos bloqueios, corra sua corrida, fique relaxado. Se você correr sua corrida, você vai ganhar... canalize sua energia. Foco."
– Carl Lewis

"Desapareça, ó noite! Esvaneçam, estrelas! Esvaneçam, estrelas! Ao amanhecer, eu vencerei! Vencerei! Vencerei!"* Essa é a última parte de *Vincerò*, trecho da ópera *Turandot*, de Puccini, que ficou ainda mais famosa na voz do

---

* Traduzido do italiano: *Dilegua, o notte! Tramontate, stelle! Tramontate, stelle! All'alba vincerò! Vincerò! Vincerò!*

tenor Luciano Pavarotti. Quando joguei no time da Sicília, na Itália, essa era a música que costumávamos ouvir antes dos jogos importantes. Lembro como ficávamos em silêncio no ônibus a caminho da piscina, saboreando cada palavra. A energia que ela transmitia, fazia com que nossos corações batessem mais forte e íamos, gradativamente, entrando em um estado de maior foco e concentração. O *"Vincerò! Vincerò!"*, no verso final, catalisava a conclusão daquele ritual e preenchia nossos espíritos com energia e plenitude para o desafio.

Na minha infância e adolescência, no lugar das noites e estrelas de Puccini, meus pais veneravam o Sol. "Repare no seu brilho; não precisa olhar diretamente a ele, mas sinta sua energia na ponta de seus dedos." Eles me ensinavam a me nutrir da força da natureza, da terra, mexer na grama, sentir a força vinda do solo. Antes das competições, meu pai me recomendava: "Faça um alongamento encostando numa árvore. Sinta-a te passando a energia e impactando sua força interior". Ao final, eu encostava as pontas dos dedos com as de meus pais, e aquilo me dava uma segurança emocional que me preparava para a próxima prova. Algo tão básico, mas ao mesmo tempo tão poderoso e que me fazia sentir tão forte e capaz.

Aos poucos, fui criando meus próprios rituais... Sempre gostei de escutar música nos momentos que antecediam as competições. Muitas vezes, nas viagens com a seleção, a energia aflorava a caminho do jogo com a música popular brasileira e com o canto em uníssono das brasileiras que entravam em contato com suas origens. Conforme fui evoluindo no esporte, minhas rotinas também foram se aprimorando.

Os rituais não precisam ser rígidos e, sim, podem ser adaptados conforme a circunstância e necessidade do momento. Em campeonatos longos, em que precisava de foco e de energia para cada jogo, aprendi a usar meditação, respiração e visualização para aumentar a concentração. Como a mente humana é o simulador mais poderoso que existe, a visualização me permitia aquecer mentalmente para as jogadas e intensidade de jogo que eu almejava.

Servindo à Seleção Brasileira, os protocolos oficiais influenciavam nas nossas ações logo antes da partida. Depois de fazer o aquecimento na água, colocávamos o roupão, nos perfilávamos na frente da plateia e ouvíamos nossos nomes serem anunciados um a um, seguidos de um ritmo familiar das palmas em reconhecimento a cada atleta que cumprimentava o público.

Quando começava a tocar o hino nacional, procurava me concentrar e receber a energia de um país inteiro que estávamos representando. Essa era uma hora chave para mim. Deixava a emoção tomar conta de minha alma, pois sabia que ela se reverteria em garra e força durante o jogo. No papel de capitã, observei que algumas jogadoras se emocionavam de outra forma e o nervosismo pré-partida se intensificava. Comecei a me questionar como poderíamos transformar a relevância desse momento em uma energia positiva, contagiante entre nós e alavancar o devido foco e equilíbrio emocional para o início do jogo.

Também fomos aprendendo e evoluindo no planejamento de nossos rituais após cada partida. Tanto nas vitórias como nas derrotas, a vontade era sair logo da piscina para celebrar ou desabafar com o nosso time. No entanto, pequenas melhorias que acrescentamos em nossas rotinas começaram a fazer uma diferença significativa. Elas têm o poder de criar signos representativos de mensagens subliminares que potencializam nossa performance. Morando na Sicília, quando acabavam as partidas de domingo – e sabendo que nosso próximo empenho competitivo seria somente na semana seguinte –, adorava a rotina de ir a um restaurante à beira-mar, escolher a salada de frutos do mar e uma bela pasta com minhas colegas de time – hábito que busco manter até hoje com minha família, mesmo longe do Mediterrâneo. Esses momentos de descontração entre amigos, com risadas e oportunidades de conversar assuntos aleatórios, propiciam uma energia positiva, que muitas vezes é o suficiente para dar a faísca que gera um ciclo virtuosos em nosso dia (*upward spiral*).

Esse período de recuperação após uma partida ou após uma tarefa ou desafio importante que tenhamos no trabalho ou na vida familiar é essencial para recarregar nossa bateria interna.

É PRECISO CUIDAR DO NOSSO RESERVATÓRIO DE ENERGIA

Na primeira parte do livro, falei sobre as bases de sustentação da alta performance – ter uma rede de apoio, investir na prática de forma consistente e cuidar dos detalhes, levando um estilo de vida saudável. Nessa segunda parte, falo sobre o preparo mental, como podemos aprender e evoluir com as adversidades e como desenvolver a autoconfiança. Tudo isso é muito importante na busca por excelência, mas há um elemento-chave que precisa se somar a todos esses para podermos libertar todo o nosso potencial: o reservatório de energia.

A energia é o nosso combustível! Por mais que nos dediquemos a desenvolver nossas habilidades, dificilmente sustentaremos a alta performance sem igualmente administrarmos um adequado nível de energia. Imagine ganhar uma Ferrari novinha, com o tanque cheio, mas com um pequeno defeito de fábrica: uma vez que o combustível acabar, você não poderá reabastecê-lo. Das duas uma, ou você utilizará todo o seu potencial e depois terá um supercarro inutilizado na garagem ou tentará economizar o combustível para poder usar a Ferrari por um tempo maior, mas nunca terá realmente aproveitado seu máximo potencial.

Assim como a Ferrari, nosso desempenho e saúde dependem de um gerenciamento habilidoso da energia. Isso significa estabelecer formas de acessá-la, antes e durante a realização de uma atividade relevante, e maneiras de preencher os nossos reservatórios de energia após utilizá-los. Outra analogia interessante é a relevância do *pit stop* em uma corrida de Fórmula 1: se o piloto não respeitar o momento de parar, o pneu pode não aguentar ou a gasolina pode acabar. Em ambos os casos, perde-se a corrida.

Como fazer isso? Criando rituais de energização e de recuperação. Trata-se de rotinas positivas, comportamentos que fazemos repetidamente até que se tornem automáticos, os quais nos ajudam a gerenciar o nosso "repositório interno" da melhor forma possível. O poder dos rituais é que eles, quando repetidos frequentemente, transformam-se em hábitos, que contribuem para que usemos o mínimo de energia de forma consciente, para que maximizemos sua utilização quando for de fato necessária. Isso nos deixa com maior flexibilidade de escolha para despender a energia de maneira criativa e estratégica.

Um dos maiores jogadores de toda a história da NBA, Kobe Bryant, contou sobre seus hábitos em seu livro *Mamba Mentality*. Na época em que levou o Los Angeles Lakers ao tricampeonato, entre 2000 e 2002, ao lado do pivô Shaquille O'Neal, ele tinha um ritual próprio antes de entrar em quadra.

No período que antecedia cada jogo, fazia religiosamente a terapia de contraste de temperatura, para ajudar a soltar suas articulações ou anestesiar certas partes do corpo. Começava com quatro minutos de água muito fria, mudava para três minutos de água quente, voltava para a fria por mais dois minutos, e depois de mais dois minutos de quente, finalizava com a fria. Sempre da mesma forma.

Então passava a se alongar e conforme a hora do jogo se aproximava, aumentava a amplitude dos seus movimentos. Quando jogava com Shaquille O'Neal, enfaixavam os dedos juntos, o que lhes dava a oportunidade de brincar e jogar conversa fora. Como eram as referências para os atletas mais jovens do time, a alegria deles contagiava a equipe. Quando estava se aproximando da hora do jogo, ambos ficavam mais silenciosos, concentrados, paravam de falar e, dessa forma, sinalizavam que era hora de focar na partida. Conforme ele foi amadurecendo, até se tornar o cestinha da NBA por três anos seguidos, seus rituais também evoluíram, porém, um dos aspectos que nunca mudou era a relevância de ouvir o seu corpo e prepará-lo de acordo com suas necessidades.

Aníbal Sánchez é um jogador de beisebol que se manteve por 16 anos na Major League Baseball, o nível mais alto do esporte profissional nos Estados Unidos. Ele me contou que segue uma rotina bem estruturada em dias de jogo e faz isso com o intuito de chegar à partida preparado para dar o seu melhor: "Quando acordo pela manhã, busco me manter relaxado e com a mente limpa. Não fico pensando demais sobre a partida, pois se você se preocupa muito cedo, quando chega na hora do jogo já está mentalmente cansado. Geralmente, minha esposa prepara panquecas, para eu colocar um pouco de carboidrato no corpo. Entre às 10h e 12h, fico mais reservado, ouço uma música, reflito e visualizo o que farei no jogo. Lá pelas 14h30, saio de casa e vou para o campo. Ali fico concentrado, incomunicável, de duas a três horas. Quando falta uma hora e meia para o jogo, busco relaxar novamente, converso sobre amenidades e falo com a minha esposa. Então estou pronto para começar".

OS QUATRO TIPOS DE ENERGIA E AS QUATRO ZONAS DE PERFORMANCE

Como propôs o pai da psicologia humanista, Abraham Maslow, se quisermos saber mais sobre o extraordinário, sobre os destaques do potencial humano, devemos estudar aqueles que atingiram excelência. Foi o que fizeram Jim Loehr, psicólogo reconhecido mundialmente e fundador do Human Performance Institute, e Tony Schwartz, jornalista, presidente do The Energy Project. Eles começaram estudando atletas de elite, e passaram a observar outros indivíduos bem-sucedidos em situações de alta pressão, como soldados das forças especiais, agentes do FBI especialistas em resgate de reféns, médicos que trabalham com emergência e executivos *seniors* de grandes corporações. Foram mais de 30 anos de pesquisas que mostraram que o que difere os melhores dos outros, incluindo os muito bons, é o fato de eles serem geniais na gestão de energia.

Temos quatro fontes de energia em nosso corpo – física, emocional, mental e espiritual. A energia física, em sua base, resume-se a oxigênio, glicose, nutrição, descanso e recuperação física. A energia emocional está associada a vivenciarmos emoções positivas, como alegria, prazer, confiança e orgulho, e à nossa flexibilidade emocional ao transformar adversidades em desafios. A energia mental é a nossa habilidade de colocar a atenção onde nos servirá melhor. E, por fim, a energia espiritual, que não representa necessariamente uma conexão religiosa e está ligada a fazer algo significativo, alinhado aos nossos valores e propósitos. Exploraremos mais esse tema no capítulo 11.

As quatro fontes de energia conectam-se em intersecções tênues e a alta performance é o resultado da conjugação harmônica de todas elas, cada uma adicionando sua colaboração para um resultado excelente. Ou seja, para atingirmos nossa melhor performance, devemos estar fisicamente energizados, emocionalmente conectados, mentalmente focados e espiritualmente alinhados com nossos propósitos e valores.

Podemos também pensar em nossa energia em termos de quantidade e de qualidade.

Quando experimentamos uma alta quantidade e qualidade de energia, estamos na zona de alta performance – nos sentimos e agimos de maneira poderosa, forte, confiante, orgulhosa, feliz e focada. É nessa zona que queremos nos manter quando precisamos dar o nosso melhor. Isso vale para uma situação de jogo, em um campeonato chave ou em uma apresentação importante na empresa.

Quando experimentamos um nível alto de quantidade, porém, com a qualidade da energia associada à tensão ou ao medo, estamos na zona de sobrevivência. Por conta da quantidade de energia, nosso desempenho é de explosão, mas a atuação nessa zona deve ser reservada para situações em que nossa sobrevivência esteja em risco, como por exemplo, ao pegar uma das ondas maiores do mundo. Qualquer erro pode impactar a sua vida. Acionar nossa energia e agir sob emoções de tensão, medo, raiva ou frustração é fisiologicamente útil nesses contextos, mas no longo prazo ela é insustentável e prejudicial. Quando estamos nessa zona, diz-se em inglês que ficamos em uma situação de *fight or flight* (lutar ou fugir). Estamos totalmente alertas a cada sinal do meio ambiente para tomar a melhor decisão em um curto espaço de tempo.

No entanto, muitas pessoas usam o *fight or flight* em situações diárias, em que não é necessário, pois não estão em risco de vida. O ex-tenista norte-americano John McEnroe é um exemplo de atleta que teve resultados surpreendentes, porém passava muito tempo na zona de sobrevivência. Ele tinha o costume de desafiar a plateia, jogar e quebrar suas raquetes e reclamar com o juiz – sua frase *"You cannot be serious"* ("Você não pode estar falando sério"), ao se dirigir aos árbitros, virou sua marca registrada. Foi um dos mais jovens vencedores de Wimbledon, com apenas 20 anos, porém teve sua carreira abreviada, ganhando seu último Grand Slam aos 25 anos. Ele se aposentou do tênis aos 31, enquanto outros atletas dessa modalidade jogaram em alto nível mesmo depois dos 35, como Andre Agassi e Roger Federer.

Ficar muito tempo na Zona de Sobrevivência pode nos levar para a Zona de *Burnout*, que pode ser traduzida como Zona de Esgotamento. Ela ocorre quando operamos com energia em nível baixo e negativo. Todos os atletas querem escapar dessa zona, pois o esgotamento físico ou mental é tão grande que o tempo de recuperação tende a ser longo. É quando temos o nosso pior desempenho e nos sentimos deprimidos, esgotados e tristes. No esporte, sentimos o impacto do *burnout* quando atividades que costumávamos fazer com tranquilidade passam a ser impossíveis. É como se o atleta entrasse em um ciclo vicioso. O corpo não responde mais da mesma forma e nossa mente parece não ter o poder de impactar o desempenho. No mundo corporativo, pessoas que passam muito tempo em áreas com metas agressivas e constantes, com alta pressão por entrega, como por exemplo em vendas, tendem a sofrer com essa zona e precisam de licenças médicas por um período representativo para a recuperação.

Há ainda um quarto estágio denominado Zona de Recuperação, que considera os períodos de descanso e de renovação da energia. Essa é uma zona muitas vezes negligenciada, subestimada e subutilizada em diversos contextos, especialmente no meio corporativo. Já os atletas de alta performance sabem bem como é fundamental planejar e respeitar esse período de recuperação. Assim como o equilíbrio entre a zona de alta performance e a zona de recuperação é imprescindível para a sustentabilidade da primeira, a pessoa que se encontra nas zonas de sobrevivência e *burnout* necessita da recuperação para sair do estado crítico em que se encontra.

Atletas costumam estar conscientes sobre a importância da divisão da sua preparação em períodos de treinamento intenso e descanso. Um exemplo de sucesso desse equilíbrio entre as zonas de performance máxima e a de recuperação é o de Leandro Guilheiro. Ele permaneceu por muitos anos entre os melhores judocas no *ranking* mundial e conquistou duas medalhas de bronze nas Olimpíadas de Atenas-2004 e de Pequim-2008. Entre 2008 e 2012, fez o melhor ciclo de competições de um brasileiro na história do judô e me contou que, para manter o seu desempenho, implementou em sua rotina algo que aprendeu ao ler a biografia do tenista Roger Federer. Leandro destaca o aprendizado: "Gostei da forma como ele organizava a sua temporada. Ele tirava férias de uma semana a cada final de ciclo relevante. Eu vi que poderia fazer algo parecido. Organizei o calendário e, para cada bloco de competição, tirava uma semana de férias. E isso acabou dando muito certo".

O momento de recuperação após a prática esportiva é fundamental e evolui constantemente com o avanço das pesquisas científicas e da tecnologia. Marcelinho Huertas me contou que, além da banheira com gelo, costuma ingerir proteínas e sucos naturais logo após os jogos. "O que você consome em até uma hora após o jogo é essencial para a recuperação energética", ressaltou. "Eu tento consumir alimentos de qualidade. Muitas pessoas pensam 'o jogo já foi, vou comer um hambúrguer com batatas fritas', mas isso é o pior que você pode fazer para o seu corpo, justamente naquele momento em que ele está repondo os gastos energéticos."

Quando falamos no equilíbrio entre a alta performance e a recuperação, não estamos propondo que se passe a metade do tempo fazendo uma e a outra metade fazendo a outra, mas em encontrar seu próprio equilíbrio na conjugação de ambos.

Jim Collins é um consultor, autor e pesquisador formado pela Stanford University, especializado em temas como gestão empresarial e sustentabilidade de empresas. Em parceria com o professor Emérito de Comportamento e Mudança Organizacional, Jerry Porras, ele escreveu um livro que foi recordista de venda: *Feitas para durar: práticas bem-sucedidas de empresas visionárias*[1].

Nessa obra são apresentados os conceitos da tirania do "ou" e da genialidade do "e". A tirania do "ou" diz respeito à visão comum de que não podemos aceitar paradoxos, de que não é possível conviver com duas forças ou ideias aparentemente contraditórias ao mesmo tempo. Já a genialidade do "e" vem da possibilidade de coexistência dos extremos e do benefício trazido pela diversidade.

Para os autores, as empresas visionárias são aquelas que se liberam do "ou" e investem no "e". Assim sendo, elas não precisam escolher entre focar em propósito ou lucratividade, estabilidade ou revolução, continuidade ou mudança, ganhos a curto prazo ou a longo prazo. Pelo contrário, elas encontram um jeito de manter os dois ao mesmo tempo em seus radares.

Seja no corporativo ou em qualquer outro contexto, a genialidade do "e" aplicada à gestão de energia está em conciliar momentos em que damos o máximo de nós com pausas e momentos de recuperação.

É POSSÍVEL EXPANDIR A NOSSA ENERGIA

Muitas vezes desejamos que o dia tenha mais que 24 horas para podermos realizar tudo o que queremos, não é mesmo? O manejo do tempo é algo que, como atleta, aprendemos a fazer muito bem – dividindo a agenda entre os diversos compromissos diários e a necessidade de dedicar horas a fio à prática e ao treino. Mas administrar o tempo com eficiência não é garantia de que teremos energia suficiente para tudo o que almejamos realizar.

Energia é a moeda fundamental do alto desempenho. Por exemplo, enquanto você lê este livro, está totalmente engajado? Como está a sua mente e o seu corpo? Você está usando sua energia para focar no momento presente e saborear a leitura? Pode haver uma distância entre dedicar o tempo a alguma tarefa e estar realmente focado nela. Para reduzir essa distância, ou até mesmo para chegar a zero, é preciso treinar, autoperceber-se e gerenciar a energia adequadamente.

O manejo da nossa energia não segue a mesma lógica do manejo de nossas agendas, pois o tempo é exato e limitado, já a nossa energia pode ser expandida! E como podemos fazer isso? Combinando momentos de superação com momentos de renovação da energia. Como vimos anteriormente, períodos de estresse, desde que seguidos por uma recuperação adequada, têm o potencial de expandir nossa capacidade de energia, uma vez que aprendemos como lidar com situações desafiadoras.

Desempenhar constantemente em um nível abaixo da nossa capacidade ou somente até o nosso limite, sem buscar expandi-lo, drena as nossas reservas energéticas ao longo do tempo, da mesma forma que a falta de recuperação.

Como vimos no capítulo 4: o verdadeiro inimigo do alto rendimento não é o estresse, o qual é justamente o estímulo para o crescimento. Em vez disso, o problema é a ausência de recuperação intermitente disciplinada. O estresse crônico sem recuperação consome as reservas de energia, leva ao esgotamento e acaba por prejudicar o desempenho.

RECUPERAÇÃO INTERMITENTE

"Minha técnica me disse: você não pode viajar sem a sua bicicleta pois ela é chave para sua calma interior", compartilhou comigo Martine Grael, enquanto falava sobre a importância da natureza e das suas pedaladas para se equilibrar internamente e se sentir energizada. "Eu preciso estar perto da natureza, da terra e do mar. Gosto muito de andar de bicicleta. Quando pedalo, sinto o vento no rosto, às vezes penso na vida, às vezes não penso em nada, simplesmente pedalo. Se tenho vontade de ir até o penhasco, vou, se quero ir só até a esquina, tudo bem também. Quando estou estressada, saio para pedalar. É a minha terapia."

A recuperação é um meio de desintoxicar e reabastecer nossos reservatórios energéticos para que possamos voltar às nossas atividades com uma sensação de renovação. Os rituais de recuperação existem em diversos níveis. Na vida e no trabalho, sabemos a importância de respeitar os períodos de férias. Esse é um aspecto que deve ser lembrado por todas as pessoas, do atleta às famílias, passando pelo mundo corporativo e profissionais liberais. É comum que executivos não desliguem seus *smartphones* e *laptops* durante suas férias, sentindo-se indispensáveis, o que compromete o processo de recuperação e tem potencial para diminuir seu desempenho no longo prazo. Com a evolução da tecnologia e o acesso ao trabalho de qualquer lugar, a maioria de nós desaprendeu o que é verdadeiramente descansar, abstrair da mente todas as rotinas e pensamentos relacionados a atividades do trabalho.

O ideal é criar uma vida com ritmos, na qual, quando você está engajado, está altamente produtivo e focado na sua atividade, e quando está em período de recuperação, está se permitindo usufruir o momento com a família, amigos, natureza, explorando novos lugares durante as férias, renovando-se de fato.

Essa é uma questão fisiológica. Nosso corpo pulsa, nossos batimentos cardíacos têm uma frequência oscilatória, nossos músculos contraem e relaxam. Oscilar entre momentos de atividade intensa e momentos de pausa faz parte da natureza humana.

Podemos voltar aqui aos ensinamentos citados anteriormente de Francis Bacon, filósofo inglês do século 17, segundo o qual a realidade pode ser melhor entendida ao estudarmos a natureza: "A natureza, para ser comandada, precisa ser obedecida". Quanto mais aprofundarmos e entendermos sobre nossa natureza humana, melhor coordenaremos os ritmos e rituais em nossas vidas para otimizar a nossa energia.

No nível médio, podemos nos organizar para tirar um dia de folga do trabalho após um período em que fomos altamente exigidos ou mesmo cuidar da nossa rotina de sono, dormindo uma quantidade adequada de horas para nos sentirmos revigorados. No nível micro, fazer pausas para meditar ou para realizar alguns exercícios de respiração profunda ao longo do dia, sair para almoçar com um amigo, ir para a academia de ginástica ou dar uma volta com o cachorro são pequenos rituais que podemos incluir em nosso cotidiano para nos sentirmos melhor e revigorados.

Devemos aprender a estabelecer pontos de parada em nossos dias, tempos invioláveis em que pausamos o processamento de informações ou, no caso dos atletas, o treinamento físico, e mudamos o foco da nossa atenção da performance para a restauração.

Aprendi a usar a meditação durante meus últimos anos no esporte e intensifiquei sua prática após ter minha segunda filha, com novos desafios que sentia ao conciliar as atividades de mãe, trabalho e família. A palavra "gom", meditação em tibetano, representa familiarizar-se com um estado positivo da mente. A mente é representada por um macaco que não para um único instante. Seu estado positivo pode ser desencadeado a partir de uma sensação, uma emoção, ao focarmos na respiração ou em uma música. Meditação não é relaxamento, mas, sim, a prática do desenvolvimento de um estado da mente altamente concentrado, que nos permite acalmar o ritmo de nossos pensamentos e acessar um conhecimento profundo e *insights* em nós.

Como temos o hábito de escovar os dentes toda manhã para nossa saúde, além de nos sentirmos bem, a meditação representa uma higiene mental, que limpa e fortalece as conexões sinápticas do cérebro. A meditação me conecta com um poder maior, seja antes de um evento importante ou em uma pausa durante o dia, mesmo que seja por três minutos.

Ela cria as ilhas de sanidade quando damos períodos de descanso para nossa mente, ao focar em somente em uma coisa. A quietude do momento ajuda a mudar o ritmo da mente e a restaurar a calma durante as agitações naturais do dia.

Allan Wallace é um autor, filósofo, monge budista e doutor pela Stanford University e estuda a relação entre o budismo e a filosofia e ciência ocidental. Ele assumiu um papel importante no diálogo entre o Dalai Lama e proeminentes cientistas e escreveu e traduziu diversos livros sobre o tema. Wallace destaca que o objetivo da meditação budista não é parar de pensar. O que precisa ser interrompido são os pensamentos automáticos, que aparecem em nossa mente e representam uma atividade fatigante e prejudicial para a nossa conexão com o momento presente.

A meditação não é algo que acontece naturalmente, mas precisa ser praticada. Precisamos nos esforçar para lembrar de fazê-la até torná-la um hábito, parte da nossa rotina. Com a meditação, aprendemos como centrar e expandir a nossa energia. Ela melhora o metabolismo e o sistema imunológico.

Ressalto aqui a importância da respiração como uma forma de energização. Parar e prestar atenção na nossa respiração é algo simples, que podemos fazer por poucos minutos, e trará um efeito benéfico enorme. A respiração é uma ferramenta poderosa de autorregulação – um meio tanto de convocar energia quanto de relaxar profundamente.

Wim Hof, conhecido como *The Iceman* (em tradução livre "o homem de gelo") é um atleta holandês e detentor de múltiplos recordes mundiais no Guinness World Records por se expor ao frio extremo e congelante (daí seu apelido). Ele criou um método de treinamento que o permite controlar sua própria respiração, batimentos cardíacos e a circulação sanguínea para suportar as baixíssimas temperaturas a que se submete.

Seu método combina terapia fria, exercícios respiratórios e compromisso. A terapia fria implica na exposição frequente do corpo a baixas temperaturas, como em um banho gelado. Sua técnica de respiração envolve inspirar profundamente e permitir que a expiração ocorra sem esforço. A combinação dos dois requer paciência e dedicação, o que fortalece o terceiro pilar do método, o compromisso. Dentre os benefícios gerados por esses rituais, está a recuperação mais acelerada após um exercício físico e o ganho de energia.

Outros benefícios desse método foram comprovados cientificamente, por estudos realizados pela Radboud University,[2] em Nijmegen, Holanda, e relatados pela comunidade de pessoas que realizaram o treinamento. Dentre eles, estão a melhora do sistema imune, aumento da resposta anti-inflamatória do corpo, do sono, da alta performance, da capacidade de se concentrar e da consciência sobre a conexão corpo e mente.

RECUPERAÇÃO PARA OS QUATRO TIPOS DE ENERGIA

A recuperação não é o mesmo que ficar parado, prostrado, sem fazer nada. Pode muitas vezes significar engajar-se em atividades prazerosas ou diferentes das que estamos acostumados a realizar, durante as quais transcendemos e viajamos em nossas mentes. Martine Grael me disse: "Meu repouso é descansar a cabeça. Minha avó brinca que descanso carregando pedras, pois no meu tempo livre, gosto de fazer trilhas, pedalar. Quanto mais engajada eu estiver em outra atividade, fazendo uma mudança total do meu foco de atenção, mais profundo é o meu descanso".

A recuperação intermitente não serve somente para reabastecimento dos níveis de energia física. Qualquer atividade que seja agradável, gratificante e positiva serve como fonte de renovação e recuperação mental e emocional. Entre as expressões populares consideradas sábias, porque transmitem experiências e conhecimentos que podem ajudar pessoas, concordo com aquela que diz que "rir é o melhor remédio".

De fato, incluir o humor como forma de renovação pode ser uma ótima estratégia. Quando empregado no momento oportuno, por exemplo, ao estar com amigos ou familiares, ele pode ser uma forma de descontração, aliviando pressões, baixando a ansiedade e oferecendo uma oportunidade de recuperação intermitente.

Além disso, treinadores podem trazer exercícios divertidos e jogos prazerosos em momentos específicos de uma preparação física e mental. Vivenciei inúmeras vezes, como nadadora, técnicos que propunham uma partida de polo aquático para descontrair. Já como aquapolistas, fazíamos um revezamento usando pernada de peito e braçada de crawl ou nadando de trás para diante. Essa quebra na maneira como fazemos as coisas usualmente pode ser divertida mesmo durante um treino intenso.

Adam Krikorian, técnico da Seleção Feminina de Polo Aquático dos Estados Unidos, destaca a diferença entre diversão e alegria: "É impossível estar alegre o tempo todo, mas a diversão pode estar presente mesmo nos momentos em que estamos sendo desafiados. Há diversão quando estamos focados! A sensação de estar tão apaixonadamente envolvido com algo é incrivelmente divertida". É fundamental entendermos que a diversão vai além de sorrisos e risadas, pois se pensarmos dessa forma, treinamos nossa mente a compreender que não estamos nos divertindo quando estamos concentrados, por exemplo. Adam complementou: "Quando estávamos jogando a final, que nos rendeu o ouro nas Olimpíadas do

Rio de Janeiro-2016, não sorríamos, mas você acha que não estávamos nos divertindo? O time jogava em sincronia, focado e sentíamos a energia ao nosso redor. Isso também é diversão".

Outras atividades que atuam como impulsionadores do prazer são passar tempo com pessoas que amamos, ler um bom livro ou assistir a um bom filme. Nadar no mar, viajar com a família e, no meu caso, ouvir La Cumparsita** no piano – o que ativa uma memória muito especial da minha avó tocando essa música – são atividades extremamente revigorantes para mim.

Engajar-se em atividades que envolvam criatividade é uma forma de recuperação da energia mental. No caso da nossa energia espiritual, o gasto e a renovação da energia são profundamente importantes e estão interligados. Realizar atividades relacionadas aos nossos propósitos e valores pode ser demandante e ao mesmo tempo relaxante.

O que estou falando aqui não é válido apenas para atletas, mas é igualmente essencial para qualquer pessoa, independentemente da atividade que desenvolva, desde executivos, empresários, profissionais liberais, professores e estudantes. Uma vida de excelência e felicidade é caracterizada pela capacidade de se engajar totalmente no desafio, na superação, mas também de se desligar periodicamente e buscar a renovação.

Além da importância de se reabastecer, o acesso e gerenciamento da energia são fundamentais para se alcançar e permanecer mais tempo no estado de alta performance.

** Criado pelo músico uruguaio Gerardo Matos, é considerado o tango mais difundido pelo mundo.

RITUAIS DE ENERGIZAÇÃO

"Eu sou forte e poderoso. Acredito em tudo o que faço. Não duvido do meu potencial. A maior força está na mente." Repita essa frase com firmeza em frente ao espelho algumas vezes e observe o que acontece. É o que sugeria João Gonçalves, quando se tornou treinador de judô, aos seus atletas. Eles deviam fazer esse ritual diariamente durante as competições.

Antes de se dedicar integralmente ao judô, João Gonçalves participou de cinco Olimpíadas como atleta, duas como nadador e três como aquapolista. Nas duas últimas, ele e meu pai integravam a Seleção Brasileira. "Ele tinha uma forma física invejável e era um furador de defesas, mesmo aquelas mais implacáveis", conta meu pai. Quando o time todo cansava, era só jogar a bola para João, que continuava cheio de energia. Mesmo em 1968, quando já tinha 35 anos, esbanjava um vigor físico considerável.

Em uma fase posterior, ele começou a focar exclusivamente no judô e se tornou um dos treinadores mais importantes da história do esporte no Brasil, colocando o país na elite da mais pura das artes marciais.

João Gonçalves revolucionou a mentalidade do esporte, criando e influenciando diretamente toda uma geração de medalhistas olímpicos, como Aurélio Miguel (medalhista de ouro e bronze), Thiago Camilo (medalhista de ouro), Douglas Vieira (primeiro brasileiro a chegar a uma final olímpica na modalidade, em 1984, ganhando a prata) e Leandro Guilheiro (duas vezes medalhista de bronze).

João identificou que os brasileiros tinham boa técnica, mas lhes faltava um bom preparo físico e mental. Ele então investiu em treinamentos mais duros, para corrigir essa falha.

Mais do que isso, o treinador lia muito sobre os poderes da autossugestão, da cromoterapia e da hipnose e aplicava isso na preparação dos judocas. "Todo mundo chega bem técnica e fisicamente às Olimpíadas, mas a determinação de ser campeão, o que está na cabeça, é o que leva o atleta a ser medalha de ouro", dizia o técnico.

Os judocas não apenas repetiam frases positivas antes de entrar no tatame, como as ouviam o tempo todo do treinador, tanto na preparação quanto nas lutas. Douglas Vieira disse, em um documentário sobre a vida de João, que sua voz rouca entrava na mente dos atletas.[3]

A repetição de frases afirmativas cria um ambiente positivo para os seus pensamentos e é uma ótima forma de acessar seu reservatório de energia. Frases como: "A minha próxima jogada será a minha melhor"; "Hoje sou a minha melhor versão e farei um jogo extraordinário"; ou "Sou o meu melhor em todas as formas possíveis, começo forte e termino ainda mais forte em cada partida", podem mudar a forma como nos sentimos e refletir em nossas atitudes.

Frases afirmativas podem ser excelentes rituais de energização, mas não necessariamente funcionam para todos da mesma forma. O importante é cada um encontrar a sua versão, aprender sobre as possibilidades e testar na prática o que funciona para você. Leandro Guilheiro, por exemplo, me contou que o que funcionava para ele era a revisão mental dos aspectos técnicos da luta, o que lhe dava a certeza do domínio: "Quando falava comigo, era pensando sobre questões táticas, sobre o que eu faria ou não no tatame".

Além disso, ele utilizava outras estratégias: "Quando eu fazia o aquecimento, não era só uma questão de aquecer o corpo, sabia da importância de cuidar da mente, para que ela não ficasse devaneando. A chave para mim era respirar.

Quando você foca na respiração, está focando em algo essencialmente seu. Mentalizava também a tarefa a ser executada – em coisas bem básicas, como o que iria fazer quando entrasse para a luta". Para limpar a mente antes de uma competição, ele buscava trazer seus pensamentos para o aqui e agora. Olhava ao redor e buscava descrever para si o ambiente, como as cores do carpete, da parede, do teto. "Eu repetia: vermelho, azul... era uma maneira de trazer minha atenção para o momento".

Para mim, a visualização sempre foi um ritual de energização poderoso que aprendi com meus pais desde cedo. O meu ritual antes de eventos importantes consistia em visualizar a minha chegada à piscina e cada passo que daria até o início da partida: em minha mente eu via e vivia o detalhe do ambiente, o time adversário se aquecendo, sentia a temperatura da água, me aquecia como geralmente fazia, visualizava o tiro de natação do início da partida e ensaiava mentalmente algumas jogadas que havia treinado e que seriam chave no momento do jogo. Dessa forma, esse exercício me permitia atingir a frequência e a vibração energética exigidas pela competição, preparando a minha mente e o meu corpo para acessar essa energia.

Jack Nicklaus, nascido em 1940 nos Estados Unidos, é considerado um dos melhores golfistas de todos os tempos, com um recorde de 18 conquistas em grandes campeonatos em um quarto de século, três a mais que Tiger Woods, que ocupa o segundo lugar. Ele usava sempre essa técnica para representar mentalmente o cenário antes do início de um jogo: "Eu nunca dei uma tacada, nem mesmo enquanto praticava, sem ter uma imagem muito precisa em minha cabeça. É como um filme em cores. Primeiro vejo a bola e aonde quero que ela chegue, de modo exato e claro, correndo bem por cima da grama verde brilhante. Então a cena muda rapidamente, e vejo a bola chegando lá; seu caminho, sua trajetória, e sua forma, inclusive seu comportamento na aterrissagem. Então há uma espécie de desvanecer da imagem (*fade-out*), e na próxima cena me vejo fazendo o tipo de *swing* (giro dos jogadores de golfe) que irá transformar as imagens prévias em realidade".[4]

Criar rituais de energização antes da alta performance não é exclusivo para atletas. A maneira como nos preparamos para uma palestra, uma entrevista de emprego ou uma conversa importante, por exemplo, é crucial para o nosso desempenho. Você pode visualizar esses cenários, ensaiar como pretende agir e o início da sua fala, incluindo um "quebra-gelo" inicial – como fazer uma brincadeira para descontrair o ambiente ou lançar uma pergunta para instigar a curiosidade da plateia no caso de uma palestra.

Há diversas rotinas que nos ajudam a acessar energia e foco nessas situações. Meu pai sempre foi muito pontual em seus compromissos ou apresentações importantes. Mais do que isso, ele chegava antes, observava o ambiente, as pessoas chegando e assim ia se familiarizando e sentindo maior domínio sobre a situação.

A ENERGIZAÇÃO TAMBÉM É NECESSÁRIA PARA O TIME

Felipe Perrone, capitão da Seleção Brasileira de Polo Aquático nas Olimpíadas do Rio de Janeiro-2016, me falou sobre o ritual que desenvolveram como time antes de competir. Vale lembrar que o técnico da Seleção era o croata Ratko Rudic que tem uma presença marcante, uma linguagem corporal segura e motivadora, além, é claro, de passar confiança por todo o seu histórico. "Ele já havia ganhado quatro ouros olímpicos e se ele dizia 'vamos', a gente ia com ele", brincou Felipe.

"Antes de entrar na água, ouvíamos as mensagens firmes e energizantes do Rudic, depois passávamos pelo preparador físico, Willian Muralha, que trazia uma fala mais emotiva, uma energia diferente. Então fazíamos uma roda e era eu quem dizia as últimas palavras. Formulava a minha fala a partir da minha observação do que havíamos vivido até então, de quais haviam sido as mensagens anteriores, do técnico e do preparador físico, e da análise do que precisávamos ouvir no momento – se ativar ou acalmar. Em seguida, pulávamos juntos na piscina."

É muito importante que todos estejam na mesma vibração energética, para uma melhor performance do time como um todo. Seja no esporte ou no contexto corporativo, não bastam os rituais individuais.

Devemos lembrar que a nossa energia é contagiosa. Pessoas que exercem papéis de liderança devem cuidar de sua energia mais que qualquer um, pois ela afeta diretamente os outros membros que estão sob seu comando.

Enquanto treinava a Seleção Brasileira, Rudic exigia que os jogadores ultrapassassem os próprios limites durante os treinos. Os jogadores saíam exaustos da piscina e alguns não faziam questão de esconder a exaustão, queixavam-se, colocavam bolsa de gelos nos ombros.

No início da temporada dos treinos, quando Rudic via esse tipo de comportamento, ele rapidamente intervinha. "Está com problemas?", perguntava, e cortava o jogador do próximo jogo. Logo, os aquapolistas entenderam que poderiam usar bolsas de gelo e o que fosse necessário para se recuperar quando chegassem em um local reservado. Mas não na frente de outras pessoas. Rudic exigia que os atletas agissem como verdadeiros guerreiros, com uma postura firme e forte.

Sendo o grande líder que é, ele sabia da importância de cuidar da energia do time como um todo. Ver seus companheiros com uma baixa energia, poderia influenciar o ambiente e isso não seria bom. Ressalto aqui que é, sim, muito importante nos darmos permissão para sermos humanos, aceitando nossas dores físicas e emocionais, mas há o momento certo para fazer isso, especialmente quando falamos da construção de uma equipe que almeja a alta performance olímpica. Saber identificar os momentos adequados quando se tem que trabalhar uma vulnerabilidade e suportar as dores, é essencial para influenciar positivamente a energia do grupo.

Quando meu pai era capitão da Seleção Brasileira de Polo Aquático, notou que logo após uma partida, os jogadores não recepcionavam bem as palavras do técnico – nem elogios nem críticas e muito menos detalhes técnicos. Ele, então, propôs ao técnico uma regra para a comunicação: "Comentários sobre o jogo, somente depois de 24 horas".

ÂNCORA MENTAL

Antes de ir para os Jogos Pan-Americanos de Winnipeg-1999, participamos de um *workshop* com Roberto Shinyashiki. Ele é um renomado palestrante e psiquiatra brasileiro, autor de mais de 31 livros sobre alta performance e felicidade.

Ao longo do *workshop*, realizamos uma série de atividades para nos conscientizarmos dos nossos pensamentos e emoções e do poder que eles tinham sobre o nosso comportamento. Nós treinamos o uso de uma âncora mental para nos conectarmos com a alta performance: a palavra "agora".

O treino evoluiu de tal forma que, ao final daquele dia, ele propôs que caminhássemos descalços sobre brasas incandescentes. Isso mesmo! Era um corredor com cerca de dez metros de brasas vermelhas incandescentes. Eu repeti o "Agora!" e, como capitã, era a primeira a dar exemplo ao time. Estava me sentindo tão confiante, que mal senti o calor sob os pés. Quando terminei o percurso, não acreditei no que havia acabado de acontecer e pedi para passar novamente pelas brasas. Foi uma comprovação e tanto do poder da nossa mente sobre o nosso corpo.

As âncoras podem ser frases ditas por nós, por um treinador ou pelo capitão do time, que condicionam nossa mente a liberar a energia e a manter a concentração e que nos ajudam a sair de um estado mental no qual emoções que não nos agregam nada, como nervosismo e ansiedade, são substituídas por coragem e confiança, levando-nos novamente ao foco e desempenho. Como a âncora de um barco, que o finca ao chão diante da correnteza do mar, a âncora mental é uma maneira de se centrar e não se deixar levar pelas dinâmicas dos pensamentos negativos.

Martine Grael me contou que quando algo vai mal no meio de uma regata, ela repete mentalmente: "Qual o próximo passo, qual o próximo passo". Essa mentalização a ajuda a redirecionar o foco para o momento presente, quebrando a tendência de reanalisar o que acabou de acontecer.

Felipe Perrone utiliza a âncora não só para si próprio, mas também para trazer a confiança de todos os membros do time. "Muitas vezes, quando há uma virada, vemos que estamos perdendo, há um silêncio. Essa é a hora em que eu invisto na comunicação verbal com o time. Eu falo alto e, quando necessário, grito para quebrar o silêncio. Eu também aumento a intensidade das minhas jogadas para dar o exemplo aos meus companheiros."

Felipe me contou como usou essa técnica no primeiro jogo do Brasil nas Olímpiadas do Rio de Janeiro-2016, contra a Austrália. "A arquibancada estava lotada, havia cerca de 4 mil pessoas ali. A maioria dos jogadores nunca tinha jogado com tanto público. Por mais que tivéssemos nos preparado bem, vi que a pressão começou a bater e alguns jogadores ficaram tensos. Estava uma barulheira, não dava para escutar nada, mas eu gritei como nunca e puxei a intensidade do jogo." Deu certo. A partida terminou 8 a 7 para o Brasil.

A Seleção ganhou também o jogo seguinte contra o Japão e, então, enfrentaria a Sérvia, que era a campeã mundial. "Nesse jogo, por termos ganhado as partidas anteriores, estávamos mais tranquilos e confiantes, e entramos totalmente no *flow* – que representa a meditação em ação. A defesa e o ataque funcionaram perfeitamente", me relatou o capitão brasileiro. E eles tiveram uma vitória emocionante sobre o *dream team* sérvio (que acabaria com a medalha de ouro). "Ganhar dos favoritos naquela primeira fase foi o momento que fez tudo valer a pena", contou Felipe, emocionado.

Eu, como capitã da Seleção Brasileira, utilizava uma grande jogada, buscava dar uma arrancada, fazer um passe perfeito para o gol, roubar uma bola, dar um chute a gol, como forma de demonstrar na prática que podíamos recuperar a energia e o foco do nosso time quando estava baixando. Ao celebrarmos com veemência, conseguíamos nos reconectar com o estado de alta performance. Mais tarde, esse conhecimento me beneficiou ao lidar com situações inesperadas no ambiente do trabalho e até mesmo com minha família.

Em termos individuais, respirar fundo, trazer minha mente para o momento presente e direcioná-la para o próximo passo sempre foi e é até hoje o meu principal ritual quando preciso acessar com brevidade meus reservatórios energéticos, no meio de uma partida ou de uma apresentação importante.

EFEITO PRIMING

O pesquisador e psicólogo social John Bargh, que trabalha atualmente na Yale University solicitou que estudantes montassem frases a partir de algumas palavras previamente selecionadas.[5] Um grupo foi exposto a palavras tipicamente associadas a pessoas idosas (Flórida, esquecido, careca, grisalho e ruga) e o outro a palavras neutras. Após completarem a tarefa, os jovens foram encaminhados para uma sala no fim do corredor. Sem que eles soubessem, essa curta caminhada era o objetivo do experimento. Os pesquisadores mediram o tempo em que percorriam o trajeto e notaram que aqueles que haviam lidado com a temática idosa caminharam muito mais lentamente que o outro grupo. Em outras palavras, a mera exposição a determinados conceitos é capaz de ativar associações subliminares em nosso cérebro que podem afetar a forma como nos comportamos e agimos, sem que tenhamos consciência disso. Isso é chamado de efeito *priming*, que tem sido traduzido para o português como pré-ativação.

Em 1979, a psicóloga e professora da Harvard University, Ellen Langer, cujo trabalho mais reconhecido é denominado *Counterclockwise*, levou um grupo de homens com idades entre 70 e 80 anos para um retiro. Nele, todo o local foi manipulado para que parecesse estar ambientado vinte anos antes – os móveis, a decoração, a música, os programas de televisão e os filmes eram todos dos anos 1959 e os participantes, apesar de conscientes da data real, eram encorajados a agirem como se fossem mais jovens. Os resultados foram surpreendentes:

os participantes apresentaram melhoras na flexibilidade das juntas, nas artrites, na postura e na destreza manual. Eles tiveram também melhor desempenho em testes de memória e inteligência e, no final da pesquisa, haviam rejuvenescido em vários aspectos[6].

Esses dois experimentos revolucionários demonstram a força e o poder que o nosso ambiente pode ter sobre o nosso corpo, nossas habilidades cognitivas e intelectuais e o nosso comportamento – inclusive, sobre a nossa energia.

Em outras palavras, nossos reservatórios de energia também são impactados pelo ambiente que nos circunda. Sem nos darmos conta, palavras, frases, fotos em nossas paredes, telas do celular ou na mesa de trabalho podem drenar ou ampliar a nossa força.

Resumidamente, nossa energia é um recurso precioso, que deve ser gerenciado e manejado adequadamente para que possamos experimentar o verdadeiro engajamento, na sua melhor versão. Ao contrário do tempo, que é finito, a energia pode ser expandida – oscilando entre momentos de superação dos nossos limites e momentos de recuperação. Ao criarmos rituais de energização e de recuperação, otimizamos nossa capacidade de acessar e reabastecer o nosso reservatório. Não menos importante, cuidar do ambiente em que estamos inseridos é um aspecto que contribui para a nossa gestão estratégica da energia.

PONTOS PRINCIPAIS ABORDADOS NESTE CAPÍTULO

- A energia é o nosso combustível! Sem ela, por mais que nos dediquemos a desenvolver nossas habilidades, não conseguimos sustentar a alta performance.
- O que diferencia pessoas que alcançam a excelência é a gestão da própria energia.
- Há quatro tipos de energia – física, emocional, mental e espiritual – que estão conectadas e precisam ser cuidadas para que possamos otimizar o nosso desempenho.
- Podemos operar em quatro zonas de desempenho: de alta performance, de sobrevivência, de esgotamento e de recuperação. É importante oscilar entre as zonas de alta performance e de recuperação.
- Nossa energia pode ser expandida. Para isso, devemos combinar momentos de superação dos nossos limites com momentos de renovação.
- Os rituais de recuperação devem envolver os quatro tipos de energia e os níveis macro (como as férias anuais), médio (como respeitar as horas de sono) e micro (com pequenas pausas ao longo do dia para engajar em exercícios como de respiração e meditação).
- Rituais de energização pré-desempenho, individuais e de equipe, são importantes para nos auxiliar a entrar no estado de alta performance no momento necessário.
- Criar rituais que nos permitam acessar os nossos reservatórios de energia durante o desempenho é essencial para recuperar a alta performance diante de situações imprevistas.
- A energia é altamente contagiosa e é impactada tanto pelas pessoas como pelo ambiente ao redor.

PERGUNTAS PODEROSAS PARA REFLETIR

- O que você tem feito para melhorar seu nível de energia física, emocional, mental e espiritual?
- Quais são suas rotinas e estratégias antes de um evento importante que lhe ajudam a acessar seu reservatório de energia?
- O que melhor funciona para você se recuperar e reabastecer os seus reservatórios de energia após eventos importantes? Quanto você tem se dedicado a esses momentos?

CONCLUSÕES DA DIMENSÃO 2

FORÇA INTERIOR

Nesta segunda parte do livro, apresentei os aspectos relacionados ao nosso *core*, centro de energia vital, para fornecer uma segunda camada de fortalecimento, evolução e sustentação para as nossas ações.

Para alcançar a excelência e a felicidade, precisamos nos conectar com a nossa força interior para lidarmos com situações difíceis ou desafiadoras, de extrair um processo de aprendizado, aprimorando nosso repertório de conhecimento e de ações que nos fazem mais engajados com nossos sonhos e autoconfiantes.

No método WeTeam, o enfoque da minha atuação está no fortalecimento do vigor mental, no crescimento após situações de adversidade, no desenvolvimento da autoconfiança e na gestão de nossa energia interna.

DIMENSÃO 3
CORAGEM E COLABORAÇÃO

CAPÍTULO 7

CORAGEM PARA AGIR: SEUS ERROS NÃO O LIMITAM, MAS O MEDO DE AGIR SIM

"A mente, uma vez esticada por uma nova ideia, nunca retorna às suas dimensões originais."
– Ralph Waldo Emerson

"O maior erro que podemos cometer em nossas vidas é continuamente temer por cometê-lo."
– Elber Hubbart

Em 1986, o polo aquático feminino começou a ser jogado no Brasil. As pioneiras dessa modalidade estavam em três clubes, dois em São Paulo e um no Rio de Janeiro. Três anos depois, seria realizado um torneio na cidade de Alhambra, na Califórnia, reunindo times dos Estados Unidos, do Canadá e do México. Minha mãe, ao ver o meu interesse e o das jogadoras que se dedicavam a criar essa nova modalidade, resolveu entrar em contato com a Confederação Brasileira de Desportos Aquáticos (CBDA) para levar um time do país para participar. A resposta, seguindo o rigor protocolar, foi que não estava oficializado o polo aquático feminino no Brasil.

Persistimos em continuar com a ideia e começamos a reunir um grupo de atletas engajados e pais interessados no desenvolvimento do esporte, para realizar a primeira viagem internacional da modalidade. Organizamos diferentes eventos para arrecadar a verba necessária, desde rifa de bicicleta a festas com venda de ingressos. Conseguimos doação de camisetas e nos viramos da melhor forma com a contribuição de todos. Em pouco tempo, conseguimos o dinheiro necessário. Nesse momento, minha mãe ligou novamente para a CBDA, dizendo que tinha a verba para a viagem, um grupo de jogadoras preparadas e que gostaríamos de usar a denominação de Seleção Brasileira Feminina de Polo Aquático. A resposta foi positiva!

Esse foi um marco para todas nós. Eu tinha 18 anos e representar as cores do nosso país em um torneio internacional era um orgulho e o sonho de todo atleta. Chegando lá, ficamos ainda mais empolgadas ao ver tantas jogadoras, de diversas nacionalidades, praticando o esporte em alto nível. Era impressionante observar as goleiras saltando com agilidade para bloquear os chutes, os contra-ataques que chegavam a deixar uma espuma branca na água e o ritmo veloz de jogo. Cada time tinha seu estilo de jogo, que se destacava pelos movimentos planejados, bem ensaiados e harmônicos.

Ao voltarmos para casa, nossa campanha estimulou outros clubes a começarem com a modalidade feminina de polo aquático e a quantidade de jogadoras começou a crescer. Para seguir treinando e empunhando a bandeira da Seleção Brasileira sem verbas, as atletas locais hospedavam as que vinham de outros estados e minha mãe ajudava, tentando disponibilizar passagens de ônibus com empresários conhecidos.

Em 1991, o polo feminino participou pela primeira vez do Mundial de Desportos Aquáticos, realizado em Perth, na Austrália. As dirigentes das equipes participantes começavam a se interessar por nós, pois queriam que houvesse mais nações onde fosse praticado o esporte, especialmente um país representando a América do Sul. Procuravam pelo dirigente brasileiro da modalidade, mas o cargo ainda não estava oficializado. Foi nesse momento que a CBDA convidou minha mãe para que se tornasse a diretora do polo feminino. Durante o Mundial, Olga, como ficou conhecida, representava o país com orgulho. Nas reuniões oficiais, destacava nossa história e desafios na concepção da modalidade que não existia no país. Com dados, comprovava, promovia e defendia o potencial de crescimento do polo aquático feminino no Brasil. Diversas entrevistas se seguiram e, mesmo com nosso desempenho ainda de principiantes frente a seleções que já jogavam há anos, fomos destaque nos jornais locais pelo entusiasmo, talento natural e iniciativa no desenvolvimento do esporte.

Ao receber o convite oficial para ser diretora do polo aquático feminino do país, minha mãe condicionou o aceite a ter liberdade de atuação para fazer a gestão administrativa, financeira e de planejamento, com vistas ao desenvolvimento da modalidade, tanto no Brasil como em nível internacional. E assim foi.

De volta ao Brasil, começamos a ter uma frequência crescente de campeonatos regionais e o número de times aumentava pelo país. Nossa diretora ligava para os clubes de diversos estados, apresentava a modalidade e a oportunidade de crescimento para as jovens atletas e, sempre que necessário, apoiava a entidade com toucas, bolas, gols e o que fosse necessário para formação de um time local. O polo aquático feminino expandiu para Brasília, Santos, Bauru, Recife e Florianópolis. Em pouco tempo, o esporte não se restringia mais ao eixo Rio-São Paulo. Tínhamos um campeonato nacional.

O próximo passo foi a evolução internacional, promovendo não só torneios com diversas nações como Hungria, Itália e Estados Unidos, para desenvolver o nível das nossas jogadoras, como também clínicas com experientes técnicos de outros países para aprimorar o conhecimento de todos envolvidos com o esporte. Além dos técnicos, contávamos com o apoio de um preparador físico e de nutricionistas. Com bons resultados, conquistávamos mais a mídia impressa e televisiva, o que nos ajudava na divulgação do esporte e no contato com potenciais patrocinadores.

E, assim, diversos anos se seguiram de trabalho em equipe, persistência e criatividade para superar os desafios na consolidação de um time, até alcançarmos uma equipe com jogadoras trabalhando juntas, confiantes, coordenadas e com nível competitivo internacionalmente. Nasceu uma seleção que por vários anos preocupou as adversárias e conquistou sua representatividade.

Chegou o dia tão esperado para a primeira participação oficial da modalidade feminina nos Jogos Pan-Americanos de Winnipeg-1999, no Canadá. Esse era o mesmo local e campeonato que meu pai havia jogado 32 anos antes e conquistado a medalha de prata. Havia uma estrutura e um planejamento nunca antes vistos por nós. Dias antes da competição, participamos de um torneio em Montreal como etapa final de nosso preparo. A organização foi impecável, desde os nossos uniformes, passando pela logística, a atenção com a qualidade da alimentação, o trabalho psicológico, até o fato de contarmos com a experiência da técnica norte-americana Sandy Nitta e com a vitalidade do técnico brasileiro Rodney Bell. Conquistamos a medalha de bronze.

Dona Olga sempre destacou que o que a motivou a aceitar esse desafio foi acreditar no crescimento do esporte no país, na igualdade de gêneros no polo aquático e, sobretudo, prover oportunidades para jovens atletas conviverem com novas perspectivas e escolhas para suas vidas futuras. "Meu objetivo era que aquelas atletas desenvolvessem um propósito em suas vidas, conhecessem a relevância de um bom trabalho em equipe e a efetividade de uma programação bem-feita, para que pudessem evoluir como pessoas e cidadãs. Sempre acreditei que, com a evolução do polo aquático feminino, potencializaria a inclusão social das jovens atletas. Elas teriam a chance de conhecer o mundo, aprender novas culturas e construir laços de amizade para a vida a partir do esporte", disse.

Hoje, ela se orgulha de ver o resultado de seu trabalho. Toda vez que encontra uma jogadora atual ou das seleções passadas, que a abraça e destaca a sua contribuição para o esporte nacional, seus olhos ainda brilham de emoção. Esse é um exemplo claro de como nossas crenças têm o poder de se tornar realidade.

Quando entrevistei minha mãe para este livro, para que ela compartilhasse essa jornada de evolução do esporte, ela me respondeu: "Cris, você sabe que não sou de *falar*". É verdade, ela sempre foi de *fazer*. Foi com muita ação que ela se tornou uma das grandes líderes desse processo. Por isso eu respondi: "Você está no capítulo certo".

Com sua maneira de atuar, focada na ação, persistência e integrando forças de diversas pessoas e entidades, conseguiu não apenas transformar a prática do polo aquático no Brasil, mas também mudou a realidade mundial das mulheres nesse esporte.

CURIOSIDADE E ABERTURA PARA EXPERIMENTAR

Dentre as características-chave que precisamos para alcançar o alto desempenho estão a curiosidade e a abertura para experimentar. A curiosidade está associada ao desejo de aprender mais e se manifesta por um processo cognitivo, já a abertura para experimentar está associada ao desejo de fazer mais e se manifesta por meio de um processo físico.

Por um lado, se há somente a curiosidade, sem coragem para agir e sair da zona de conforto, não há um desenvolvimento da ideia, não colocamos o conceito à prova. Isso pode acontecer no ambiente acadêmico, por exemplo, onde muitas ideias e teorias são desenvolvidas, porém nem sempre saem do papel.

Por outro lado, a coragem para agir sem o elemento da reflexão, limita a aprendizagem. Isso muitas vezes acontece no ambiente corporativo, no qual há um foco grande por realização e eficiência, com prazos de entrega e metas ambiciosas, o que faz com que muitas ações sejam implementadas sem a devida reflexão.

Portanto, quando essas duas atitudes – reflexão e abertura para experimentar – são combinadas e funcionam de maneira complementar, criamos um poderoso ciclo de crescimento, sabedoria e maturidade, seja no esporte, no trabalho ou em nossas vidas.

No período em que trabalhei na Ouvidoria do Itaú--Unibanco, lançamos um programa audaz e muito bem--estruturado chamado *Executivo em Ação*. Convidamos as lideranças mais *seniors* do banco a vivenciar o dia a dia do atendimento aos clientes. A tensão era grande por parte de minha equipe ao ter o presidente executivo e os diretores de diferentes áreas da empresa ouvindo, em tempo real, as experiências dos clientes e como o analista da Ouvidoria atuava para buscar a solução mais adequada.

Quando não era possível resolver o problema na própria ligação, o caso era devidamente registrado e o colaborador tinha até cinco dias para estruturar a solução e retornar ao cliente. O aprendizado era fantástico para todas as partes. O corpo executivo pôde conhecer a fundo as dificuldades dos clientes, a importância da comunicação clara e transparente na venda do produto e converter tal aprendizado na implantação de novas soluções que melhoravam consideravelmente a percepção e a satisfação dos clientes.

Peter Drucker, considerado o pai da administração e da gestão moderna, que estudou diversos líderes organizacionais do mundo inteiro, comenta em seu livro, intitulado *The Practice of Management*,[*] que a fonte mais comum de erros nas decisões corporativas é a ênfase em encontrar as respostas certas em vez das perguntas corretas. A pergunta é como uma lanterna que ilumina uma determinada área, deixando todo o resto no escuro, portanto, segundo Peter, sua maior força como consultor é ser "ignorante" e fazer alguns questionamentos.

A curiosidade não é apenas útil para motivar as nossas ações, mas também para propiciar uma reflexão sobre os aprendizados que podemos tirar dos resultados obtidos.

As perguntas investigativas nos fazem considerar todos os fatores que levaram a um determinado resultado, o que nos permite olhar para os erros e falhas não como uma frustração, mas, sim, como uma oportunidade de evolução.

Para buscar nosso potencial de crescimento e felicidade, precisamos engajar constantemente nesse ciclo de reflexão

---

[*] Em tradução livre, o título seria: *A prática da gestão*.

e ação. Eu me lembro de quando cheguei em casa e contei à minha mãe que um clube em São Paulo iria montar um time de polo aquático feminino. Primeiramente, ela ficou surpresa, pois havia acompanhado toda a trajetória de meu pai nesse esporte e nunca havia ouvido falar que mulheres praticavam a modalidade. Mas, a partir daí, ela ficou curiosa e começou a pesquisar, e foi isso que a levou a "arregaçar as mangas" e agir.

Acompanhávamos suas reflexões durante nossos momentos em família. Ela analisava os resultados de campeonatos, dos treinos da Seleção e a repercussão do esporte no Brasil e no mundo para traçar os próximos passos na jornada de evolução da modalidade esportiva.

Atletas "de elite", bem como executivos, professores e pessoas bem-sucedidas de diferentes setores de atuação carregam em si a curiosidade para aprimorar habilidades, expandir o conhecimento e se reinventar a partir de pesquisas e vivências. Para um atleta, isso acontece de forma natural, pois já está embutida na prática do esporte competitivo a abertura para experimentar, agir e testar os aprendizados.

A MENTE DE PRINCIPIANTE E AS CINCO DIMENSÕES DA CURIOSIDADE

Após encerrar sua bem-sucedida carreira como jogador de polo aquático, o croata Ratko Rudic começou a estudar sobre a dinâmica e a metodologia empregadas nos jogos esportivos e sobre como construir uma equipe vencedora. "Para mim, ser técnico era tão fascinante como na época em que era jogador. Eu continuava me atualizando, mesmo quando já havia conquistado algum resultado. Falava com muitos treinadores, colegas, não só de polo, mas de todos os esportes", confidenciou-me Rudic.

No Zen Budismo, usa-se o termo "mente de principiante" para se referir a uma atitude de abertura e avidez por aprender e, ao mesmo tempo, de abandonar nossos paradigmas, ao estudarmos um determinado assunto. Shunryu Suzuki, um dos mais influentes mestres Zen do nosso século, dizia que na mente do principiante há muitas possibilidades, enquanto na do especialista, poucas. Ao mantermos a curiosidade e o entusiasmo de uma criança diante de qualquer situação, mesmo quando estamos lidando com um tema para o qual já temos conhecimento, ampliamos nossa possibilidade de aprender e realmente alcançar o nosso máximo potencial.

De acordo com um grupo de pesquisadores, liderado por Todd Kashdan, professor de Psicologia e diretor do Well-Being Laboratory em George Mason University, a curiosidade não é uma simples atitude, mas depende de cinco dimensões.[1]

A primeira é chamada de *joyous exploration*, que, em tradução livre para o português, seria "exploração prazerosa", e está relacionada a um senso de fascínio sobre as atividades, os lugares e as coisas e a uma experiência de prazer ao sabermos mais sobre o mundo. A segunda está associada ao desconforto que sentimos quando nos damos conta de que não temos uma informação que gostaríamos de ter e é chamada de *deprivation sensitivity*, ou sensibilidade à privação. Sabe aquele incômodo que nos move a querer saber mais sobre determinado assunto e que só acalma quando aprofundamos os nossos conhecimentos e entendemos o conceito?

A terceira é a *stress tolerance*, pois é preciso lidar com o desconforto que surge quando nos confrontamos com incertezas e com novas informações, especialmente quando elas vão contra as nossas crenças. A quarta é *thrill seeking*, que se refere à disposição para sentir novas sensações, tornando a ansiedade vivenciada perante o novo uma experiência a ser desejada e amplificada, em vez de evitada ou minimizada.

Por fim, os autores descrevem uma dimensão relacionada à *social curiosity*, que é uma das maneiras mais eficientes e efetivas de se aprender: observar e se comunicar com outras pessoas.

Leonardo da Vinci foi um gênio que se destacou, como cientista, matemático, engenheiro, inventor, anatomista, pintor, escultor, arquiteto, botânico, poeta e músico. Ao longo de sua vida, ele se esforçou para compreender e desvendar os mistérios dos mundos. De acordo com o renomado biógrafo norte-americano, Walter Isaacson,[2] uma das maneiras de exercitar sua curiosidade era por meio da colaboração com outras pessoas. Leonardo da Vinci acreditava que a criatividade era como um esporte coletivo, sendo construída a partir da troca de ideias com outras pessoas.

O prazer em explorar e aprender sempre foi presente em minha vida. Foi esse desejo de viver novas experiências e aprender uma nova cultura que me motivou a fazer um intercâmbio nos Estados Unidos, quando tinha apenas 15 anos. Tempos mais tarde, quando fui convidada a jogar como profissional de polo aquático na Itália, além de desenvolver minhas habilidades como atleta, meus olhos brilharam com a chance de aprender sobre uma nova cultura, dessa vez no "velho continente".

Foquei em realmente vivenciar a realidade de cada momento e aproveitar a experiência. Mergulhei de cabeça na cultura regional, que era transmitida nas interações com as famílias locais. Aprendi o idioma e mantive a mente aberta às experimentações culinárias, artísticas, musicais e tradições regionais. Conheci cidades com histórias fantásticas de conquistas e reconstrução que mudaram a maneira como percebo o mundo. Aprendi muito com as tradições e rituais de cada região, tornando-me não só mais tolerante, como também apreciadora da diversidade. Houve momentos difíceis, especialmente por estar longe da minha família e não poder vivenciar datas importantes como um casamento, aniversário e até o processo de luto de um ente querido, mas nunca pensei em desistir, pois eu sabia que colheria frutos dessas experiências para minha jornada de vida.

Como atleta, vivenciava todas as dimensões da curiosidade, inclusive a sensibilidade à privação. Quando perdi um pênalti jogando pela Seleção Brasileira, em um campeonato sul-americano, não sosseguei enquanto não aprimorei as minhas habilidades. Após passar horas na piscina treinando, eu buscava sempre alguém para fazer papel de goleira para defender meu chute na marca do pênalti. Era até engraçado, pois minhas colegas do time brincavam que não aguentavam mais os meus pedidos para que elas fossem para o gol. Essa minha "obsessão" não era um desejo de garantir o pênalti na próxima partida, pois estava ciente que não realizaria todos. Era uma vontade genuína de aprender, melhorar cada movimento e aprimorar meus rituais de preparo. Eu não me dava por satisfeita enquanto não percebesse uma evolução.

Isso me motivou a ir além da prática e da repetição. Decidi ampliar o meu leque de possibilidades de ações ao me inspirar em outros esportes e observar o que faziam outros jogadores em momentos decisivos. Como agiam os melhores batedores de pênaltis no futebol? Como agiam os jogadores de basquete antes de um lance livre? Uma grande inspiração para mim foi Hortência, capitã e maior cestinha da história da Seleção Brasileira de Basquete, campeã mundial, medalha de prata em Atlanta-1996 e campeã pan-americana em Havana-1994 (depois de uma final épica contra a seleção do país sede). Antes de um lance livre, ela segurava a bola, fechava os olhos, respirava fundo com os movimentos dos ombros para cima e soltava o ar enquanto abria os olhos, mantendo a visão fixa no aro até arremessar a bola. A cada respiração profunda da Hortência, lá vinha uma cesta. Passei a incluir o ritual de respiração antes de cobrar meus pênaltis.

Ao interagir com atletas de alta performance, percebi a frequência dessa iniciativa em buscar aprendizados em outros esportes. O judoca brasileiro Leandro Guilheiro, medalhista olímpico e mundial, me contou que, quando estava nas forças armadas, fazendo curso de instrução com atletas de outras modalidades, aproveitou a oportunidade para aprender com eles. "Conversando com um atleta do salto triplo, entendi que eles dividiam o salto em três trechos, sendo que cada trecho envolvia um aspecto técnico. Para aprimoramento, eles focavam em treinar apenas um daqueles trechos por vez. Achei aquilo muito interessante e pensei que talvez eu pudesse fazer isso no judô. Comecei a olhar para o meu treinamento sob uma outra perspectiva, a identificar fases da luta que eu pudesse subdividir e treinar com muito mais foco em cada movimento".

Manter a mente de principiante e desenvolver todas as dimensões da curiosidade nos permite não apenas aprofundar conhecimentos e habilidades específicas, mas também ampliar o nosso repertório de conhecimento. Com essa atitude, ganhamos um leque maior de possibilidades de ação e nos tornamos mais adaptáveis aos novos desafios no esporte e na vida.

Quando me contou sobre seu estilo como treinador, Rudic me disse: "Eu penso que quem quer se tornar um bom jogador deve se abrir mentalmente e conhecer mais sobre tudo. Eu presenteava os atletas com livros, os levava a exposições de arte, buscava propiciar momentos para que se enriquecessem pessoal e culturalmente". Experiências que nos permitam ampliar os nossos horizontes nos fazem pessoas melhores.

Quando decidimos nos mudar para os Estados Unidos, eu e Luis, meu marido, conversamos com nossas filhas: "Nós vamos ficar lá por um ano inicialmente e, se não gostarmos, podemos rever os planos. Mas quero combinar algo com vocês: vamos tirar o máximo dessa experiência! Não deixaremos de lado os nossos valores, mas iremos nos abrir para conhecer o novo". Com essa abertura em mente, apesar das dificuldades naturais do processo de mudança, acabamos nos adaptando bem e já estamos nos Estados Unidos há seis anos.

OBSERVAR PARA SE ADAPTAR

O jogador de futebol Raí é um ídolo da história do futebol brasileiro. Ajudou a Seleção a se classificar para a Copa do Mundo de 1994, em uma complicada fase eliminatória, e jogou como capitão a primeira fase do torneio, que resultaria no tão sonhado tetracampeonato.

Raí fez história no São Paulo Futebol Clube, levando o tricolor paulista ao bicampeonato da Taça Libertadores da América, em 1992 e em 1993 – sendo protagonista nas duas campanhas – e ao primeiro título mundial do clube, fazendo os dois gols na vitória sobre o poderoso Barcelona. Ele também conquistou o clube francês, Paris St. Germain (PSG), para onde se transferiu em 1993. Na sua primeira temporada, quando o PSG ganhou o campeonato francês de 1993-1994, foi substituído na maioria dos jogos e chegou até a acompanhar muitas partidas no banco de reservas. No entanto, com persistência e dedicação, tornou-se um dos principais jogadores na conquista dos títulos da Recopa Europeia de 1996 (até então, o único título internacional do clube), do Campeonato Francês e da Copa da França. Em 2020, Raí foi homenageado como o maior jogador da história do PSG.

Quando perguntei a ele sobre sua adaptação ao futebol francês, ele me disse: "Tudo se resume à cultura, seja dentro ou fora de campo. Eu percebi que havia outras formas de jogar, de se relacionar. Houve uma estranheza num primeiro momento. Quando cheguei lá, os treinos eram mais curtos e mais intensos do que no Brasil. Meu corpo não estava acostumado e precisei me adaptar. O futebol europeu era mais pragmático, mais objetivo, com bolas menos trabalhadas, enquanto o brasileiro tinha mais toque de bola".

Sua atitude inicial foi a de observar e focar no aprendizado da intensidade do treino e na adaptação do estilo de jogo local. "Eu me adaptei a eles e depois consegui dar o meu toque. Essa é a beleza da adaptação, as pessoas enxergam e reconhecem que você fez um esforço e conseguiu ser eficiente em um estilo que não era o seu. A partir daí, você ganha espaço, passa a contribuir, e elas também vão incorporando o seu estilo de jogo." Para se adaptar, ele conta que não focou apenas nos treinos, mas buscou imergir na cultura local, fez amigos, aprendeu a língua, frequentou exposições e passou a escutar músicas francesas.

O aquapolista Felipe Perroni, atual capitão da Seleção Espanhola e que também já jogou na Croácia, na Itália e no Brasil, contou em nossa entrevista que, para se adaptar, sempre se utilizou dessa mesma estratégia de imersão. "Eu busco observar, entender como funciona a cultura esportiva e do país. Joguei dois anos na Croácia e aprendi a falar croata. Eu ia aos bares, queria conhecer as pessoas e a história do país. Até me inteirei sobre as guerras pelas quais eles passaram. Antes de querermos propor qualquer mudança, precisamos entender as realidades, saber por que as pessoas pensam como pensam e agem como agem."

Com tantas empresas multinacionais, esse é um ensinamento extremamente válido para o ambiente corporativo também. Trabalhei por muitos anos no Itaú-Unibanco e sempre me orgulhei por conhecer muito bem a cultura empresarial e, em particular, dessa empresa. Mas ao me mudar para os Estados Unidos e trabalhar na filial americana do banco, eu precisei me esforçar para me adaptar à cultura local, composta por profissionais de diferentes países. Observar como funcionava as interações, o processo de tomada de decisões e como os colaboradores locais interpretavam as demandas vindas da matriz fornecia dicas valiosas de atuação. O desafio está muito além do domínio de um novo idioma e, sim, no entendimento das relações sociais, da motivação às mudanças e da comunicação entre um time e a liderança.

AGILIDADE NA ADAPTAÇÃO

A Federação Internacional de Judô implementou mudanças nas regras do esporte para o ciclo das Olimpíadas de Tóquio-2020. Dentre outras alterações, as punições passaram a funcionar de forma diferente. Anteriormente, era necessário que o judoca tomasse quatro penalidades para ser eliminado. O limite agora é três. O rigor em relação à marcação das faltas também aumentou. "Na época em que eu lutava, demoravam para sair penalidades, hoje elas estão sendo aplicadas com maior rigidez. Tem lutas que acabam em um minuto por conta disso. A justificativa é que essas novas regras trazem maior dinamismo e levam o atleta a atacar. É preciso se adaptar, buscar novos recursos para surpreender o adversário e rever o estilo de luta, o que muitas vezes significa dar dois passos para trás no treinamento e fazer uma reconstrução", me falou Leandro Guilheiro.

Além das mudanças de regras, há diversas situações no esporte para as quais ter uma capacidade de adaptação é crucial. Muitas vezes precisamos assumir uma posição diferente daquela que estamos acostumados a jogar ou adequar uma ação a um contexto inesperado. Nosso poder de adaptação está associado a diversos fatores. A prática continuada e intensiva em contextos variados, usando abordagens como o rodízio de talentos, dos quais falei no capítulo 2, é uma forma de aumentar a nossa versatilidade. Conhecer os nossos pontos fortes e potenciais limitadores também é essencial para a nossa adaptabilidade. Quando temos clareza sobre o que fazemos bem e o que cada membro da nossa equipe tem de melhor, podemos ajustar as variáveis ao nosso favor, delegar tarefas e contar com o apoio de outros membros do time.

Quando buscamos a alta performance, não há espaço para rigidez e resistência, pelo contrário, devemos refletir sobre a situação e estrategicamente flexibilizar a nossa forma de agir. E isso é verdadeiro também em outros ambientes de nossas vidas, como na convivência familiar ou no ambiente corporativo.

Uma postura rígida ou resistente pode nos paralisar ou fazer com que desperdicemos nossa energia lutando contra algo que está além de nosso controle. Isso não significa que devemos aceitar toda e qualquer situação. É importante nos voltarmos aos nossos propósitos e valores para guiar as nossas ações e reconhecer quando é necessário ser persistente e ter coragem para mudar o *status quo*.

QUANDO A MUDANÇA VALE A PENA!

Minha mãe não se contentou em apenas criar uma Seleção Brasileira competitiva. Ela queria ir mais longe, pois não se conformava que a modalidade feminina não pudesse fazer parte das Olimpíadas, enquanto o polo aquático masculino havia sido o primeiro esporte coletivo, junto com o futebol, a estrear nas Olimpíadas de Paris-1900.

Muitos apenas aceitavam a realidade de que um esporte de contato físico como o polo aquático não permitia a entrada de mulheres. Minha mãe, junto com dirigentes e técnicos competentes de outros países, agiu para mudar essa realidade. Não foi um caminho simples, mas as barreiras não lhes impediram de agir.

Para disseminar a modalidade pelo continente das Américas, e assim angariar o apoio de outros países para a causa olímpica, vimo-nos frente a um desafio: realizar o Sul-americano em Medelín, na Colômbia. Tudo ainda era muito improvisado, tanto que tivemos que jogar numa piscina com a metragem do masculino, de 30 metros, e não de 25 metros. Minha mãe convidou para o campeonato a representante oficial do polo aquático feminino dos Estados Unidos, Becky Shaw, para presenciar e dar o devido caráter oficial ao evento.

Conseguimos patrocínio e aumentamos nossa participação nos torneios pelo mundo. Nossa diretora era incansável e passava fax para os mais representativos veículos de imprensa que tinham editorial de esporte, contando sobre os torneios que estávamos participando, e conseguia um espaço importante em suas páginas. Mais tarde, fomos convidadas a participar de programas de TV de elevada audiência, por nosso pioneirismo e crescimento. Fomos duas vezes ao Programa do Jô Soares, participamos do programa da Hebe Camargo e demos entrevistas para a ESPN-Brasil. Assim, a modalidade foi crescendo e ganhando maior notoriedade.

Quando a Seleção Brasileira se qualificou para o seu segundo Campeonato Mundial de Desportos Aquáticos em Roma-1994, unimo-nos com outros países para fortalecer ainda mais a campanha para que o polo feminino se tornasse uma modalidade olímpica. Em reunião entre os dirigentes de todos os países, minha mãe sugeriu que se confeccionasse camisetas com a bola do polo aquático estampada e com os dizeres *"Women for Olympics"*. No início, foram produzidas apenas 50 camisetas, mas logo a produção teve que ser aumentada, pois todos os times queriam fazer parte dessa manifestação em prol das Olimpíadas. As norte-americanas, húngaras, russas, australianas, holandesas, italianas, seja qual fosse a nacionalidade, usavam a camiseta quando assistiam aos jogos ou circulavam pelo ambiente da competição. Criou-se uma união jamais vista entre todas as jogadoras. Estávamos juntas e comprometidas por um sonho comum.

Com poucos meses de diferença, no campeonato júnior, em Praga, as atletas, usando toucas de natação em cinco cores distintas, uniram-se e fizeram os arcos olímpicos na piscina na cerimônia da abertura. Isso também teve grande repercussão na mídia, mas a resistência ainda se mantinha. Federações de países do Leste Europeu, que tinham grande tradição no masculino, recusavam-se a aceitar a inclusão das mulheres nos Jogos Olímpicos.

Chegaram então as Olimpíadas de Atlanta-1996. Meus pais foram assistir como convidados de um dos patrocinadores.

No hotel, folheando o *USA Today*, um dos jornais de maior circulação, minha mãe leu uma matéria que falava sobre o progresso das mulheres nos Jogos, mas também ressaltava que ainda faltava igualdade. A reportagem citava os esportes que só tinham a versão masculina, mas não incluiu o polo aquático na lista.

Mais uma vez, minha mãe focou na ação. Ela escreveu uma carta para o jornal, como diretora do esporte brasileiro, elogiando o artigo, mas ressaltando que o polo aquático feminino, que já estava presente em mais de 48 países, também não estava nas Olimpíadas. Ela destacou que as entidades reguladoras do esporte "deviam abrir suas mentes para a nova ordem mundial e aceitar o apelo global para a inclusão do polo aquático feminino".

Para a sua surpresa, a carta ao jornal não foi somente publicada quatro dias depois, como também ocupou a posição de destaque na página editorial do *USA Today*. A partir de então, o tom das campanhas alegava discriminação contra as mulheres e essas repercutiam cada vez mais. Não havia mais motivos para o polo aquático feminino não ser um esporte olímpico. Esse enfoque pressionou ainda mais os dirigentes internacionais.

O tão esperado anúncio se deu logo após Atlanta. Até hoje, ao relembrarmos o momento em que, finalmente, foi aprovada a inserção do polo aquático feminino nas Olimpíadas de Sidney-2000, nos emocionamos e vibramos!

Por todo esse trabalho em prol do esporte e igualdade de gêneros, Olga Pinciroli recebeu o reconhecimento do *Paragon*[**] *Award* do *Swimming Hall of Fame* nos Estados Unidos, prêmio

---

** O termo em inglês "*Paragon*" significa: pessoa que é tida como um modelo de excelência.

concedido às pessoas que contribuíram extraordinariamente para o desenvolvimento de esportes em nível mundial. Ela também foi homenageada pela CBDA ao ter seu nome no troféu da liga brasileira da modalidade que tanto contribuiu para alavancar.

Para desafiar *o status quo* deve haver propósito e inspiração para persistir e energia para agir. A vivência intensa de cada etapa do processo gera a motivação necessária para influenciar as pessoas ao seu redor e promover uma nova realidade.

Quando se mudou para o Havaí, a surfista brasileira Maya Gabeira se apaixonou pelo surfe de ondas grandes. A maioria dos surfistas profissionais costuma pegar ondas menores, pois para ser um *big rider*, como são conhecidos surfistas como a Maya, é necessário um conjunto de habilidades diferentes. Ela sabia que seu caminho não seria fácil, "quase não havia mulheres *big riders* quando comecei e achei que precisava mudar aquilo", ela recorda.[3]

Na primeira vez em que decidiu encarar a famosa Praia do Norte, localizada na Vila de Nazaré, em Portugal, onde podem ser encontradas algumas das maiores ondas do mundo, ela se acidentou e acabou esmagada por uma onda de 20 metros de altura, com um volume de água com peso estimado em 144 toneladas. A brasileira foi resgatada pelo também surfista Carlos Burle e teve que ser ressuscitada. Isso aconteceu em 2013 e seguiram-se anos de recuperação física e mental, mas ela decidiu voltar para encarar o monstro que a abateu.

Em janeiro de 2018, ela pegou uma onda na Praia do Norte, que um especialista independente aferiu ter 20,7 metros de altura. Foi a maior onda já surfada por uma mulher. Ela sonhava em entrar para o *Guinness Book of Records*, mas na época havia apenas uma categoria agrupando surfistas de ambos os sexos. Maya não se intimidou, conseguiu a assinatura de mais de 20 mil pessoas em uma petição e pressionou publicamente as autoridades do surfe. Meses depois, o *Guinness* finalmente criou a categoria feminina e reconheceu seu feito. No dia 11 de fevereiro de 2020, ela quebrou seu próprio recorde, surfando uma onda de 22,4 metros de altura. Um sinal de que as coisas estão mudando, brincou ela, "é que dessa vez eu nem precisei de petição para que meu recorde fosse reconhecido".

Seja em nível individual ou em grupo, no campo pessoal ou familiar, no esporte ou no ambiente corporativo, para desafiar o *status quo* precisamos identificar as alavancas de mudanças que terão o maior impacto no sistema, perseverar na prática e se aprofundar no desenvolvimento. É importante lembrar: não se alcança uma nova realidade fazendo as coisas da maneira como sempre foram feitas. São as pequenas mudanças de forma consistente que contribuem para o todo.

CORAGEM E VULNERABILIDADE

Allyson Felix é uma velocista norte-americana extremamente talentosa, competidora dos 100, 200 e 400 metros rasos. Ela possui nada menos que 25 medalhas entre Jogos Olímpicos e Campeonatos Mundiais de Atletismo. Ao conquistar a sua 12ª medalha de ouro em mundiais, quebrou diversos tabus, batendo o recorde de número de medalhas do jamaicano Usain Bolt, detentor de 11. Além de ser uma mulher que bateu o recorde do homem mais rápido do mundo, ela tinha 33 anos e conseguiu atingir a marca apenas dez meses depois de ter sido mãe – em um parto bastante complicado, em que ela e a bebê correram risco de morte.

Mas não foi apenas nas pistas que ela quebrou tabus. Depois do nascimento da filha, seu patrocinador queria pagar 70% do que ela recebia antes. Ela não aceitou e pediu à empresa para garantir, contratualmente, que não seria penalizada se os seus resultados não fossem os melhores nos primeiros meses após o parto. Sua postura gerou frutos. A patrocinadora anunciou que não aplicaria reduções de pagamento às atletas grávidas, por um período de 12 meses. Depois, aumentou este período para 18 meses. Tudo resultado da coragem para agir de uma atleta que não aceitou passivamente o que lhe foi imposto.

Como defende a pesquisadora norte-americana Brené Brown,[4] para ousar grandemente, precisamos ter a coragem de ser vulneráveis. Isso significa aparecer e se permitir ser visto, expor as suas necessidades, pedir o que você precisa, falar sobre como você se sente e ter conversas difíceis, das quais muitas pessoas fogem. Coragem não é a ausência de medo, mas agir *apesar* dele. Aceitar que somos humanos, acolher a nossa vulnerabilidade e nos conectar com os nossos propósitos é o que nos fortalece para agir em prol dos nossos valores e de algo maior.

Allyson Felix costumava ser uma pessoa reservada, mas encontrou na maternidade a força que precisava para lutar por um futuro melhor não só para si, mas para todas as mulheres, inclusive para sua filha. "Toda a minha experiência no esporte me ensinou a lidar com o fracasso, a superar limites e a sair da zona de conforto. Então veio a maternidade que me fez refletir sobre os porquês. Por que quero vencer? Quais lutas quero travar?".[5] Ela conta que, antes de ser mãe, tinha uma vida muito planejada e estruturada e, quando sua filha nasceu, aprendeu a aceitar que não podia controlar tudo, a aceitar ajuda e a seguir o fluxo. "Ao me abrir, ser mais vulnerável, falar sobre o que eu estava vivendo e sobre as minhas necessidades, por mais desconfortável que fosse, percebi que valia a pena, pois estava ajudando muitas pessoas."

A maternidade também me abriu os olhos para a necessidade de agir em prol das mulheres no ambiente corporativo. Eu notava que havia uma dificuldade em identificar referências de mulheres que se dedicassem e eram bem-sucedidas tanto nas suas carreiras quanto com suas famílias. Quando minhas duas primeiras filhas nasceram, tirei uma licença maternidade de quatro meses – tempo que a lei no Brasil permitia – e após meu retorno à empresa, tive o auxílio da minha rede de apoio para dar conta de manter a produtividade no trabalho e, ao mesmo tempo, cuidar de minha família. Quando Olívia, minha terceira filha, nasceu, uma nova lei permitia que algumas empresas ampliassem a licença para seis meses. Esses dois meses adicionais fizeram muita diferença e, com a bebê maior, voltei bem mais preparada emocionalmente e organizada.

Quando tive a oportunidade de atuar como responsável por Recursos Humanos nos Estados Unidos, a licença maternidade era de, no máximo, três meses. Eu me reuni com outras lideranças femininas para identificar as melhores práticas de mercado e refletir sobre o que seria necessário para mudar aquela realidade. Nossa intenção não era a de beneficiar um grupo em detrimento do outro e, sim, de promover um ambiente que beneficiasse a todos, levando em conta as particularidades do desafio de cada um. Como resultado final, promovemos o aumento da licença e ampliamos o direito de escolha para pais, pois, dependendo das condições de cada família, o pai poderia optar por exercer a licença cuidando do bebê.

Também sempre fui defensora de uma gestão que valorizasse a qualidade do resultado apresentado em vez da quantidade de horas trabalhadas. Fomos a primeira unidade do banco a implantar uma política de trabalho remoto, mesmo antes da pandemia do novo coronavírus tornar isso uma necessidade, desafiando as crenças e os paradigmas de muitas pessoas da liderança. Na época, encontramos muita resistência e dúvida, o que é comum ao se buscar alterar uma realidade que sempre foi de uma determinada forma. A coragem para agir está relacionada à autenticidade e a não paralisar diante das críticas e dificuldades.

O 26º presidente norte-americano, Theodore Roosevelt, proferiu um discurso na Sorbonne, em Paris, em 1910, que resume muito bem a importância de sermos autênticos e termos coragem para agir. Esse discurso é muitas vezes referido como "O homem na arena" e diz o seguinte:

> "Não é o crítico que importa. Não aquele que aponta como o homem forte fraqueja ou diz no que aqueles que realizaram algo poderiam tê-lo feito melhor. O crédito pertence ao homem que se encontra na arena, cuja face está manchada de poeira, suor e sangue; aquele que se esforça bravamente; que erra, que se depara com um revés após o outro, pois não há esforço sem erros e falhas; aquele que se esforça para lograr suas ações, que tem grande entusiasmo, grandes devoções, que se entrega à uma causa nobre. Aquele que, no melhor dos casos, conhece no fim o triunfo da realização grandiosa, e no pior dos casos, se falhar, ao menos falha ousando grandemente, para que seu lugar jamais seja como aquelas frias e tímidas almas que não conhecem vitória ou fracasso".

APRENDA A FALHAR OU FALHE EM APRENDER

A coragem para experimentar é um instinto inato em todos os seres humanos. Quando os bebês estão dando seus primeiros passos, vemos neles essa resiliência e persistência em cair e se levantar quantas vezes for necessário. É muito interessante observá-los, pois não se intimidam com a falha, continuam tentando e se divertem durante o processo. Esse esforço constante em lidar com dificuldades não deve ser suprido pelos pais, muito pelo contrário. "Não faça pelas crianças o que elas podem fazer por si mesmas", dizia Maria Montessori, que tinha uma habilidade interpessoal fantástica, que a permitia enxergar e entender o outro. Nascida em 1817, ela foi uma das primeiras doutoras italianas especializadas em educação. Ao observar as crianças em suas interações, ela as ajudava a aprender, progredir e desabrochar. Os métodos educacionais da Dra. Montessori eram guiados por sua crença que as crianças aprendem melhor por meio de experiências diretas de investigação e descoberta, e de uma atenção individualizada. Defendia que o ambiente de aprendizado deve ser um lugar inspirador e que fomente a imaginação.

Com o passar dos anos, ficamos mais autoconscientes de nossas ações e, ao invés de canalizarmos a energia para tentar, arriscar e, consequentemente, aprender, focamos em evitar possíveis fracassos. Isso é exatamente o oposto do que deveríamos fazer. Claro que não me refiro a almejar o erro ou a derrota, pois é prudente evitá-los sempre que possível. O ponto é que eles fazem parte de qualquer jornada de aprendizagem e crescimento. Somente não falha quem nunca tenta.

Dean Simonton, professor de Psicologia na University of California e grande estudioso sobre inteligência, criatividade e genialidade, conduziu uma série de pesquisas sobre os artistas e cientistas mais famosos da história da humanidade, como Pitágoras, Galileu Galilei, Descartes, Rembrandt, Tolstoy e Mozart – e o que eles possuíam em comum era a quantidade de vezes que haviam errado. E não foram poucas!

O próprio Michael Jordan atribui seu êxito, de se tornar um dos maiores atletas de todos os tempos, às falhas que teve pelo percurso: "Já perdi mais de 9 mil arremessos em minha carreira. Perdi quase 300 jogos. Vinte e seis vezes confiaram a mim a bola do jogo e eu errei. Eu falhei várias e várias vezes na minha vida. E é por isso que tenho sucesso".

O maior inimigo da experimentação é o medo da derrota. Para o atleta, o medo se manifesta frente à possibilidade de fracassar diante de familiares, técnicos, dos seus próprios companheiros de time, fãs e até de um país inteiro.

Quanto mais intenso ele se torna, mais limita o nosso potencial, pois não tomamos os riscos necessários para aprendizado e evolução. Por isso, ao nos concedermos a permissão para sermos humanos, nos damos a autorização para sermos imperfeitos e, ao fazermos isso, conseguimos aproveitar mais a nossa jornada de vida. Quando nos cobramos perfeição, podemos nos tornar constantemente defensivos e ter maior dificuldade de levantar após uma queda, o que consequentemente nos afasta do alcance das nossas metas.

No mundo dos negócios, isso também é verdadeiro. Há uma série de exemplos de empreendedores com uma longa história de insucessos até que começassem a colher os frutos da coragem de agir. Anita Roddick, fundadora do The Body Shop, uma inovadora companhia de cosméticos que se destacou por incentivar um consumismo ético, contou em seu livro, *Meu jeito de fazer negócio*, vários exemplos de erros e falhas e como se levantou deles.

Sobretudo, o fracasso e as adversidades nos ensinam e podem nos tornar melhores. A escritora britânica J. K. Rowling ganhou fama mundial por seus livros da saga Harry Potter. Ela recebeu múltiplos prêmios e vendeu mais de 500 milhões de cópias. No entanto, antes de seu estrondoso sucesso, ela passou por uma fase muito difícil em sua vida.

Em um período de sete anos, Rowling vivenciou a morte de sua mãe, o nascimento de sua primeira filha, seu divórcio com seu primeiro marido e uma crise financeira até que, em 1997, finalizou o primeiro dos sete livros da saga: *Harry Potter e a Pedra Filosofal*. Em 2008, ela foi convidada a fazer o discurso de formatura de Harvard University, onde compartilhou os aprendizados desse período delicado.

"Você pode nunca falhar na escala em que eu falhei, mas algumas falhas na vida são inevitáveis. É impossível viver sem falhar em alguma coisa, a menos que você viva com tanto cuidado que poderia muito bem não ter vivido – nesse caso, você falha por padrão. O fracasso me deu uma segurança interior que eu nunca havia alcançado enquanto tudo estava indo bem. O fracasso me ensinou coisas sobre mim que eu não poderia ter aprendido de outra maneira. Descobri que tinha mais força de vontade e disciplina do que suspeitava (...) saber que saiu mais sábio e mais forte dos contratempos significa que está, para sempre, seguro de sua capacidade de sobreviver. Você nunca conhecerá verdadeiramente a si mesmo, ou a força de seus relacionamentos, até que ambos tenham sido testados pela adversidade. Tal conhecimento é um verdadeiro presente, por mais que tenha sido dolorosamente conquistado, e tem valido mais do que qualquer qualificação que já ganhei."

Rodrigo Koxa é um *big rider* brasileiro, que desde muito jovem se destacava pela determinação e paixão pelo surfe de ondas grandes. Por muitos anos, ele liderou o projeto "ritmo bomba", no qual, morando no Brasil, estudava as previsões para as maiores ondas ao redor do mundo e viajava poucos dias antes para surfá-las. Sua carreira seguia em uma linha ascendente, quando ele passou por uma situação traumática no final de 2014.

Ao pegar uma onda em Nazaré, em Portugal, seu parceiro não conseguiu resgatá-lo*** e ele temeu por sua vida. Koxa tomou diversos caldos de ondas enormes e, por estar próximo ao farol, teve muito medo de ser jogado contra as pedras. Por sorte, conseguiu sair vivo, mas esse episódio de terror o abalou psicologicamente.

Ele passou a ter pesadelos recorrentes, perdeu patrocinadores e precisou se reinventar financeiramente, montando uma escola particular de Jet Ski. Chegou a voltar a Nazaré e a surfar algumas ondas, mas já não era como antes. Em uma dessas situações, Koxa machucou o ombro, o que lhe rendeu indicações de cirurgia e sessões de fisioterapia. Foi a pior fase de sua vida, na qual chegou a duvidar se voltaria a fazer o que mais amava.

Ele se voltou para a espiritualidade e também mergulhou de cabeça no autoconhecimento. O surfista decidiu fazer uma formação em *lifecoach*, na qual, além de estudar para ser *coach*, passou pelo processo como cliente. "Quando o *coach* mestre me perguntou qual era o meu objetivo, respondi: 'É surfar a maior onda do mundo', e foi nesse processo que

---

*** O surfe de ondas grandes envolve, além do surfista, uma equipe de apoio que reboca e resgata os surfistas com um jet-ski, pois as ondas são grandes e velozes demais para que eles saiam do mar sozinhos.

eu me reconectei com a minha paixão, resgatei a coragem para retomar aquele papel com o qual eu mais me identificava, o de *big rider*."

O curso de *coach* ocorreu em setembro de 2017 e dois meses depois ele estava em Nazaré, surfando uma onda de 24,38 metros, a maior onda surfada no mundo. Tal feito lhe rendeu o registro no Guinness World Records. Sua história reforça a ideia de que o autoconhecimento é chave para superarmos momentos de falhas, fracassos e adversidades.

ERROS E FALHAS PODEM SER MOTIVADORES

Thomas Edison, considerado o cientista mais produtivo e inovador de nossa era, tendo registrado a impressionante marca de 1.093 patentes, foi também um dos cientistas que mais falhou. Há uma história curiosa sobre ele. Enquanto realizava um de seus experimentos, ouviu de um colega: "Mas você já falhou dez mil vezes". Ao que ele respondeu: "Eu não falhei dez mil vezes, eu identifiquei dez mil formas que não funcionam". Alguns milhares de experimentos depois, ele inventou a bateria de níquel-ferro, mais eficiente do que as baterias de ácido de chumbo usadas na época e usadas até hoje para armazenar a eletricidade excedente de painéis solares e turbinas eólicas. Esse é um belo exemplo de como podemos olhar para uma mesma situação por uma perspectiva oposta e como essa mudança no olhar pode ser crucial para nos fazer persistir ou desistir.

Adam Krikorian, treinador da Seleção Americana Feminina de Polo Aquático, medalhista olímpico, acredita firmemente na importância de cuidarmos da maneira como olhamos para os nossos erros e falhas. Ele vê os erros como uma oportunidade de crescimento, de melhora, um motivador para a nossa própria evolução e incentiva suas jogadoras a criarem essa percepção. "Quando assistimos aos vídeos dos nossos jogos e os erros que cometemos, digo às atletas que há duas maneiras de olhar para eles: podemos pensar *Oh não, somos péssimas* ou podemos pensar *Veja todos esses erros que agora teremos a oportunidade de trabalhar para corrigir.*"

Ele costuma estimular que cada uma das jogadoras invista em aprimorar seus pontos fortes, mas, como um bom técnico, mantém-se atento aos potenciais limitadores de cada uma delas para que possam ser trabalhados e não se tornem um empecilho ao desenvolvimento de seus potenciais. Krikorian notou que quando apontava uma falha, muitas jogadoras tomavam sua fala como uma crítica. Por isso, ele sempre insiste em lembrá-las: "Todos nós temos áreas a serem melhoradas, se não tivéssemos, o processo não seria tão prazeroso; veja esta falha como uma oportunidade de aprendizado e crescimento".

Com essa mentalidade, as falhas e fracassos podem ser grandes motivadores para a nossa evolução. Até por isso, quando eles não existem, o desafio pode ser até maior. Krikorian me contou que, após levarem a medalha de ouro nas Olimpíadas de Londres-2012, a maior parte das jogadoras da Seleção Feminina de Polo Aquático Norte-Americana se aposentou. O treinador construiu praticamente um novo time, com jovens atletas, a partir de 2013. Desde então, esse time ficou no lugar mais alto do pódio em diversos campeonatos importantes, como nas Olimpíadas do Rio de Janeiro-2016, no campeonato mundial de polo aquático em 2015 e 2017, nos Jogos Pan-Americanos em 2015 e por diversos anos na Liga Mundial de Polo Aquático de 2014 até recentemente. Diante de tantas vitórias, Adam revelou: "É maravilhoso ganhar, obviamente, mas há um lado desafiador em como nos manter motivados para continuar melhorando".

A fome pela evolução e autossuperação é essencial para o atleta de alta performance. Por isso, meu pai insistia: "Almeje ser a segunda melhor, Cris, pois quando você for a primeira, já não haverá mais para onde crescer". Há um risco de acomodação ou de nos tornarmos muito complacentes diante de resultados muitos bons. Nesse sentido, o escocês Samuel Smiles, escreveu em seu livro *Auto-ajuda*: "É duvidoso que uma maldição mais pesada possa ser imposta a um homem do que a satisfação completa de todos os seus desejos sem esforço de sua parte, não deixando nada para suas esperanças, desejos ou lutas".

A estratégia de Krikorian para evitar essa acomodação é criar desafios cada vez maiores no treinamento, por exemplo, colocando as atletas para jogarem em posições diferentes das habituais. Mas ele me confidenciou com seu sorriso genuíno que, com esse time que estava se preparando para as Olimpíadas de Tóquio-2020 e que era um dos grandes favoritos para o ouro, sente-se constantemente frustrado em suas tentativas de desafiá-las, pois elas surpreendem e estão sempre dando um jeito de se superar.

O croata Rudic lida de maneira similar ao desafiar o seu time, promovendo torneios ou jogos-treino com times mais fortes e campeões da modalidade na fase de preparação às competições importantes. "Quando perdemos durante as Olimpíadas, há uma dor forte, com a qual precisamos lidar para evoluirmos e nos dedicarmos, com metas ainda mais ambiciosas." Já na fase de preparação, a derrota representa uma oportunidade para motivar o time: "É um momento em que perder uma partida pode ser bom para a equipe, pois é possível fazer uma análise mais aprofundada com os jogadores e motivá-los. É claro que também podemos aprender com a vitória nessa fase, buscando compreender o que fizemos de bom, para repetir. Entretanto, se a equipe vence muito na preparação, há um risco de os jogadores se anestesiarem, pensando *Sou o melhor, não preciso fazer mais nada*. Mas o esporte ensina que não é assim, quando você atinge o topo, se torna o alvo a ser atacado, por isso deve sempre buscar se superar".

DE GERAÇÃO A GERAÇÃO

Na edição de 2021 do Superbowl – a grande final do futebol americano –, Sara Thomas se tornou a primeira mulher a arbitrar o jogo. A ESPN chegou até a produzir um vídeo**** mostrando o impacto que isso poderia ter nas crianças. Intitulado "Fazendo História", a peça mostra diversas mulheres que romperam barreiras e ocuparam cargos antes exclusivamente masculinos – como ser treinadora de baseball ou de um time de basquete na NBA, pilotar um carro de Fórmula Indy ou até virar vice-presidente dos Estados Unidos. Ao mesmo tempo, uma pequena menina assistia o feito dessas mulheres, imaginando que no futuro poderia ser uma delas. "Sei do impacto que esse feito pode ter não só na minha filha, mas nas jovens garotas de todo o mundo, e isso significa muito para mim", disse Sara.

Eu vi de perto o poder dessa influência positiva, em um microcosmo, dentro da minha família, de geração em geração.

**** Vídeo disponível em: https://www.facebook.com/watch/?v=246799550235119

Minha filha Alissa, em sua redação do processo de admissão para Stanford University, resumiu bem todo esse processo:

Quando meu avô tinha 19 anos, ele levou dez segundos para decidir se tirava ou não uma fotografia da parede de uma estação ferroviária de Tóquio. Ignorando os olhares de curiosos desconfiados, ele secretamente guardou a foto em sua pasta. Até hoje é seu bem mais valioso, exposto com destaque em seu apartamento em São Paulo. Esse retrato era meu companheiro também; eu o via toda sexta-feira, almoçando com meus avós. Nele, ele lidera uma multidão de jovens exuberantes em ternos e chapéus de marinheiro em um estádio. Eles estão sorrindo e de mãos dadas. Sua empolgação ainda é visível sessenta anos depois. Eu me perguntava por que não havia mulheres nessa foto – apenas rapazes robustos. Meu avô está bem na primeira fila, de mãos dadas com estranhos.

Numa sexta-feira à tarde, meu avô revelou que a foto mostrava a cerimônia de encerramento dos Jogos Olímpicos de 1964. Ele e sua equipe de polo aquático haviam praticado durante anos, enfrentado decepções, lesões e enormes sacrifícios pessoais. A viagem para Tóquio durou sete dias. Mas comparecer às Olimpíadas valeu a pena. "Como atletas olímpicos, nos sentimos cidadãos de uma nação ideal, sem diferenças de credo, ideologia e raça", ele relembrou. Estar imerso nessa comunidade global foi uma experiência única para ele.

Naquela época, muitas vezes me perguntei se algum dia teria a oportunidade de participar de algo tão notável.

Eu carreguei o mantra do meu avô – "Seja a primeira pessoa na piscina e a última a sair" – comigo em todas as práticas de polo aquático desde a sexta série. Eu sinto sua presença às 5 horas da manhã: "Shhhh... só aqueles que querem ser os melhores estão acordados agora". Em seguida, seu sussurro é abafado pelo som estridente do meu despertador. O silêncio dessas primeiras horas da manhã é uma torcedora cruel para não nos levantarmos. Só os "loucos" abandonam o sono e o calor da sua cama pelo choque da água fria da piscina! Mas eu salto para a ação como uma máquina, movendo-me quase automaticamente: pisando, correndo, passando, chutando, driblando. O mundo ao meu redor fica mais lento e sinto como se tivesse escorregado em uma pequena fenda que separa o passado do presente. Minha mente vagueia para decepções, recompensas e momentos em que ultrapassei meus limites físicos. Sempre prestei atenção às palavras do meu avô: "O erro não limita, mas o medo sim".

As lições que aprendi com os esportes competitivos vão muito além da piscina: eles moldam a maneira como vivo, faço escolhas, julgo situações, aceito a diversidade e trato as pessoas. No Ensino Médio, os esportes amorteceram meu desembarque nos Estados Unidos quando me mudei do Brasil; eles me ajudaram a abraçar uma nova cultura e linguagem e a construir autoconfiança. Meus anos de colégio têm sido desafiadores – praticar dois esportes universitários, viajar com a Seleção Brasileira Juvenil de Polo Aquático, tirar boas notas e tentar ter uma vida social não é fácil! Mas o que aprendi nos esportes me ajudou a superar momentos difíceis e me permitiu crescer. O ditado de que, ao nos ensinar a abraçar nossa "zona de desconforto", os esportes competitivos nos tornam mais bem-sucedidos no longo prazo tem sido verdade para mim, e não apenas na piscina. Resolver situações complicadas e lidar com o fracasso; estabelecer constantemente metas novas e mais elevadas; colaborar com pessoas de quem posso discordar ou ter pouco em comum; estar aberto a diferentes perspectivas – é isso que os atletas fazem e essa mentalidade tem me beneficiado em todas as áreas da vida.

Embora busque seguir os passos de meu avô, também sou um produto de meu tempo e de uma linhagem de mulheres fortes: minha mãe, uma especialista em alta performance, executiva corporativa, defensora da igualdade de gênero e competidora de polo aquático, e minha avó, uma campeã incansável das mulheres nos esportes olímpicos. A fotografia na parede da minha sala de jantar terá mais atletas olímpicos do sexo feminino e, com sorte, serei uma delas.

Como vimos, ter coragem para agir pode não apenas mudar o resultado de um jogo ou de uma empresa. Ela pode inspirar uma mudança social e impactar diversas gerações. Aprender e fazer, refletir e agir, juntos levam ao caminho de crescimento e realização que todos nós somos capazes de encontrar.

PONTOS PRINCIPAIS ABORDADOS NESTE CAPÍTULO

- Não há garantias para o sucesso, mas sem a coragem para agir, ele não é possível. Para atingirmos excelência e felicidade, devemos ter uma atitude de curiosidade, abertura à experimentação e coragem para agir.
- Para realizarmos no nosso potencial, é fundamental engajarmos em um ciclo de reflexão e movimento que nos permita agir e aprender com as nossas ações constantemente, criando uma espiral ascendente de crescimento e maturidade.
- Quando mantemos uma "mente de principiante", exaltando a nossa curiosidade intrínseca, aprofundamos nossa aprendizagem e ampliamos o nosso repertório de conhecimento, ganhando uma gama maior de possibilidades de ação.
- Não é fácil desafiar o *status quo*. Para isso, deve haver propósito, inspiração, coragem para agir e persistência, além de correr os riscos de falhar e ser criticado ao longo do processo.
- Ter coragem não significa não sentir medo, mas seguir assim mesmo, em prol de nossos propósitos e sonhos.
- A principal barreira para a experimentação é o medo da derrota.
- Erros, falhas e fracassos são inevitáveis e podem ser aliados no nosso processo de aprendizagem, nos fazendo crescer e nos motivando a superá-los.
- A coragem para agir muda não só a nossa realidade, mas também a das pessoas ao nosso redor, impactando toda uma nação, o mundo e as gerações seguintes.

PERGUNTAS PODEROSAS PARA REFLETIR

- Você tem reservado tempo para refletir sobre suas experiências ao longo do dia ou da semana? E do mês?
- Você tem se motivado a experimentar o "novo"? O que você tem feito para quebrar a inércia do dia a dia e se abrir para conhecer novas pessoas, explorar novos sabores, conhecer lugares diferentes ou para aprender novos conceitos?
- Como você encara o erro no processo de conquista de suas metas? Você se frustra? O quanto eles te permitem aprender e evoluir?
- Como você promove a abertura em si próprio para experimentar e analisar os aprendizados a partir das falhas?

CAPÍTULO 8

TRABALHO EM EQUIPE: JUNTOS TODOS REALIZAM MAIS

"Talento vence jogos, mas trabalho em equipe e inteligência vencem campeonatos."
– Michael Jordan

"Existem cinco qualidades fundamentais para que um time atinja a excelência: comunicação, confiança, responsabilidade coletiva, cuidado e orgulho. Gosto de pensar em cada uma delas como um dedo da mão, qualquer um individualmente é importante, mas todos eles juntos são imbatíveis."
– Mike "Treinador K" Krzyzewski

Era inverno em Catânia, na Sicília, e o vento gelado cortava os nossos rostos. Aguardávamos com um misto de excitação e dúvida o que estava para acontecer. Os atletas locais, dos times masculino e feminino de polo aquático da cidade, aumentavam ainda mais a nossa ansiedade: "Vocês presenciarão algo que ficará registrado em suas mentes para sempre". Eu e as outras atletas que não eram dali – Pita, da Holanda, Taryn, da Austrália, Cristiana, Monica e Martina, de Roma – estávamos todas juntas desde o início da tarde, preparando-nos para passar a noite em claro e conhecer cada etapa da tradicional Festa de Sant'Agata, a santa padroeira da cidade.

Aquele era o último dos três dias de celebração, que finalizava com uma prova de coragem dos devotos. Estávamos todos agasalhados, com gorros, luvas e cachecol, com cravos brancos – que nesse dia substituíam os vermelhos, para lembrar a pureza da santa –, aguardando o momento mais esperado.

Já era de madrugada, quando ficamos posicionados na parte de cima da ladeira de San Giuliano, na etapa mais perigosa de toda a procissão. O andor – uma espécie de carruagem com o busto da santa e todas as relíquias, que pesava mais de três toneladas – devia ser levado ladeira acima. Se esse feito se realizasse sem imprevistos significava um sinal divino de boas notícias para o resto do ano. Uma corda bem comprida seria usada para puxar o andor, enquanto os religiosos, em suas roupas brancas, cantavam em homenagem à santa.

Havia uma clara disputa entre os mais jovens, que praticamente imploravam para ocupar o lugar no cabo para puxar a santa pra cima, e os mais velhos, que certamente já acumulavam anos desse honrado lugar e não abriam mão, querendo homenagear a Sant'Agata por mais um ano em suas vidas, antes de se aposentarem desse empenho físico.

Em meio ao silêncio, foi ouvida uma voz de comando: *"Siamo tutti devotti tutti? Cittadini, viva Sant'Agata!*"* Seguramos o ar e demos as mãos. Todos os devotos e religiosos enfileirados na nossa frente se coordenavam e em uma explosão de

---

* Em tradução livre do italiano: "Somos todos devotos? Cidadãos, viva Sant'Agata!".

forças, puxaram a corda, que lentamente carregava o andor. Nós ficamos juntos e alinhados com o objetivo.

O risco de não conseguir, além de trazer as não tão boas notícias para o ano seguinte, poderia causar um desastre naquele exato momento, com a carruagem descendo ladeira abaixo e indo ao encontro dos fiéis que acompanhavam a cerimônia. Mais de um milhão de pessoas saíam às ruas para celebrar a Santa Siciliana.

Respiração, coordenação e fé criavam uma poderosa energia coletiva, que ganhava um reforço com o canto das freiras da ordem religiosa denominada Clarissa, que aparecem apenas nesse dia para homenagear a Sant'Agata no convento da Via dei Crociferi. No fim, deu tudo certo e, perto das seis horas da manhã, a santa chegou inteira ao seu destino, indo para o merecido repouso no altar da *Chiesa di San Giuliano*. Aliviados e impressionados com todo aquele ritual, passamos na famosa padaria em que todos se servem de pães assados na hora e comemos os *panzerotti con crema bianca e al cacao catanesi* quentinhos, antes de voltar para a casa.

Para nós, além das emoções e da admiração da força do coletivo em prol de um objetivo comum, passamos a entender muito melhor a cultura e a história daquela ilha tão encantadora por sua diversidade e os rituais milenares de seus moradores.

Na Sicília, desenvolvemos uma proximidade grande entre nós, jogadoras estrangeiras, que não tínhamos nossas famílias por perto, e o restante do time, de origem local. Nos reuníamos nas datas festivas, nos momentos de celebração de um jogo, ao descobrir uma nova pizzaria, em almoços de domingo. Aproveitávamos em conjunto todas as comidas tradicionais e os saborosos frutos do mar saídos fresquinhos do mercado de peixe.

Adorávamos quando nos levavam a explorar as maravilhas da natureza local, como Taormina e Siracusa, com suas ruínas e teatros greco-romanos, alguns ainda em funcionamento com apresentações teatrais e de música, e o vulcão Etna, um dos mais altos do mundo e que ainda está em atividade. Aliás, os moradores locais me contaram que a última vez que o Etna estava em erupção e as lavas quase chegaram a Catânia, eles colocaram as vestes da Sant'Agata, que protegeu a cidade – o que explica a devoção à santa.

Nos incríveis tons de azul-marinho do Mediterrâneo, montávamos o campo de polo, bem na frente da cidadezinha Aci Castello, ponto de encontro dos aquapolistas. Tomávamos uma granita de *mandorla macchiata al caffè* dentro de uma *briosce* (uma espécie de sorvete de leite de amêndoas, com um toque de café servido dentro de um pão assado poucos minutos antes) no bar tradicional Viscuso, que já existia desde o início de 1900, e íamos felizes e bem alimentados para os jogos no mar.

Essa integração entre as atletas estrangeiras e locais, entre as mais velhas e as mais novas, a diversidade entre as jogadoras de diferentes continentes e culturas construiu a base de um elo de proximidade, de respeito, de empatia e compreensão que seria um dos elementos chave para nossa conquista inédita na LEN Champions League** de 1993-94, vencendo as melhores equipes do continente.

** Principal torneio de clubes de polo aquático feminino da Europa, desde 2013 chamado de LEN Euro League Women

CONSTRUIR TIMES É INVESTIR NOS RELACIONAMENTOS

Há um provérbio africano que diz "Sozinhos vamos mais rápido, juntos vamos mais longe". A qualidade dos relacionamentos é o indutor número um da felicidade. Quando fazemos parte de um time, é possível ir mais rápido, mais longe e mais felizes. Celebramos momentos de conquista e recebemos o suporte e encorajamento em momentos de dor. A construção de um time requer tempo e um trabalho persistente e focado no desenvolvimento do relacionamento entre os seus membros.

Times de estrelas, como os All-Star Teams, formados pelos melhores atletas de uma determinada modalidade, não são necessariamente os melhores times. Por quê? Um time é muito mais do que a soma de talentos. É um grupo de pessoas que funciona como uma unidade, com propósitos e objetivos compartilhados.

Ao fazer parte de um time esportivo, cria-se um lugar onde as pessoas evoluem, aprendem, crescem e perseguem seus sonhos. Esse ambiente permite que o indivíduo desenvolva a sua independência por meio da interdependência entre a equipe. Em um time, é possível perceber que o todo é maior do que a soma das partes. Isso significa que cada interação entre as partes do sistema gera um adicional em termos de qualidade, que não pode ser mensurado somente ao somá-las. Gosto da analogia a um quebra-cabeça no qual a soma das partes se complementam e, somente assim, geram a beleza da imagem final.

Um dos fatores que faz um time ser forte é a qualidade de interações entre os jogadores. Para isso se desenvolver, é necessário investir tempo em quantidade, mas principalmente em qualidade. Os jogadores de uma mesma equipe precisam passar tempo juntos, convivendo em diversos contextos nos quais se engajam em atividades diversas, na criação de interdependências e significados compartilhados.

As horas de treino, da convivência e do trabalho em equipe são essenciais. Quanto mais atuamos de maneira colaborativa, para lidar com situações variadas, criamos um repertório maior de jogadas e novas táticas, fazendo com que o time desempenhe de forma cada vez mais harmônica e funcione de maneira integrada para a maximização de resultados.

Contudo, não basta unir as pessoas dentro da piscina, da quadra ou de um escritório e esperar que o time esteja naturalmente formado. O convívio em situações externas a esses ambientes é a chave! É importante que seus integrantes interajam no dia a dia, saiam juntos para almoçar, jantar, festejar pequenas conquistas, celebrar aniversários e até mesmo praticar outros esportes. Isso estimula o equilíbrio entre as atividades de lazer e trabalho, mas também amplia as relações de camaradagem e familiaridade entre as pessoas e promove muito mais empatia.

Participar do dia a dia uns dos outros, conviver como se fossem uma família, passando por situações que envolvam uma grande amplitude (ou variedade) de emoções – como as derrotas e vitórias nas competições esportivas, mas também experiências como a da festa de Sant'Agata – permite o desenvolvimento da intimidade e da maturidade das relações. Você passa a conhecer a história e os valores daquelas pessoas e a saber o que importa para elas. Isso cria um elo de respeito e entendimento, o que influencia positivamente na hora de uma partida ou de um projeto. Tive colegas de time com as quais conseguia me comunicar apenas com o olhar, o que facilitava na hora de tomadas de decisão e também quando a improvisação era necessária como resposta a um contexto inesperado.

Esses momentos de convivência não precisam ocorrer entre todas as pessoas do time o tempo todo. É natural que se formem subgrupos e que você tenha mais afinidade e proximidade com alguns. O importante é desencorajar a formação de grupos que não se abrem para o contato e a convivência com os outros membros do time. Esse, aliás, deve ser um sinal de alerta para a intervenção do técnico ou do líder de uma equipe no ambiente corporativo, por exemplo.

AS AMIZADES NO ESPORTE

Edson Arantes do Nascimento, o Pelé, foi eleito "Atleta do Século 20" pelo jornal francês L'Equipe. Dentre seus muitos feitos memoráveis, venceu a Copa do Mundo em 1958, 1962 e em 1970 com a Seleção Brasileira de Futebol, foi bicampeão mundial pelo Santos Futebol Clube e marcou mais de 1200 gols, feito jamais igualado. Em uma cena do documentário "Pelé", lançado pela Netflix, em 2021, o lendário jogador se reúne com Mengálvio, Pepe, Lima, Edu e Dorval, amigos do time vencedor do Santos da década de 1960. Todos com mais de 70 anos, fazem uma refeição à beira da piscina e o que se segue é uma conversa extremamente bem-humorada, cheia de intimidade e lembranças compartilhadas.

Pelé inicia comentando sobre o dia ensolarado: "Que dia! Vocês são realmente demais, meus amigos, trouxeram esse sol maravilhoso com vocês". Em meio à recordação de detalhes sobre uma partida jogada há mais de 50 anos, Lima diz: "Você era o rei, nós sabíamos disso e nosso foco era ajudar o rei e fazer a nossa parte também". Pelé interrompe cantarolando uma paródia que fez para a música de Francisco Alves, *Que rei sou eu?*: "Vocês se lembram como eu cantava aquela música? Que rei sou eu, sem reinado e sem coroa, sem castelo e sem rainha, anda aí pelo mundo à toa". Alguns cantarolam junto com ele, até que Dorval brinca: "Você melhorou muito as suas habilidades musicais, hein?". Todos caem na gargalhada. Ao final Pelé diz aos comparsas: "Não comam muito para não engordarem, que amanhã tem jogo!".

Ao fundo, ouve-se Mengálvio dizendo: "Foi Deus que colocou esse time junto, éramos uma família". E é precisamente essa a sensação que temos quando assistimos a essa cena: de que se trata de uma gostosa, alegre e descontraída reunião familiar.

Jesse Owens, velocista afro-americano que conquistou quatro medalhas de ouro nos Jogos Olímpicos de Berlim-1936, disse: "As amizades nascidas no campo das disputas atléticas são o verdadeiro ouro da competição. Os prêmios ficam corroídos com o tempo, os amigos não acumulam poeira".

Ao longo dos anos em que participei de esportes, como filha de atleta, jogadora e mãe de jovens esportistas, tenho testemunhado o poder desse ambiente na formação de laços duradouros de amizades. Quando você participa de um time ou de uma comunidade esportiva, você se empenha, sofre, sente prazer, acumula vitórias, desafios e desencantos, com sonhos e objetivos em comuns. A convivência é muito intensa, construída e mantida por horas em volta ou dentro das piscinas, quadras e campos. Ainda têm as viagens, o período denominado "concentração" que antecede os jogos, as brincadeiras utilizadas para descontrairmos e os lugares visitados. Tudo isso fica marcado em nossas memórias afetivas. E não importa quanto tempo passe, essas amizades ficam sempre presentes em nossas vidas.

Algumas vezes, o esporte é capaz até de unir jogadores que estavam em lados opostos em épocas diferentes. Pelé e Diego Maradona eram muitas vezes utilizados por brasileiros e argentinos numa discussão de qual país teria o maior jogador de todos os tempos. No entanto, essa rivalidade uniu os dois gênios, que se tornaram bons amigos. Quando Maradona faleceu, em 25 de novembro de 2020, Pelé prestou-lhe uma linda homenagem em sua página nas redes sociais.

Já se passaram sete dias desde que você partiu. Muitas pessoas adoravam nos comparar durante toda a vida. Você foi um gênio que encantou o mundo. Um mágico com a bola nos pés. Uma verdadeira lenda. Mas acima disso tudo, para mim, você sempre será um grande amigo, com um coração maior ainda.

Hoje, eu sei que o mundo seria muito melhor se pudéssemos comparar menos uns aos outros e passássemos a admirar mais uns aos outros. Por isso, quero dizer que você é incomparável.

A sua trajetória foi marcada pela honestidade. Você sempre declarou seus amores e desamores aos quatro ventos. E com esse seu jeito particular, ensina que temos que amar e dizer "eu te amo" muito mais vezes. Sua partida rápida não me deixou dizer, então apenas escrevo: Eu te amo, Diego.

Meu grande amigo, muito obrigado por toda a nossa jornada. Um dia, lá no céu, vamos jogar juntos no mesmo time. E vai ser a primeira vez que eu vou dar socos no ar sem estar comemorando um gol, mas sim, por poder te dar mais um abraço***.

As relações estabelecidas no ambiente esportivo são, acima de tudo, pautadas pelo espírito olímpico, que tem como princípios a amizade, a compreensão mútua, a igualdade, a solidariedade e o *"fair play"*****. O efeito do esporte no estreitamento dos laços de um relacionamento não se resume aos atletas profissionais. A prática recreativa também promove uma série de qualidades valiosas, como confiança, respeito, comunicação eficaz e camaradagem.

Dessa forma, convidar e proporcionar oportunidades para que os colaboradores de uma empresa pratiquem esportes coletivos, por exemplo, é uma maneira de aprofundar o relacionamento, o vínculo e a intimidade entre eles, muitas vezes dissolvendo eventuais conflitos. E o efeito colateral disso tudo é que eles se tornam mais produtivos e unidos em trazer resultados para a companhia.

Em eventos corporativos de integração ou de planejamento estratégico da minha área, era comum iniciarmos o dia com uma partida de basquete ou mesmo encerrar as atividades da tarde com uma partida de futebol ou vôlei. Esses desafios no esporte mexem com a energia interior e permitem conhecer as aptidões físicas e mentais das pessoas, mas em um novo contexto, diferente do trabalho do dia a dia.

*** Depoimento disponível em: https://www.facebook.com/permalink.php?story_fbid=4063492610336494&id=372164252802700

**** Termo utilizado para representar o respeito pelas regras e o compromisso de competir com espírito esportivo e com uma atitude de respeito, modéstia, generosidade e amizade em relação aos adversários. Fonte: https://stillmed.olympic.org/Documents/OVEP/Seychelles/12._4_FairPlay.pdf

Uma equipe de trabalho funciona de maneira muito semelhante a um time esportivo, com integrantes cooperando uns com os outros para atingir um objetivo comum. A prática de esportes, além de facilitar a união entre as pessoas, pode ser também uma maneira divertida de incutir os princípios e valores do trabalho em equipe.

TIMES SÃO COMO FAMÍLIAS

O atleta venezuelano Aníbal Sánchez jogou por 16 anos na liga principal de Beisebol dos Estados Unidos. Em 2019, quando estava atuando pelo Washington Nationals, o treinador o chamou para uma conversa e disse: "Meu objetivo aqui não é criar um time, nem vencedores, quero, antes de tudo, formar uma família. Todos aqui devem se sentir como irmãos e apoiar uns aos outros". A partir daquele momento, durante os treinos, eles repetidamente se lembravam disso e isso impactou profundamente o relacionamento entre os atletas. "Nós convivíamos no treino e também fora dos campos de beisebol. Como em qualquer família, tínhamos conflitos e buscávamos resolvê-los da melhor maneira, com conversas paralelas ou em grupo. O treinador não era autoritário, mas exercia a sua autoridade, como um pai e uma mãe precisam fazer ao mediarem conflitos entre seus filhos. Quando a competição começou, não importava o que acontecesse, ganhando ou perdendo, apoiávamos uns aos outros, porque realmente nos víamos como parte de uma família", confidenciou-me.

Ubuntu significa "Eu sou o que sou pelo que nós somos". Mais do que uma palavra africana, ela representa uma filosofia de vida. Glenn Anton "Doc" Rivers, que foi considerado, em 2000, o NBA Coach of the Year, o técnico do ano pelo Orlando Magic, e conquistou o título da NBA com o Boston Celtics, em 2008, baseou-se nessa filosofia para inspirar seus times, estreitando o vínculo entre os atletas. Na série da Netflix, *The Playbook: estratégias para vencer*, ele contou que enfatizar a importância do time em primeiro lugar foi a essência do trabalho desenvolvido no Boston Celtics, levando-os à vitória.

O que é essencial para um relacionamento duradouro e positivo é a intimidade permeada pela autenticidade, quando cada um sente que pode ser quem é e se colocar de maneira autêntica e verdadeira perante o outro, que será respeitado. O respeito nada tem a ver com validação e necessidade de aprovação, nas quais muitas pessoas baseiam suas relações. Ao sermos validados por outras pessoas, sentimos um prazer momentâneo, mas no longo prazo a relação se torna superficial e de dependência. Quando condicionamos a nossa exposição aos aplausos e apreciação das outras pessoas, também corremos o risco de nos perdermos de nós mesmos e de nossos valores.

Para resolver impasses e conflitos, precisamos de intimidade, seja em um relacionamento amoroso, familiar ou em um time. E a intimidade só ocorre se você se conhecer, se mostrar vulnerável, se permitir ser conhecido e se interessar de forma autêntica pelo outro. Isso não é uma tarefa trivial. Precisamos de coragem para sermos vulneráveis perante o outro – compartilhando desejos, objetivos, inseguranças e fantasias.

O foco está em se expressar de forma legítima (ser real) e não buscar impressionar (aparentarmos o melhor). Para conhecermos o outro, é fundamental ter uma atitude de abertura e curiosidade diante dele, fazer perguntas poderosas e não somente aprofundar, como também construir sobre suas respostas. Realmente ouvir o que ele tem a dizer e demonstrar interesse autêntico, acolhendo as suas vulnerabilidades e reconhecendo suas virtudes. Também inclui compreender quando ele prefere ser ouvido ou ter momentos mais reservados no silêncio.

A intimidade também se alicerça na empatia. Ela é desenvolvida por meio de interações verdadeiras, durante dificuldades, momentos de tristeza, de luta por algo maior e também de celebração. Infelizmente, os níveis de empatia estão decrescendo no mundo, pois as interações – face a face – não estão mais ocorrendo com tanta frequência. Essa é uma preocupação principalmente para as gerações mais jovens, que estão crescendo em um ambiente cada vez mais virtual e que não é, de forma alguma, substituto do presencial. Nesse contexto, reforço o quanto a prática de esporte é chave para estimular o desenvolvimento dessa habilidade, pois durante a atividade física, precisamos estar, de fato, presentes no momento.

A IMPORTÂNCIA DOS RELACIONAMENTOS

Manter relacionamentos de qualidade não é apenas chave para a nossa felicidade e produtividade, mas é vital para o nosso bem-estar e sobrevivência. Nos últimos anos, a Organização Mundial de Saúde tem apontado para os efeitos da solidão e diversos países vêm se engajando em ações para lidar com essa questão. Em 2018, o Reino Unido nomeou Tracey Crouch como Ministra da Solidão, com o intuito de auxiliar no combate a esse mal crônico enfrentado no país – no ano anterior, dados de uma pesquisa realizada pela Cruz Vermelha Britânica indicaram que um quinto da população do país se sentia solitária.[1]

Julianne Holt-Lunstad é professora de Psicologia e Neurosciência na Brigham Young University, nos Estados Unidos. Ela é uma grande estudiosa da importância da conexão social e a crescente epidemia da solidão e foi a primeira pesquisadora dos Estados Unidos a publicar evidências científicas de que ela aumenta o risco para a mortalidade precoce. Em 2017, ela escreveu um manifesto, com mais dois pesquisadores, na revista *American Psychologist*, no qual defendiam – com embasamento científico – que a conexão social deveria ser uma prioridade nas políticas de saúde pública nos Estados Unidos.[2]

"Posso estar sendo audaciosa, mas acredito que, da mesma forma que temos as diretrizes nutricionais, sobre o quanto de atividade física ou de horas de sono precisamos para manter a nossa saúde, chegará um momento em que teremos diretrizes sobre a manutenção do nosso nível de conexão social", disse ela.[3] Ainda faltam estudos que forneçam medidas como essas e qual a melhor maneira de fazer isso, mas já não faltam evidências sobre a importância de cultivar nossos relacionamentos e pertencer a uma comunidade.

Há uma diferença importante entre os conceitos de isolamento e de solidão. O primeiro é definido pelo tamanho real da rede de relacionamentos que uma pessoa tem e a frequência de contato com as pessoas que fazem parte de sua rede. Já a solidão é uma experiência subjetiva, que deriva da percepção que a pessoa tem do isolamento ou da discrepância entre o seu nível de conexão e o seu desejo de se conectar. Ou seja, algumas pessoas podem se sentir solitárias, mesmo que não estejam isoladas ou estarem isoladas, mas não se sentirem solitárias.

A pandemia do novo coronavírus trouxe uma nova camada de preocupação para a epidemia da solidão, já que uma das medidas mais efetivas para evitar a transmissão do vírus é o distanciamento social. Lembrar dessa diferença entre isolamento e solidão é crucial para lidar com uma situação como a que nos foi imposta durante os anos de 2020 e 2021. Manter o contato com as pessoas próximas por meio das mídias sociais e das videochamadas foi uma opção positiva encontrada por muitas pessoas, pois mesmo que não substitua o contato físico, favoreceu o relacionamento. Quando você estabelece laços realmente fortes e verdadeiros, é possível se sentir conectado com alguém – e, portanto, menos solitário – só de pensar naquela pessoa.

Cultivar relacionamentos com amigos, familiares e colegas no trabalho ou no esporte é um antídoto poderoso para os efeitos devastadores da solidão. Mesmo relações mais casuais com vizinhos ou com um conhecido no supermercado contribuem para criar um senso de pertencimento e de suporte social. Somos animais sociais e esses relacionamentos mais superficiais, ao cumprimentar ou sorrir para uma pessoa na rua, também são importantes momentos de conexão. Qualquer oportunidade que temos para aprimorar a qualidade dos nossos relacionamentos e aprofundar nossos laços com as pessoas, não é um luxo, mas um salva-vidas.

INTERDEPENDÊNCIA

No livro *Braving the Wilderness: The Quest for True Belonging and the Courage to Stand Alone*[*****], Brené Brown, pesquisadora em vulnerabilidade, sugere um mecanismo pelo qual o

---

[*****] Em tradução livre: *Enfrentando o deserto: a busca pelo verdadeiro pertencimento e a coragem para ficar sozinho.*

sentimento de solidão pode nos levar a nos isolar ainda mais. "Quando nos sentimos desconectados e sozinhos, tentamos nos proteger. Nesse estado mental, queremos nos conectar, porém nosso cérebro está tentando ignorar o desejo por conexão por uma questão de autoproteção. Por consequência, tornamo-nos menos empáticos, mais defensivos e mais anestesiados. O sentimento de solidão é um combustível para continuarmos mais sozinhos, pelo fato de termos medo de pedir ajuda."

Um dos fatores que leva muitas pessoas a se isolarem é a dificuldade de pedir e aceitar apoio. Nossa cultura ocidental valoriza a independência e encara como sinal de fraqueza necessitar de suporte. Entretanto, há um conceito extremamente importante, que aprendemos quando fazemos parte de um time esportivo, que é o da interdependência.

Quando nascemos somos totalmente dependentes e o nosso desenvolvimento é um caminhar para a nossa independência, entretanto, é um sinal de maturidade quando atingimos a independência e, posteriormente, a interdependência – esta última parte do princípio de que podemos confiar nas outras pessoas e elas podem confiar em nós. A ideia que está por trás da interdependência é de que a ajuda mútua beneficiará os dois lados.

Khalil Gibran, libanês que viveu de 1883 a 1931, é um dos maiores poetas da literatura árabe. Em um trecho de um belo poema, escrito em seu livro mais famoso, *O profeta*, ele ilustra o que é a interdependência: "Vá para os vossos campos e jardins, e aprendereis que o prazer da abelha consiste em retirar o mel da flor, mas também a flor tem prazer em dar seu mel à abelha. Para a abelha, a flor é uma fonte vida. E para a flor, a abelha é uma mensageira do amor. E, para ambas, abelha e flor, dar e receber é uma necessidade e um êxtase".

A base para todo relacionamento saudável com os outros é o relacionamento saudável consigo mesmo. Criamos um ciclo virtuoso quando ajudamos a nós mesmos e aos outros, ou seja, quanto mais generosos formos, mais nos sentiremos bem, e quanto mais nos sentirmos bem, mais generosos queremos ser. Um exemplo claro disso é a instrução nos aviões: "Caso precisem usar a máscara de oxigênio, coloque em si mesmo para depois ajudar quem estiver ao seu lado".

A empatia é o sentimento que facilita o ciclo virtuoso da generosidade. Sem encontrarmos satisfação no prazer dos outros, o sistema não se sustentaria. Quando entramos em uma relação ganha-ganha com outros membros da comunidade, encontramos satisfação ao fazer o bem e, como resultado, queremos fazer mais daquilo que nos dá prazer.

A felicidade somente é possível quando temos alguma interdependência com os outros. Como a flor morreria sem a presença e generosidade da abelha e vice-versa, nós também não sobreviveríamos sem a presença e generosidade dos outros.

Brenda Villa é a atleta mais premiada do mundo do polo aquático feminino, com quatro medalhas olímpicas pela seleção norte-americana. Quando pedi a ela, que estudou na Stanford University, dicas para a adaptação da minha filha, Alissa, que iniciaria seus estudos por lá, ela destacou: "Eu diria para ela se integrar, fazer amigos, encontrar uma rede de suporte, dentro e fora do time de polo aquático. Eu demorei um pouco para fazer isso e me dei conta que poderia ter aproveitado muito mais a minha experiência lá".

Como parte da primeira geração de americanos de uma família de mexicanos, Brenda me contou que muitas vezes tinha a sensação de que as pessoas pensavam que ela não pertencia a certos lugares. "Isso fez com que eu me fechasse e deixasse de pedir ajuda. Eu poderia ter feito muito mais trabalhos colaborativos e aprendido mais desde o início."

A dica que ela dá a um jovem atleta que deseja obter uma carreira frutífera como a dela, passa também por estimular a interdependência e a coragem de enfrentar a vulnerabilidade: "Sonhe alto e compartilhe os seus sonhos, diga eles em voz alta, fale sobre eles. Há quem guarde os sonhos como segredos para si, mas há muitas pessoas no mundo que poderão apoiá-lo e guiá-lo em sua jornada; no entanto, como as pessoas saberão sobre eles se você não falar a respeito?".

Os outros podem nos auxiliar a alcançar os nossos objetivos de diversas formas: fazendo parte da nossa rede de apoio e suporte, como abordei no capítulo 1, por meio do trabalho em equipe ou se tornando os chamados parceiros de responsabilidade.

Trata-se de alguém que nos ajuda a manter a disciplina e o compromisso com nossas metas de longo prazo. Sabe aquele amigo interessado, que nos ouve, celebra conosco os momentos de alegria e nos apoia em momentos difíceis? Você pode elegê-lo como seu parceiro de responsabilidade. Isso significa que, quando você compartilhar suas metas ambiciosas, essa pessoa lhe apoiará e o lembrará de manter o caminho em direção aos seus objetivos.

CONFLITOS E ADVERSIDADES

Quando perguntei ao técnico Adam Krikorian sobre como ele organizava o tempo na preparação da Seleção Norte-americana Feminina de Polo Aquático, ele me disse: "Foco 20% em treinamento técnico e tático e os outros 80% em relacionamento, pois esse aspecto requer um trabalho profundo de ampliação de autoconhecimento e de conhecimento do outro. Até mesmo os aspectos técnicos e táticos passam pelo aprimoramento do relacionamento".

Ele me explicou que construir relacionamentos não é algo simples, mas implica em criar oportunidades para que as pessoas se sintam confortáveis em estarem vulneráveis uma diante das outras. Sua estratégia, além de proporcionar e estimular a convivência em diferentes contextos e investir na comunicação, envolvia simular situações de adversidade para que o time lidasse coletivamente.

Contou-me que: "Como técnico, uma das maneiras de fazer com que o grupo se conecte e se aproxime é criar desafios para que elas resolvam como um time, como propor uma semana de treinamento extremamente difícil em termos de resistência, tempo e intensidade. É o tipo de situação que se você tentar manejar sozinho vai falhar; o único jeito de passar por isso é confiando nas pessoas ao seu lado, seja dentro da piscina, seja combinando momentos de restauração da energia fora dela. Quanto maior a sensação inicial de que elas não dariam conta do desafio sozinhas, mais profunda é a conexão que ocorre quando conseguem passar por aquilo juntas".

Para Krikorian, os conflitos também são uma forma de amadurecer os relacionamentos dentro de um time. "Para lidar com os conflitos, o primeiro passo é aceitar que eles vão ocorrer e encará-los como uma oportunidade de crescimento.

Aí o foco é trabalhar a comunicação de maneira aberta, honesta e efetiva, e, na imensa maioria das vezes, a atleta sairá do outro lado melhor do que entrou e as relações sairão fortalecidas."

As divergências e discussões muitas vezes ocorrem pela diversidade de pensamentos que se encontra dentro de um time e isso pode proporcionar, na verdade, um grande aprendizado, sobre nós mesmos e sobre os outros. É a chance de revermos nossos conceitos e aprendermos mais sobre perspectivas e visões de mundo diferentes das nossas.

As melhores relações são aquelas em que as dificuldades não são ignoradas, mas, sim, confrontadas para que não se tornem um problema mais sério. Conflitos fazem parte do amadurecimento das relações no longo prazo.

John Gottman é um psicólogo e autor norte-americano conhecido mundialmente por suas pesquisas focadas em relacionamentos afetivos, mas que podem facilmente ser transferidas para outros tipos de relacionamentos, como entre familiares e membros de uma equipe. Uma das suas principais contribuições para a ciência dos relacionamentos é a de que não é a presença dos conflitos que prediz se um relacionamento será duradouro e feliz, mas a maneira como o casal age e resiste durante e após uma desavença.

Segundo ele, casais que prosperam se envolvem em conflitos de maneira diferente daqueles que acabam se separando. Eles iniciam a discussão de maneira mais suave e intercalam interações positivas ao longo e após os embates.

As interações positivas envolvem demonstrar interesse, querer realmente ouvir porque a outra pessoa está zangada, fazer contato visual, acenar com a cabeça, oferecer afeto físico ou verbal durante uma conversa difícil, demonstrar empatia e que a outra pessoa é importante para você, mesmo que você discorde dela em um ponto específico.

Além de cuidar dos nossos comportamentos, é preciso observar os nossos pensamentos e intencionalmente fazer um esforço para se lembrar dos aspectos positivos da outra pessoa. A tendência é que, no meio do conflito, nosso foco vá para os aspectos negativos e isso influencie a forma como damos prosseguimento à discussão, muitas vezes ignorando oportunidades de acordo e de interações positivas.

RESILIÊNCIA COLETIVA

Na Copa do Mundo de futebol, 1994, o Brasil se tornou tetracampeão. Para alcançar tal feito, a Seleção daquele ano se mostrou extremamente resiliente. Após 24 anos sem esse título, a pressão era enorme sobre jogadores e comissão técnica, e quanto mais ela aumentava – principalmente durante as eliminatórias, quando o time correu sérios riscos de ficar de fora do mundial –, mais o time se unia. Tanto que, nessa etapa, pressionada pelos maus resultados, a Seleção comandada por Carlos Alberto Parreira resolveu entrar no jogo contra a Bolívia de mãos dadas. O Brasil goleou por 6 a 0 e aquela entrada em campo virou marca registrada do grupo tetracampeão até a final da Copa, contra a Itália.

A resiliência de um time se refere aos processos pelos quais os membros de uma equipe se utilizam de seus recursos individuais e dos recursos construídos coletivamente para lidarem com adversidades. Para ser desenvolvida, ela depende da experiência compartilhada de situações desafiadoras e, algumas vezes, estressantes. No momento crítico, é como se disséssemos ao time: "Nós já passamos por tantas situações difíceis juntos que sabemos que é possível superá-las. Continuem acreditando, pois podemos superar isso!".

Uma pesquisa realizada pela Loughborough University, na Inglaterra, que há cinco anos detém o título de melhor universidade no mundo para matérias relacionadas ao esporte,[4] analisou a experiência dos atletas que integraram o time vencedor da Copa do Mundo de Rugby Union em 2003 e identificou cinco fatores que auxiliam no desenvolvimento de um time resiliente.[5]

Em um primeiro momento, especialmente nas fases iniciais da formação do time, é importante contar com líderes que criem um ambiente inspirador e promotor de mais autoconfiança entre os membros da equipe, o que eles chamaram de liderança transformacional.

Raí, que foi capitão da Seleção na primeira fase da Copa do Mundo em 1994, concorda: "É essencial que o técnico seja uma liderança inspiradora, que passe a sua paixão pelo esporte para os jogadores e que instale o pensamento de que o coletivo está acima do individual".

A convivência intensa entre os membros do time, dentro e fora do treino e das partidas, com uma liderança realmente motivadora, estimula os atletas a desenvolverem uma identidade social relacionada ao time. O segundo fator encontrado pelo estudo está justamente relacionado ao momento em que o "eu" dá lugar ao "nós" e todos os membros reconhecem no time parte de sua identidade como pessoas.

Conforme o grupo vai amadurecendo, outros membros do próprio time começam a se destacar como líderes e, então, surge a importância do terceiro fator: a liderança compartilhada de forma a criar mais referências e inspirações para os jogadores.

Uma liderança compartilhada e diversificada foi, na opinião de Raí, um dos aspectos que fortaleceu o time de 1994: "Tínhamos três líderes no campo – Dunga, Romário e eu, cada um com seu estilo. Dunga era mais agressivo, aquele que gritava e motivava a equipe. Eu era mais comedido, liderava pelo exemplo. Romário demonstrava autoconfiança. Nós nos complementávamos".

O quarto fator para desenvolver a resiliência é denominado aprendizagem do time, que se refere ao engajamento num processo de autoconhecimento e conhecimento do outro ao longo das experiências coletivas. Isso permite que os jogadores se tornem capazes de antecipar a ação do outro e coordenar seus comportamentos, em situações inusitadas e desafiadoras dentro de uma partida.

Por fim, o quinto fator, refere-se à importância de vivenciar emoções positivas. O argumento é que momentos de alegria, descontração e de divertimento no grupo com frequência funcionam como amortecedores, tornando a equipe mais resistente ao lidar com momentos de frustração e com fatores estressantes.

UM PROPÓSITO COMPARTILHADO

O termo ouvidoria representa uma pessoa, entidade ou setor de uma empresa destinado a ouvir o cliente. Seu foco é identificar o que precisa ser aprimorado do ponto de vista do cliente na organização e, quando necessário, solucionar problemas que não foram resolvidos pelos meios tradicionais de contato como na Internet e centrais de atendimento.

Quando assumi a ouvidoria do Itaú-Unibanco, eu sabia que precisaria de colaboradores motivados e engajados para lidar com os desafios impostos pela área. O primeiro passo foi ressignificar o que representava trabalhar naquele setor do banco. Poderíamos interpretar a fala dos clientes como uma reclamação ou escolher enxergá-la como uma oportunidade de melhoria para o banco.

Exercitávamos diariamente a escuta ativa e empática com os clientes para identificar a melhor solução e os pontos de alavancagem, aspectos que, se aperfeiçoados, promoveriam uma melhora em todo o sistema de relacionamento com o cliente.

Ao compartilharmos de um mesmo propósito na busca pela excelência do atendimento, desenvolvemos uma forte conexão entre os membros daquela equipe e nosso comprometimento se traduzia na forma de comunicação com os clientes e em propostas de melhoria no banco. Quando atuamos com autenticidade, transparência, integridade, respeito e amor pelo que fazemos, desenvolvemos a confiança nos relacionamentos, seja dentro de uma equipe, entre áreas, com clientes, com as comunidades ao nosso redor. Toda a cadeia de interação é impactada positivamente.

O ativo mais importante de uma empresa são as pessoas, que, quando motivadas, potencializam a energia de atuação com resultados melhores para a organização. O engajamento da equipe é um importante fator do sucesso, pois seus integrantes passam a trabalhar dentro de um fluxo natural, seguindo os mesmos objetivos, mas sem se sentirem forçados a desempenhar uma tarefa e muito mais motivados com um chamado.

Dentro de um grupo de pessoas, seja em um time, uma empresa, na escola ou na família, cada indivíduo tem suas particularidades, interesses, gostos e, por vezes, origem e formação diferentes, o que pode gerar conflitos de ideias e valores entre seus membros.

Em 1958, o psicólogo social turco-americano Muzafer Sherif desenvolveu o método Superordinate Goals, traduzido como metas superordenadas, como uma forma de trazer pessoas ou grupos conflitantes a trabalhar conjuntamente. A ideia vigente na época partia do princípio que, ao colocar as pessoas em contato para passarem tempo juntas, dialogarem e se conhecerem melhor, resolveria as potenciais discórdias e preconceitos entre si. Porém, muitas vezes, acontecia justamente o contrário.

A proposta de Sherif foi desenvolver um objetivo comum, que só pode ser alcançado se todas as pessoas trabalharem colaborativamente, contribuindo com seus recursos e habilidades próprias. Em outras palavras, ao existir um significado maior almejado pelo grupo, em que os participantes se sentem partes integrantes para alcançá-lo, cria-se uma interdependência e integração entre os indivíduos, que é essencial para o resultado almejado. Caso haja alguma desavença, todos os participantes se juntam, deixando de lado suas diferenças, pois sabem que somente a cooperação é chave para a sobrevivência do projeto.

O filme *Independence Day*[******], de 1996, ilustra muito bem como a interdependência pode ser construída em prol de um objetivo maior, assim como propôs Sherif. A obra de ficção científica retrata uma invasão alienígena maciça que põe em risco todo o planeta Terra e o futuro da humanidade. Um improvável grupo de pessoas, com perfis bem diferentes e unidas pelo destino, age de maneira coordenada para evitar este fim.

[******] *O Dia da Independência*, em tradução livre. O título se refere à principal batalha do filme, que se dá em 4 de julho, data em que se comemora a independência dos Estados Unidos.

O que presenciei nos diferentes times e seleções que integrei é que os participantes não somente se relacionavam bem, como também se apoiavam mutuamente na busca de seus sonhos e compartilhavam aspirações, valores e um senso de propósito comum.

As velejadoras campeãs olímpicas Martine Grael e Kahena Kunze são pessoas diferentes em vários aspectos. "Sou aquariana, perfeccionista, metódica. Kahena é pisciana, otimista, mais flexível e tem bom relacionamento com todo mundo", me contou Martine. Ela acredita que a parceria deu certo por terem características complementares e, especialmente, por compartilharem valores como a garra, a determinação e a ambição, o que as levava a estarem sempre focadas no propósito principal de dar o melhor de si. "Se você está velejando com uma pessoa não tão ambiciosa, você não vai chegar tão longe."

Depois dos Jogos Olímpicos de Atenas-2004, o velejador Robert Scheidt troucou a classe Laser, um velejador, pela Star, dois tripulantes. Acostumado a fazer tudo sozinho dentro do barco, passou a ter uma dupla ao mudar de categoria, o também paulistano Bruno Prada. "Essa foi uma grande mudança na minha carreira; antes era dono da minha rotina, dos meus horários e, em dupla, tinha o compromisso entre as duas pessoas para tudo", me confidenciou. Bruno tinha o sonho de ir para as Olimpíadas, quando recebeu a proposta de Scheidt de velejarem juntos. "Os olhos dele brilharam", relembra. Mesmo com o desgaste natural da relação, pelo fato de ficarem muitas horas diariamente com a mesma pessoa, e passarem por momentos bons e ruins durante os treinamentos, ambos tinham o compromisso mútuo e um objetivo comum: conquistarem o pódio olímpico. Eles se classificaram para Pequim-2008 e Londres-2012, conquistando medalhas de prata e bronze, além de três títulos mundiais.

UM TIME É UM QUEBRA-CABEÇAS

Em junho de 2003, o Real Madrid da Espanha anunciava a contratação do astro inglês David Beckham, que vinha se destacando como um dos melhores meia-armadores do futebol inglês, pelo Manchester United. Beckham foi uma das peças finais da equipe que seria conhecida como "galácticos", que contava ainda com Ronaldo (Fenômeno), Zinedine Zidane, Figo, Roberto Carlos e Raul, entre outros. O time reunia, em um só clube, três jogadores que tinham conquistado o prêmio de melhor do mundo da Fifa, o que é algo inédito até hoje.

No papel, parecia imbatível, só que na prática, isso não aconteceu. A equipe perdeu jogos e títulos para adversários com investimentos bem menores. Na temporada 2003-2004, ficou apenas em terceiro lugar na Liga Espanhola (atrás do Deportivo La Coruña e Barcelona), na UEFA Champions League foi eliminado nas quartas de final para o Mônaco, da França, enquanto na Copa do Rei foi derrotado em casa, de virada, para o Real Zaragoza.

Ao relembrar essa fase, o goleiro daquela equipe, Iker Casillas, campeão da Copa do Mundo pela Espanha em 2010, diz: "Não são só nomes que ganham um jogo, é preciso formar um time, o que não tínhamos (…) Essa fase é a que não gosto de lembrar".[6]

Se escolher os melhores jogadores do mundo não é uma boa fórmula para se montar um time vencedor, qual seria a solução? O lendário treinador croata Ratko Rudic me contou seu método de escolha: "Para convocar um jogador, eu tinha que ter convicção de que ele poderia se inserir na equipe e ajudar o time de alguma forma, mesmo que não fosse o melhor tecnicamente". E para formar uma equipe vencedora, ele não se restringia à escolha dos atletas, mas também selecionava profissionais que poderiam complementar o trabalho de preparação. "Desde o início da minha carreira, sempre contei com a colaboração de um grupo de especialistas para ajudar os jogadores a se tornarem atletas de altíssimo nível. Era preciso ter uma equipe boa de profissionais para trabalhar nos preparos físico, técnico, tático e psicológico."

O técnico da seleção feminina norte-americana de polo aquático, Adam Krikorian, entende que a chave para essa escolha é descobrir o quão resiliente é aquele atleta e perceber sua capacidade de perseverar nos momentos difíceis. "Como técnico, você não deve selecionar os melhores jogadores, mas sim a melhor equipe. É preciso levar em conta os indivíduos que serão capazes de lidar com momentos de pressão e aqueles que se conectam melhor entre si", ele me explicou. E complementou: "Há jogadoras muito talentosas que não fizeram parte da nossa equipe, não por falta de talento, mas pela incapacidade de passar pelo processo".

Essa escolha deve ser pensada para todos os membros do time, os que iniciam jogando – chamados de *starters* – e os que iniciam no banco. A ex-treinadora das seleções norte-americana e brasileira de polo aquático feminino, Sandy Nitta, me disse: "A qualidade de um time é baseada na última jogadora do banco de reserva". Ou seja, todos os atletas – titulares ou reservas – possuem uma função relevante dentro do grupo, que contribui com aspectos técnicos e para o melhor relacionamento do time. Ela também acredita que o senso de grupo deva prevalecer ao talento individual.

"É importante tirar jogadores quando eles atrapalham a equipe. A primeira coisa a ser levada em conta é que precisa ser um time. Isso é mais importante do que chutar, marcar, defender e saber jogar."

O MELHOR DE CADA JOGADOR

Depois de formado o time, o desafio é que cada jogador, individualmente, consiga render o máximo para ajudar a equipe. O técnico ou as lideranças precisam ser capazes de conhecer os pontos fortes e os potenciais limitadores de cada atleta e do todo para que possa escolher o estilo de jogo para o conjunto florescer.

Na nossa conversa, o jogador de futebol Raí se lembra de como o técnico do São Paulo, o bicampeão mundial, Telê Santana, foi importante para encaixar o então jovem Cafu para atuar como lateral direito – posição que tinha uma lacuna na equipe – no estelar elenco que ia sendo montado no início da década de 1990. "Ele vinha da base e jogava no meio-campo, mas tinha tudo para ser um bom lateral; corria, tinha resistência, drible, mas não cruzava e nem chutava bem." Telê, enxergando potencial no garoto, fez com que Cafu treinasse cruzamento e chute exaustivamente, até se aprimorar nos fundamentos. O encaixe dessa peça deu tão certo, que ajudou na formação de um time vencedor coletivamente e transformou Cafu, no plano individual, em um dos maiores laterais da história do futebol brasileiro.

Sandy Nitta, quando assumiu como treinadora da Seleção Brasileira, foi importante para tirar o melhor de nós individualmente em contribuição ao time. Ela enfatiza sempre que não seria a nossa técnica pelo que éramos, mas, sim, pelo o que poderíamos nos tornar. Na época, tínhamos um padrão de desempenho que observávamos durante os campeonatos internacionais: jogávamos muito bem, de igual para igual contra qualquer seleção do mundo o primeiro, segundo e o quarto período das partidas. Já no terceiro quarto, caíamos de produção (o jogo é dividido em 4 quartos de 8 minutos cada). Ao perceber isso, a treinadora trabalhou para melhorar essa limitação e aumentar a constância de nosso desempenho positivo. Além disso, ela mudou nosso estilo de jogo, adaptando nossas habilidades às equipes que enfrentaríamos.

Um time é formado por pessoas com características e habilidades distintas, e aprender a utilizar essas diferenças na prática potencializa ainda mais a capacidade da equipe rumo à excelência. No começo dos anos 1970, o psicólogo Elliot Aronson criou o método denominado *jigsaw puzzle*,[******] que foi testado com sucesso em estudantes da University of Texas e da University of California.

A ideia de Aronson foi dividir a classe em pequenos grupos, sendo que cada um deveria ter uma boa diversidade étnica, racial, de gênero e habilidades. Os grupos tinham que ter um líder (normalmente o aluno mais maduro) e cada um devia se especializar em um aspecto da lição apresentada pelo professor. Esses especialistas podiam discutir com os outros especialistas e depois trazer as lições aprendidas para o seu próprio grupo. A partir daí, trabalhavam juntos para alcançar o objetivo comum.

Esse método inovou ao propor uma técnica de aprendizagem cooperativa, capaz de reduzir o conflito de ideias entre estudantes. Dessa forma, promove um melhor aprendizado,

---

****** "Quebra-cabeças", em português.

aumentando a motivação do grupo, o prazer da experiência do trabalho em equipe, gerando resultados mais efetivos.

A metodologia *Agile*, que vem sendo muito usada em organizações para alcançar resultados rápidos na entrega de projetos, tem muito em comum com o método de Aronson. Nela, os gestores formam, por um determinado período, um grupo de pessoas, cada uma com sua *expertise*, que contribuem na entrega de determinado projeto. Depois de alcançada a meta, o time é dissolvido, e cada um passa a integrar outro time em um novo projeto, o que permite a constante troca de experiências com novos integrantes e a utilização dos pontos fortes de cada um para chegar à meta estabelecida.

VALORES DO TRABALHO EM EQUIPE

O surfista brasileiro Rodrigo Koxa iniciou sua vida no esporte aos quatro anos, jogando futebol. Ali, teve a oportunidade de aprender sobre os valores do trabalho em equipe e vivenciar os benefícios de fazer parte de um time. "Compartilhávamos os bons e maus momentos, não há nada melhor do que celebrar as vitórias com o seu time", disse-me ele. Ainda criança, apaixonou-se pelo surfe, ganhando seu primeiro campeonato regional aos 12 anos, até descobrir o surfe de ondas grandes, que virou sua grande paixão. De maneira extremamente determinada e comprometida, batalhou por sua carreira e colheu os frutos de sua perseverança: quebrou o recorde mundial da maior onda surfada e, em abril de 2018, ganhou o cobiçado prêmio Quiksilver XXL Biggest Wave, no Big Wave Awards, da World Surf League.

No momento dos agradecimentos, ele se lembrou dos ensinamentos do futebol a respeito da importância de valorizar o grupo. Koxa fez questão de compartilhar o prêmio com o português Sérgio Cosme, conhecido como o anjo da guarda de Nazaré. Serginho, como ele o chama, é um piloto de Jet Ski de resgate profissional, responsável por colocá-lo nas ondas e resgatá-lo no momento certo. "Eu sempre questionei o fato do evento não dar um prêmio para o piloto também. Para nós que surfamos ondas gigantes, há sempre uma equipe de resgate por trás. É um trabalho de confiança, de um time! Eu segurei o troféu, mas dividi o prêmio e, sempre que tenho a oportunidade, agradeço publicamente ao Serginho, compartilhando as glórias com ele também."

Para atletas que estão começando a carreira em suas modalidades, treinadores e árbitros têm um papel fundamental no ensinamento desses conceitos. Sandy Nitta sempre disse que ao apitar partidas de atletas mais jovens, os árbitros devem ser mais rigorosos, pois trata-se de um momento de formação, no qual eles estão aprendendo as regras do jogo. Para os atletas mais experientes, há mais espaço para a flexibilidade e deixar o jogo acontecer. Seguindo a mesma lógica, um objetivo importante ao se treinar equipes mais jovens é passar os valores olímpicos e educar sobre o que é esperado do trabalho em equipe.

Quando meu pai estava iniciando no polo aquático, seu técnico, o húngaro Emeric Szasz, precisou fazer uma escolha difícil e corajosa, na qual arriscou perder um campeonato em nome de ensinar ao time os valores do trabalho em equipe. O clube onde meu pai jogava, o Tietê, disputava a final do campeonato brasileiro contra o Fluminense. Faltava apenas um minuto e meio para o término da partida. Mesmo marcado pela implacável defesa do time carioca, meu pai se livrou dos defensores, chutou e fez o gol, empatando o jogo. Todos os seus companheiros de time foram abraçá-lo.

No entanto, logo após a comemoração, o técnico substituiu meu pai. "Você deveria ter passado aquela bola!" Ele o repreendeu, pois havia outro jogador do time mais bem posicionado e livre para o chute e meu pai escolheu a opção mais difícil – e individual – para atingir a meta. Do banco de reservas, ele viu o Fluminense marcar mais um gol e o seu time perder a partida e o título. Embora tenha se frustrado no momento, levou uma lição para vida: "Não é o jogador bom que vence, é o time". Aquela decisão, embora pudesse ter prejudicado a equipe no momento, fortaleceu o grupo para o futuro. Um bom técnico identifica a melhor forma e o momento certo para ensinar a lição necessária a cada atleta.

Fazer parte de uma equipe esportiva, onde há um alinhamento de objetivos e estratégias, ensina que a cooperação é fundamental para se chegar a uma meta em comum. Por vezes, você compensa um pior desempenho de seu companheiro, por outras ele te ajuda.

E esses aprendizados ficam para a vida toda. Meu pai levou o exemplo de Emeric para sua carreira de executivo. No Grupo Folha, ele sempre procurou valorizar o trabalho em conjunto. "Tínhamos uma reunião semanal, que chamávamos de 'banho de ideias'. Estimulávamos a livre troca de opiniões, com tempo livre para uso da palavra por todos. O que aconteceu de início é que a redação do jornal – responsável pelo ativo mais importante da empresa, o conteúdo – passava a maior parte do tempo monopolizando a fala e propondo ideias e mudanças nas outras unidades da empresa. Embora as sugestões fossem de qualidade, estipulamos um tempo para cada líder de unidade falar. Se, no início, esse modelo acabou ocasionando alguma perda de qualidade, após algumas semanas, foi infinitamente maior em contribuição para a empresa", relatou-me.

Assim como meu pai, eu também levei ensinamentos do esporte para a vida executiva. Quando joguei na Itália, por ser atacante, tinha um incentivo financeiro por gol que eu fizesse. No entanto, achava que o estímulo correto deveria ser pela vitória do time, afinal, se eu focasse apenas no meu ataque, poderia expor a defesa ou não passar a bola para uma jogadora mais bem colocada para marcar. Ou seja, o melhor incentivo seria aquele que estimulasse o jogo coletivo.

Uma equipe unida, com valores sólidos e com pessoas comprometidas pelo sucesso do grupo, tem mais força que o talento individual, isolado, na busca pela excelência. Por isso, na hora de montar o quebra-cabeças para se criar um time vencedor, é preciso levar em consideração esse espírito de comprometimento. A partir do investimento de tempo e qualidade, e convivência dentro e fora do treino, um time se torna uma família, que mesmo com suas diferenças e conflitos, que fazem parte das relações, resiste, supera e cria laços de amizade que perduram por uma vida e desenvolve a independência e evolução de seus participantes.

PONTOS PRINCIPAIS ABORDADOS NESTE CAPÍTULO

- Um time é um grupo de pessoas que funciona como uma unidade, com propósitos compartilhados. Portanto, fazer parte de um time, no esporte, na família ou no trabalho, é uma oportunidade de crescer, evoluir, aprender e perseguir um sonho. Relacionamentos são o indutor número 1 da felicidade.
- Construir um time é construir relacionamentos, o que demanda investimento de tempo em qualidade e quantidade. A convivência permite o estreitamento dos laços emocionais, o compartilhamento de valores e sonhos e aumenta a empatia entre os membros da equipe.
- As amizades que nascem no contexto esportivo e de um time interdependente são pautadas por valores e pela convivência intensa, o que faz com que operem como famílias, com laços fortes e duradouros.
- Cultivar relacionamentos com amigos, familiares e pares no trabalho ou no esporte é um antídoto poderoso para os efeitos prejudiciais da solidão para a saúde mental e física.
- É preciso aprender a pedir e a aceitar ajuda, além de sermos generosos e nos dispormos a ajudar aos outros. As relações interdependentes ajudam no desenvolvimento e amadurecimento de indivíduos independentes e seguros de si.
- A maneira como manejamos e resistimos a períodos de conflito é mais importante do que sua ausência. Desentendimentos fazem parte de qualquer relacionamento e é importante persistir e encará-los como

uma oportunidade de crescimento e aprofundamento da relação.
- Além da resiliência individual, é possível desenvolver a resiliência de um time, quando os recursos construídos coletivamente são utilizados para que a equipe se adapte às situações adversas.
- Um time é como um quebra-cabeças, no qual cada peça é importante para se atingir o propósito comum. Sua formação deve ir além dos talentos e habilidades individuais.
- O líder deve ser capaz de identificar os pontos fortes e os potenciais limitadores de cada membro, com o intuito de construir uma equipe na qual todos possam contribuir para o melhor desempenho do todo.

PERGUNTAS PODEROSAS PARA REFLETIR

- Como você tem cultivado os seus relacionamentos na família, com amigos, no esporte e no trabalho?
- Qual a prioridade você tem dado para conviver com pessoas com as quais você se importa e que se importam com você?
- Com que tipo de pessoas você tem escolhido conviver em momentos relevantes de seu dia?
- Como você lida com conflitos com pessoas que ama? O que tem aprendido dessas ocasiões?
- Você pede e aceita ajuda tanto quanto ajuda às outras pessoas?

CAPÍTULO 9

O PODER DA BOA COMUNICAÇÃO: EMPATIA, CONEXÃO E INTERESSE GENUÍNO PELO OUTRO

"Grandes líderes fazem perguntas que inspiram outros a sonhar mais, pensar mais, aprender mais, fazer mais e se tornar mais."
– John Maxwell

"Empatia: a arte de esvaziar a sua mente e ouvir com todo o seu ser."
– Marshall B. Rosenberg

William Urizzi de Lima era técnico de natação do time principal no clube Pinheiros, em São Paulo. Além de ser formado em Educação Física, ele cursou Psicologia e editou três livros sobre natação e treinamento em academias. Logo antes de partir com a Seleção para o Torneio Pan-Americano de Polo Aquático Feminino, em Fort Lauderdale, na Flórida, em 1993, tive a oportunidade de conversar com ele e ouvir sobre o trabalho que estava desenvolvendo com nadadores de alta performance. Comentei que iríamos para o torneio e perguntei: "O que você me sugere? Há algo que eu possa fazer como capitã da Seleção para aprimorarmos nosso desempenho?".

Ele, então, me contou sobre uma das suas estratégias para unir a equipe de natação durante campeonatos importantes e recomendou que fizéssemos algo semelhante. A proposta era que, nós, jogadoras, nos reuníssemos para promover uma conversa diariamente, de uma hora. A regra era simples. Todas tinham o direito de se expressar sem serem interrompidas. Se uma discussão se prolongasse e caso todas concordassem, poderíamos postergar o tempo da conversa para além do combinado. E o mais importante: somente as atletas participavam e nada do que era falado ali deveria sair daquele ambiente.

Essa foi uma ação que mudou de forma significativa a conexão entre cada membro do nosso time. Falávamos sobre tudo! Cada jogadora expunha suas dores e alegrias, enquanto as outras ouviam atentamente a sua manifestação. Sabíamos que ali podíamos ser autênticas, mostrar a nossa vulnerabilidade e comunicar com clareza e sem filtros os nossos sentimentos e nossas observações dentro e fora da piscina.

A maneira como a conversa fluía nessas reuniões permitiu que nos conhecêssemos mais profundamente e fortaleceu a interconectividade e a cumplicidade entre nós, fatores-chave para os momentos mais desafiadores dos jogos. Muitas vezes, descobríamos um lado de nossas companheiras que não conhecíamos. Havia uma atleta que, durante o jogo, usava muito o contato físico e era extremamente dura. Já durante suas falas, mostrava-se uma pessoa leve, dócil, empática e fácil de lidar.

Em uma das partidas do torneio, eu estava com uma forte dor de cabeça. Como era de costume, fiz de tudo para manter a alta performance e não demonstrar cansaço ou fraqueza e me mantive puxando o time para a vitória até o final. Quando nos sentamos para conversar naquela noite, uma das jogadoras me questionou: "Cris, você estava bem hoje?". Eu prontamente respondi que "sim" porém, poucos segundos depois, me abri sobre a dor de cabeça incessante e como estava fazendo de tudo para não afetar a qualidade do jogo.

Eu estava tão habituada a superar desconfortos físicos, que não havia me dado conta de que era sobre isso que minha companheira de jogo estava falando. Como nossa conexão era cada vez mais forte, elas haviam notado sutilezas nas minhas expressões faciais durante a partida. Quando souberam da dor, uma delas falou: "É tão importante a gente saber disso, pois, quando temos ciência que alguém do time não está bem, nos preparamos para 'cobrir' aquela pessoa e jogamos além de nosso papel original em campo. Pode dizer quando não estiver bem. Conte conosco! Não queira fazer tudo sozinha". No que outra complementou: "Estamos juntas, isso faz parte do jogo de equipe, quando você não estiver bem, nós lhe ajudaremos, assim como sabemos que você fará o mesmo por nós". Eu me emocionei ao ouvir essas respostas. Senti um forte alívio ao ouvi-las. A partir desse momento, eu me permiti compartilhar mais as sensações e ser vulnerável.

Claro que, durante essas conversas, surgiam conflitos. Eram expostas algumas chamadas mais duras que aconteciam no calor do jogo – algumas atletas não gostavam de ser cobradas de um jeito mais veemente e precisavam de um respiro. Em princípio, tudo era explicado pelas partes envolvidas e havia um esforço legítimo por resolver as questões. Quanto mais encarávamos de frente os nossos desentendimentos, sentíamos que os nossos laços se estreitavam. Os resultados eram visíveis na piscina também. Passamos a nos comunicar pelo olhar e confiávamos muito mais em cada uma da equipe.

Essas reuniões também eram oportunidades para dividirmos histórias, quando vivenciávamos algo significativo e relevante, o que nos ajudava a espalhar um senso de propósito entre nós. E propósito, claro, é contagiante. Uma inspirava a outra com seu sonho e comprometimento.

Nesses momentos, descobri que a boa comunicação tinha o poder de não apenas deixar uma equipe mais forte e coesa, mas de dar um sentido maior para a nossa própria jornada.

A COMUNICAÇÃO É A BASE DA CONFIANÇA, DA CONEXÃO E DA CONSTRUÇÃO DOS RELACIONAMENTOS

Na primeira parte deste livro, falei dos aspectos que garantem uma boa base de sustentação para uma vida de excelência e felicidade. Na sequência, aprofundei sobre como podemos nos conectar com a nossa força interior para lidar com os desafios e obstáculos do caminho. Contudo, para colhermos resultados, é necessária uma atitude de curiosidade, abertura e coragem para agir. Além disso, nossa rede de relacionamentos – quando apoiamos e somos apoiados por pessoas relevantes para nós – colabora para chegarmos mais longe.

Ao longo de nosso desenvolvimento e nossa evolução, tornamo-nos mais independentes, o que é uma etapa essencial do nosso processo de amadurecimento, mas é a interdependência – a ajuda mútua entre as pessoas – que contribui para o desbloqueio do nosso potencial. No capítulo 8, falei sobre o trabalho de equipe e como podemos construir e cultivar relações positivas, duradouras e autênticas. Agora, abordarei um aspecto fundamental que está na base da interdependência e da colaboração: a capacidade de se comunicar de maneira efetiva e intencional.

Amy Edmondson, professora e pesquisadora da Harvard Business School, desenvolveu o conceito de *team psychological safety*,[*] algo como segurança emocional do time, em tradução livre. Ele está relacionado ao quanto os membros de uma equipe se sentem à vontade para expor suas opiniões, tirar dúvidas, pedir ajuda ou mesmo correr o risco de errar perante seus companheiros. A segurança emocional do time é chave para criatividade, inovação, crescimento e evolução, que são essenciais para que indivíduos e organizações prosperem no mundo de hoje, com rápidas inovações tecnológicas, no qual a mudança constante é uma certeza. Para desenvolvê-la, precisamos tratar as tarefas como um processo de aprendizado, demonstrar nossa falibilidade e instalar um clima de abertura e curiosidade, no qual questionamentos sejam bem-vindos.

Em qualquer estrutura coletiva, como um time esportivo, uma empresa, uma família ou uma comunidade, a comunicação é crucial para a construção de um ambiente saudável. Um espaço que permita a curiosidade e a abertura para novos aprendizados e inovação, tolerância e até apreciação às divergências, liberdade e transparência para expressar opiniões e identificar soluções ao bem comum.

A forma como nos comunicamos pode afetar positiva ou negativamente os nossos relacionamentos e a nossa vida. É possível, por meio dela, inspirar, engajar, colaborar e construir pontes. Falhas na comunicação, no entanto, podem ser danosas, impactam o entrosamento e os resultados de uma equipe e minam a harmonia do conjunto.

---

[*] Disponível em: https://www.youtube.com/watch?v=LhoLuui9gX8

É comum as pessoas pensarem que, para se comunicarem bem, basta uma fala clara e articulada, com o uso de um linguajar adequado ao contexto. Mas se comunicar vai muito além da boa articulação e emprego das palavras. Muitas vezes nos comunicamos de forma mais eficiente pelo silêncio. Barack Obama, presidente dos Estados Unidos de 2009 a 2017, um dos melhores oradores de nossos tempos, é considerado um "mestre das pausas".[1] Uma técnica muito eficaz, que ele utiliza para sedimentar a ideia que acaba de expressar, é uma pausa de silêncio ensurdecedor de cinco segundos, enquanto olha nos olhos dos espectadores. A pausa transmite confiança, dignidade e passa uma mensagem clara que você se importa com os ouvintes.

É importante refletir não apenas sobre a mensagem a ser transmitida, mas sobre por que, quando e qual a melhor maneira de passá-la. Os aspectos não verbais, como o nosso comportamento, a linguagem corporal, o tom de voz, o contato dos olhos, as pausas de silêncio e as expressões faciais também contribuem para esse processo.

Uma comunicação efetiva deve também considerar a maneira com que recebemos as mensagens e respondemos à fala ou ação das outras pessoas. Para isso, devemos trabalhar a nossa autoconsciência e investir em aprimorar a nossa escuta ativa. O escritor estadunidense, Stephen Covey, autor do best-seller *Os sete hábitos das pessoas altamente eficazes*, disse uma vez que a maioria das pessoas não escuta com a intenção de compreender, mas com a intenção de responder, sendo que deveria ser exatamente o oposto.

Escutar ativamente significa estar por inteiro, no presente, focado em entender o que o outro diz, mas também o que ele não diz explicitamente, como suas motivações, seus sentimentos e suas necessidades, evitando preconceitos ou pré-julgamentos. Ouvir alguém é um ato de respeito e interesse genuíno pela outra pessoa.

A arte de se comunicar depende, portanto, de uma boa habilidade de inteligência emocional, que envolve autoconhecimento, respeito, empatia e conhecimento do outro. Boas relações precisam de investimento em tempo, esforço e dedicação. A convivência, as interações e o engajamento em conversas empoderadoras, como as que fazíamos em nossos encontros na Seleção Brasileira, são uma das formas de desenvolver essas habilidades comunicativas. Ou seja, é possível treinar e aprimorar a comunicação a partir de um esforço deliberado para tal.

Quando conversei com as velejadoras Martine Grael e Kahena Kunze, ambas foram enfáticas sobre o quanto a comunicação entre elas foi fundamental para alcançarem a tão sonhada medalha de ouro olímpico. "As situações de treino servem para tornar a comunicação algo automático durante a competição, pois na hora da prova, a comunicação tem que ocorrer por um olhar, um som, por meio dos quais uma já sabe o que a outra quer dizer", disse-me Martine.

A ARTE DA INDAGAÇÃO HUMILDE

Quando participava de uma reunião importante no trabalho, meu pai se preparava como para uma partida de polo aquático. "Para uma competição, você tem que conhecer o seu time, o adversário, o juiz, o ambiente da competiçao e os detalhes da situação como clima, temperatura, altitude, e o mesmo vale para qualquer outro contexto", dizia ele. Sempre muito pontual, tendo estudado a pauta, os participantes e munido das informações que coletou previamente, quando chegava à reunião, disparava para o interlocutor, sua clássica frase: "Conte-me um pouco sobre você e sobre a sua história para chegar até aqui".

Esse não era apenas um quebra-gelo para iniciar a conversa, mas a maneira como ele demonstrava seu interesse genuíno pela outra pessoa e assim abria um portal para se conectar com ela. "A pessoa se sente valorizada e fica à vontade para falar, pois você está perguntando de um tema sobre o qual ela tem total domínio. A partir daí a conversa flui naturalmente", conta.

Esse é um exemplo do que Edgar Schein, professor emérito na Sloan School of Management do Massachusetts Institute (MIT), chama de indagação humilde. Ele é considerado uma autoridade na área da psicologia organizacional, pelo impacto de seu trabalho na área de cultura das organizações. Em seu livro, *Humble Inquiry: The Gentle Art of Asking Instead of Telling*,** ele defende a importância da curiosidade e do interesse genuíno pela outra pessoa como base para a construção de relacionamentos positivos, duradouros e que permitam uma interdependência verdadeira.

A indagação humilde é a arte de se conectar com a outra pessoa, demonstrando sua disposição e desejo para conhecê-la. Isso pode ser feito por meio do que você fala – "Conte mais sobre você ou sobre isso que acabou de falar" –, e pela forma como você recebe o que a outra pessoa diz, indicando que ela foi realmente ouvida. Compartilhar um tema ou uma história pessoal com o outro também é uma forma de demonstrar seu interesse. É como se você dissesse: "Estou

---

** Em tradução livre: *Investigação humilde: a arte suave de perguntar em vez de dizer*.

compartilhando isso porque você é importante para mim, estou aberta a ouvir mais sobre você também".

Quando criamos o Conselho de Clientes no Unibanco, a primeira instituição financeira a adotar essa estratégia, eu fazia questão de receber cada cliente pessoalmente e aproveitar cada minuto da recepção inicial para conhecer e entender um pouco de cada um deles. Como a gestora da área de qualidade, eu apresentava com orgulho que a missão de nosso time era ouvi-los, aprender de fato como estava nosso processo de interação com os clientes, desde a venda de produtos até o atendimento nos meios físicos e eletrônicos. Os clientes se sentiam acolhidos, valorizados e confiantes que estavam sendo ouvidos e que seu tempo estava sendo utilizado para contribuir para um melhor atendimento a todos os clientes do banco.

Uma vez que essa conexão ocorria, abria-se uma oportunidade para a colaboração e a cocriação das melhores soluções. Os clientes eram ativos nesse processo. Essas experiências de comunicação direta e pessoal colaboraram para aprendermos a discernir os problemas individuais dos clientes dos problemas que impactavam diversos outros, e que requeriam adaptações e melhorias em nossos processos. Quando um "conselheiro" nos contava algo que ele se importava no relacionamento com o banco, outros tendiam a se conectar também e isso nos permitia entender onde estavam os pontos-chave na melhoria da satisfação do cliente. Lembro-me de uma situação na qual um cliente chegou para um de nossos encontros muito irritado. Ele esbravejava e falava sem parar. Então o convidei para conversarmos individualmente e o escutei, demonstrei meu interesse, entendi o ocorrido e indaguei: "O que eu posso fazer pelo senhor?". Ele fez uma pausa, respirou fundo e disse: "Ninguém havia realmente me escutado até agora. Eu quero um pedido de desculpas!". Ou seja, ele precisava se sentir ouvido e validado.

A base por trás da indagação humilde é o interesse e a curiosidade, portanto, a ideia não é simplesmente perguntar, mas estar disposto a ajustar as suas respostas e a forma de reagir à situação. O futebolista brasileiro Raí me contou uma história interessante sobre isso. Seu pai teve origem humilde, era autodidata e só conseguiu concluir os estudos por volta dos 50 anos. Ele batalhou para dar melhores oportunidades aos filhos e sempre estimulou que estudassem e praticassem esporte. Assim que começou a obter um retorno financeiro melhor em seu trabalho, seu primeiro investimento foi a compra de títulos de um clube no interior de São Paulo, tamanha a importância que dava, intuitivamente, à prática esportiva.

E o estímulo do pai deu certo. Os seis filhos se formaram em boas faculdades, em cursos como Medicina e Engenharia. Além de Raí, outros dois também viraram atletas profissionais. Um deles, Raimar, foi jogador de basquete profissional no interior de São Paulo. O outro foi Sócrates, capitão da Seleção Brasileira na Copa do Mundo de 1982 e um dos maiores ídolos da história do Corinthians.

Embora cinco dos seis irmãos jogassem futebol ou basquete desde a infância, um dos filhos não parecia interessado na prática esportiva. Seu pai o puxou para uma conversa: "Vejo que seus irmãos praticam esporte, mas você não parece interessado. Tem algo que eu possa fazer para ajudá-lo?". Ele, então, respondeu: "Eu gostaria de praticar tênis, mas sei que o senhor não terá condições de me proporcionar essa possibilidade".

De fato, a situação financeira era apertada, mas seu pai se esforçou para dar ao filho uma raquete para que pudesse experimentar e encontrar um esporte de seu agrado. "E ele joga até hoje!", contou-me Raí. "Ele não virou profissional, mas o esporte faz parte de sua vida. Se não fosse a iniciativa do meu pai de parar, perguntar, dar a abertura para que meu irmão se expressasse e, ao mesmo tempo, se dispor a ajudá-lo, ele talvez não tivesse praticado esporte e perderia a chance de obter todos os benefícios que nós sabemos que a prática traz para a nossa vida".

A indagação humilde nos permite conhecer melhor a outra pessoa, a nós mesmos e aprofundar a relação. Em um momento de conexão com minhas duas filhas mais velhas, eu perguntei a elas: "Quem é o seu maior crítico?". Giorgia, a do meio, respondeu reflexiva: "Eu sou a minha maior crítica, estou sempre me julgando em meus pensamentos", o que foi uma oportunidade para que ela refletisse sobre o impacto de sua autocobrança. Alissa, a mais velha, teve uma resposta diferente: "Minha maior crítica é você, mãe". Sua resposta me pegou de surpresa. Questionei sobre as minhas falas e ações que a levavam a me ver dessa forma e a conversa foi uma oportunidade maravilhosa para rever a maneira de me comunicar com ela.

Conversas como essas nos aproximam das pessoas que importam para nós e nos dão a chance de realinharmos pontos cruciais da relação. Uma mesma mensagem pode ser compreendida de modo completamente distinto por duas pessoas diferentes, portanto, é preciso levar em conta as nossas características pessoais e as do outro para ajustar a comunicação.

CONHECER A SI MESMO E AO OUTRO PARA UMA COMUNICAÇÃO EFICAZ E INTENCIONAL

Lewis Senior iniciou sua carreira na indústria petrolífera, na qual chegou ao cargo de *Worldwide Manager of Health, Safety and Environment*. Sua principal missão era diminuir o número de acidentes que ocorriam entre os colaboradores nas plataformas de petróleo. Esse era um ambiente perigoso, no qual incidentes chegavam a ser fatais. Foi ali que Lewis começou a perceber a importância de se trabalhar com as habilidades de comunicação.

"Tínhamos regras, diretrizes e protocolos de segurança, todos sabiam o que fazer e como, mas isso não era suficiente. Não se tratava de simplesmente detalhar as informações e comunicá-las, mas de se pensar na forma como fazer com que essas informações impactassem cada um dos colaboradores." Ele passou a estudar os diferentes tipos de personalidades e a refletir sobre as melhores maneiras de se comunicar com cada uma delas.

Para simplificar teorias comportamentais, ele categorizou quatro tipos de tendências de personalidades e atribuiu cores diferentes a elas. A cor verde foi associada àquelas pessoas que são analíticas, detalhistas e se interessam pelos mecanismos das coisas, são ouvintes ativas e sua maneira natural de se comunicar é explicando e perguntando o "como". A cor amarela, por outro lado, foi atribuída às pessoas que gostam de se engajar nas conversas, na interação com outras pessoas, apreciam a conexão humana e gostam de saber "quem" está envolvido em determinada situação. São ouvintes mais seletivos, pois dão atenção àquilo que está dentro do seu interesse e aguardam o momento certo de agregar o seu ponto de vista na conversa.

Já a cor vermelha representou os "realizadores", aqueles que se interessam pelo "o que" fazer, pelas metas e objetivos. Eles captam rapidamente os aspectos relevantes para si (o que difere dos outros grupos) de uma determinada conversa ou tarefa e já querem partir para a ação. Por fim, atribuiu a cor azul aos ouvintes empáticos, aos que se relacionam facilmente com uma situação ou com outros e que querem saber o "porquê" das coisas antes de se engajar em algo novo.

Cada um de nós possui um pouco de cada uma das cores, mas há geralmente duas que predominam. Ao conseguirmos reconhecer e distinguir entre as diferentes personalidades e formas de reações comportamentais, aprimoramos nossa efetividade de comunicação com outros e também a nossa autogestão, respondendo, em vez de reagir, às situações inusitadas.

As diferenças de personalidade são muitas vezes negligenciadas, gerando dúvidas, falta de engajamento e até mesmo discórdias nos relacionamentos interpessoais. Imagine uma pessoa cuja personalidade está relacionada às cores vermelha e amarela, ou seja, são mais focadas em metas, na realização de tarefas, tomam decisões mais rápidas e se conectam facilmente com pessoas nos ambientes de reunião. Ao interagir com outra pessoa com características das cores verde e azul, pode não entender a quantidade de perguntas relacionadas ao detalhe da execução de uma tarefa que estão recebendo, tendendo a interpretá-las como falta de confiança no interlocutor. É aí que entram os desafios da comunicação.

A chave está em identificar o tipo de informação que cada personalidade valoriza para uma comunicação mais efetiva. Líderes, pais, educadores podem utilizar esse simples mecanismo para estabelecerem formas distintas e mais completas para se comunicar e alcançar resultados mais efetivos.

Há certamente outros aspectos relevantes que influenciam o comportamento do ser humano, como origem, história, educação, valores e experiências vividas. Esses aspectos influenciam as decisões conscientes que tomamos e nos permitem responder às situações. Todos nós temos um viés baseado em nossas personalidades e, dessa forma, quando conseguimos sair de nossas tendências e direcionar a nossa comunicação de acordo com a dos outros, damos um passo importante no relacionamento.

Lewis percebeu que para as diretrizes e protocolos de segurança funcionarem, seria necessária uma análise da personalidade dos colaboradores para a adaptação do discurso. "Muitas vezes, os protocolos e diretrizes focam em dizer quem deve fazer o quê e como isso deve ser feito, mas raramente há uma explicação sobre o porquê das coisas. E isso não é uma exclusividade da indústria petrolífera, é comum no sistema corporativo de uma forma geral. Se você parar para pensar, notará que estamos deixando de fora uma parcela da população que necessita saber o porquê para se engajar na comunicação", disse-me ele.

Ao intervir nos aspectos da comunicação, Lewis foi bem-sucedido na redução de fatalidades. Em sua gestão, estimulou que cada colaborador investisse em autoconhecimento e no conhecimento dos membros de sua equipe. Os líderes deveriam estar atentos às personalidades de cada colaborador para adequar sua fala a eles. Só assim, foi possível adaptar as normas de segurança de maneira que todos se propusessem a segui-las, quando necessário.

Em 2004, com outros colegas da indústria petrolífera, fundou a Equilibria,[2] uma empresa de consultoria e *coaching*, especializada em aprimorar as habilidades de comunicação interpessoais e organizacionais a partir de uma ferramenta de autoconhecimento.

Conhecer a si mesmo vai além do estudo da personalidade. Depende da coragem e de um mergulho constante em nossos sentimentos, pensamentos e ações, conforme falaremos no capítulo 10. Para conhecer o outro, precisamos ser curiosos e persistentes na convivência.

Quando investimos nesses aspectos, a comunicação flui de maneira mais eficaz, levando a resultados produtivos para todos. É o chamado ganha-ganha. E isso é válido tanto para a comunicação verbal quanto a não verbal. Um passe de bola no polo aquático, por exemplo, é comunicação pura, mesmo que não envolva uma conversa. Para passar uma bola, precisamos nos conhecer, conhecer o outro e ler o contexto com muita agilidade.

Em 2021, Marcelinho Huertas tornou-se líder em assistência no basquete em uma só temporada na história de seu time atual, o Lenovo Tenerife, na Espanha. Uma assistência é um passe para um companheiro de equipe que resulta em cesta. Como armador, sua principal função em quadra é organizar as jogadas ofensivas, criando oportunidades para seus colegas de equipe pontuarem, e dar o primeiro combate na defesa.

Para fazer isso com eficiência, ele precisa se comunicar de maneira quase imediata, mesmo sem falar, com seus companheiros durante as partidas, para implementar as jogadas treinadas pelo técnico, adaptar-se de acordo com a estratégia dos adversários e improvisar com sucesso. "Eu conheço os jogadores, sei das características e virtudes deles e foco em extrair o melhor de cada um durante a partida", disse-me Marcelinho.

COMUNICAÇÃO COLABORATIVA

As pessoas, em geral, não acordam com o desejo de machucar ou fazer mal a alguém, mas isso pode ocorrer por uma falha no estabelecimento da empatia.

Para desenvolver a empatia e a moralidade, precisamos estar imersos em relacionamentos reais, interagindo com pessoas de carne e osso. Hoje em dia, as mídias sociais têm, muitas vezes, tomado o lugar das interações face a face, o que leva a um distanciamento da realidade, ao aumento da sensação de solidão e afeta também o desenvolvimento das habilidades socioemocionais.

O norte-americano e doutor em Psicologia, Marshall Rosenberg, desenvolveu nos anos 1960 o conceito de Comunicação Não-Violenta (CNV), também conhecida como comunicação compassiva ou colaborativa. Para quem não está familiarizado com o termo, pode assumir que esse tipo de comunicação se baseie na passividade, em deixar de expressar nossas vontades, mas é justamente o contrário. Trata-se de um método projetado para promover o autoconhecimento e uma escuta ativa do outro e, então, engajar na busca de uma solução que atenda os dois lados, mesmo que isso signifique abrir mão de algumas preferências. O foco está na harmonia interpessoal, abrindo espaço para a cooperação e evitando-se, assim, um impasse.

Um dos pontos principais para a comunicação não-violenta é a diferença entre necessidade e estratégia. Temos necessidades básicas, que estão associadas à nossa sobrevivência – por exemplo, ar, alimento, movimento, descanso e senso de pertencimento – e aos nossos valores mais importantes – como autonomia, liberdade, integridade, cooperação e cuidado. Essas necessidades são inerentes a todos os seres humanos. Entretanto, os meios ou as estratégias utilizadas para alcançá-las variam de pessoa para pessoa. Enquanto para uns, receber atenção de uma pessoa querida é uma maneira de satisfazer a necessidade de amor, outros precisam do toque e do abraço para se sentirem amados.

Estar alerta para essas diferenças nos permite flexibilizar a forma como podemos atender às nossas próprias necessidades e às dos outros. Muitas vezes, os conflitos ocorrem por uma disputa da estratégia, sendo que o segredo está em olhar para as necessidades que existem por trás delas.

Imagine uma discussão entre dois membros de uma equipe, na qual um deles se queixa que o outro oferece ajuda o tempo todo, atrapalhando seu processo de aprendizado e fazendo com que se sinta julgado como incompetente. O outro se defende dizendo que só está querendo ajudar.

O primeiro tem necessidade de autonomia e sua estratégia para atendê-la é tentar realizar o trabalho por si. O segundo tem necessidade de cuidar e sua estratégia para isso é oferecer ajuda com acentuada frequência. Enquanto disputam sobre os comportamentos, a discussão não sai do lugar, mas se ambos fizerem um esforço para compreender os valores mais importantes para cada um naquele contexto, poderão chegar a uma solução que seja boa para ambos.

O primeiro poderia dizer: "Para mim, é importante me sentir autônomo e tentar fazer as coisas por mim; entendo que para você seja importante ser solícito e cuidar dos outros membros da equipe. Como podemos executar esse trabalho de maneira que ambos tenhamos nossas necessidades atendidas?". A partir daí, o outro poderia encontrar uma maneira diferente de cuidar ou mesmo compreender que, ao permitir que seu colega faça o seu trabalho, ele está exercendo uma forma de cuidado, pois está permitindo seu aprendizado.

Quando a escuta é direcionada para as necessidades por trás dos comportamentos, abre-se um leque de possibilidades para a solução, pois todos se conectam com o que realmente importa para cada uma das partes e podem agir em prol dos objetivos em comum – seja ele um trabalho em equipe ou a harmonia de uma relação.

Outro aspecto relevante da proposta de Marshall Rosenberg é que as pessoas são encorajadas a se basear na observação dos fatos e evitar julgar as atitudes dos outros. O julgamento gera uma atitude defensiva e afasta as pessoas, enquanto a observação promove a conexão. Se você chamar um companheiro de time de egoísta ou "fominha", por exemplo, por chutar uma bola quando a melhor opção seria o passe, você está julgando a sua atitude e ele tende a se tornar defensivo na resposta. Mas se você apenas pontuar a sua observação e agir de maneira genuinamente curiosa – "Naquele momento, você chutou a bola em vez de passar para mim, que estava livre e próximo do gol, por que você fez isso?" –, você se conectará com o seu parceiro de time e lhe dará a chance de reconhecer e aprender com seu erro ou mesmo lhe surpreender com sua resposta, demonstrando uma motivação diferente da que você estava imaginando.

A curiosidade pelo outro é a chave. As perguntas nos permitem ouvir novas perspectivas que inspiram nossas respostas e maneira de agir. Nem sempre acertaremos e nem sempre o outro acertará. Diante do erro, é importante ter a sensibilidade para pedir desculpas ou desculpar ao outro e, como falei no capítulo 7, aproveitar a situação como oportunidade de aprendizagem da relação.

LIDANDO COM AS PRÓPRIAS EMOÇÕES

Investir em uma comunicação não-violenta não é uma tarefa fácil, especialmente quando somos tomados pelo calor da emoção, mas é justamente nesses momentos que devemos nos conectar com a nossa força interior para retomar o controle sobre o nosso comportamento e responder ao invés de simplesmente reagir ao outro.

Quando estávamos a caminho da disputa da medalha de bronze no Pan-Americano de Winnipeg-1999, o ônibus de nossas adversárias cubanas quebrou. A equipe brasileira cordialmente deu uma carona e as duas equipes foram no mesmo ônibus até o complexo aquático da competição. Durante todo o trajeto, as cubanas nos provocavam cantando músicas da Revolução Cubana para nos desestabilizar emocionalmente. Naquele momento, poderíamos ter reagido, o que certamente nos tiraria a concentração para o jogo. Com foco totalmente voltado para a competição, nos mantivemos firmes e inabaláveis, sem nada dizer. Nossa resposta se deu horas mais tarde, na piscina, com a vitória e a conquista do bronze. Dominar a comunicação não significa necessariamente responder oralmente, um silêncio pode valer mais que mil palavras.

Responder e reagir podem parecer palavras similares em termos de significado, mas há uma diferença importante entre elas. Quando reagimos, estamos no piloto automático, dizemos ou fazemos coisas sem refletir sobre as consequências. Responder, por outro lado, envolve fazer uma escolha intencional sobre o que, como, por que e quando queremos dar uma resposta. Para responder de maneira efetiva e intencional, é necessário estar com a atenção voltada para o que é mais importante naquele momento.

Quando, no meio de uma partida, algo me tirava do sério, eu respirava fundo como uma forma de me acalmar e me conectar com o momento presente e com os meus valores mais profundos. Sempre me lembrava do meu pai me dizendo: "A melhor forma de responder a uma provocação durante o jogo, física ou emocional, é fazendo o gol, Cris", estimulando-me a utilizar a energia da contrariedade ao meu favor e a canalizando para aprimorar o meu desempenho.

Em um esporte de contato, é comum que os ânimos fiquem exaltados, mas é uma questão de disciplina dominar e canalizar esses instintos para o objetivo principal. E isso também se aplica em uma reunião em ambiente corporativo ou familiar. Como capitão do time, meu pai desenvolveu estratégias para ajudar outros jogadores nesse processo. Se ele percebia que um dos seus companheiros estava para perder o controle, ele o puxava de canto. "Quando você tira 'a plateia', seja o público em si, o oponente, ou qualquer outra pessoa que esteja por perto, você dá uma chance da pessoa se conectar consigo e com você e, assim, se acalmar", me ensinou.

Para chamar a atenção do colega de time, ele iniciava a conversa com um elogio, ressaltando um aspecto positivo do que a pessoa fez ou costumava fazer, abria um canal de comunicação, para só então criticar uma determinada atitude. A crítica era seguida de uma retomada dos propósitos compartilhados: "Vamos lá, vamos mudar essa forma de agir para o bem de todos". Elogio em público, crítica em particular, foi algo que meu pai sempre aplicou no esporte, no trabalho e na vida familiar.

No capítulo 4, falei sobre nos dar permissão para sermos humanos e a importância de aceitar as emoções e deixar que elas fluam por nós, sem resistir. Contudo, isso não significa que devamos agir sob o domínio das emoções. É essencial que aprendamos e retomemos o controle do nosso comportamento para garantir que a nossa resposta esteja alinhada aos nossos valores e propósitos.

Cada pessoa deve conhecer muito bem suas válvulas de liberação de pressão, como acioná-las quando está prestes a explodir em situações que causam a sua reação instintiva. Quanto mais passamos por adversidades, mais treinamos a nossa resiliência e aprendemos sobre como lidar com esses momentos. Por isso, insisto na relevância da prática esportiva como um palco para a vida, que nos permite o treino contínuo do autocontrole e, consequentemente, o aprimoramento de nossa habilidade de comunicação. A consistência da prática e repetição nos permite evoluir.

PAPÉIS DE LIDERANÇA

Quando jogava pela Seleção Brasileira, eu me defrontava com diferentes reações ao ouvir o hino nacional antes dos jogos. Sempre tive uma curiosidade ao observar a reação dos diferentes jogadores após esse momento de forte emoção. Para uns, energizava. Para outros, emocionava tanto que tirava o foco no início do jogo. Outro momento crítico era como um jogador reagia ao errar e ter a sua atenção chamada por um companheiro de equipe. Alguns continuavam focados no jogo e em dar o seu melhor para recuperar o gol perdido. Outros ficavam nervosos ao serem cobrados e reagiam de maneira defensiva, buscando se justificar durante o jogo.

Como capitã do time e executiva, fui desenvolvendo minha capacidade para registrar essas diferenças individuais e otimizar a formatação da comunicação com vistas aos resultados almejados, no momento do jogo e de situações relevantes.

Eu me atentava fortemente à leitura do comportamento de todos para identificar como extrair o melhor de cada um e estimular nossa coesão como time. Esse trabalho era constante e havia sempre algo a aprender. O mesmo cenário se repetia nas relações familiares.

Adam Krikorian, técnico da seleção americana olímpica de polo aquático feminino, me disse: "O melhor líder é aquele que adapta seu estilo de comunicação. Você precisa ser capaz de ler a situação e fornecer aquilo que o grupo necessita naquele contexto. Há momentos em que sou extremamente vocal, com um tom de voz enfático, em outros me calo e apenas observo a troca entre as jogadoras. Vez ou outra dou instruções e direcionamentos, mas muitas vezes aposto em fazer perguntas que as façam pensar e tirarem as conclusões por si". E ele arrematou: "Isso não significa que eu tome a decisão certa em todas as vezes, mas busco estar em constante evolução e aprender com as minhas experiências".

Um líder não precisa se portar como o detentor de todo o saber. Muitas vezes dizer "Eu não sei" é a melhor resposta, pois permite o aprendizado. Quando tem coragem para se mostrar vulnerável, o líder inspira sua equipe a manter uma atitude de abertura e curiosidade, o que estimula a adoção de uma mentalidade de crescimento.

Daniel Goleman é um psicólogo e escritor de renome internacional, grande estudioso da inteligência emocional. Ele defende que um líder necessita desenvolver três tipos de foco: interno, no outro e no todo. O foco interno é baseado na autoconsciência e no autoconhecimento. O foco no outro está associado ao desenvolvimento da empatia em três níveis: a empatia cognitiva, que implica na compreensão do modelo mental de uma outra pessoa – como ela vê o mundo e o que pensa sobre ele; a empatia emocional, associada a saber o que está ocorrendo com a outra pessoa – como ela está se sentindo; e a preocupação empática, que é a capacidade de detectar a necessidade do outro e ter o desejo genuíno de ajudá-lo, fazendo o que está ao seu alcance. E, por fim, há o foco no todo, que se refere a direcionar o olhar para o panorama geral e se reconectar com os objetivos e propósitos por trás de comportamentos e ações.

O líder deve ser alguém que se importa com os outros e com a causa em comum do grupo e viva esse papel de maneira autêntica e verdadeira. Quando perguntei ao judoca duas vezes medalhista de bronze olímpico, Leandro Guilheiro, sobre sua relação com o técnico João Gonçalves, ele me disse: "Ele foi um verdadeiro líder! Não apenas por ser um exemplo de disciplina e dedicação e por todas as suas conquistas como atleta (participou de cinco Olimpíadas, duas como nadador e três como aquapolista) e treinador (participou de duas Olimpíadas como técnico de judô). Mas ele era uma pessoa apaixonada pelo que fazia e que passava muita verdade em suas ações e palavras. Um líder inspirador que demonstrava sua autoridade, sem ser impositivo ou arbitrário. Sabia ler a situação e calibrar as palavras. Afagava quando precisava e chamava atenção quando necessário. Tive ótimas conversas com ele, foi a primeira pessoa que procurei para contar que estava pensando em mudar a categoria em que eu lutava; ele me ouviu com toda a sua atenção e me estimulou a seguir".

Na Copa do Mundo de Futebol de 1994, na qual o Brasil sagrou-se tetracampeão, Raí iniciou a competição como o capitão do time. Ele foi titular em três dos sete jogos. Após a primeira fase, foi substituído por Mazinho e passou a braçadeira de capitão para Dunga, que levantaria a taça. "Muitos esperavam que eu tivesse uma reação negativa, mas eu me mantive estimulando o time e segui dando força para o jogador que entrou no meu lugar. Eu sabia do meu papel de liderança naquela equipe que eu capitaneava há três anos. Sempre preferi exercer minha liderança através do exemplo."

Quando voltou da Copa, ele foi questionado por um colega, também jogador: "Raí, como você conseguiu se manter positivo? Vou lhe confessar que quando o técnico me tira, me sinto tão injustiçado que, por mais que eu queira, eu não consigo torcer a favor". Ao que ele respondeu sorrindo: "Eu prefiro ter sido o atleta que jogou como titular nos três primeiros jogos de um time vencedor, do que aquele que saiu de um time que perdeu". Ele me contou essa história enquanto reforçava o que considera o aspecto mais importante de um líder: "Compreender que o coletivo está acima do individual".

TÉCNICOS, PAIS E ATLETAS

Familiares e técnicos são partes importantes da rede de apoio de jovens esportistas para que se tornem atletas de alta performance. A situação ideal é aquela na qual técnicos e pais atuam de maneira coordenada e colaborativa em um verdadeiro trabalho de equipe, auxiliando o desenvolvimento de cada jovem e os ajudando a aflorar o seu potencial.

É importante que os pais se envolvam na vida esportiva dos filhos, mas é preciso cuidar para que não haja um envolvimento exacerbado, de maneira que prejudique o florescer dos filhos naquele contexto. Muitas vezes, os pais reagem à reação dos filhos. Alguns se incomodam por considerar que o técnico está sendo muito duro nas broncas ou por discordarem das escolhas efetuadas pelos mesmos, como a quantidade do tempo de jogo de seu filho em campo.

O problema aqui não são necessariamente as discordâncias, mas a maneira como elas são expressadas e comunicadas. Como mencionamos no capítulo 4, auxiliar o filho a passar por adversidades não significa resolver os problemas por eles, mas, sim, estar próximo e atento para fornecer ferramentas e suporte para que eles lidem e aprendam com a situação.

Muitas vezes, a não ser em casos extremos, os pais podem incentivar o jovem atleta a ter conversas corajosas diretamente com os técnicos, para ter conhecimento da própria realidade e escutar o que precisa evoluir em sua atuação esportiva. Ao mesmo tempo, quando os pais procuram os técnicos para uma conversa sincera e com abertura a ouvir críticas, demonstram parceria e confiança no processo evolutivo do preparo físico e mental de seus filhos.

Os técnicos, por outro lado, podem envolver os pais de maneira que eles se sintam parte integrante na equipe que levará seu filho a encontrar o caminho de excelência. Frank Steel, diretor da Gulliver School, uma escola na Flórida, nos Estados Unidos, considerada por 19 vezes como tendo o melhor programa de esportes pelo The Miami Herald,[3] sugere que uma das formas de melhorar essa integração é engajar os pais em atividades relevantes, porém paralelas ao aspecto técnico do jogo. Por exemplo, eles podem auxiliar no transporte, no preparo da alimentação antes dos eventos esportivos, na organização da torcida, dos lanches após as competições e itens para a viabilização de uma viagem para outras localidades.

Conversando com Lewis Senior, ele questionou: "Com que frequência pais e técnicos realizam conversas individuais no início de cada ciclo competitivo, para alinhar seus objetivos e propósitos e compartilhar responsabilidades com relação ao desenvolvimento do atleta?". Essas reuniões poderiam ser muito enriquecedoras para a realização de um acordo mútuo entre as duas partes, a exemplo do que acontece no ambiente corporativo, quando dois departamentos fazem um acordo de metas cruzadas entre si. O sucesso dessa iniciativa depende do esforço mútuo, mas com vetores de objetivos e atuação conjugados na mesma direção, totalmente alinhados.

Muitas vezes gera-se o conflito entre pais e técnicos pela falta de conhecimento do processo de treinamento, das exigências inerentes ao esporte competitivo e das motivações por trás do comportamento de ambas as partes, como destacado anteriormente. Essas interações, no início de um ciclo, servem como oportunidades para esclarecer diferentes ângulos de atuação e comunicar objetivos. Técnicos e familiares são referências para os jovens atletas e a maneira como agem, comunicam-se e resolvem conflitos entre si servirá de modelo para eles.

Educar tem sua origem etimológica no latim e vem da palavra *ducere*, que significa guiar, conduzir, liderar. Ou seja, educar uma pessoa significa guiar o seu desenvolvimento e conduzi-la à melhor versão de si. Ao pensar sobre características importantes de mentores que tive em minha jornada, eu me lembro bem de Mauro Mauggeri, técnico do Orizzonte Catania, já falecido. Ele se comunicava de forma intensa, apaixonada pelo que fazia, levava-me ao extremo mesmo durante uma sessão de treino de natação (em que fiz o melhor tempo da minha vida) e me desafiava de uma forma divertida. Mauggeri contribuiu para o meu desenvolvimento técnico demonstrando diferentes posicionamentos do corpo na água para uma melhor defesa e, para minha estrutura emocional, ao perguntar sobre meus sonhos, as minhas motivações, tanto na Itália como na Seleção Brasileira. Ele também compartilhava os seus sonhos e objetivos comigo e com o time, de forma que nos sentíamos parceiros e cúmplices na realização de cada etapa, que exigia a superação do limite do corpo e da mente. E nos divertíamos com isso, aproveitávamos o processo. Essa foi uma das etapas de minha vida em que mais treinei, ao mesmo tempo em que saía com o time para interações inesquecíveis como presenciar as festas regionais e, dessa forma, desenvolvemos uma grande conexão fora da água, que certamente refletia na esfera competitiva.

A comunicação deve ser adequada de acordo com o estágio de desenvolvimento do esportista, conforme falamos no capítulo 1. Com atletas adultos, o técnico detém o papel de liderança e transmite confiança na integridade da comunicação para viabilizar a atividade colaborativa. Como a comunicação é uma via de mão dupla, os atletas têm papel ativo em aprimorar o relacionamento de toda a equipe.

Com sua vasta experiência no basquete, jogando na Seleção Brasileira, em times europeus e com uma passagem na NBA, Marcelinho Huertas trabalhou com muitos técnicos, com estilos diferentes. "A maneira de cobrar, dar bronca, treinar, motivar, varia de um para outro e o jogador precisa aprender a se adaptar", me disse e defendeu que não se deve levar as coisas para o lado pessoal, mas refletir sobre a mensagem que o técnico quis passar, pois ele quer ter o melhor resultado tanto quanto o jogador. "A ideia é parar para pensar, o que ele quis dizer com isso? Será que ele tinha razão? Posso conversar com ele para esclarecer ou falar com o assistente técnico, por exemplo."

Marcelinho é um exemplo de como um atleta com uma formação consistente, que investiu em autoconhecimento e em desenvolver suas habilidades de comunicação, amplia seu poder de adaptação em qualquer contexto. "Tenho boas recordações de todos os técnicos que tive, com todos eles eu criei um bom vínculo", comentou.

ELOGIOS E EXPECTATIVAS

Carol Dweck, professora de Psicologia na Stanford University descobriu em suas pesquisas que estudantes que acreditavam que sua inteligência poderia ser desenvolvida tinham melhor desempenho que aqueles que acreditavam que a inteligência era algo fixo. Ela se referiu a essas duas formas de pensar como mentalidade de crescimento e fixa, respectivamente, como falei no capítulo 1.

A maneira como pais, técnicos e professores se comunicam com crianças e jovens é crucial para o desenvolvimento da mentalidade de crescimento. A forma como são elogiados, por exemplo, se pelo esforço para alcançar um resultado ou somente pela inteligência e pelos resultados, pode estimular uma ou outra forma de pensar.

Seu livro, *Mindset: a nova psicologia do sucesso*, é considerado um clássico da psicologia e influenciou toda uma geração de educadores. Entretanto, conforme Dweck observava sua teoria sendo colocada em prática, notou que eventualmente ocorriam distorções em sua aplicação.

"Talvez o erro mais comum seja que as pessoas igualaram a mentalidade de crescimento com o esforço para fazer algo. Certamente, o esforço é a chave para o desempenho dos alunos, mas não é o único fator. Eles precisam experimentar novas estratégias e buscar a opinião de outras pessoas quando estão com alguma dificuldade. Eles necessitam desse repertório de abordagens – não apenas do puro esforço – para aprender e melhorar",[4] disse ela, em uma revisão recente sobre o impacto de sua teoria na educação.

O esforço é um meio para se alcançar o objetivo de aprender, melhorar em algo e obter resultados. O elogio a esse esforço, quando o aluno não está conseguindo aprender, não deve ser uma forma de consolá-lo. Pelo contrário, a proposta é que ele aprenda a direcionar sua atenção para o que precisa fazer para conseguir desenvolver habilidades e para superar os desafios e contratempos em seu caminho de aprendizagem.

Em situações como essa, em vez de simplesmente elogiar o esforço, o adulto pode propor: "Vamos conversar sobre o que você já tentou até agora e o que pode fazer de forma diferente a seguir?". Desenvolver uma mentalidade de crescimento e a confiança de que conseguimos aprender algo novo não tem relação somente com a forma como somos elogiados, mas também com as perguntas que fazemos, direcionando nossa atenção para os aspectos mais relevantes da situação.

Diante de uma criança que diz "Não estou conseguindo fazer essa conta, Matemática não é para mim", o educador poderia dizer: "Você não está conseguindo fazer essa conta ainda". *Ainda* é uma palavra simples, mas que pode ser muito poderosa, pois carrega em si uma possibilidade de sucesso, reforça a ideia de que não precisamos acertar tudo de primeira, mas podemos construir o aprendizado passo a passo.

O professor da Harvard University, referência nas áreas de psicologia positiva e liderança, Tal Ben-Shahar, contou-me a maneira como estimula a mentalidade de crescimento em seus filhos. "Eu não costumo olhar suas notas, a não ser que eles espontaneamente mostrem, pois sempre ressalto que apenas importa para mim que eles trabalhem duro, independentemente do resultado. Por exemplo, quando meu filho mais novo mostrou orgulhoso e satisfeito que havia recebido notas altas na maioria das disciplinas, mas se desapontou pelo desempenho mais baixo em uma delas, eu disse a ele: 'Filho, sabe o que me deixou realmente feliz? Não foram as suas notas, mas o fato de você ter se esforçado, investido o seu tempo realizando algo que é importante e que tem significado para você. É isso o que realmente importa para mim'".

Quando o ambiente externo não segue a mesma abordagem que acreditamos – por exemplo, se a escola der destaque somente para os resultados alcançados –, Ben-Shahar sugere que os pais enfatizem ainda mais o outro extremo – valorizando o processo para alcançá-los. Dessa maneira, os filhos experimentam os dois aspectos. "Não precisamos valorizar apenas os meios e os processos, pois o fim e os resultados também são importantes. É o equilíbrio entre os dois, como um pêndulo que ora pende para um lado e ora para o outro, que deve ser buscado."

E tudo isso é válido quando nos comunicamos com adultos também – como na conversa entre técnicos e atletas e entre os líderes corporativos com suas equipes. É importante que o elogio seja genuíno e se baseie realmente no processo e nos resultados de cada um. O elogio que não condiz com a realidade pode ter um efeito reverso, impactando a autoestima das pessoas. Quando há uma dificuldade, o foco deve estar em auxiliar aquela pessoa a rever o seu processo de aprendizagem e encontrar com ela os pontos de alavancagem para que possa realmente se desenvolver.

Nos anos 1960, o então professor da Harvard University, Robert Rosenthal, juntamente com Lenore Jacobson, diretora de uma escola primária em São Francisco, conduziram uma pesquisa que denominaram "Pigmaleão na sala de aula".[5]

De acordo com a mitologia grega, Pigmaleão foi rei da ilha de Chipre e um talentoso escultor. Certa vez, ele fez a escultura de uma mulher e ficou tão encantado por ela a ponto de apaixonar-se pela estátua. A deusa do amor e da beleza, Afrodite, comovida, concedeu vida à estátua, que se tornou, então, sua amada, chamada Galatéia. Entre as muitas interpretações, esse mito pode representar o poder da nossa expectativa sobre o comportamento das outras pessoas, que acabam se tornando a imagem pré-concebida que fazemos delas.

Os pesquisadores disseram a professoras do Ensino Fundamental que haviam avaliado todas as crianças de um grupo e determinado aquelas com maior potencial para aprendizagem com base em um teste de inteligência. No entanto, a escolha havia sido aleatória. Ao final do ano, todas as crianças foram reavaliadas e notou-se uma melhora significativa no desempenho daquelas consideradas anteriormente como "as melhores". Ou seja, a expectativa das professoras havia se tornado um fato.

A maneira com que cada educador comunica o que acredita a um estudante ou atleta cria um solo fértil para novas possibilidades. É o mesmo impacto positivo ao se ter um mentor que acredita em nós e que permite desvendar o potencial de grandeza em cada ser humano. Um grande exemplo disso foi o da educadora norte-americana, Marva Collins. Ela utilizou uma parte do seu próprio fundo de aposentadoria para criar uma escola primária privada em um bairro pobre de Chicago, nos Estados Unidos. A educadora partia do princípio de que todos os estudantes eram ensináveis e capazes de superar obstáculos de aprendizagem quando se acreditava neles. "Há uma criança brilhante trancada dentro de todos os alunos", dizia ela frequentemente.

Sua iniciativa foi bem-sucedida uma vez que todos os seus alunos se formaram do Ensino Fundamental, passaram para o colegial e, então, ingressaram na faculdade. Além disso, Collins foi reconhecida em âmbito nacional ao receber o convite dos presidentes dos Estados Unidos, Ronald Reagan e George W. Bush, para se tornar Secretária de Educação. Collins declinou, preferindo seguir seu propósito de auxiliar cada criança a desenvolver seu pleno potencial.

Dois proeminentes estudiosos da área de liderança, Bruce Avolio e Fred Luthans, demonstraram que o efeito Pigmaleão ocorre também no ambiente corporativo. No livro *The High Impact Leader: moments matter in accelerating authentic leadership development****, eles defendem que as expectativas que os gestores colocam nos colaboradores, acreditando em seus potenciais, são traduzidas em melhoria de desempenho individual e para a organização.

IMPACTO DA POSITIVIDADE NA COMUNICAÇÃO

O modo como nos portamos ao ouvir um relato positivo de um acontecimento, seja de nosso cônjuge, amigo, algum membro da família ou mesmo um integrante de um time é um indicador importante de sucesso desse relacionamento.

De acordo com uma pesquisa liderada por Shelly Gable, psicóloga e professora da University of California, quando alguém próximo nos conta algo relevante e positivo, por exemplo que recebeu uma promoção ou venceu um campeonato importante, podemos reagir de quatro formas: dar uma resposta passiva destrutiva (ouvir sem contato visual com o parceiro, não dando atenção, mudando de assunto e falando sobre seu próprio dia ou trabalho); responder de modo destrutivo ativo (destacando aspectos negativos sobre

---

*** Em tradução livre: *O líder de alto impacto: momentos são importantes para acelerar o desenvolvimento da liderança autêntica.*

as boas novas da pessoa, como "Esse novo cargo vai lhe trazer mais responsabilidades, será que você dá conta?" ou "Agora vamos passar menos tempo juntos"); agir de maneira construtiva passiva (acenando com a cabeça, sorrindo, concordando e seguindo em frente) ou responder de modo construtivo ativo (demonstrando interesse real na resposta, fazendo mais perguntas, mostrando entusiasmo, reforçando os aspectos positivos com frases como "Conte-me mais como aconteceu" ou "Vamos comemorar juntos!").

Responder de maneira positiva e construtiva às boas notícias do seu companheiro de vida, de trabalho ou de equipe, reconhecendo a alegria do outro e exercitando a empatia com ele de um modo genuíno e autêntico, aumenta o bem-estar para ambos os parceiros, bem como cultiva a resiliência do relacionamento para o longo prazo. Ou seja, esse tipo de resposta não apenas causa uma aproximação momentânea, como expande o período de felicidade, criando laços mais fortes.

Além disso, a resposta ativa e construtiva, quando estimulada constantemente, cria um círculo virtuoso no relacionamento, que fica mais forte para lidar com momentos negativos e de desentendimentos (que certamente existem em todas as relações).

Como falei no capítulo 8, conflitos são importantes e permitem que as relações amadureçam, mas eles devem ser acompanhados com uma dose forte de positividade. Nesses momentos, a chave é, acentuar pontos positivos que proporcionam maior união e alegria na relação em vez de procurarmos eliminar os negativos, de desacordo. Ou seja, podemos não concordar com algo, e isso precisará ser trabalhado e negociado, mas a atenção nas muitas outras coisas que ratificam o prazer do relacionamento é o que nos torna mais próximos.

É possível exercitar a resposta construtiva ativa no dia a dia. Quanto mais demonstramos interesse em algo, mais interessados nos tornamos. O comportamento induz a atitude, que vai se tornando um hábito.

Atos de comunicação que parecem simples, como manifestar periodicamente interesse legítimo pelo outro, ouvi-lo com atenção e demonstrar que nos importamos realmente são capazes de transformar um relacionamento em algo muito mais profundo e duradouro.

Uma boa comunicação promove trocas profundas que nos levam a aprender mais sobre o outro e sobre nós mesmos e nos permite não somente aceitar, mas também apreciar a diversidade de visões, interpretações e personalidades. Por meio dos relacionamentos interpessoais, desenvolvemos a empatia e aprendemos a ouvir e entender o outro. Essa habilidade cria um campo de colaboração na busca de melhores soluções que beneficiam a todos e no desenvolvimento de nosso potencial.

PONTOS PRINCIPAIS ABORDADOS NESTE CAPÍTULO

- A comunicação é a base da confiança, da conexão e da construção dos relacionamentos.
- A arte de se comunicar depende de uma boa habilidade de inteligência emocional, que envolve o autoconhecimento, conhecimento do outro e empatia.
- A curiosidade e o interesse pela outra pessoa são fundamentais para a construção de relacionamentos positivos.
- A comunicação colaborativa encoraja as pessoas a se basearem na observação dos fatos, a investigarem a necessidade do outro e a evitarem julgar atitudes e comportamentos.
- O desenvolvimento do autoconhecimento é o primeiro passo para a autogestão, que nos leva a responder de formas diferentes em vez de reagir às situações que nos tiram da zona de conforto.
- Um líder necessita desenvolver três tipos de foco: o interno, no outro e no todo. Isso é feito por meio do autoconhecimento, da empatia e de um processo de reflexão, ao conectar comportamentos e ações aos objetivos e propósitos.
- A forma como pais, educadores e técnicos se relacionam e constroem parcerias é um exemplo para o jovem e fortalece a rede de apoio.
- O elogio ao esforço contribui para uma maior autoestima e uma mentalidade de crescimento, pois talentos podem ser desenvolvidos. Além do elogio ser autêntico, é importante o educador fazer perguntas que identifiquem quando um novo método ou prática precisa ser mudado ou introduzido para se alcançar um melhor resultado.
- A maneira como respondemos às comunicações de eventos positivos é importante para o estreitamento dos laços e aprofundamento dos relacionamentos.

PERGUNTAS PODEROSAS PARA REFLETIR

- A sua comunicação na família, com colegas e no trabalho tem gerado o resultado esperado?
- Você tem conseguido exercitar o autocontrole e responder ao invés de reagir em momentos de pressão e conflito?
- Como você pode responder com maior tolerância e apreciação a ideias e opiniões diferentes das suas?
- Como entender, sem julgamentos, a motivação do outro em um processo de negociação para que um resultado positivo seja alcançado?
- Como você pode ser um melhor mentor, educador, gestor, com as pessoas ao seu redor?
- Você tem se permitido o tempo para escutar ativamente pessoas próximas e que você ama?
- Como você tem respondido aos momentos de comunicação de boas-novas?

CONCLUSÃO DA DIMENSÃO 3

CORAGEM E COLABORAÇÃO

Nesta terceira parte do livro, vimos que, após criar uma boa estrutura de sustentação e nos conectarmos com a nossa força interna, é preciso agir e colaborar para se alcançar a excelência e a felicidade.

Para isso, é necessário ter coragem, curiosidade, tempo para refletir e abertura para novas experiências. Importante aceitar (e até celebrar) que o erro é parte inerente ao processo de aprendizado e sucesso.

Para desenvolvermos nosso potencial, a convivência em equipe representa um grande aliado para o desenvolvimento da inteligência emocional ao ensinar sobre a construção de um time, sobre como se comunicar de forma efetiva e estreitar os relacionamentos interpessoais.

No método WeTeam, o foco é criar a conscientização de que a ação é essencial para nos tornarmos nossa melhor versão, assim como a comunicação, quando usada de maneira efetiva e intencional, a partir do autoconhecimento e interesse genuíno do outro, fortalece relações e contribui para resultados virtuosos.

DIMENSÃO 4
SIGNIFICADO E ESCOLHAS

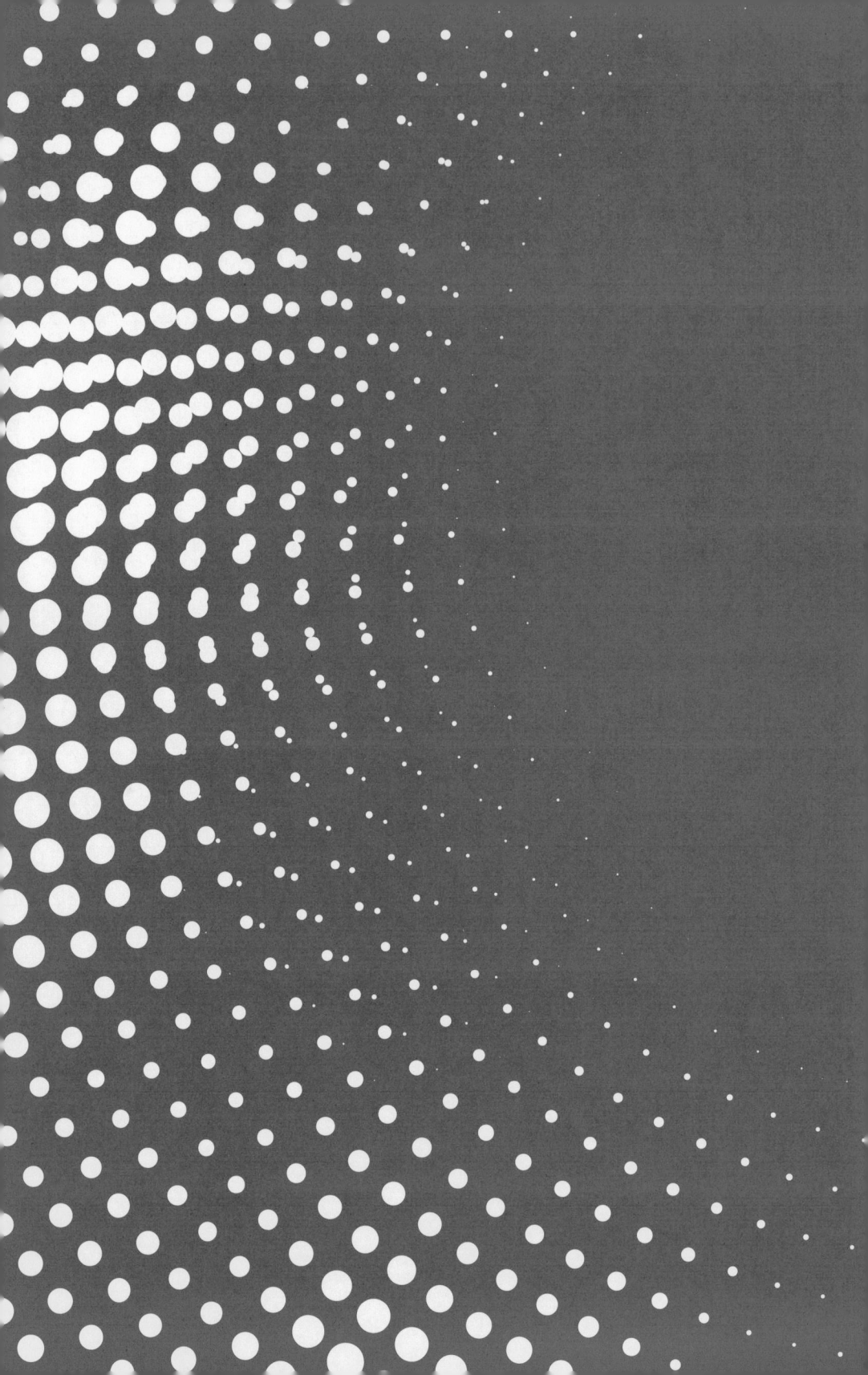

CAPÍTULO 10

AUTOCONHECIMENTO:
UM MERGULHO EM SI MESMO

"Conhece-te a ti mesmo e conhecerás todo o universo e os deuses, porque se o que procuras não achares primeiro dentro de ti mesmo, não acharás em lugar algum."
– Frase do templo de Delfos, na Grécia

"Autoconhecimento não é garantia de felicidade, mas está ao lado da felicidade e pode fornecer coragem para lutar por ela."
– Simone de Beauvoir

A praia do Campeche, em Florianópolis, Santa Catarina, é conhecida por suas ondas fortes e intensas, e naquela manhã o mar estava especialmente agitado. Correndo na areia, avistei de longe uma mulher se debatendo na água, que parecia estar se afogando. Como já havia feito em outras situações parecidas, algumas junto com meu pai, foquei em não a perder de vista enquanto entrava no mar e nadava ao seu encontro.

Quando peguei no seu braço, meu primeiro passo foi garantir que sua cabeça ficasse fora da água para respirar entre as ondas. Alguns minutos depois, assustada, ela me perguntou: "Está dando pé para você?". Como tinha o preparo de me sustentar na água, graças ao polo aquático, conseguia transmitir segurança e estabilidade ao segurá-la. Sua pergunta demonstrou que ela havia recuperado o fôlego e estava pronta para o próximo passo. "Fique calma, estou aqui para ajudá-la e agora vamos sair do mar!", assegurei. Não foi fácil. A cada onda, aproveitávamos o movimento inercial do mar em direção à praia e ganhávamos mais alguns metros. Mantendo-a sempre ao meu lado e na superfície do mar, percebia que ela estava perdendo a força. Conseguimos chegar o mais próximo possível da areia. Outras pessoas, então percebendo a situação, vieram ao nosso encontro.

Na época, eu estava em Florianópolis fazendo um curso de Antroposofia e a pessoa que se afogava era uma de minhas colegas. "Você é minha fada, obrigada por salvar minha vida", era assim que ela passou a me denominar após aquela manhã.

Introduzida pelo filósofo austríaco Rudolf Steiner no início do século 20, a Antroposofia é um campo de conhecimento aplicado a diversas áreas como saúde, agricultura, educação e desenvolvimento pessoal e organizacional. Ela une o método científico convencional a aspectos espirituais e, dessa maneira, busca compreender a natureza do ser humano e do universo. Esse termo em sua etimologia possui origem do grego onde *"anthrópos"* significa homem, e *"sophia"*, sabedoria.

Eu conheci essa filosofia quando, aos 37 anos, tinha duas filhas e trabalhava no banco a todo o vapor. Na busca por uma nova vertente para aprimorar o conhecimento do ser humano e almejar um melhor equilíbrio entre a vida pessoal e profissional, interessei-me pelo método biográfico, que é baseado na medicina antroposófica. De acordo com essa abordagem, os ciclos da vida são divididos em setênios – períodos de sete anos – que abrigam situações que podem ser consideradas arquetípicas, por afetarem a maior parte das pessoas que o atravessam. É nos primeiros sete anos de vida, por exemplo, que começamos a desenvolver a visão que temos de nós mesmos e do mundo, que será a base para a nossa autoconfiança. Se as imagens formadas forem positivas, a criança se sentirá disposta a se conhecer, experimentar a felicidade de viver e isso a acompanhará por toda a sua vida.

Quando entrei na água para salvar minha colega, todas as experimentações que tive no meu primeiro setênio, como as aventuras no mar com meu pai e os ensinamentos sobre o respeito à natureza vieram à tona – e tudo fez ainda mais sentido. Tive um senso de realização enorme em ver que todas as minhas experiências anteriores haviam culminado em me possibilitar a ajudar alguém.

Naquela época, estava no meio do meu sexto setênio – dos 35 aos 42 anos. De acordo com a Antroposofia, essa é a fase em que nos conectamos com a nossa essência e nos concentramos no que podemos contribuir com algo que tenha significado para o mundo. Eu seguia em minha busca incessante por me desenvolver e me aprimorar como pessoa.

Decidi mergulhar de cabeça nessa nova perspectiva sobre o ser humano. Foi um período de retomar o contato com a arte, por meio de pinturas, argila e escultura, nesse período também aprendi conceitos sobre espiritualidade, conheci pessoas diferentes e me abri para experimentar vivências completamente diversas das quais eu estava acostumada até então.

O método biográfico nos estimula a observar a nossa própria história de uma forma objetiva, analisando a nossa trajetória, distinguindo aquilo que é comum às outras pessoas que passam pela mesma fase (o arquetípico) daquilo que é produto da nossa individualidade. Para mim, foi uma grande oportunidade de me aprofundar no autoconhecimento por uma perspectiva diferente.

Independentemente da abordagem escolhida, acredito que seja muito importante utilizarmos do nosso próprio passado como uma fonte de conhecimento para a compreensão do presente e o planejamento do futuro. Com um olhar guiado pela curiosidade, buscando aprender com nossos erros e com os acertos, identificar nossas forças e limitações, ressignificar experiências e se conectar com a nossa verdade, aumentamos nossa consciência do poder de escolha sobre nossas ações.

Todas as experiências pelas quais passamos na nossa vida são uma oportunidade de nos conhecermos melhor. No entanto, há momentos em que dirigimos a nossa atenção para a ação e outros para a reflexão e assim vamos construindo um círculo virtuoso para despertar o nosso verdadeiro potencial.

Há diversas estratégias que podemos utilizar para nos engajar em um processo mais ativo de autoconsciência e autoconhecimento, como realizar cursos de autodesenvolvimento, estudar, ler, buscar apoio de um profissional como na terapia e passar por um processo de mentoria ou *coaching*. Além disso, é muito positivo quando nos permitimos usufruir de momentos dedicados a pensar e refletir sobre situações vividas no dia e mesmo compartilhar com o parceiro, família, amigo, ou escrever em um diário. O importante é encontrar o caminho que faça sentido para cada um de nós e manter a abertura para novas experiências durante a nossa jornada de vida.

A VIDA É UMA JORNADA DE APRENDIZAGEM E AUTOCONHECIMENTO

No passado, neurocientistas acreditavam que a capacidade de o cérebro ser maleável e se moldar com a experiência era um fenômeno associado exclusivamente à infância. Ou seja, partiam do princípio de que não havia muito espaço para mudanças em nossas habilidades e jeito de ser após a vida adulta. Nos últimos 20 anos, entretanto, a neurociência identificou que essa plasticidade cerebral nos acompanha ao longo da vida toda. Isso quer dizer que é possível mudar até o dia de nossa morte – o cérebro e o ambiente se moldam mutuamente durante toda a nossa jornada.

Um primeiro ponto-chave para conseguirmos alterar os rumos da nossa vida a qualquer momento é acreditar nessa mudança. Esse conceito, enfatizado na ciência moderna, já podia ser encontrado na filosofia milenar do budismo, onde se fala sobre a meditação como base na impermanência das coisas, como vemos na natureza, com as mudanças de estações, as diferentes fases da evolução das árvores e as mudanças de cenários.

Ao reconhecermos a impermanência das coisas também quando aplicada a nós mesmos, é que desenvolvemos nosso potencial para aprender, crescer e desenvolver.

O líder indiano Mahatma Gandhi dizia: "Os homens muitas vezes se tornam o que eles acreditam ser. Se acredito que não posso fazer algo, isso me torna incapaz de fazê-lo. Mas quando acredito que posso, então adquiro a capacidade de fazê-lo, mesmo que não o tenha inicialmente".

Essas mudanças não são necessariamente bruscas, com algum rompimento importante, mas podem ocorrer de forma gradual, quase imperceptível no dia a dia. Quando olhamos para o nosso passado é que notamos o quanto fomos capazes de mudar.

O autoconhecimento é fundamental, seja para nos reencontrarmos com a nossa essência durante essas transformações naturais, seja para conduzirmos as mudanças em direção ao desenvolvimento do nosso potencial pleno. Momentos de reflexão sobre nossas experiências nos permitem identificar quais foram os pontos de alavancagem – aqueles momentos ou situações que fizeram a diferença ao promover mudanças – que nos permitiram crescer e evoluir como um todo.

A aquapolista Brenda Villa, eleita a jogadora da década de 2000 pela Federação Internacional de Natação (FINA), subiu ao pódio nas quatro Olimpíadas com a seleção norte-americana de polo aquático feminino. Revisitar as memórias de cada uma de suas experiências lhe possibilitou fazer um mergulho em seu autoconhecimento.

"Na primeira, em Sidney-2000, eu estava tão feliz por estar ali, que só passei a realmente sonhar em me tornar uma campeã olímpica quando estava no pódio, segurando a medalha de prata. Em Atenas-2004, a situação era diferente, nós tínhamos ganhado o campeonato mundial e éramos as favoritas, mas as coisas não acabaram como gostaríamos ao perdermos a semifinal. E o que foi mais bonito desta experiência é que nós voltamos e lutamos pelo terceiro lugar com a mesma garra! A nossa meta era ganhar, e quando você percebe que não conseguirá alcançar seu objetivo, é tão fácil parar de se importar. Mas não foi isso o que fizemos, nós nos recompomos e lutamos até o final na disputa pelo bronze. Eu sou muito grata por esse aprendizado que carrego para a vida."

Já em Pequim-2008, a seleção estadunidense levou a prata, mas Brenda conta que acabaram por se frustrar com o resultado da final ao invés de comemorar o segundo lugar. Ela considerou que o principal aprendizado dessa experiência foi o de se lembrar que devemos sempre honrar a nossa história, independentemente dos frutos colhidos. Foi isso que a motivou a jogar por mais quatro anos e chegar às Olimpíadas de Londres-2012, na qual foram campeãs. "Eu não queria que a minha última experiência fosse negativa, não pela medalha de prata, mas por não termos nos permitido sentir o orgulho de todo o nosso percurso até ali."

Após o ouro, ela foi homenageada em sua cidade natal, na qual deram seu nome à piscina onde iniciou seus treinos em polo aquático. Ali, ela vivenciou a sensação de plenitude por concretizar seus sonhos e gratidão pela comunidade que a apoiou desde o início.

Brenda decidiu, então, fazer uma transição de carreira: tornou-se técnica e passou a atuar em apoio à inclusão e diversidade nos esportes aquáticos. Essa decisão se pautou em uma reflexão sobre os últimos anos praticando o esporte que tanto amava. Apesar de ainda amar as competições, um aspecto do divertimento que sentia enquanto treinava havia diminuído.

Quando nos mantemos atentos, abertos e curiosos ao nos observar conforme vamos vivendo, temos a oportunidade de avaliar quando é o momento de promover mudanças e realinhar nossos propósitos com novas perspectivas.

CONHECIMENTO EM ESPIRAL

A velocista estadunidense, Allysson Felix, também foi medalhista em quatro Olimpíadas. Quando se classificou para Atenas-2004, ela tinha apenas 18 anos e conta: "Aproveitei tudo o que podia daquela experiência maravilhosa: a cerimônia de abertura, estar na vila olímpica, observar atletas que eu admirava na cafeteria. Na hora da corrida, não havia tanta pressão sobre mim. Eu almejava o ouro, mas acabei levando a prata. Lembro de conversar com meu treinador e ele dizer: 'Para fazer algo grande, da maneira certa e com integridade, é preciso tempo e paciência'. Aquele foi meu maior aprendizado, tomei a decisão ali mesmo de que iria me dedicar ainda mais ao meu sonho".[1]

Durante os próximos 4 anos, Felix se comprometeu a fazer o trabalho extra necessário para vencer. Nas Olimpíadas de Pequim-2008, havia uma expectativa maior sobre sua vitória: "Eu tinha patrocinadores, era a favorita e queria mostrar para o mundo que eu estava muito mais veloz". Ela conquistou a medalha de prata novamente e ficou extremamente desapontada por não ter ganhado o ouro. "Eu estava arrasada, meu pensamento era de que havia feito tudo o que deveria para ser a campeã, como isso poderia ter dado errado?" A lição que ela tirou dessa experiência foi justamente direcionar a atenção para os detalhes. "Assim que me recompus, comecei a olhar para os aspectos nos quais eu poderia melhorar, como na alimentação, na escolha da minha equipe. Nós fizemos todas as mudanças necessárias para melhorar no próximo ciclo."

Foi em Londres-2012 que ela se tornou uma campeã olímpica individual, ganhando ouro em sua prova preferida, os 200 metros. Nessa mesma Olimpíada, ganhou mais duas medalhas de ouro, nos revezamentos 4x100m e 4x400m. Além do treinamento consistente e de todos os cuidados no preparo para chegar à sua terceira Olimpíada, ela lançou mão de uma estratégia diferente durante sua estadia no evento. Em Londres, decidiu criar um ambiente que fazia com que se sentisse em casa, pois isso era relevante a ela. "Não fiquei na vila olímpica, mas em um apartamento próximo e meus pais se hospedaram em uma casa há poucos quarteirões de distância. Era minha mãe quem preparava a minha comida. Eu tinha minha família por lá e alguns amigos também foram me assistir. Criamos uma atmosfera relaxante."

Em meio à comemoração das vitórias em 2012, Felix se deu conta de que a mágica aconteceu de fato ao longo do processo. "Aqueles oito anos para chegar até ali, foram os momentos em que cresci e me tornei a pessoa que eu queria ser."

Dois meses antes da classificatória para as Olimpíadas do Rio de Janeiro-2016, ela sofreu uma lesão no tornozelo, o que fez com que não se classificasse para os 200 metros. Entretanto, mesmo machucada, conseguiu o índice para disputar a prova dos 400 metros. "A partir daquele momento, não tive tempo de me sentir mal ou lamentar, e tomei apenas uma decisão: dar tudo de mim e seguir." A lição em 2016 foi manejar as adversidades. O ano anterior havia sido difícil em sua vida pessoal também, com o falecimento de seus avós e de seu cachorro. "Eu não estava 100%, estava longe de ser a situação ideal. E o que aprendi é que devemos seguir lutando, não podemos desistir." Felix conquistou a prata nos 400 metros e mais duas medalhas de ouro, integrando os revezamentos 4x100m e 4x400m, o que a transformou na maior medalhista de ouro do atletismo na história olímpica.

O processo de autoconhecimento não ocorre de forma linear, mas em espiral, como no formato de uma mola. Nós contornamos a espiral e, em certo ponto, aprendemos a mesma coisa, mas com um nível mais alto de conhecimento, de profundidade e de compreensão. Os relatos de Brenda Villa e Allyson Felix são um exemplo disso, mesmo se tratando da participação em um mesmo evento, as Olimpíadas.

Cada experiência foi única e a cada nova vivência, seguida de um processo reflexivo, as atletas adquiriam uma camada a mais de aprendizado e autoconsciência.

A própria estrutura desse livro e a metodologia de trabalho – o método WeTeam – foram pensados nesse formato espiral. Não coletei várias teorias de forma randômica, pois dessa forma, não construiria um conceito que pudesse ser facilmente colocado em prática. Cada capítulo e tema faz parte da construção da espiral do conhecimento. Tudo está conectado.

A teoria do conhecimento em espiral se relaciona com o engajamento em uma aprendizagem profunda, que se aplica tanto para aquilo que se adquire por via da pesquisa (*research*, em inglês) científica, filosófica, por meio dos ensinamentos dos grandes mestres e da sabedoria popular, quanto para os conhecimentos que adquirimos por via da *mesearch*, uma pesquisa que realizamos conosco, identificando o que funciona para nós.

Enquanto a pesquisa com dados estatísticos da média de uma população nos permite aprender como podemos manter uma maior qualidade de vida, por exemplo, lendo sobre a importância da nutrição, do sono, do exercício, a pesquisa conosco mesmo – o *mesearch* – é o que nos permite identificar em quê precisamos investir mais tempo em nossas vidas, por quanto tempo e de que maneira. É a ferramenta que nos responde qual elemento precisamos priorizar para melhorar nossa saúde e bem-estar.

No momento estou experimentando retirar o glúten da minha alimentação. Sinto-me com mais energia e disposição. Após ouvir sobre um estudo, eu analiso e pondero sobre testar em minha vida, coloco-o em prática, verifico os resultados e reflito sobre manter ou não aquela mudança no meu cotidiano. Eu já pratico exercícios respiratórios como uma forma de abastecer e acessar meus reservatórios de energia há muitos anos, mas após ter assistido a um documentário sobre o Wim Hof, de quem falei no capítulo 6, e ter estudado sobre seu método de treinamento, que envolve terapia fria e respiração, valorizo mais as chuveiradas diárias e mergulhos em águas geladas quando tenho a oportunidade.

Também já fiz algumas experiências com as quais não me adaptei tão bem, como o jejum intermitente, no qual períodos prolongados de jejum são intercalados com períodos de alimentação. Sei que muitas pessoas se beneficiam dessa estratégia alimentar, mas para mim não funcionou. O importante, como em qualquer processo de aprendizagem, é estar aberto e curioso para a experiência, se munir da coragem para agir e, então, engajar em um processo de reflexão e aprendizados.

Quando nos acomodamos, deixamos de experimentar e, dessa forma, não nos desafiamos o suficiente para conhecer nossos limites e potencialidades. Ao investirmos no autoconhecimento, tornamo-nos mais conscientes e deliberativos em nossas escolhas, colhendo melhorias e evoluções rumo à excelência e a felicidade.

O PODER DOS QUESTIONAMENTOS

Certa vez, em uma dinâmica de grupo focada no autoconhecimento das jogadoras, Sandy Nitta solicitou que cada atleta da Seleção Brasileira de Polo Aquático escrevesse em uma folha de papel quais eram suas principais forças e potenciais limitadores. Sandy me observava enquanto eu anotava o que considerava ser minhas melhores qualidades: ter foco em aprender, buscar sempre a autossuperação, a construção de um time de alta performance e ser perfeccionista. Ela então me questionou: "Você acha que ser perfeccionista é algo sempre positivo?".

Arregalei os olhos, engoli seco, fiquei confusa. Ela não disse mais nenhuma palavra, sorriu e partiu para observar as anotações das outras jogadoras. Fiquei sem palavras. Até o momento, eu me orgulhava do meu perfeccionismo, mas nunca havia parado para pensar sobre o bônus e o ônus da busca incessante pela perfeição. Será que é possível alcançar realmente a perfeição? Será que precisamos tentar ser perfeitos em tudo o que fazemos? A que preço?

Hoje em dia, tenho consciência de que devo atentar ao meu perfeccionismo por meio da minha tendência a fazer exigências exageradas a mim mesma e às pessoas ao meu redor. Por causa daquela pergunta, feita há tantos anos, tive a chance de refletir a respeito do impacto dessa minha característica sobre mim, minhas filhas, meu marido, colegas de time, colaboradores e parceiros de trabalho. E isso me permite estar alerta para que meu foco esteja em colocar minha energia naquilo que realmente importa e com a intensidade adequada, sem perder de vista o limite e o momento de cada um.

Há uma frase atribuída ao físico Albert Einstein, que diz o seguinte: "Se eu tivesse uma hora para resolver um problema e minha vida dependesse da solução, eu gastaria os primeiros 55 minutos determinando a pergunta certa a fazer, pois, uma vez que eu a encontrasse, poderia resolver o problema em menos de cinco minutos". Fazer as perguntas certas é muito mais importante do que fornecer uma resposta. Sandy Nitta poderia ter dado sua opinião sobre o perfeccionismo, mas ela optou por me fazer um singelo questionamento, o que me levou a reestruturar toda a minha forma de pensar sobre aquele assunto e até hoje repercute sobre minhas ações.

Não se trata de realizar meras interrogações, mas de fazer indagações que instiguem a reflexão e direcionem o foco de atenção para os aspectos-chave a serem explorados, e assim promover aprendizado e evolução. Perguntas poderosas abrem as portas para o diálogo e para as descobertas, são um convite para a criatividade e o pensamento inovador e podem levar ao movimento e à ação, desencadeando pequenas mudanças com resultados profundos. Além disso, são ferramentas potentes para o autoconhecimento e determinantes para estabelecermos uma boa comunicação e aprofundarmos os relacionamentos interpessoais. Dessa forma, é importante que também façamos questionamentos poderosos a nós mesmos.

Arno Penzias, que assim como Einstein também ganhou o Prêmio Nobel de Física, contou em uma conferência sobre inovação: "Quando me levanto de manhã, a primeira coisa que me pergunto é *Por que continuo acreditando tão firmemente no que acredito?*", argumentando sobre a importância de questionar a si mesmo e sobre suas próprias convicções para manter a criatividade viva.[2]

Nossa atenção é determinada pelo que escolhemos questionar a nós mesmos e às pessoas ao nosso redor. As perguntas que fazemos criam a nossa realidade. Funcionam como um feixe de luz que ilumina uma área definida, enquanto todo o resto permanece escuro.

A essência do autoconhecimento está em aprender sobre nós mesmos e sobre quais situações, estados mentais e comportamentos estão relacionados ao nosso melhor desempenho e ao despertar de nosso potencial.

Então, como podemos focar em compreender o que funciona para nós? Por meio de perguntas poderosas, que direcionem o foco da nossa atenção para esses aspectos: o que está indo bem em minha vida? O que está funcionando? Quais as minhas forças? O que está me inspirando? O que estou fazendo bem? Em que estou evoluindo? Pelo que sou grata? Esse tipo de investigação também contribui no contexto coletivo e organizacional: "O que estamos fazendo como time que tem funcionado?".

As perguntas que fazemos ao outro e a nós mesmos podem ser, inicialmente, mais genéricas e vão ficando mais específicas conforme adquirimos informações sobre um determinado tema. E, assim, evoluímos em nossa aprendizagem de acordo com a espiral do conhecimento.

Quando conversei com Tal Ben-Shahar, que foi jogador de *squash* na juventude e hoje é reconhecido mundialmente na área de psicologia positiva e da ciência da felicidade, ele compartilhou que também é perfeccionista, mas ressaltou que há dois tipos de perfeccionismo: o adaptativo e o disfuncional. O primeiro nos leva a ser responsáveis, confiáveis e extremamente dedicados a constantemente aprimorar para alcançar nossos objetivos. O segundo está relacionado a um medo intenso e obsessivo do fracasso, fazendo com que a pessoa tenha receio de tentar e viva de acordo com o preceito do tudo ou nada e se escondendo atrás de uma "máscara", que faz com que ela não se conecte realmente com as pessoas, pois precisa manter uma imagem de perfeição.

E, então, ele me disse: "No passado, quando as pessoas diziam que eu precisava trabalhar o meu perfeccionismo, eu pensava: *Mas eu não quero me livrar dele, eu acho que boa parte das minhas características perfeccionistas é que estão por trás do meu sucesso.* Quando entendi que havia essa diferença, ficou mais claro para mim que eu poderia identificar os aspectos específicos que eu precisaria intervir". Depois da nossa conversa, pude fazer perguntas mais específicas a mim mesma, que têm me levado para outro patamar de autoconhecimento: "Quais pontos do meu perfeccionismo têm sido positivos?".

PENSAMENTOS IRRACIONAIS

De acordo com a terapia cognitiva, desenvolvida pelo psiquiatra norte-americano Aaron Beck, a maneira como pensamos ou interpretamos as situações impactam nossas emoções e nossos comportamentos na hora de agir. Imagine dois atletas com um mesmo nível de habilidade e preparo para uma determinada competição. Quando eles chegam ao local do evento, percebem que as condições climáticas não estão boas. O atleta A pensa: "Odeio quando o tempo está assim, não vou conseguir desempenhar o meu melhor hoje". Já o atleta B pensa: "Que bom que eu treinei sob diversas condições, estou preparado para enfrentar este clima".

Apesar de estarem em uma mesma condição, a maneira como cada atleta se sentirá durante a competição será muito diferente. Os pensamentos de A provavelmente farão com que ele fique preocupado e ansioso, enquanto B se perceberá encorajado e animado. A maneira como eles irão agir e desempenhar também poderá ser afetada.

O princípio da terapia cognitiva está em reconhecer que não são os eventos que nos impactam, mas a forma como os interpretamos. Se você passar a olhar as coisas sob outras perspectivas, refletir sobre sua interpretação, poderá modificar a maneira como se sente e age.

O que leva uma pessoa a sentir medo, ansiedade e, a outra, animação e positividade. Uma se sentir ameaçada e o outra desafiada?

Quando falamos de algo complexo como o nosso comportamento, os pensamentos são como pontos de alavancagem que nos fornecem dicas de como, onde e em que atuar. Aquele pequeno pedaço de um todo no qual, se observarmos e promovermos uma ínfima mudança, geramos uma transformação significativa em todo o sistema. Não se trata de eliminar as emoções negativas, pois elas são legítimas. Trata-se de restaurar a racionalidade. Afinal, na maioria das vezes, nossa interpretação sobre as situações se dá de forma automática e não percebemos como ela pode ser irracional.

Dentre as interpretações irracionais mais comuns, está a tendência a maximizar as experiências negativas, minimizar as positivas ou até a criar uma explicação que pareça plausível para lidar com uma situação difícil. Em inglês, eles são conhecidos como três "Ms": *magnifying, minimizing* e *making up*.

Maximizamos quando interpretamos uma situação de maneira exagerada ou como se fosse o prenúncio de uma catástrofe. Por exemplo, se um jogador, quando erra um pênalti, pensa: *Nunca conseguirei acertar um pênalti* ou *Meus chutes são péssimos*. Minimizamos quando ignoramos tendenciosamente o todo e baseamos nossa interpretação em apenas uma parte, como, ao marcar cinco gols em uma partida, mas perder a bola em um contra-ataque, o atleta pensar *Como perdi aquela bola, não sou bom o suficiente* – ignorando todo o resto da partida em que teve ótimo desempenho. Quanto ao terceiro "M", criamos uma justificativa ou fabricamos uma realidade própria para aliviar um momento difícil ou nos punirmos, por exemplo, ao cogitar: *O time perdeu o jogo por minha culpa*, quando sabemos que se trata de uma situação multifatorial.

O antídoto para essas tendências da nossa mente é estar consciente sobre elas e desafiar os próprios pensamentos, verificando se eles representam uma interpretação objetiva da realidade. Para isso, é preciso ampliar as perspectivas sobre as situações. Alguns exemplos de perguntas que podemos fazer para nos ajudar com esse processo: A minha conclusão representa a realidade? Ela é racional? Estou ignorando algum aspecto importante? Quais fatos ainda precisam ser levados em consideração? Aja como se fosse o seu próprio advogado, buscando por evidências para construir o seu caso. Perguntas criam nossa realidade.

Este é um exercício que demanda treino e, quanto mais o fazemos, melhor nos tornamos. Podemos, inclusive, ensinar nossos filhos a fazerem isso desde cedo. Karen Reivich, psicóloga da University of Pennsylvania, demonstrou os efeitos positivos em um estudo ao ensinar a adolescentes a reconhecerem e distinguirem pensamentos racionais dos irracionais. O resultado foi uma redução em 50% na chance de desenvolverem depressão nos anos posteriores em comparação a outros adolescentes.

O pensamento racional está associado à expansão, a olhar o todo, ver a realidade como ela é. Esse processo de ressignificação dos pensamentos tem relação com a linguagem e as palavras que usamos para descrever um evento. Ao mudarmos as palavras com que avaliamos ou interpretamos uma situação, podemos mudar nosso estado emocional e, consequentemente, nossas ações.

Educadores e pais podem auxiliar jovens a ressignificarem experiências com intervenções muito simples, como a que Tal Ben-Shahar me contou: "Eu estava assistindo ao treino de basquete do meu filho mais velho, quando um menino mais novo se aproximou e começou a provocá-lo. Percebi que ele estava ficando chateado. Ele veio até mim e eu disse: 'Filho, este menino está aqui para ajudá-lo a lidar com as distrações'. Então sua atitude mudou completamente, ele sabia que treinar sua habilidade de foco seria essencial para os torneios que tem participado". Com esse comentário ao filho, ele o auxiliou a dar um outro sentido à situação.

OUVINDO AS EMOÇÕES

John Gottman, uma das referências intelectuais no estudo de inteligência emocional, sumariza: "Na última década, a ciência fez muitas descobertas e avanços no papel que as emoções possuem em nossas vidas. Pesquisadores descobriram que mais do que o QI (coeficiente de inteligência), o conhecimento emocional e nossas habilidades em lidar com as emoções são determinantes para o sucesso e a felicidade nas caminhadas da vida".[3]

As emoções não são indicativas da pessoa que somos e não nos levam necessariamente à verdade. A questão está em ouvir o que elas nos contam e não em fazer exatamente o que elas estão nos dizendo.

Vamos tomar o medo como um exemplo. Quando sentimos medo em frente a um penhasco, a nossa emoção é um alerta para que tomemos cuidado. Quando sentimos medo antes de fazer uma apresentação ao público ou antes de uma partida, ela está sinalizando que estamos prestes a fazer algo que tem grande importância para nós. Ouvir e traduzir o que as emoções estão nos dizendo é essencial para que possamos interpretar e ressignificar nossas experiências. Podemos fazer isso conduzindo um diálogo interno, escrevendo em um diário ou conversando com um amigo. As emoções de dor nos levam a reduzir e limitar a nossa visão, com o intuito de focar no desafio que está à nossa frente para superá-lo o quanto antes. É um mecanismo de sobrevivência, pois se estivermos enfrentando um leão na selva, devemos nos concentrar na ameaça e nada mais. Já as emoções de alegria ampliam nossa forma de olhar para as situações, com novas perspectivas e repertórios, tornando-nos mais abertos para novas conexões, para a apreciação do momento e para a interação com "outras tribos", isto é, grupos diferentes do nosso contato imediato. Ao vivenciar e aprender a interpretar nossas emoções, aumentamos nossas habilidades e percepção de nós mesmos.

ZOOMING IN E ZOOMING OUT

Para tomarmos decisões relevantes em nossas vidas, precisamos de diferentes perspectivas para obter uma imagem completa do cenário e analisar as melhores alternativas para a ação. E como fazer isso?

Benita Willis é uma corredora de longa distância australiana, que participou de quatro Olimpíadas – entre os anos 2000 e 2012 e foi medalhista de ouro no *World Athletics Cross Country Championship*, realizado em Bruxelas-2004. Enquanto realizava uma autoanálise sobre sua carreira em uma entrevista, exaltou a importância de se trabalhar os aspectos mentais para se alcançar a excelência: "Quando falamos do nível mais alto da maratona, as capacidades físicas dos atletas de ponta são muito semelhantes. A pessoa que ganha é aquela que consegue acertar mentalmente no dia. Eu diria que nas grandes corridas, o componente mental supera o componente físico".[4]

Ela atribui ao técnico um importante papel nesse quesito: "Ele está lá para garantir que você se mantenha em forma, para prepará-la mentalmente para corridas difíceis, para ouvir como você se sente dia após dia e ajudá-la a tomar decisões sobre abrir mão de um treinamento se estiver cansada. Isso era fundamental quando eu treinava para uma maratona, pois eu corria uma média de 180 km por semana. Com um treino tão intenso, você se sente cansada quase todos os dias, mas é necessário diferenciar entre o cansaço normal e o cansaço por um treinamento excessivo. Um bom treinador pode ajudá-la com isso!".

Como atleta, é importante simultaneamente estar na pista de corrida, na quadra ou na piscina e ser capaz de observar o contexto ou o jogo como um todo. O professor da Harvard University, Ronald Heifetz, utiliza uma metáfora para exemplificar a importância dessas duas perspectivas, que ele sugere ser chave para uma liderança adaptativa, ele se refere a elas como "a pista de dança" e o "camarote". Quando estamos na pista de dança, estamos no meio do movimento e o nosso foco está em agir, pois só percebemos o que está diretamente ao nosso redor. Quando "subimos" para o camarote e observamos a pista de lá de cima, ganhamos a possibilidade de observar a cena como um todo.

Exemplos de momentos em que estamos na "pista de dança" são aqueles em que estamos conectados com o 'aqui e com o agora' ou quando estamos no estado de *flow*, que é como uma meditação em ação. Já quando estamos no "camarote", observamos e refletimos sobre a melhor estratégia de atuação o que nos permite tomar decisões que aumentam nossa chance de sucesso.

O equilíbrio entre essas duas perspectivas é muito importante. Tomar um certo distanciamento – como se déssemos um *zoom out* para ver a cena de longe – nos permite refletir estrategicamente sobre a situação. Dar um *zoom in*, focando no momento presente, praticando o *mindfulness*, nos permite agir no tempo correto dado o contexto em que estamos inseridos.

Nem sempre se deslocar para o camarote é uma tarefa fácil. Benita Willis ressalta a importância do seu técnico para auxiliá-la em observar a situação e a si mesma em perspectiva, para concluir sobre o melhor a ser feito. Isso não precisa ser feito necessariamente por um técnico, mas por alguém próximo ou um profissional, e pode ser essencial para nos ajudar a tomar um outro ponto de vista.

Podemos aprender essa habilidade de navegar pela pista de dança e pelo camarote com prática e maturidade. A maturidade psicológica é justamente a nossa capacidade de mudar de perspectiva livre e voluntariamente, escolhendo entre engajar no 'aqui e agora' e nos projetar no tempo e no espaço, tomando consciência do todo.

Para somar a esse conceito, há uma famosa pesquisa efetuada pelo professor e psicólogo Walter Mischel,[5] na década de 1960, que estudou o efeito de retardar gratificações e autocontrole. No estudo, Mischel analisa a resposta de crianças ao oferecer um *marshmallow* e apresentar duas opções de ação: comer aquele único doce ou esperar de 10 a 20 minutos para receber dois no total.

Alguns pequenos conseguiram esperar, outros não resistiram à tentação e comeram o doce imediatamente. A pesquisa investigou como estavam os participantes 30 anos depois. As crianças que esperaram para receber a gratificação tornaram-se adultos com tendência a terem mais sucesso na vida em diferentes domínios: melhor desempenho na escola e no trabalho, maior probabilidade de lidar com desafios pessoais e profissionais, melhor saúde e menos gordura em seu corpo. Um artigo publicado na revista *The New Yorker* relata a história de alguns dos participantes e aprofunda sobre a evolução das pesquisas conduzidas por Mischel ao longo dos últimos anos.[6]

Ou seja, aqueles que tiveram, desde pequenos, a capacidade de escolher sua ação baseados numa análise de toda a situação ao invés de se pautar no prazer imediato, apresentaram indicadores positivos em diferentes contextos da vida. Isso não significa que devemos abdicar dos prazeres imediatos e postergá-los no longo prazo, pois podemos acabar nunca nos aproveitando deles. A ideia é fazer escolhas que contemplem o que é a melhor solução para nós, mesmo que represente postergar a gratificação por um certo tempo. E o que foi muito importante na conclusão do estudo de Mischel é como podemos ensinar as habilidades para desenvolver um maior autocontrole e análise das implicações de decisões em nossas vidas.

O QUE AS ADVERSIDADES NOS ENSINAM SOBRE NÓS MESMOS

Leandro Guilheiro, judoca brasileiro, medalhista em duas Olimpíadas, contou-me que a maneira como lidava com os momentos de frustração e derrota ao longo de sua carreira foi se modificando: "Quando eu era mais novo, lidava muito mal com derrota. Ficava buscando um culpado, terceirizando a responsabilidade. Com o amadurecimento, fui puxando a responsabilidade para mim, passei a lidar melhor com as frustrações e me tornei uma pessoa mais ponderada. Porém, nesse processo, eu que antes era um lutador em todos os aspectos, me vi perdendo um pouco do ímpeto, da indignação, e isso também não era bom. Então, encontrei um equilíbrio. O melhor jeito de manejar a derrota é você ter uma indignação, mas canalizar isso de forma a fazer o seu melhor para evoluir sempre".

Morgan McCall, professor emérito da University of South California e autor do livro *High Flyers – development the next generation of leaders*, identificou um elemento comum entre os líderes de sucesso: o tipo de vivência que experimentaram até chegarem à posição atual. Todos haviam suportado privações, dificuldades e enfrentado desafios antes de assumirem o cargo de liderança. Ele defende que o desenvolvimento pessoal é fomentado quando persistimos perante as dificuldades.

Um atleta pratica todos os dias para que possa aprimorar ou desenvolver uma nova habilidade. Muitas vezes, os atletas vivenciam dor, a qual faz parte de seu processo de aprendizado e fortalecimento. Há uma dor física ao fazer musculação, ao completar uma série de longa distância de natação com um tempo pré-determinado ou ao fazer tiros de corrida a 100% de sua velocidade. Quando o esporte praticado é importante para o atleta, ainda que a dor física permaneça, a dor mental é possível de ser transformada. Ele se sentirá satisfeito consigo mesmo por estar evoluindo, ao ter completado o treino, ao ter conseguido desempenhar o esforço físico adicional até o final. Há um processo de ressignificação mental da experiência da dor física, que passou a ser percebida como um desafio a ser superado e para o qual há grande motivação.

Ao longo deste livro, refletimos sobre como as adversidades podem ser entendidas como uma oportunidade de aprendizado e crescimento. Vivenciá-las nos molda e ao mesmo tempo nos ensina muito.

Trazendo esse assunto para o contexto familiar, é muito importante que os pais permitam que a criança experimente emoções dolorosas quando elas ocorrem em suas vidas – como tristeza, ansiedade, frustração e medo –, pois isso diminui as chances que ela evite as adversidades e os fracassos necessários para crescer e florescer.

É difícil para os pais ver seus filhos sofrerem, mas isso serve ao relevante propósito de ajudá-los a desenvolver capacidades para superarem os altos e baixos inerentes a vida. Permitir que as crianças lidem com as adversidades também é uma maneira de viabilizar que elas experimentem a sensação de realização e superação por terem conseguido passar por aquilo como aprendizado. São essas experiências de ter sido capaz de lidar com uma determinada situação ou com as emoções decorrentes dela que ficam registradas na memória e possibilitam uma visão positiva de si – aumentando sua autoestima e a coragem para enfrentar os desafios futuros.

Os pais, como os educadores e gestores, precisam estar envolvidos no processo para promover e apoiar as mudanças quando necessário. Cada pessoa, mesmo sendo de uma mesma família, apresenta necessidades distintas de desenvolvimento. O foco deve estar em identificar o que é importante para o desenvolvimento individual, ou seja, qual o ponto de alavancagem para o desenvolvimento do potencial humano. Uns podem precisar de um maior estímulo rumo aos seus objetivos, outros de limites mais claros, outros de amor e compreensão. Vale sempre lembrar que a maneira como os pais, líderes e figuras de autoridade em geral lidam com diferentes situações é exemplo e inspiração para as pessoas que os estão observando.

Como muito bem ilustrou Tal Ben-Shahar em nossa conversa: "Quando choramos, também paramos de chorar. Aprendemos a superar a tristeza. Ao passo que, se não choramos, não aprendemos como parar de chorar ou como superar a tristeza".

SER AUTÊNTICO

Quando ganhei o prêmio de melhor jogadora e fui artilheira em um campeonato, eu estava explodindo em felicidade. Não via a hora de celebrar com minhas companheiras de time, mas notei que uma pessoa em particular, uma grande amiga, não celebrava comigo. Aquilo me deixou profundamente triste. Lembro até hoje as palavras do meu pai ao me aconselhar: "Cris, não se sinta culpada pela sua felicidade! Há momentos em que as pessoas comemoram com você, mas nem sempre isso acontece. Nós não controlamos a reação das outras pessoas, portanto, não podemos deixar nossas celebrações e sonhos nas mãos dos outros, esperando que eles nos validem".

Esse aprendizado sobre a importância de ser autêntica trago para a vida até hoje. Devemos praticar diariamente abrir mão de sermos quem achamos que deveríamos ser para sermos nós mesmos. A autenticidade não é um processo automático, mas depende de fazermos a escolha consciente de viver como queremos viver e de sermos quem queremos ser, não importa quão vulneráveis possamos nos sentir em alguns momentos.

Ser autêntico é estar conectado com a nossa essência, agindo de maneira coerente com os nossos valores e propósitos e, para isso, o primeiro passo é o autoconhecimento.

O autoconhecimento e o aprendizado contínuo são conceitos vitais e transversais a todas as esferas da busca por excelência e felicidade. Aprender sobre nós mesmos é um processo que ocorre ao longo de toda a nossa jornada. Para isso, devemos intercalar constantemente momentos de ação e experimentação com os momentos de reflexão e introspeção – quando ampliamos nossa autoconsciência.

PONTOS PRINCIPAIS ABORDADOS NESTE CAPÍTULO

- A mudança é a única certeza em nossas vidas. O autoconhecimento é fundamental para encontrarmos a nossa essência e conduzirmos as mudanças em direção à realização do nosso potencial.
- O processo de autoconhecimento não ocorre de forma linear, mas em espiral. Na nossa evolução rumo à excelência, aprofundamos nossos aprendizados anteriores, chegando, a cada etapa, a um nível mais alto de compreensão e profundidade.
- Perguntas poderosas são ferramentas potentes para o autoconhecimento e para possibilitar que o outro aprenda mais sobre si.
- Ao aprendermos a desafiar nossos próprios pensamentos, verificando se são racionais e se representam uma interpretação limitada da realidade, conseguimos regular melhor nossas emoções, aprendizados e ações.
- Vivermos no aqui e no agora e também darmos um distanciamento das situações – exercitando o *zoom in* e o *zoom out* – é essencial para treinarmos as mudanças de perspectivas para nortear melhores decisões.
- É importante que os pais permitam que a criança experimente emoções dolorosas. Lidar com as adversidades contribui no processo de autoconhecimento, no desenvolvimento da autoestima e de crescimento pessoal.
- Ser autêntico é estar conectado com a nossa essência, agindo de maneira coerente com os nossos valores e propósitos.
- O autoconhecimento e o aprendizado contínuo são conceitos vitais e transversais a todas as esferas da busca por excelência e felicidade.

PERGUNTAS PODEROSAS PARA REFLETIR

- Você tem dedicado momentos ao longo do dia para refletir sobre as suas experiências e respostas às situações específicas como uma oportunidade para aprofundar o seu autoconhecimento?
- O que está indo bem em sua vida? O que está funcionando? O que você está fazendo bem?
- O que estão fazendo como time ou família que tem funcionado?
- As escolhas em sua vida estão de acordo com a sua essência?
- O que os momentos de prazer, de alegria, de conquista têm te ensinado? E os momentos de dor?
- Você tem questionado a sua interpretação da realidade em momentos de frustração? Você tem atuado como seu "advogado de defesa" para identificar diferentes perspectivas nas situações vivenciadas? Quais fatos adicionais precisam ser levados em consideração?

CAPÍTULO 11

UMA VIDA COM **PROPÓSITO** E ALINHADA AOS PRÓPRIOS **VALORES**

"A vida nunca se torna insuportável pelas circunstâncias, mas apenas pela falta de sentido e propósito."
– Viktor Frankl

"Quando uma porta da felicidade se fecha, outra se abre, mas muitas vezes olhamos tanto para a porta fechada que não vemos aquela que se abriu para nós."
– Helen Keller

"No Japão, depois de 15 dias de viagem, foi a primeira vez que senti essa extraordinária sensação. Estávamos no auge da Guerra Fria. No Brasil, o contexto era da Ditatura Militar. A ameaça de uma guerra nuclear era iminente. Quando chegamos a Tóquio, para disputar os Jogos Olímpicos de 1964, o choque de realidade foi intenso. Não havia fronteiras. Parecia outro mundo, em que o respeito, a solidariedade e a diversidade permeavam o ambiente. Quando ficamos agrupados, naquele túnel escuro da entrada, lado a lado com atletas de outras tantas modalidades e nacionalidades, não tínhamos a noção da emoção que sentiríamos ao entrar no estádio, com todos nós sendo ovacionados pela torcida. A vibração, o ondear dos lenços, o girar das sombrinhas típicas japonesas que haviam sido distribuídas ao público que nos assistia faziam com que tudo fosse perfeito. A pira olímpica foi acesa por Yoshinori Sakai, atleta que tinha nascido no dia e local em que a bomba atômica explodiu em Hiroshima, aos olhos do Imperador Showa. O gesto simbolizava a paz."

Eu me lembro de meu pai, que participou das Olimpíadas de Tóquio-1964 e da Cidade do México-1968, contar essas histórias a mim e aos meus irmãos, quando estávamos a caminho de acompanhar o nascer do sol na praia, nas tardes à beira da piscina e, principalmente, nos almoços de domingo. Era inspirador. Ele compartilhava histórias que simbolizavam os valores olímpicos, e como isso o ajudou a definir seus sonhos, a traduzir a excelência como modelo de atuação e a persistir em seus objetivos. O ideal olímpico lhe trouxe um senso de propósito. Ele contava detalhes, desde as confraternizações e as tradições esportivas de cada país até o processo para se tornar um atleta de alta performance e a disputa pelo pódio em uma busca constante de superação de si próprio. Cada vez que eu o escutava, já me imaginava ali, naquele cenário repleto de emoções e vibração. Quando ele descrevia a vila olímpica, eu automaticamente me transportava para lá em pensamento.

"Era um ambiente totalmente livre de qualquer ingerência política, de etnia ou de religião. Todos se mostravam felizes pelo que representavam, uns mais compenetrados, outros descontraídos durante as interações e, acima de tudo, com a certeza de estarem vivendo um dos maiores ideais da juventude", ele frisava.

Eu e meus irmãos vibrávamos com essas histórias, que nos moldavam em princípios e valores para a vida. Meu pai sempre foi bom de contar histórias e nos transmitia essa paixão pelo esporte e pelo espírito olímpico de forma natural e divertida. E nos seus exemplos e vivências, começávamos a formar nossos próprios sonhos e a estruturar caminhos para chegar lá. Longe de dizer que foi tudo fácil e sem tentativas e erros ou sem mudanças de rotas.

Quando comecei a jogar, por ser uma das pioneiras de uma modalidade tão familiar para meus pais e avós e por eles apreciarem esportes, tive automaticamente a presença deles em meus jogos. Parecia que estava vivenciando um filme tantas vezes contado por meu pai. Essa participação familiar, acompanhada de um propósito na criação de um novo esporte, foram gerando um senso de significado em mim.

Em 1992, toda a família foi assistir presencialmente às Olimpíadas de Barcelona. Vivenciei intensamente boa parte daquilo que meu pai contava. Acordávamos às sete da manhã para acompanhar o máximo de eventos possíveis de todos os esportes. Vimos o *"dream team"* de basquete norte-americano em quadra, as classificatórias e semifinais dos melhores esportistas de atletismo, vôlei, natação, polo aquático e judô. Conseguimos algumas finais, pois os ingressos eram bem mais caros, em que saboreamos o último esforço dos atletas e a subida emocionante ao pódio após muitos anos de preparação, dedicação e superação. Todos, já por estarem lá, eram vencedores aos nossos olhos que admiravam cada detalhe, cada ritual e que buscavam interpretar cada fisionomia que o atleta comunicava. Meus pais comentavam sobre todos os esportes, desde os uniformes, a apresentação das equipes, o processo de concentração antecedendo a prova até a explosão de energia para o desempenho máximo. Senti o prazer de estar entre os melhores do mundo, além de aproveitar todo o lado cultural e histórico dos jogos olímpicos. Nessa época, eu já era atleta profissional e jogava na Itália. O polo aquático feminino ainda não era uma modalidade olímpica, o que fazia meu sonho crescer ainda mais dentro de mim.

Na cerimônia de abertura, quando vimos a tocha pelo telão passando de mão em mão pelas ruas de Barcelona e, finalmente, a sua entrada no estádio, a emoção era tão grande que ficamos sem ar com todos os participantes que vivenciavam esse momento de tanta simbologia e significados. No momento em que a pira olímpica seria acesa pelo arqueiro Antonio Rebollo, eu e meus irmãos nos demos as mãos. De repente, tudo o que havíamos ouvido por meio de histórias até então fez mais sentido, e estávamos prontos para usar esses valores em nossas próprias jornadas. A cerimônia foi encerrada ao som da soprano Montserrat Caballé, que cantava *Amigos para siempre*.

Essa experiência me deixou marcas profundas e o paradigma olímpico até hoje norteia a nossa família em suas atividades – do cotidiano à vida profissional.

Anos depois, já com minhas três filhas, fomos todos juntos assistir aos Jogos no Rio de Janeiro-2016, e elas também puderam sentir e vivenciar as mesmas mensagens e sentimentos. Seja no esporte ou nos sonhos que elas escolherem, esses aprendizados lhes ajudarão na construção de relações, na dedicação por um propósito, na persistência e na superação de desafios existentes durante o processo.

INSPIRANDO PROPÓSITOS

Quando as pessoas identificam seu propósito, que varia de acordo com sua etapa de vida, elas têm uma maior chance de trabalhar de maneira autônoma em direção ao alcance de uma meta, com uma jornada que as realizem e que as façam felizes. E como podemos estimular os jovens a encontrarem sentido naquilo que fazem?

William Damon, professor da Stanford University e diretor do Stanford Center on Adolescence, é um dos principais estudiosos do desenvolvimento humano no mundo. Em seu livro, *O que o jovem quer da vida? Como pais e professores podem orientar e motivar os adolescentes*, ele relata que os jovens têm demonstrado um nível de ansiedade crescente quando comparado com gerações passadas. Apenas um quinto deles está realmente engajado em atividades descritas pelos próprios jovens como produtivas e prazerosas, e essa relação vêm caindo ao longo dos anos. Damon descobriu que o ingrediente principal desses jovens é ter um claro senso de propósito em suas vidas, que lhes motive e dê direção.

O senso de propósito não se desenvolve por meio da instrução explícita ou da imposição, mas por inspiração. Ou seja, não é suficiente dizer aos filhos ou alunos que eles devem encontrar um porquê em suas atividades. O pai ou o educador precisa atuar como um exemplo. É crucial que os jovens tenham a oportunidade de observar pessoas que eles admiram se dedicando e atuando com paixão para alcançarem seus próprios objetivos.

Sempre observei a maneira engajada com que meu pai se dedicava ao seu trabalho na gestão do Grupo Folha, que edita o jornal Folha de São Paulo, ao compartilhar seus desafios tecnológicos, ao debatermos artigos bem escritos, ao nos ensinar sobre o valor da liberdade de expressão para o desenvolvimento de um país e ao falar sobre a eficiência de impressão com as novas máquinas.

Eu era bem nova quando ele finalizou sua carreira no polo aquático, mas sua paixão pelo esporte continuou por toda sua vida e respirávamos isso em nossas viagens de final de semana ou de férias. Eu e meus irmãos o observávamos ao vibrar ao assistir a um jogo disputado na televisão ou presencialmente, não importava a modalidade, e a sua energia contagiante quando compartilhávamos experiências de superação de atletas de alta performance.

A ideia não é que os filhos encontrem significado nas mesmas coisas que os seus pais, mas que sejam estimulados a buscar aquilo que os move e que faça sentido para eles. Fazer perguntas é uma das maneiras para apoiar nesse processo de descoberta. Frank Steel contou-me sobre como seu pai lhe abriu os olhos fazendo um questionamento simples, mas muito potente.

"Eu tinha acabado de ser aprovado na University of Yale, estava muito feliz e fui compartilhar minha conquista com meu pai, que rebateu: 'Por que você está indo para Yale?'. Em um primeiro momento, achei que a resposta seria óbvia, pois se tratava de uma universidade de renome, mas demorou um bocado até que eu encontrasse uma resposta realmente satisfatória para aquela pergunta. É uma reflexão importante saber o porquê queremos fazer as coisas que queremos fazer. Algumas delas consumirão tempo, outras esticarão o nosso limite para além do que estávamos esperando, e se você não tiver clareza da motivação por escolher aquele caminho, poderá ter mais dificuldades em encarar os desafios."

Steel defende que essa reflexão seja estimulada já na escola e me disse que, como diretor, seu maior objetivo é que os alunos identifiquem seus porquês. "Por que estão vindo para Gulliver? Por que oferecemos o que oferecemos e por que eles fazem as aulas que fazem?" Sua aspiração vai ao encontro da proposta de William Damon, que acredita que as escolas que encorajarem seus alunos a encontrarem um propósito terão estudantes mais felizes, curiosos sobre o mundo, interessados em aprender, resilientes e com melhor capacidade para lidar com desafios e obstáculos.

Outras perguntas podem ser feitas para incentivar crianças, jovens e adultos a identificarem seu propósito: Com o que você realmente se importa nesse momento? O que é significativo para você? Quem é importante para você? Esses questionamentos atuam como uma bússola para auxiliá-los a encontrarem o seu percurso individual.

Também é interessante estimular que as respostas sejam compartilhadas com outras pessoas, pois o propósito é contagioso e tem o poder de influenciar a todos positivamente.

Para além dos exemplos e das perguntas poderosas, a satisfação, o contentamento e o sentimento de prazer ao realizar uma atividade representam um dos aspectos mais importantes para que as pessoas, em todas as idades, de crianças a adultos, descubram suas paixões e seus pontos fortes. É a partir de experiências prazerosas, aquelas que nos fazem sentir felizes e plenos, que descobrimos o que tem um significado relevante para nossas vidas. E a partir daí, tendemos a repetir essa atividade, a aprimorá-la, até a executarmos com maestria. Cria-se uma espiral positiva de crescimento e evolução.

Martine Grael, que foi vencedora da vela nas Olimpíadas do Rio de Janeiro-2016 e tem conduzido uma carreira de sucesso no esporte, é filha de Torben Grael, bicampeão olímpico (Los Angeles-1984 e Seul–1988) e sobrinha de Lars, duas vezes medalha de bronze olímpica (Seul-1988 e Atlanta-1996).

No entanto, ela nunca sentiu o peso do sobrenome nem pressão por parte dos pais. "Meus pais se esforçavam em fazer do esporte algo divertido. Nós fazíamos muitos passeios em família, todos juntos no barco, e o importante naquele momento era o prazer que sentíamos por estar ali. Lembro que saíamos para dar voltas de barco na ilha perto de nossa casa, eu, minha mãe e meu irmão. A cada dia, tínhamos uma missão ou um desafio diferente. Era muito divertido."

Martine compartilhou uma história de sua infância que traduz bem esse sentimento: "Em um desses passeios, eu ainda era pequena e caí na água. Estava tudo bem e não havia perigo, mas minha mãe ficou receosa que eu me traumatizasse com aquela situação e queria encontrar um jeito de eu não associar a queda a uma experiência ruim. Então, ela jogou meu irmão dentro da água e disse: 'Quando vocês estiverem cansados de brincar aí, me chamem que eu pego vocês'. Meu irmão não entendeu nada. Eu acreditei que tudo fosse realmente uma grande brincadeira. E até hoje rimos disso".

Ao longo de sua jornada, ela passou a encontrar outros significados no esporte. "O aspecto coletivo do esporte é maravilhoso, você se sente pertencendo a algo maior e vai evoluindo junto àquelas pessoas. As coisas vão ganhando um novo sentido. Com 16 anos, meu pai me perguntou por que eu gostava de velejar. Ele não me pressionou, mas fez uma pergunta que foi como um pilar para mim. Ali me dei conta de que eu gostava de toda aquela experiência, mas competir era o que realmente me movia. Passei, então, a me dedicar intensamente ao esporte até me tornar profissional."

NO AMBIENTE CORPORATIVO

A maneira como líderes e gestores podem criar um senso de propósito em seus colaboradores também envolve inspiração e exemplo. Douglas Conant, que foi CEO da Campbell Soup Company e é autor do livro *TouchPoints: Creating Powerful Leadership Connections in the Smallest of Moments*,* escreveu em um artigo na *Harvard Business Review*: "O verdadeiro trabalho de um líder é oferecer uma visão que inspire e motive. Mas deve ir além disso. As pessoas precisam saber que o líder também está disposto a arregaçar as mangas e a se envolver no trabalho árduo que a execução envolve".[1]

Ou seja, além daquilo que o líder comunica por suas palavras, ele deve demonstrar, por meio de suas ações, um compromisso real com as causas para as quais está motivando seus colaboradores.

A Gallup Organization, uma empresa de consultoria e pesquisas, que auxilia líderes e organizações globais na resolução de problemas, entrevistou mais de 80 mil gestores de diversas empresas mundiais, com o objetivo de definir o que seria um local de trabalho considerado excelente. Isto é, aquele que demonstrasse os melhores indicadores de resultados positivos, como lucratividade, satisfação dos clientes e maior retenção dos colaboradores.

Dentre os elementos-chave, que levaram a um aumento da produtividade e a um maior engajamento, estava a resposta afirmativa dos colaboradores à seguinte pergunta: "A missão ou propósito da companhia onde eu trabalho faz com que eu sinta que meu trabalho é importante?".

---

* Em tradução livre: *Touchpoints: criando conexões de liderança poderosas no menor dos momentos*.

Os executivos da Gallup explicam: "Quando os colaboradores de uma organização sentem que são parte integrante de um todo maior, é mais provável que se sintam comprometidos com essa organização. É natural para os seres humanos querer pertencer a algo significativo, saber que estão fazendo a diferença e contribuindo para uma missão importante. Os melhores locais de trabalho proporcionam a seus colaboradores um senso de propósito, lhes ajudam a sentir que pertencem e que fazem a diferença".[2]

Não é uma questão de simplesmente explicitar a missão, a visão e os valores da empresa de uma maneira ampla. Os gestores dessas companhias de maior destaque traduzem o intento organizacional em uma linguagem acessível e com exemplos didáticos, de forma que os colaboradores consigam se conectar com os valores da empresa.

No Brasil, vivenciei a fusão de dois bancos gigantes do mercado brasileiro, o Itaú e o Unibanco, criando o maior grupo financeiro do hemisfério Sul. Lembro que ao entrar na sala onde seria apresentada à nova visão do Itaú-Unibanco, Pedro Moreira Salles, então presidente do Conselho de Administração, me sussurrou: "Você gostará do que verá". E assim foi. Alguns minutos depois fui apresentada aos propósitos que norteariam a atuação do banco para os próximos anos: liderança em satisfação de clientes e resultado sustentável. Ficou ainda mais evidente para mim que o que sempre me motivou no ambiente corporativo era me sentir parte integrante e ativa na realização da visão da empresa.

As palavras clientes e sustentabilidade eram chave, pois esse compromisso se traduziria em ações por meio de decisões éticas. A minha área de atuação havia um impacto direto nesse intento. Eu sabia que essa definição estratégica motivaria todas as decisões de investimento, definição de prioridades e tomada de decisões internas. Mesmo após dez anos da fusão e toda a mudança no mercado financeiro, esse "norte" continua consistente. O Itaú Unibanco é um dos bancos líderes em Environmental Social and Governance – conhecido como ESG –, que se refere ao compromisso de uma empresa em ir além do lucro, esforçando-se ativamente para contribuir positivamente com o meio ambiente e causas sociais.

O PODER DO PROPÓSITO

Aníbal Sanchez tinha apenas 16 anos quando se mudou da Venezuela para os Estados Unidos para jogar pela Minor League Baseball, uma hierarquia das ligas de beisebol profissional, que dá oportunidades para o desenvolvimento de jogadores e os prepara para as grandes ligas.

"Eu mal sabia falar inglês; as pessoas me perguntavam *'Where are you from?'* ('De onde você é?'), e eu respondia o meu nome. Não foi fácil, mas eu tinha uma regra em mente: 'Não importa o idioma, o jogo é o mesmo, tente fazer o seu melhor'. Era isso o que importava para mim. Eu queria chegar à Major League e não era só isso, eu queria me manter na Major League." E foi exatamente o que aconteceu. Sanchez tem se mantido entre os melhores jogadores e times do esporte desde 2006 até 2020.

Os desafios mudaram ao longo de sua caminhada, mas não deixaram de existir. "Na liga menor, além da barreira do idioma e de estar longe da minha família, com quem eu conversava por telefone somente uma vez por semana, as condições eram mais precárias. Viajávamos de ônibus para as competições – mais de 14 horas de viagem –, dividíamos quartos nos hotéis e tínhamos que economizar para a alimentação, o que acabava não sendo muito saudável. Já na Major League, você tem toda uma estrutura organizada de hotéis, descanso, transporte aéreo e alimentação. O desafio está em cultivar a fome pela própria evolução, se manter inovando e melhorando sempre. Nas duas situações, era o amor pelo beisebol que me ajudava a superar qualquer desafio."

Quando temos um propósito, o nosso processo de tomada de decisões fica mais orgânico, fácil e claro, tudo faz mais sentido por estar alinhado com ele. O propósito nos conduz naturalmente a priorizar o que realmente importa para nós. Ele nos permite lidar com situações de renúncia e adversidades na vida como uma escolha e não como um sacrifício.

Assim como Aníbal Sanchez, aprendi desde cedo que uma jornada baseada na paixão pelo que fazemos, alimenta uma força interna poderosa para perseverar, resistir as dores do treinamento, superar as frustrações e buscar a evolução diária.

A força do propósito é muito bem retratada na premiada obra cinematográfica de Francis Ford Coppola. O filme de 1988, *Tucker: um homem e seu sonho*, retrata a incansável jornada de Preston Tucker ao empreender no meio automobilístico. Sua ideia era audaciosa, mas, com sua paixão e entusiasmo, contagiou as pessoas ao seu redor e ganhou a determinação e persistência para transpor os obstáculos do caminho.

Ter um porquê contribui para nossa saúde física e mental e aprimora nossos laços sociais e familiares. Um estudo publicado na revista científica *Journal of the American Medical Association*, em 2019, aplicou um questionário para medir o senso de propósito em aproximadamente 7 mil pessoas com idade média de 68 anos. Os pesquisadores acompanharam esses indivíduos por cinco anos e notaram que aqueles que tinham uma pontuação mais alta com relação ao propósito, tiveram duas vezes menos chance de morrer do que aqueles que tiveram uma pontuação mais baixa.[4] Em outras palavras, encontrar sentido na vida apresenta benefícios para a saúde física e mental, além de aumentar a nossa longevidade.

Os idosos centenários das Blue Zones, sobre os quais falei no capítulo 3, corroboram essa ideia. Todas as comunidades compartilhavam entre si um forte senso de propósito em suas vidas. "Os moradores de Okinawa, no Japão, utilizam a palavra *'Ikigai'* e os da Península de Nicoya, na Costa Rica, chamam de *"plan de vida"*. Em ambas as culturas, a frase se traduz essencialmente como 'por que acordo todas as manhãs'".[4]

O propósito também está por trás da longevidade no esporte. Quando, aos 43 anos, Tom Brady, o jogador com o maior número de títulos da história do futebol americano, transferiu-se para o pouco representativo Tampa Bay Buccaneers, muitos duvidavam que ainda pudesse conquistar seu sétimo Superbowl. Os outros seis haviam sido ganhos quando esteve à frente do New England Patriots, onde ficou por 20 anos.

Vendo uma diminuição do vigor físico do jogador nas últimas temporadas, os Patriots resolveram deixá-lo ir ao invés de atender suas demandas contratuais. Poucos times se interessaram por seu serviço, e isso serviu de motivação para que Brady se superasse.

As dúvidas se davam pela sua idade e pelo fato do time de Tampa Bay não ser, até então, representativo na NFL, a liga de futebol americano. Depois de uma campanha com altos e baixos, eles chegaram à final para enfrentar o temido Kansas City Chiefs, então os atuais campeões, liderados por Patrick Mahomes, quarterback de 25 anos – 18 a menos que Brady – e o principal talento da nova geração. Resultado:

31 a 9 para o Tampa Bay, com atuação primorosa de Brady, eleito o MVP – o jogador mais valioso da partida.

O que o moveu para esse desafio a essa altura da vida, depois de já estar na história como o melhor de sua posição? "Penso que tenho coisas a provar a mim mesmo, e só se anda para frente. Se eu não fizer isso, eu nunca vou saber o que poderia ter conquistado. *Querer* fazer algo é diferente de *realmente* fazer. Se eu estiver na base de uma montanha e disser para mim mesmo que eu posso subir até o topo, mas não subir, qual o ponto disso tudo?", disse Brady, quando aceitou o convite de Tampa Bay. "Estou tentando fazer coisas que nunca foram feitas no meu esporte. Isso também é divertido para mim, porque sei que posso fazer. Quando uma equipe lhe dá a oportunidade de fazer essas coisas com eles, bem... se não com eles, então com quem? Em algum ponto, você tem que lançar todo o seu corpo para sua missão. Você tem que dizer, vamos lá. Vamos ver o que pode ser feito."[5] Tom Brady respondeu a um desafio interno para conseguir, novamente, chegar ao topo.

Quando conversei com o bicampeão olímpico e 15 vezes campeão mundial de iatismo, Robert Scheidt, sobre o que o movia enquanto se preparava para a sua sétima Olimpíada, em Tóquio-2020, ficou evidente o senso de propósito e a paixão que sente pelo esporte: "Eu gosto da adrenalina da competição, sentir a bandeira subir, começar o procedimento para a largada. Eu me sinto muito vivo quando estou nessa situação. Poder experimentar isso é o máximo. Se meu corpo está permitindo e se a vida está me dando essa chance, é a coisa mais linda que tenho para fazer". Ele ressaltou que só vai às Olimpíadas por acreditar ter chance de ganhar. "Se achasse que não tenho chance, não participaria".

SUPERANDO OBSTÁCULOS

Danny Crates jogava rugby e sonhava em ser um atleta profissional, quando, aos 21 anos, sofreu um acidente de carro, que mudou completamente o seu destino. Com o braço direito amputado, todos acharam que ele precisaria rever suas aspirações, mas a paixão pelo esporte fez com que, em menos de um ano, ele surpreendesse a todos com sua gana e atitude positiva ao voltar para os treinos.

Quando uma de suas partidas foi televisionada, ele chamou atenção por seu vigor físico, e recebeu o convite para se unir à equipe de atletismo paralímpico do Reino Unido. Crates agarrou a oportunidade e desenvolveu uma carreira brilhante, que o levou a conquistar a medalha de bronze nos 400 metros rasos nas Paralimpíadas de Sidney-2000 e o ouro nos 800m em Atenas-2004, quando quebrou o recorde mundial da categoria. Em 2008, ele recebeu a honra de carregar a bandeira britânica na Cerimônia de Abertura dos Jogos Paralímpicos de Pequim.

Uma das frases que Crates não se cansa de repetir e que figura na capa de sua autobiografia é: "Não há obstáculos na vida que não possamos superar". Sua história mostra como o amor pelo esporte lhe deu forças para lidar com um evento marcante e prosseguir com seus sonhos e aspirações.

Qual é o seu ideal, o seu chamado na vida? Sem um propósito, dificilmente realizamos o nosso potencial. Quando o identificamos, nossa jornada não se torna fácil, porém há um sentido envolvido no trabalho duro e na superação das dificuldades. Ter um porquê nos permite ressignificar as dores e os percalços do caminho, fazendo com que encaremos as adversidades como desafios. É como se encontrássemos uma dimensão espiritual para aquilo que estamos fazendo, uma conexão com um sentido para a nossa vida.

Pode parecer que eu esteja falando de algo radical ou grandioso, mas não é isso. O sentido da nossa vida é encontrado em nossas jornadas diárias, muito mais do que nos destinos associados a atos heroicos.

O significado que damos à nossa vida e às situações depende de nós. Por exemplo, ao realizar um trabalho, podemos compreendê-lo como uma mera tarefa, como uma carreira – um passo para chegar a uma conquista maior –, ou como um chamado.

ESPIRITUALIDADE E O ESPORTE

Os atletas geralmente são vistos apontando para o céu depois de um gol, ao ultrapassar a linha de chegada, ao fazer uma cesta ou agradecer a Deus em entrevistas pós-jogo. A conexão entre esportes e Deus (ou os deuses), remonta aos gregos antigos, se não antes. No ano 776 a.C., os jogos olímpicos eram sempre disputados para aplacar ou louvar os deuses.

É difícil saber, exatamente, o que deu origem a esses jogos. A mitologia se mistura à história, e os eventos que aconteceram nesse tempo são, muitas vezes, explicados como consequências de intervenção divina.

A religiosidade não é a única forma de desenvolvermos a espiritualidade, que também cresce quando temos um forte propósito em nossas vidas. Esse significado varia e pode evoluir em cada etapa de sua história. Como atleta, eu tinha um propósito associado a alta performance, ao de me superar constantemente, ao representar o meu país, a um sonho de sermos um dos times mais fortes do mundo e ao de praticar um esporte olímpico.

Na vida corporativa, o que me movia era aprender com a experiência dos clientes e dos colaboradores, criando uma relação mais harmoniosa e benéfica a todos. Como mãe, encontro um grande significado em preparar minhas filhas para perseguirem seus sonhos, e para a realidade de que, nem sempre, tudo será da maneira que gostaríamos que fosse. Identificar nossos sonhos e nossas paixões é chave para desenvolver nosso potencial, relacionamentos e competências como resiliência, persistência e aprendizado contínuo.

A espiritualidade também se manifesta quando sentimos ou acreditamos em uma força maior que nos impulsiona, no contato com a natureza ou mesmo na fé que se tem na vida e nos caminhos que escolhemos percorrer.

Quando o judoca brasileiro, Leandro Guilheiro, medalha de bronze em duas Olimpíadas, tinha cinco anos, ele viu pela televisão o também judoca Aurélio Miguel ser campeão nos Jogos Olímpicos de Seul-1988. "Minha geração foi impulsionada por essa vitória; por causa de Aurélio Miguel, a escola onde eu estudava passou a oferecer aulas de judô para as crianças. Eu me apaixonei pelo esporte. Nunca saberei explicar minha relação com o judô, pois é algo maior, como um chamado mesmo. Eu sentia uma necessidade de lutar e fazer aquilo sempre da melhor forma possível."

Para ele, além da disciplina e determinação, um dos aspectos-chave para se tornar um campeão é a paciência e a fé no processo: "Como um garoto de cinco anos, eu sabia que demoraria até que eu chegasse às Olimpíadas. Porém, é preciso paciência e muita fé no caminho que você escolheu, para poder passar pelas dúvidas e os obstáculos que surgem. Não é uma paciência passiva, obviamente, é entender que a cada barreira que você encontra, cada competição que você perde e cada adversário que você não consegue vencer é uma oportunidade para evoluir".

LIBERDADE PARA APROVEITAR O AQUI E O AGORA

No livro *Seja mais feliz: aprenda a ver a alegria nas pequenas coisas para uma satisfação permanente*, Tal Ben-Shahar relata a história de um filósofo americano que se juntou a um grupo de monges Zen que escalava montanhas no Himalaia. Focado em chegar ao pico da montanha, cada vez que sentia o cansaço em seu corpo e observava a grande distância que o separava do alcance de sua meta, ele se sentia mais cansado. O filósofo acabou perdendo as forças e o desejo de continuar e, embora fosse o membro mais jovem da expedição, foi o único a desistir no meio da escalada.

Os monges, segundo Ben-Shahar, também almejavam o cume e o observavam com o intuito de garantir que estavam no rumo certo. Saber que estavam indo na direção correta permitia que focassem sua atenção e desfrutassem cada passo, ao invés de serem esmagados pelo que ainda estava à frente. O papel de um propósito é dar um direcionamento para os nossos objetivos e o papel dos nossos objetivos é nos liberar, a fim de que possamos desfrutar do aqui e do agora.

"Se saímos sem destino numa estrada, é pouco provável que a viagem em si tenha graça. Se não sabemos aonde estamos indo e nem mesmo aonde queremos ir, toda encruzilhada na estrada se torna um local de ambivalência – não parece uma boa escolha virar à esquerda nem à direita, já que não sabemos se queremos ir aonde essa estrada acaba. Assim, em vez de nos concentrarmos na paisagem, no cenário, nas flores ao lado da estrada, nos consumimos em hesitações e incertezas. O que acontecerá se eu for por aqui? Onde vou parar se virar ali? Se tivermos um destino em mente, se soubermos para qual direção estamos indo, estaremos livres para concentrar toda a atenção em tirar proveito do lugar onde estamos."[6]

Nossa felicidade e nosso senso de realização não residem apenas em conquistar nossos objetivos, mas em aproveitar a jornada ao persegui-los. Para evoluirmos em qualquer habilidade e obtermos sucesso, seja no esporte, no trabalho ou na vida pessoal, precisamos de motivação intrínseca e extrínseca.

A motivação extrínseca está associada aos fatores externos, às gratificações, o reconhecimento do outro e à colheita dos resultados. A motivação intrínseca, por outro lado, refere-se ao porquê queremos alcançar nossos objetivos. E aqui ressalto o poder do "e". Não devemos valorizar um em detrimento do outro.

Quando a caminhada é prazerosa, os fracassos têm menos impacto na sua continuidade. Robert Scheidt se decepcionou ao ganhar "apenas" a medalha de prata nas Olimpíadas de Sidney-2000, mas isso apenas o motivou para buscar o ouro novamente em Atenas-2004. "Eu sempre gostei não só do resultado final, mas também da caminhada. Sempre me motivou bastante ser melhor a cada dia, ir evoluindo. Eu sabia que para 2004, poderia melhorar na minha velejada. Perder em 2000 foi um combustível para eu querer a revanche."

Adam Krikorian, técnico da seleção americana de polo aquático feminino, também acredita na força da jornada como a grande motivadora. "Para mim, o motivo pelo qual faço o que faço não é para conseguir outra medalha de ouro, mas por querer melhorar. Não há nada melhor do que termos altos e baixos, sucessos e fracassos. As medalhas e troféus apenas acumulam poeira perto da sua cabeceira. Já as lembranças e as lições aprendidas acompanham você por todo o caminho. O importante é gostar do processo, adorar os detalhes e, quem sabe, ao final, ter uma medalha de ouro no pescoço."

O ESPORTE E A EXPERIÊNCIA DE QUALIDADE

O norte-americano Joshua Waitzkin começou a jogar xadrez aos seis anos de idade e ficou conhecido como uma criança prodígio no jogo.** Aos 13, tornou-se mestre nacional e aos 16, mestre internacional – título máximo de um enxadrista. Por volta dos 23 anos, ele desistiu dos tabuleiros, pois não via mais propósito na prática, ou como ele mesmo dizia, não sentia mais amor. Poucos anos depois, ele ressurgiu como campeão mundial de tai chi chuan e jiu-jitsu.

Tal Ben-Shahar o descreveu como uma pessoa de altíssimo desempenho, tanto intelectual quanto físico. Ele me contou que o ex-enxadrista defende que, para que as crianças prosperem e floresçam, elas devem experimentar qualidade em alguma de suas atividades. Ele usou o termo "qualidade" para descrever algo pelo qual se dedicam, são apaixonados e, de preferência, no qual exerçam seus pontos fortes.

"A qualidade pode ser experimentada em qualquer área da vida, no esporte, no xadrez, na matemática, história, culinária ou até mesmo dobradura de papel", enfatizou Ben-Shahar. O ponto chave é que uma experiência profunda na infância permitirá que a criança transponha a qualidade para qualquer outra atividade que venha a realizar na vida.

** O filme *Lances inocentes*, de 1993, é baseado em sua história, no qual o próprio Waitzkin fez uma participação.

Ao vivenciar algo em alto nível – como a prática de esporte – você aprende a trabalhar duro, a se esforçar, a funcionar sob estresse e pressão e como lidar com falhas e fracassos. Dessa forma, cria ferramentas para chegar ao sucesso e se preparar melhor para a vida, seja qual for o seu novo propósito. Vi esse processo de perto, acompanhando o desenvolvimento das minhas filhas. Percebo como elas, ao conversarem com técnicos desde pequenas, aprenderam a ouvir e a se comunicar com confiança, assertividade e respeito com figuras que representam autoridade, como professores em seu dia a dia e recrutadores (mais recentemente, com a experiência de buscar uma universidade em que pudessem desenvolver seus sonhos e jogar).

Um dos meus primeiros técnicos da Seleção Brasileira foi Eduardo Abla, conhecido como Duda. Ele possui, até hoje, a crença de que quando atuamos com determinação, beirando uma obsessão por nossos sonhos, movemos tudo ao nosso redor, desde conexões, hábitos, escolhas a práticas que nos levam a fazer uma melhoria incremental por dia. Lembro como ele me sinalizou, após ser escolhida entre uma das melhores jogadoras, para subir no palco na cerimônia de encerramento de um torneio mundial no Canadá para discursar sobre nosso pioneirismo e a rápida evolução da modalidade feminina do polo aquático brasileiro. Fomos muito aplaudidas e recebemos vários elogios por compartilharmos a nossa história recente e já com resultados positivos. Duda me pegou completamente de surpresa, mas segui suas instruções e pedi o microfone. No final do dia, ele me abraçou e disse: esse foi seu aprendizado do dia e contribuiu para semear nossa jornada esportiva mundial.

Quando deixei de jogar polo aquático profissionalmente e passei a trabalhar no mundo corporativo, introduzi muitos dos valores que havia aprendido na minha jornada esportiva nas minhas novas motivações. Utilizei, por exemplo, a determinação que desenvolvi como atleta para criar uma mentalidade de autossuperação na empresa.

Se ensinados desde cedo, esses valores do esporte podem trazer benefícios lá na frente para além da saúde e condicionamento físico. Para os adolescentes, a prática esportiva é capaz de melhorar a autoestima, justamente nessa fase marcada pelo desenvolvimento da própria identidade e temores sobre o futuro, deixando a caminhada mais tranquila.

A nigeriana Simidele Adeagbo praticou esportes desde pequena na escola, quando sua família morava nos Estados Unidos. Na adolescência, tentou diversas modalidades, como hóquei, vôlei e basquete. Mas a que ela mais se identificou foi o atletismo. Ela sonhava em se tornar uma atleta olímpica no salto triplo e chegou muito perto de se classificar.

Depois de dez anos, Simidele encerrou sua carreira esportiva e foi para a vida corporativa, onde demonstrou a mesma qualidade, no sentido destacado anteriormente, sendo contratada pela maior fabricante de artigos esportivos do mundo, a Nike. Dentro da empresa, recebeu a proposta para trabalhar em Johannesburgo, na África do Sul e percebeu que havia uma diferença de como as pessoas nos outros continentes imaginavam a África e como ela realmente era. O continente tinha a imagem de fome e guerras, e não de vibração e de uma economia pujante, em crescimento, com mais de 400 empresas bilionárias. Viajando por diversos países africanos, descobriu belezas que ela própria não conhecia. Foi aí que ouviu um chamado interno para mudar essa narrativa e, para isso, precisava de uma guinada pessoal.

E foi o que fez ao se tornar a primeira nigeriana a disputar Jogos Olímpicos de Inverno, em Pyeongchang, na Coreia do Sul, em 2018, e a primeira mulher negra e do continente africano a disputar a prova do Skeleton, uma das mais difíceis do torneio. Nela, a atleta desce sozinha em um trenó, deitada com a cabeça à frente numa pista sinuosa e estreita, podendo atingir mais de 120 quilômetros por hora no gelo congelado, com o rosto a poucos centímetros do solo, sem cinto de segurança ou freio.

Na ocasião, ela tinha 36 anos e estava há dez anos sem praticar um esporte de alto nível. Quando começou no Skeleton, sentindo-se um peixe fora d'água, e encarando a dificuldade de conhecer todo um mundo novo de termos, equipamentos e movimentos, ela se lembrava do propósito de fazer aquilo: mudar a imagem da mulher africana para o mundo. Para isso, cuidou dos detalhes de sua apresentação, com vários simbolismos em seu equipamento que remetiam ao continente. Por fim, ela se comprometeu de corpo e alma com aquele propósito. "Depois de fazer história em Pyeongchang, estou me preparando para os Jogos de 2022, pois as narrativas não mudam do dia para a noite, é uma evolução e há muito trabalho a ser feito (...) eu sou uma pessoa comum, como todo mundo, mas eu fiz uma escolha de mudar uma narrativa, pensei em como fazer isso e sigo nesse compromisso. Isso mostra que você também pode mudar qualquer narrativa na sua vida pessoal e profissional."[7]

Dessa forma, Simidele extrapolou o seu propósito individual, mas mostrou que o esporte pode ser responsável também por transformações sociais.

O PODER SOCIAL DO ESPORTE

O queniano Abel Mutai, medalha de bronze nas Olimpíadas de Londres-2012 nos 3 mil metros com obstáculos, estava prestes a ganhar uma prova de *cross country* em Burlada, Navarra (Espanha), em 2013. No entanto, ao final da corrida, se confundiu com a sinalização, relaxou o ritmo e começou a cumprimentar o público, pois acreditou que já havia cruzado a linha de chegada, quando ainda faltavam alguns poucos metros. O segundo colocado, logo atrás, o espanhol Ivan Fernandez Anaya, vendo que seu adversário estava errado, não quis aproveitar a oportunidade para acelerar e vencer. Ele permaneceu às suas costas, gesticulando para que o queniano compreendesse a situação, conduzindo-o até o final da corrida.

Os jornalistas então perguntaram ao espanhol: "Por que você fez isso?". Ele, surpreso, respondeu: "Isso o quê?". Ele não havia considerado a possibilidade de vencer por um erro de seu adversário que nada tinha a ver com a sua capacidade atlética. "Você o deixou ganhar", disse o jornalista. "Eu não deixei, ele ganhou a corrida", respondeu Anaya.

A competitividade, tão importante para motivar a busca da superação, pede grandeza técnica e moral. É o chamado *fair play*, que pode ser levado a todas as esferas da vida. O termo em inglês foi criado em 1896 pelo barão francês Pierre de Coubertein, idealizador dos Jogos Olímpicos da era moderna, com o intuito de que a lealdade e o respeito caminhassem juntos com a competição.

O espírito olímpico é uma filosofia de vida, um modelo de referência para os relacionamentos dentro e fora do esporte. Ele incentiva o desenvolvimento do caráter e constrói a consciência cidadã, que é capaz de transformar desde pequenos núcleos, como o familiar, até a sociedade. O esporte ajuda a inspirar e educar para o propósito de construir um futuro mais justo para todos.

Meu pai, levou os valores que aprendeu no esporte para sua gestão na Associação de Jornais. Em 1992, ele implementou o projeto "Ler", que propôs uma ação conjunta entre todos os veículos de notícias (com 85% de todos os jornais de circulação) ao criar um suplemento educativo.

O objetivo era reforçar o compromisso social do jornal, de pensar no leitor do futuro, contribuir com a qualidade de educação e com a formação de cidadãos críticos e independentes. A iniciativa foi bem recebida por escolas, professores, estudantes e pais, assim como pelos parceiros comerciais. O projeto ajudou na consolidação da cidadania e da democracia no país.

Raí nem tinha encerrado sua carreira como atleta quando também se engajou em um propósito de melhorar a sociedade. Em 1998, criou a Fundação Gol de Letra, que busca educar, por meio do esporte e da cultura, crianças, adolescentes e jovens em um contexto de proteção social em diversos estados do Brasil. "Sempre o que me moveu foi trabalhar para influenciar o meio, seja micro – time e equipe – ou no macro – o país e a sociedade – como faço na Gol de Letra", ele me contou.

Raí me explicou, durante a nossa conversa, que o projeto pedagógico da Fundação foi baseado numa metodologia francesa. "Fizemos a formação de agentes comunitários, que poderiam disseminar atividades esportivas no bairro, organizar campeonatos, entre outras ações."

O projeto deu tão certo, que o governo do Estado de São Paulo o adaptou para um curso técnico, ou seja, a metodologia da Fundação se tornou política pública. Hoje esse projeto se chama Etec de Esportes – o primeiro de formação de jovens estimuladores da prática esportiva. A Fundação Gol de Letra certamente tem impactado as novas gerações, tendo reflexo no desenvolvimento da sociedade.

A família teve um papel importante para reforçar em Raí essa preocupação social. Seu pai mostrava para ele e os irmãos as injustiças e desigualdades no mundo. "Como ele veio da pobreza, nos instigava a pensar sobre aquilo". Tanto que, além do Gol de Letra, Raí também ajudou a fundar o movimento Atletas pela Cidadania – que depois se transformou em Atletas pelo Brasil. A ONG luta por mudanças na legislação e por políticas públicas que incentivem a prática esportiva.

Brenda Villa, uma das maiores vencedoras do mundo do polo aquático, também cresceu apoiada nos valores da família e sempre lutou pela abertura social de inserção e diversidade no esporte. Como filha de imigrantes mexicanos, foi apresentada ao polo aquático ainda jovem. Após uma jornada com muitos sonhos, valores e propósito, e a conquista de quatro medalhas olímpicas, sentiu a emoção quando nomearam o centro aquático na pequena cidade de Commerce, onde nasceu, com seu nome. "Da educação familiar, aprendi que a escola vinha em primeiro lugar, mas com meus sonhos e competitividade, agarrei-me à oportunidade esportiva. Como tive a chance de jogar polo aquático praticamente de graça enquanto crescia, isso permaneceu na minha mente. Sempre pensei em acesso e oportunidade, e isso me foi dado, então, quando me aposentei da carreira esportiva, queria ter certeza de que poderia retribuir."

Após se aposentar, ela iniciou uma organização sem fins lucrativos chamada Projeto 2020, que impactou centenas de crianças em sua comunidade local. Recentemente, com o intuito de atender comunidades com poucos recursos em todo os Estados Unidos, fundou a Brenda Villa Foundation.[8] Ela também é membro do conselho do USA Water Polo, o órgão regulador nacional do esporte e de outros comitês importantes. "Meu propósito hoje é contribuir para um mundo mais inclusivo, que compartilha o entendimento e a tolerância e que transmita para as crianças valores como integridade, lealdade, autenticidade, diversidade e de forte conexão com os familiares."

TRANSIÇÃO DE CARREIRA

Enquanto servia à Seleção Brasileira de Polo Aquático, meu pai, paralelamente, sempre estudou e trabalhou. Cursava Engenharia, quando participou da sua primeira Olimpíada, em Tóquio-1964. Ele se formou em 1966 e começou a trabalhar na Companhia Lithographica Ypiranga. Dois anos após, conciliou as Olimpíadas da Cidade do México com o emprego. Ele jogou polo até 1974 e, embora o esporte não fosse profissional, sua rotina de treinos e competições era tão intensa quanto. Treinava antes e depois do trabalho, jogava aos finais de semana e viajava para competições.

Meu pai encerrou a sua carreira no polo aquático quando estava ainda no auge de seu desempenho por iniciativa própria. "Assim como é importante saber a hora de entrar, é importante saber a hora de sair", ele sempre me disse. Especialmente para a sua despedida, a Confederação Brasileira de Desportos Aquáticos organizou dois campeonatos, um no Rio de Janeiro e outro em São Paulo, as duas cidades em que a prática de polo aquático era mais expressiva. Como homenageado, ele jogou a primeira metade de cada jogo para o seu clube Paulistano e a outra metade, para a Seleção.

As arquibancadas estavam cheias, atletas e dirigentes da confederação e do comitê olímpico brasileiro discursaram. Foi uma cerimônia que marcou o fim de uma etapa de vida do então capitão da Seleção Brasileira. Em seu discurso, meu pai enfatizou: "Essa será a minha última partida de polo aquático em minha vida". Eu me lembro da minha avó paterna me contando, orgulhosa e com lágrima nos olhos, sobre as palavras de agradecimento ditas ao meu pai e sobre o que representou assisti-lo jogar, pela última vez, o esporte que ele dominava com maestria, produto de anos de prática e dedicação. Depois de sua despedida, meu pai cumpriu sua promessa e nunca mais voltou às piscinas para jogar. Ele entrou para o Grupo Folha, onde teve uma carreira bem-sucedida como executivo.

Somente quando eu comecei a jogar e pedi para que me ensinasse o polo aquático é que ele retornou para as piscinas, tanto para treinar comigo, como para ser parte ativa da minha rede de estímulo e apoio em um novo esporte.

Foi uma transição planejada, muito bem pensada, no entanto, nem sempre é possível preparar o terreno para uma mudança de carreira, seja na vida atlética ou profissional. Essa passagem, muitas vezes, não é assim tranquila.

Quando analisamos o cenário dos jogadores de futebol, esporte mais popular no Brasil, percebemos que a realidade é complexa. Muitos jovens começam a praticar a modalidade, sonhando com uma vida melhor e um futuro tranquilo. No entanto, um estudo mostrou números alarmantes sobre salários dos jogadores de futebol no Brasil. A pesquisa revelou que 45% deles ganhavam até um salário mínimo. Outros 42% tinham entre um e dois salários mínimos, enquanto 9%

dos atletas recebiam entre 2 e 20 salários mínimos.[9] Apenas 4% dos atletas profissionais ganhavam acima de 20 salários mínimos, que são os nomes dos grandes clubes do Brasil, tanto da Série A quanto da Série B do Campeonato Brasileiro.

Ou seja, a grande maioria não consegue formar uma poupança para garantir uma transição de carreira tranquila quando deixar o esporte. E em meio à rotina de treinos, jogos aos finais de semana e poucas horas de lazer, dificilmente conseguem estudar e se preparar para outra profissão.

Acredito que a preparação para o final de uma carreira atlética deva começar assim que iniciarmos a perseguir o sonho esportivo. E como fazer isso? Dedicando-se à educação e buscando uma especialização que responda aos seus anseios.

Durante a minha carreira de esportista, nunca deixei outras formações de lado e isso veio muito de meus pais que sempre enfatizaram a importância do desempenho acadêmico além do esportivo. No Brasil, conciliava os campeonatos com a faculdade, enquanto na Itália, aproveitei para fazer uma pós-graduação em Economia. Nem sempre era possível manter o ritmo dos treinos e viagens com o calendário escolar, mas buscava sempre acordar com os professores a melhor alternativa. Mesmo nas férias das temporadas esportivas, buscava aprimorar meu conhecimento ao trabalhar em empresas. Quando voltei da Itália, entrei em um excelente programa de *trainee* do mercado financeiro, no Unibanco, e pude colocar em prática o que havia estudado.

As habilidades adquiridas durante a fase esportiva não se perdem nunca. A capacidade organizacional e de administrar a energia e o tempo, a adaptabilidade diante de diferentes cenários e transformações, o sentido de dedicação e perseverança e o trabalho em equipe foram habilidades reconhecidas por meu primeiro gestor que defendeu a minha contratação no banco. Mais tarde ele me contou que o departamento de Recursos Humanos o questionou o porquê de contratar uma atleta que teria ainda compromissos com a Seleção Brasileira. Sua resposta foi: "Porque um atleta é preparado para superar limitações diárias e desempenhar com excelência os seus objetivos, não importa se é no campo esportivo ou no ambiente de trabalho". A diferença está na forma de pensar, de se dedicar e agir em prol dos objetivos.

Bruno Schmidt, campeão olímpico no vôlei de praia nas Olimpíadas do Rio de Janeiro-2016, me disse: "A transição é a parte mais difícil para todo atleta, pois dedicamos a nossa vida àquele sonho. Aos 20 e poucos anos, achamos que o tempo nunca vai passar, mas com 30 e poucos, percebemos que ele passa rápido. Eu, por exemplo, estou começando a me preparar. Há quatro anos eu só jogava vôlei de praia, agora estou estudando à noite, fazendo faculdade de Direito. Cada hora do meu dia é ocupada. É cansativo, mas sei que valerá a pena".

Ele me contou que ainda não tem uma data exata para se aposentar. "Estou vivendo um dia de cada vez, vivendo a minha paixão pelo vôlei de praia e ao mesmo tempo plantando uma semente que colherei no futuro." Apesar da opção de não seguir trabalhando com o vôlei, ele foi enfático: "Sem dúvidas, usarei tudo o que aprendi com o esporte em qualquer coisa que eu faça; o aprendizado mais importante é que 'nada vem fácil, tudo depende de muita dedicação'".

Além da própria dedicação do atleta, também é essencial o poder público e os clubes pensarem em uma estrutura que o prepare para o futuro. Junto com sua carreira esportiva, o aquapolista Felipe Perrone fez graduação e pós-graduação em Gestão Esportiva. Ele também se formou como treinador. "Sei que é muito difícil voltar a viver em outros âmbitos o que eu vivo agora no polo aquático, mas vida não acaba depois do esporte."

Ele me contou que a Espanha tem espaços que se preocupam com o futuro dos atletas. São os chamados Centros de Alto Rendimento (CAR), que selecionam jovens talentosos em todo o país que, além da estrutura para treinamentos e desenvolvimento esportivo, propiciam a formação educacional dos atletas. O CAR possui uma residência para atletas de futebol, handebol, vôlei, hóquei, tênis, natação, ginástica, taekwondo, entre outras modalidades. Lá contam com auxílio de fisioterapeuta, médico, e tem todo o apoio necessário para o desenvolvimento físico e intelectual.

Na Espanha, também há cotas de vagas em universidades para preparar esses atletas para o futuro. "Hoje em dia, na Seleção Espanhola de Polo Aquático, temos engenheiros, advogados... Eles não conseguem exercer agora, mas já estão preparados para a transição", explicou-me Perrone.

Nos Estados Unidos, as universidades exercem um papel fundamental na educação e preparo de atletas após a carreira esportiva. As bolsas de estudos são sempre muito disputadas. A chave é o incentivo que existe para o atleta continuar estudando e, simultaneamente, treinando em times competitivos das próprias universidades. O estudante-atleta ganha ao ter uma carreira mais longínqua no esporte, sem deixar em segundo plano seus estudos.

A DIFÍCIL HORA DE PARAR

Para mim, um dos meus grandes sinais de que deveria interromper minha carreira esportiva foi quando, antes de um jogo contra a Rússia, um time que tende a jogar com maior contato físico na água, senti um cansaço por ter que enfrentá-las. Isso nunca tinha me acontecido antes. Aquilo foi um sinal importante para mim e, a partir daquele momento, comecei a fazer minha transição.

Esse momento não é fácil, seja no esporte ou na carreira corporativa. Ter a consciência de que tudo acabará um dia para uma nova etapa se iniciar é um ponto importante para facilitar o processo de mudanças ao sair de uma zona de conforto que estávamos familiarizados.

O processo de nos prepararmos, quando possível, nos permite refletir e ter maior entendimento dos fatos. Quando estava para parar, com cerca de 34 anos, Raí começou a fazer terapia com uma psicóloga. "Essa decisão foi fundamental e fez com que eu aprendesse coisas sobre mim mesmo que eu iria aprender, mas talvez demorasse muito." Ainda jogando como atleta profissional, fez cursos e fundou a Fundação Gol de Letra. "Muita gente, quando para, pensa em ficar um ano para decidir o que fazer; para mim foi bom já ter uma atividade em seguida, mesmo que eu tivesse vontade de fazer outras coisas."

Tal Ben-Shahar foi atleta de Squash e desde os 16 anos já pensava: "O que farei quando tiver 30 anos e tiver que me aposentar? A solução para isso em minha mente era: tornar-me treinador e continuar uma carreira ligada ao esporte".

No entanto, o destino não contribuiu com seus planos. Ele me contou que aos 21 anos teve que forçosamente mudar de rumo. "Eu me machuquei gravemente – isso encerrou minha carreira no squash. Eu me lembro de ir ao médico. Ele disse que eu precisava fazer uma operação extremamente delicada na coluna em que ele não podia garantir o resultado. 'Ou você faz a operação ou desiste de suas aspirações esportivas profissionais'. Desisti, não foi uma escolha muito difícil, não queria fazer uma cirurgia tão arriscada."

Naquele momento, Ben-Shahar entrou em crise. "O que me ajudou muito foi algo que meu treinador de squash – um verdadeiro filósofo e intelectual – me disse: 'Você vai encontrar outra coisa para se apaixonar e vai poder continuar a ser o que era como atleta. Eu o ouvi e não acreditei totalmente. Porque não havia nada no horizonte para mim. Mas ele estava certo. Levei quase dois anos para encontrar outra coisa pela qual eu fosse apaixonado, a filosofia e a psicologia, às quais me dedico até hoje."

Com essa experiência, Ben-Shahar ensina que, ao saber que algo que você gosta e se dedica irá acabar, é importante perguntar como utilizar as habilidades e pontos fortes que possui em outras circunstâncias da vida, de forma que você possa continuar no caminho da excelência. "Excelência não é participar das Olimpíadas, nem subir ao pódio. Claro que isso é bom, é importante e motivador. Mas a excelência está no caminho para o pódio, no negócio que você está começando ou no livro que está escrevendo", finalizou.

Nessa minha fase de vida, eu reencontrei meu propósito. Porém não foi fácil. A minha saída do banco não aconteceu da forma que eu havia planejado. Situações que nos pegam de surpresa nos deixam sem ação e com incerteza do futuro.

Ao escrever este livro e criar uma empresa focada no desenvolvimento do potencial humano, achei um novo caminho. Combinei os valores que sempre prezei em minha vida (alta performance e excelência de atuação) para inspirar e orientar transformações em indivíduos, times e organizações. Com a coragem de experimentar, descobri na ciência da felicidade e na psicologia positiva uma forma de traduzir os conceitos e sustentar esse trabalho com leveza e simplicidade no dia a dia. Eu me realizo cada vez que percebo que ajudei alguém a ter uma jornada de vida mais harmoniosa, feliz e saudável.

Ter um propósito orienta nossas metas, decisões e escolhas diárias. O que nos permite aproveitar a jornada da vida no aqui e agora, que é enriquecida quando identificamos nossos valores mais profundos e alinhamos nossas ações a eles. Por isso, é importante sempre nos perguntarmos se estamos fazendo aquilo que realmente nos completa. Pois quando focamos naquilo que amamos e temos habilidade para realizá-lo, encontramos a excelência e a felicidade.

PONTOS PRINCIPAIS ABORDADOS NESTE CAPÍTULO

- O senso de propósito se desenvolve pela inspiração, é contagioso e tem o poder de influenciar positivamente quem está próximo.
- Líderes, pais e educadores devem oferecer uma visão que inspire pessoas e "arregaçar as mangas" na atuação, sendo um exemplo de ação.
- Ter um significado em nossas vidas nos dá forças para superar obstáculos, pois perseverar em um determinado caminho se torna uma escolha e não um sacrifício.
- Para evoluirmos em qualquer habilidade e obtermos sucesso, seja no esporte, no trabalho ou na vida pessoal, precisamos de motivação intrínseca e extrínseca.
- *Fair play* é um termo em inglês criado para ressaltar os valores como a lealdade e o respeito com a competição. Esse conceito pode ser expandido a todas as esferas da vida.
- O espírito olímpico é uma filosofia de vida que incentiva o desenvolvimento do caráter e constrói a consciência cidadã, capaz de transformar desde pequenos núcleos – como o familiar – até a sociedade.
- Em muitas situações, podemos repensar nosso trabalho de forma a trazer maior senso de propósito e significado. Pequenas mudanças podem fazer uma grande diferença.
- A preparação para o final da carreira esportiva deve começar assim que você iniciá-la. Investir em educação e no desenvolvimento intelectual nos traz maior segurança, autoestima e liberdade de escolhas.
- Mudanças não são fáceis. Ao saber que algo que você gosta e se dedica irá acabar, é importante se perguntar como utilizar as habilidades e pontos fortes que possui nas novas circunstâncias da vida.

PERGUNTAS PODEROSAS PARA REFLETIR

- Você tem baseado suas escolhas, metas e objetivos nas suas paixões, valores e propósitos?
- Com o que você realmente se importa neste momento? O que é significativo para você? Quem é importante para você?
- O que você tem priorizado agora que lhe apoiará em uma próxima fase de vida?
- Onde você tem feito a diferença? De qual forma, pequena ou grande, você está contribuindo para os outros e para o mundo?
- Você tem focado nos elementos significativos de sua vida?
- O que você pode fazer para encontrar mais significado e propósito no que faz atualmente, tanto na sua vida pessoal como no trabalho?

CAPÍTULO 12

FELICIDADE:
A MOEDA DEFINITIVA

"A felicidade é o sentido e a finalidade da vida, todo o objetivo e fim da existência humana."
– Aristóteles

"Muitas pessoas têm uma ideia errada do que constitui a verdadeira felicidade. Não é alcançado por meio da gratificação própria, mas pela fidelidade a um propósito digno. A felicidade deve ser um meio de realização, como a saúde, não um fim em si mesma."
– Helen Keller

Tínhamos passado o dia juntos na praia em família, praticando esportes e aproveitando a companhia uns dos outros. Eu morava nos Estados Unidos e fazia poucos dias que tinha chegado com meu marido e filhas ao Brasil para visitar minha família. O sol já havia se posto e eu me sentei ao lado do meu pai no sofá de nossa casa em Ilhabela, no litoral paulista, olhei em seus olhos e disse: "Pai, tenho uma proposta a fazer, quero escrever um livro sobre os aprendizados do esporte para a vida, preciso de você! Vamos juntos?".

Na época, estava passando por um momento de transição de carreira. Era um período cheio de incertezas e aquelas férias em família estavam sendo um verdadeiro oásis. Na noite anterior havia folheado diários antigos que encontrei no armário. Uma página em especial ficou gravada em minha mente durante todo aquele dia. Nela estava escrito em letras garrafais: "Cris, quando você irá finalmente ouvir o chamado para escrever um livro?".

Aquela pergunta foi como um feixe de luz em meio à escuridão, sinalizando a resposta que eu tanto buscava. O aceite de meu pai ao meu convite iluminou ainda mais o caminho que se descortinou à minha frente.

Cada conversa com ele, desde os primeiros diálogos, os primeiros rascunhos, as reuniões em que debatemos sobre o conteúdo de cada parte do livro, tudo tem sido muito prazeroso para mim. Vibro quando relaciono uma teoria e estudos empíricos com algo que vivenciei na prática e, com isso, aprimoro a forma como trabalho no desenvolvimento do potencial humano. Sinto um enorme entusiasmo ao interagir com atletas e pessoas da comunidade que compartilham suas expertises e experiências comigo.

A escrita deste livro tem me viabilizado um processo de pesquisa no mundo externo e no meu mundo interno. Quanto mais reflito sobre as intervenções da minha metodologia e os resultados do trabalho que realizo com o outro, mais aprendo sobre o que funciona para mim também.

Essa jornada se desdobrou em trocas maravilhosas com minhas filhas e com meu marido, ao ler para eles trechos das páginas que escrevi, compartilhar memórias e histórias de superação e persistência dos atletas entrevistados.

Além de receber sugestões valiosas, experimentamos momentos de profunda conexão durante o ano em que o mundo foi marcado pela pandemia do novo coronavírus, que impactou drasticamente as convivências sociais.

Em fases de mudança, nas quais enfrentamos uma sensação de vazio ou nos afligimos com as indeterminações, vale lembrar da metáfora de um jardineiro. Ele planta a semente, cria condições para que a árvore floresça e acompanha esse processo pacientemente, regando, garantindo a luz do sol, adicionando vitaminas quando necessário. A palavra paciência tem a mesma origem da palavra sofrimento,[1] o que significa que nela está embutida a ideia de aceitar – e deixar fluir por nós – emoções dolorosas que possam vir durante o nosso caminhar. O segredo está em encontrar a semente que queremos plantar, persistir e aproveitar cada etapa de transformação e evolução da jornada.

Chegando agora ao último capítulo deste livro, aprecio a beleza de acompanhar o desabrochar daquela semente plantada ao final de uma tarde ensolarada, no sofá de nossa casa de praia. Ficou ainda mais claro para mim que a felicidade está nas escolhas que fazemos em nosso dia a dia, naquilo que decidimos focar a nossa atenção e em estarmos profundamente conectados com nossos propósitos e com as pessoas que importam para nós.

JORNADA DE FELICIDADE

Praticamente em todo o mundo, as pessoas buscam a felicidade como um objetivo universal. Por ser muito mais do que a emoção de alegria, ela pode estar presente mesmo quando passamos por um momento difícil, e mesmo, doloroso.

Ou seja, ter uma vida plena não significa estar sorrindo e alegre o tempo todo.

Se a traduzimos como uma vida sem tristezas, acabamos nos frustrando e ficando desapontados, pois essa não é uma meta realista. Posso também almejar atingir um estado de serenidade completa e constante, porém, isso é viável? Não, embora permaneço trabalhando para criar momentos durante o meu dia, que sejam como "ilhas de serenidade". O segredo é como definimos a felicidade e o que decidimos perseguir.

Surpreendi alguns dos meus entrevistados com a pergunta "O que é felicidade para você?", e tive a grata surpresa de ouvir respostas inspiradoras e que destacamos nas próximas páginas.

O multicampeão do iatismo, Robert Scheidt, a associou à paternidade e à satisfação no que faz: "Hoje, para mim, felicidade é ver meus filhos sorrindo e com saúde. É desfrutar da companhia deles, da vida e realizar tudo o que for possível no esporte que eu amo".

Kahena Kunze, campeã olímpica e mundial de iatismo, seguiu um caminho similar: "Felicidade é estar com as pessoas que você gosta, fazendo o que você gosta. Quando isso acontece, até um dia não feliz é um dia feliz".

Para se ter uma jornada de felicidade precisamos ter clareza sobre os nossos propósitos e objetivos futuros. Isso não quer dizer que é a conquista dos nossos objetivos que nos trará a felicidade. Pelo contrário, ao alcançarmos um objetivo, podemos ter um pico de alegria e excitação que dura um dia ou poucas semanas, porém desaparece depois. A felicidade vem do processo de conquista de um objetivo que é significativo para nós.

Faço minhas as palavras do aquapolista Felipe Perrone, que participou de três Olimpíadas, duas pela Espanha e uma pelo Brasil. Ele me disse: "Felicidade é viver o agora, estar presente vivenciando aquilo que estamos fazendo".

É comum se acreditar que a relação entre sucesso e felicidade é de uma só via, ou seja, que é o sucesso que traz a felicidade, mas estudos científicos têm demonstrado que o contrário também é verdadeiro e muito mais durador. Uma pesquisa liderada pela pesquisadora e doutora em Psicologia pela Stanford University, Sonja Lyubomirsky, identificou que pessoas que vivem uma jornada de felicidade são mais bem-sucedidas em várias áreas da vida: têm melhores relacionamentos, mais possibilidade de prosperar no trabalho, vivem com melhor qualidade de vida e por mais tempo.[2] Também são mais criativas, produtivas e resilientes, tendendo a suportar melhor os momentos de dor pelos quais todos nós passamos. Portanto, a felicidade é um meio para alcançar a excelência e os resultados almejados.

David Boudia é um atleta norte-americano de saltos ornamentais, quando ele tinha apenas sete anos, assistiu pela TV aos Jogos Olímpicos de Atlanta-1996 e ali foi capturado pelo sonho de se tornar um atleta olímpico. "Eu passava sete horas na piscina todos os dias, meu único foco era ganhar uma medalha olímpica e o que me movia era a ideia de fama e sucesso que viriam a partir dessa vitória."[3] Ele se classificou para as Olimpíadas de Pequim-2008, quando tinha apenas 19 anos, e acreditou que aquela seria a sua grande chance. Ficou na décima colocação e por não ter atingido seu objetivo, entrou em uma depressão profunda.

Foi naquele momento que Boudia se deu conta de que focar somente nos resultados não era suficiente e estava minando sua possibilidade de sucesso. "Comecei a olhar ao meu redor, a me concentrar no momento presente e a valorizar a jornada", disse ele, que foi voltando aos poucos para os treinos enquanto desenvolvia essa nova mentalidade. Seu foco já não era o reconhecimento externo, mas a satisfação em dar o seu melhor e desfrutar do caminho rumo a seus objetivos. Em Londres-2012, ele conquistou a medalha de ouro na plataforma de 10m e de bronze na plataforma sincronizada de 10m. Sua história de aprendizados e evolução é um exemplo de como associar os elementos da felicidade com a busca pela excelência, caso contrário, os obstáculos do caminho se tornam insuportáveis.

O PARADOXO DA BUSCA DA FELICIDADE

Naturalmente, almejamos ser felizes. Entretanto, as pessoas que fazem da busca pela felicidade uma meta de vida, tendem a se sentir infelizes. Por quê? Como resolver esse paradoxo de que quanto mais perseguimos a felicidade, menos feliz ficamos?

"A felicidade é como a luz do Sol, se você olhar diretamente para ela, não conseguirá enxergá-la e até machucará os olhos. Mas se você utilizar um prisma para observá-la, toda aquela energia será decomposta nas cores do arco-íris. Ou seja, você estará observando a luz do Sol de uma maneira indireta. Devemos buscar os elementos que nos levarão à felicidade e não a felicidade diretamente. Ela não é o fim da jornada, mas algo a ser cultivado em nosso dia a dia", falou-me o meu professor especialista em Psicologia Positiva e Ciência da Felicidade, Dr. Tal Ben-Shahar.

Ele propõe que, para vivermos uma vida plena, precisamos trabalhar em cinco elementos, que ele denominou de SPIRE, um acrônimo para as seguintes palavras em inglês: espiritual (*spiritual*), físico (*physical*), intelectual (*intellectual*), relacional (*relational*) e emocional (*emotional*). Ben-Shahar enfatiza que esses foram os elementos que ele identificou, mas cada um de nós pode identificar um ou outro aspecto importante para as nossas vidas que não esteja contemplado em seu modelo.

A dimensão espiritual não está associada exclusivamente à religião, mas a identificar os nossos propósitos, alinhar nossas escolhas e metas a eles e à nossa capacidade de encontrar um sentido naquilo que fazemos e vivenciamos. Ao acordar pela manhã e mergulhar na escrita de um capítulo de meu livro ou focar em uma conversa importante com uma de minhas filhas, essas atividades possuem um significado tão relevante para mim, relacionadas ao meu propósito de vida, que estou atuando em meu bem-estar espiritual.

A importância do aspecto físico se baseia na conexão mente-corpo. Tudo aquilo que fazemos – ou não fazemos – com nossos corpos influencia a nossa mente e vice-versa. Se eu me exercitar regularmente, cuidar da quantidade e qualidade do meu sono e me alimentar de maneira saudável, estou cultivando o bem-estar físico.

O elemento intelectual compreende o aprendizado em profundidade, como quando nos dedicamos a saber mais sobre o mundo, temas de nosso interesse, arte, música, filosofia, religião, outras pessoas e sobre nós mesmos também. Ao ter a coragem de experimentar e aprender sobre coisas novas, refletindo acerca disso, contribuímos para nosso bem-estar intelectual.

O aspecto relacional se refere a nos conectarmos autenticamente com as pessoas. Como falei nos capítulos anteriores, a qualidade dos nossos relacionamentos está associada ao bem-estar, à saúde mental e à longevidade. O gerador número um da felicidade é o tempo que passamos com as pessoas com as quais nos importamos e que se importam conosco. Se decido passar mais momentos com elas, estou investindo no bem-estar relacional.

Por fim, a dimensão emocional, está relacionada com nos darmos a permissão para ser humano, aceitando todas as emoções como legítimas. Ao deixar as emoções de dor fluírem por nós e nos permitirmos sentir alegria, conseguimos ressignificar as experiências e aprender com elas, construindo o bem-estar emocional.

Minha vivência no esporte se encaixava bem nessa forma de traduzir a felicidade por meio dos cinco elementos, análogos à luz do arco-íris. Havia a minha paixão e os meus propósitos de representar o meu país, evoluir e aprimorar o meu desempenho, dando o melhor de mim (aspecto espiritual). Eu me mantinha em plena forma, cuidando do meu corpo, sono e alimentação (aspecto físico). Praticava intensamente e engajava em um aprendizado profundo da parte técnica, tática e estratégica do esporte, além de investir em meu autoconhecimento e no conhecimento das pessoas ao meu redor (aspecto intelectual). Eu me sentia fazendo parte de uma comunidade, formei laços intensos, duradouros e autênticos com as companheiras de time e técnicos, os quais cultivo até hoje, e sentia a força do apoio da minha família (aspecto relacional). E, por fim, buscava aprender com a variedade de emoções que sentia, indo das mais dolorosas às mais prazerosas e em diferentes intensidades (aspecto emocional).

Há uma conexão entre os cinco elementos do SPIRE. Não é necessário investir o mesmo nível de energia em todos ao mesmo tempo. A maneira como decidimos atuar depende do *mesearch*, que significa uma pesquisa em nosso interior, para identificarmos e escolhermos em qual elemento priorizar em determinado momento da vida. O *mesearch* nos propicia identificar como nos sentimos no momento presente, o que esses sentimentos estão nos contando e onde precisamos aprimorar.

Também não é necessário que encontremos todos os elementos em uma só atividade, mas na maneira como equilibramos os diversos aspectos da nossa rotina. Enquanto trabalhava no banco, eu via sentido em minha atuação (aspecto espiritual), dedicava-me a encontrar as melhores soluções no relacionamento com clientes e para criar um ambiente de trabalho inclusivo e motivador para os colaboradores com diferentes origens culturais e formações em suas histórias de vida (aspecto intelectual).

Paralelamente, eu vivenciava a experiência de ser mãe, na qual aprendi sobre o amor incondicional e a conexão intensa de nossa família (aspecto relacional). Eu aprendi que precisava seguir com a prática esportiva para me propiciar mais calma durante o dia de forma a conseguir focar em minhas atividades intelectuais (aspecto físico). Também me mantive investindo em autoconhecimento e meditação, aprimorando a capacidade de leitura de minhas emoções (aspecto emocional).

Mudanças e ajustes de rota – micro ou mesmo macro – são importantes para que encontremos os meios, muitas vezes usando tentativa e erro para identificar o que funciona para nós e, dessa forma, desenvolver o nosso potencial pleno.

A base do que discutimos neste livro está associada ao pensamento sistêmico, que parte do princípio de que há uma interconectividade entre todas as partes de nossa realidade. Ou seja, as partes afetam o todo e o todo afeta cada uma delas. O que é chave no pensamento sistêmico é que, uma vez que entendemos a interconexão entre os diferentes elementos, podemos identificar as alavancas para mudanças que, por sua vez, impactará o todo.

A nossa felicidade funciona como um sistema, no qual todos elementos do SPIRE estão interconectados. Podemos introduzir mudanças em qualquer um dos elementos que afetarão todos os outros. Portanto, essa maneira de pensar holisticamente é o caminho para realizarmos nosso potencial para uma vida plena.

O EXEMPLO DE HELEN KELLER

A norte-americana Helen Keller, uma das escritoras que mais admiro, formou-se bacharel em Filosofia em 1904 e se tornou uma palestrante mundialmente famosa. Detalhe: ela ficou cega e surda de maneira irreversível ao contrair uma doença desconhecida diagnosticada como febre cerebral, aos 19 meses de vida.

Ela viveu na escuridão, na solidão e no silêncio por cinco anos. Até que seus pais trouxeram uma professora com deficiência visual de 20 anos, chamada Anne Sullivan. Em apenas um mês, ela ajudou Helen a se relacionar com o mundo com a palma de sua mão. Em um dos primeiros ensinamentos, colocou a mão de sua pupila na água fria e sobre a outra mão soletrou a palavra "água", primeiro vagarosamente, depois rapidamente. Dessa forma, os sinais atingiram a consciência de Helen, agora com um significado (de algo frio e fresco que escorria entre suas mãos). Logo, ela entendeu o conceito de linguagem e conseguiu soletrar usando seus dedos o que, em suas próprias palavras, abriu o seu mundo exterior.

Em 1933, Keller escreveu um ensaio intitulado *Three Days to See* (Três dias para enxergar), na revista cultural *The Atlantic Monthly*, dizendo o que faria se sua audição e visão fossem restauradas, mesmo que por um curto período de tempo. Em algumas linhas, ela acabou criando uma receita de uma vida feliz. Em seu texto, ela defende que devemos viver cada dia com bondade, vigor e apreço pelas coisas. Esses aspectos muitas vezes se perdem conforme o tempo se estende diante de nós.

Em sua maneira de encarar a vida, a escritora traduz o SPIRE na prática. No lado espiritual, ela acredita que pelo fato de não vislumbrarmos a finitude da vida ou dos nossos principais sentidos, acabamos deixando ações importantes para depois. Se vivermos cada dia como se fosse o último, apreciaremos mais o significado da vida. Achar um sentido para o que fazemos e experimentamos é chave em sua filosofia, assim como encontrar a beleza em diferentes lugares, como por exemplo na arte. Tanto que, em seu ensaio, ela diz que em seu segundo dia de visão, ela visitaria o *Metropolitan Museum*, em Nova York, contemplaria telas de artistas como Leonardo da Vinci, Rafael Sanzio e Rembrandt.

Keller, além de ser conhecida por seu lado intelectual, também levava uma vida ativa fisicamente. Ela fazia longas caminhadas nas montanhas, explorando o mundo físico por meio do toque e do cheiro. A escritora também dava grande importância às relações. Quando descreve o que faria no seu primeiro dia de visão, ela diz que gostaria de ver as pessoas cuja bondade, gentileza e companheirismo fizeram sua vida valer a pena. "Eu deveria chamar todos os meus queridos amigos e olhar longamente em seus rostos, gravando em minha mente a evidência externa da beleza que há dentro deles."[4]

A parte emocional está presente em seus relatos sobre a alegria de viver. Tanto que propõe um hipotético curso universitário sobre "Como usar os olhos", em que o professor mostraria aos seus alunos como poderiam adicionar alegria às suas vidas ao ver realmente o que passava despercebido diante deles.

"Eu, que sou cega, posso dar uma dica para os que veem: usem os olhos como se amanhã você fosse estritamente cego. E o mesmo pode ser aplicado a outros sentidos. Ouça a música das vozes, de um filhotinho de pássaro, os acordes poderosos de uma orquestra, como se amanhã você ficasse surdo. Toque cada objeto que deseja como se amanhã seu sentido tátil fosse falhar. Sinta o perfume das flores, saboreie com gosto cada pedaço, como se amanhã você nunca pudesse cheirar e saborear novamente."

CIÊNCIA DA FELICIDADE

A felicidade é o grande equalizador de privilégios, pois é um direito de todos. Ela não discrimina. É importante ressaltar que a ciência da felicidade não é uma panaceia – a cura para todos os males. Se as nossas necessidades básicas, de comida, água, moradia, sono e segurança não são atendidas, dificilmente conseguiremos falar sobre o significado na vida.

Entretanto, isso não quer dizer que as descobertas dessa ciência não possam beneficiar também pessoas que estejam passando por uma situação assoladora na vida. Ainda que estejamos atolados em atividades e situações de dificuldade, se fizermos ao menos uma atividade, em nosso dia ou na semana, na qual vemos um sentido profundo – como por exemplo, brincar com os filhos, cuidar de uma pessoa amada, andar em um parque –, mesmo que seja por alguns minutos, isso aliviará momentos de dor e aumentará o bem-estar.

Também podemos elevar a nossa felicidade se focarmos no presente e observarmos o que nos acontece de bom. Tendemos a lembrar as experiências negativas por diversas vezes e não nos damos conta das vivências positivas que tivemos durante o dia.

Uma das maneiras mais poderosas para aumentar nossos níveis de felicidade e resiliência, é a generosidade, quando nos dedicamos ao outro de forma consistente. Robert Greenleaf, renomado escritor e consultor na área de liderança, fez um estudo nos anos 1970 para identificar a característica essencial de líderes extraordinários em momentos de dificuldade extrema. O achado não foi relacionado a carisma, oratória, visão estratégica ou brilhantismo intelectual, mas ao fato delas serem *servant leaders,* algo como líderes servidores, em tradução livre. O papel primordial de um líder servidor é servir às pessoas que lidera, seja nas organizações, comunidades ou famílias, e sua habilidade de ouvir é sua principal ferramenta. Ouvir é uma forma de nos doar, doar nosso tempo, nossa atenção, doar parte de nós ao outro. Essa é a forma de doação que mais precisamos atualmente.

Ao me dedicar como mentora de alta performance e felicidade, meu objetivo é servir indivíduos e times em realizar seu potencial e em ser a melhor versão de si no momento presente. Para isso, o poder de escolha é chave. Ao escolhermos nos dedicar e exercitar os "músculos" dos elementos descritos nas quatro dimensões deste livro, teremos uma base de sustentação e inspiração para escolhas melhores e uma evolução contínua.

ONDE FOCAMOS O NOSSO OLHAR

Raí praticava e amava esporte desde a infância. No final da adolescência, sonhava em viajar pelo mundo e ainda não tinha clareza sobre os rumos que tomaria profissionalmente. Quando, aos 17 anos, sua namorada engravidou, ele não titubeou em assumir a responsabilidade, se casar e começar a trabalhar. "Eu já jogava futebol pelo Botafogo de Ribeirão Preto, o que estava em minhas mãos naquele momento era me profissionalizar. Passei a levar o esporte mais a sério e aquele se tornou o meu caminho."

Ele iniciou sua carreira num clube do interior de São Paulo, que tinha por hábito fazer uma roda de oração antes dos jogos. "Havia sempre um dos jogadores que dizia algumas palavras e puxava a cerimônia, até que um dia – eu tinha uns 19 anos –, não sei por qual motivo, pediram para eu falar. Fui pego de surpresa e deixei minha mensagem vir do coração: 'Eu queria agradecer aqui o privilégio que a gente tem de estar fazendo o que a gente ama e ainda ser pago para isso. Nosso trabalho é cuidar do nosso corpo e da nossa mente, não há privilégio maior que esse'. Sem querer, emocionei a todos. Há jogadores que até hoje comentam comigo: 'Nunca esqueci do que você falou naquele dia, você era ainda um jovem rapaz e nos tocou profundamente'."

Nosso nível de bem-estar é determinado por aquilo que decidimos focar a nossa atenção e na maneira como interpretamos os eventos que nos acontecem. Raí poderia ter se paralisado diante da notícia de uma paternidade precoce, mas optou por focar no presente e enfrentar a situação alinhado com seus valores, reconfigurando a rota de sua vida. Ao fazer isso, abriu-se um caminho para o qual ele escolheu se profissionalizar.

O verbo apreciar é digno de nota e muito especial. Apreciar possui dois significados. O primeiro é admirar, contemplar. Pode ser desde uma conversa ou um abraço de uma pessoa amada até vivenciar intensamente cada movimento dos atletas na final de uma prova olímpica, observar sua filha descobrindo algo novo brincando no jardim ou admirar um pôr-do-sol dentro do mar em um fim de tarde. Apreciar significa também aumentar em valor. Um recurso financeiro bem gerido, por exemplo, aprecia. Uma obra de arte pode apreciar com o passar do tempo.

Os dois conceitos estão interconectados. Quando apreciamos o bom e a beleza ao nosso redor, a vida aprecia, se valoriza, tornando-se ainda mais especial. Quando treinamos a nossa visão com consistência, o ato de apreciar as experiências positivas, torna-se um hábito. Por outro lado, quando consideramos as coisas como dadas e não apreciamos o seu valor, comprometemos o nosso potencial de alegria e sucesso, pois há uma depreciação do que é bom e belo.

Em um artigo publicado na revista científica *Journal of Personality and Social Psychology*, os psicólogos norte-americanos Robert Emmons e Michael McCullough, estudaram os efeitos da gratidão. Eles deram a seguinte instrução aos participantes de sua pesquisa: "Há muitas coisas na vida, pequenas ou grandes, pelas quais podemos ser gratos. Pense no dia anterior e escreva até cinco coisas de sua vida pelas quais você se sente agradecido". Os eventos anotados foram variados, como acordar pela manhã, a existência de sua banda preferida, ter assistido a certo programa de TV ou um ato de generosidade de um amigo.

Independentemente do que anotaram, o exercício diário de gratidão trouxe inúmeros benefícios. Eles se sentiram mais felizes, mais otimistas, mais propensos a trabalhar para atingirem as próprias metas, mais generosos e mais saudáveis fisicamente.[5]

Complementar a esse estudo, em 2014, as pesquisadoras israelenses Hadassah Littman-Ovadiaa e Dina Nir, demonstraram que, além dos exercícios de gratidão e apreciação sobre os eventos passados, apreciar os eventos futuros também traz benefícios.

Elas instruíram os participantes da seguinte maneira: "Pense em três coisas boas (itens, pessoas ou eventos) esperando por você amanhã e anote-as. Escolha uma delas e tente vivenciar os sentimentos associados a ela por cinco minutos". Eles fizeram o exercício todos os dias durante uma semana e o resultado foi que se sentiram mais otimistas, experimentaram menos emoções dolorosas e um menor nível de exaustão emocional.[6]

Tenho praticado uma adaptação desses exercícios com minhas filhas em casa. Iniciamos o dia visualizando três coisas que estamos animadas para que aconteça – seja uma prova, uma reunião, um treino, um encontro – e finalizamos o dia agradecendo as três coisas mais relevantes que aconteceram conosco. Essa pequena prática tem um efeito poderoso em mudar nossa perspectiva sobre os acontecimentos da vida e de nos estimular a viver no presente. É também um treino para o nosso "músculo da positividade", ao praticarmos olhar para o copo meio cheio ao invés de meio vazio.

Se focarmos em nossas ações, apreciando o que realizamos e que nos aconteceu de bom no passado, os benefícios se estendem para o aprimoramento da nossa performance, pois identificamos os aspectos a serem reforçados em nossas atitudes.

Qualquer que seja a forma como você pretende realizar o seu exercício de gratidão, em um diário, durante o jantar ou antes de dormir, é importante que ele seja feito regularmente

– como um ritual – e com intenção. Que você pare para pensar sobre o que importa para você e realmente se sinta grato. É isso que desencadeará uma espiral positiva de crescimento e bem-estar, fazendo com que estejamos mais conscientes e abertos para experimentar experiências positivas.

FELICIDADE NO MUNDO CORPORATIVO

Manifestar gratidão às outras pessoas, por exemplo, ao escrever uma carta de agradecimento e entregá-la a alguém, tem efeitos benéficos para quem escreve, quem a recebe e para o relacionamento em si. Isso é válido também para o ambiente corporativo e na prática esportiva, onde também deve ser estimulado o agradecimento e a apreciação das atitudes dos colaboradores e atletas.

No livro *Seu balde está cheio? O poder transformador das emoções positivas na vida profissional e afetiva*, os autores Donald Clifton, doutor e professor em Psicologia Educacional na University of Nebraska, e Tom Rath, consultor especialista em pontos fortes e bem-estar, explicam que todos nós possuímos um "balde invisível", que se enche ou esvazia o tempo inteiro, dependendo do que os outros nos dizem ou fazem. Quando o nosso balde está cheio, o nosso bem-estar aumenta, mas quando ele está vazio, nos sentimos frustrados, tristes ou esgotados. Além do balde, possuímos uma "concha invisível". Sempre que a usamos para encher os baldes das outras pessoas, dizendo ou fazendo algo que reforce as suas emoções positivas, acabamos enchendo também o nosso próprio balde. Por outro lado, toda vez que utilizamos essa concha para esvaziar o balde de alguém, enfraquecendo as suas emoções positivas, também acabamos esvaziando nosso balde.

Com essa metáfora, eles defendem que a maneira como tratamos as outras pessoas têm influência direta em nossa felicidade, produtividade, saúde e longevidade e também afeta esses aspectos no outro. A expressão da gratidão e apreciação pode transformar nossas relações no trabalho, na família e com todos com quem convivemos e deve ser estimulada.

O Google é uma empresa multibilionária, constantemente considerada uma das melhores companhias para se trabalhar.[7] Suas sedes são conhecidas por seus projetos arquitetônicos diferenciados e ao mesmo tempo focados na sustentabilidade, como a atenção à comunidade e preservação do meio ambiente. Os locais de trabalho são espaçosos e possuem áreas e atividades de lazer. A empresa estimula os colaboradores a se moverem mais – mantendo-se fisicamente ativos – e a se alimentarem de maneira saudável. Há uma cultura organizacional que valoriza a saúde física e mental. Apesar de ser uma gigante do ramo da tecnologia, a maior parte das iniciativas que a diferenciam pode servir como modelo por companhias de qualquer tamanho que estejam interessadas em fazer do bem-estar dos colaboradores uma prioridade.[8]

Este é um exemplo do pensamento sistêmico, no qual ao se trabalhar nos elementos do SPIRE, o sistema como um todo se beneficia. Isso vale tanto para a felicidade individual dos colaboradores, quanto para o sistema organizacional, com o aumento da produtividade e lucratividade da corporação.

Por que investir em aumentar a felicidade dos colaboradores de uma empresa? Ao se tornarem mais plenos, eles automaticamente se tornarão mais criativos, produtivos, resilientes, motivados, engajados e aptos a trabalhar em equipes.

O pensamento até recentemente prevalecente no campo das organizações era o mesmo oriundo da Revolução Industrial, no século 18, o de tornar os colaboradores mais eficientes, como se fossem máquinas em uma linha de montagem. Atualmente, com a evolução da tecnologia e a valorização das inovações, as necessidades organizacionais mudaram e há uma necessidade maior de que as pessoas sejam capazes de pensar fora da caixa, contribuam com suas habilidades e pontos fortes e trabalhem em equipe de forma colaborativa.

A metáfora da empresa como uma máquina perde espaço para a de um jardim, citada no início desse capítulo, na qual se busca criar condições para que os colaboradores floresçam, desenvolvendo em suas habilidades, ampliando seu conhecimento e realizando seu potencial. Dessa maneira, considera-se a individualidade de cada um e a interdependência de todos para que o jardim prospere e se beneficie como um todo.

A GENIALIDADE DO "E"

O lema dos Jogos Olímpicos vem da expressão em latim – *Citius, Altius, Fortius* – traduzida como "mais rápido, mais alto e mais forte". Ela representa as aspirações do propósito olímpico e um convite à autossuperação, tanto para os atletas quanto para a sociedade.

O segredo para uma vida plena está na genialidade do *E* e não na tirania do *OU*, como falamos em capítulos anteriores. Isso significa que um lema alternativo, "mais devagar, mais profundo e mais gentil" não deve ser pensado em oposição ao bordão olímpico, mas como uma adição a ele.

Na vida, há contextos em que precisamos de fato ser mais eficientes, fazer mais, escalar mais alto e há outros em que o ideal é focar em nos aprofundarmos, vagarosa e atentamente em uma atividade. Há momentos para sermos fortes e os que precisamos nos conectar com a nossa vulnerabilidade.

O piloto de fórmula 1 deve decidir parar ou não no *pit stop* para reabastecer e trocar os pneus. Essa é uma decisão estratégica, que pode fazer com que ele ganhe ou perca a corrida. A ideia de parar e sair da pista por uns instantes pode, a princípio, parecer uma perda de tempo, mas há vários casos de pilotos que ignoraram o *pit stop* e foram deixados na mão antes da linha de chegada, de maneira irreversível.

Garra e perseverança são habilidades cruciais para se atingir excelência, mas a chave está em saber quando é o momento em que devemos persistir e quando devemos rever as nossas metas. É preciso estar alerta se a nossa persistência está nos custando a saúde, nos levando a um esgotamento ou não e se está alinhada à nossa verdade. Há ocasiões em que fazer uma revisão das nossas metas e mudar a rota é a atitude mais inteligente, estratégica e corajosa a se ter. Somente desenvolvemos o nosso potencial quando a garra e perseverança está a serviço dos nossos valores e propósitos.

Há muito o que se aprender com o mundo exterior, com a quantidade de estímulos que chegam a nós, mas também há tanto para se aprender em nosso mundo interior e no silêncio. O que vemos hoje em dia, são pessoas chegando a um esgotamento, por ansiarem ir sempre mais rápido, ignorando os *pit stops* da vida, até que a situação se torne insustentável e, muitas vezes, irreversível.

Durante a pandemia pelo novo coronavírus, que se iniciou em 2020, o trabalho remoto se tornou uma realidade para um número expressivo de pessoas. Um dos desafios que se destacou foi a falta de limites entre os momentos de trabalho, lazer, cumprimento de tarefas domésticas e o cuidado com os filhos.

Lewis Senior, CEO e co-fundador da Equilibria, empresa de mentoria e treinamento para desenvolvimento pessoal e organizacional, sugere que é muito importante instituir essas fronteiras. "Muitas vezes precisamos de um lembrete externo para fazer essa diferenciação, como dar uma volta no quarteirão após o expediente do trabalho, ou até o uso de um cartão colado na porta do quarto no qual se lê 'escritório', que é retirado ao fim das atividades laborais."

Quando realizamos uma tarefa de cada vez, em uma era em que a multitarefa tende a dominar nosso dia, focamos a nossa atenção e nos conectamos com o momento presente, o que nos permite ampliar a produtividade, a qualidade do desempenho e o engajamento na ação. Além disso, estabelecer limites nos faz ter clareza sobre o tempo destinado às diferentes áreas da vida e detectar momentos para pausas restaurativas – que nos permitam reabastecer nosso reservatório de energia, sobre o qual falamos no capítulo 6.

Também precisamos de momentos de recolhimento, quando tiramos um tempo para ficar sozinhos e quietos e entrarmos em um estado mais introspectivo. A introspecção se refere a tomarmos consciência e refletirmos sobre nossas experiências internas, como os nossos pensamentos e sentimentos. Torná-la um hábito promove um aumento significativo do autoconhecimento e nos fortalece para lidar com os desafios cotidianos.

Devido às medidas de distanciamento social durante a pandemia por Covid-19, algumas pessoas ficaram isoladas, enquanto outras tiveram sua convivência com os membros da família intensificada. Interessante notar que a sensação de solidão não foi necessariamente aplacada por esse convívio intenso, pois habitar o mesmo local não significa se conectar e se relacionar *de fato* com as pessoas à sua volta.

Para quem aumentou o tempo com a família, os conflitos podem ter aumentado, o que é absolutamente natural. A dificuldade em resolvê-los, entretanto, pode ter sido maior devido à impossibilidade de cada indivíduo vivenciar esses momentos de recolhimento. É necessário um esforço deliberado para fazer essas pausas em nosso cotidiano.

Também cabe a nós priorizar o tempo para proporcionarmos encontros com as pessoas que prezamos. Pode soar estranho agendar um jantar com os seus familiares, com quem você passa o dia inteiro junto há meses, mas a questão aqui é a qualidade do encontro – é sair do automático e se conectar com as pessoas que você ama. Dentro ou fora da pandemia, criar oportunidades e rituais para cuidar das relações, consigo mesmo e com aqueles que importam para você, é um importante insumo para nossa saúde mental e felicidade.

Tal Ben-Shahar me contou que tem um combinado com sua família – sua esposa e seus três filhos – de assistirem a um filme juntos uma vez por semana. Durante uma semana, na pandemia, entretanto, ele teve um dia difícil. Por mais que quisesse, sabia que não estaria ali por inteiro. "Às 19h, eu disse a eles que não estava me sentindo bem e precisava de uns instantes sozinho; fui para o meu quarto, abri um livro, chorei um pouco por conta do ocorrido no dia e dormi. Na manhã seguinte, estava me sentindo um pouco melhor."

Além de exemplificar a importância de equilibrar os momentos sozinhos e em conexão com a família, seu exemplo ilustra como foi capaz de identificar as próprias necessidades e ser assertivo para saná-las. Como ele mesmo me disse: "Há momentos em que queremos ajuda para resolver um problema, em outros queremos apenas ser ouvidos e há ainda os momentos em que precisamos de um tempo para nós, para conseguir lidar com uma situação".

O autoconhecimento é chave para reconhecer o que será melhor para nós e solicitar compreensão, escuta ou auxílio para quem está ao nosso redor.

ESPERANÇA E EXPECTATIVA

O ginasta francês de origem argelina, Samir Ait Said, disputou sua primeira Olímpiada nos Jogos do Rio de Janeiro-2016. Para ele, aquele era um momento mágico e estava orgulhoso de representar seu país. No entanto, quando saltou sobre o aparelho denominado "cavalo", viu todos os espectadores assustados, com a mão na boca após sua aterrissagem. Alguns choravam na arquibancada, percebendo a grave lesão em sua perna. Samir caiu de mau jeito e sofreu uma dupla fratura exposta na perna esquerda. Todos pensavam que estavam presenciando o fim precoce de um jovem talento do esporte.

Mas isso não passava pela cabeça de Samir. Ainda no hospital, sem poder colocar os pés no chão, ele falou, confiante: "Acredite, a aventura de Tóquio ainda está no radar",[9] referindo-se aos Jogos Olímpicos que aconteceriam dali a quatro anos.

Quando conseguiu caminhar novamente, com a ajuda de um andador, mentalmente já estava começando ali sua preparação, mesmo com pessoas ao redor dizendo que era impossível. Mas para tornar este sonho real, ele teria que estar pronto muito antes e disputar a concorrida vaga para as Olimpíadas.

Depois de se recuperar da lesão e com apenas dois meses de treinamento, ele voltou a competir na etapa de Londres da Copa do Mundo de Ginástica, que o classificou para o Mundial em Montreal, no Canadá, em 2019. Ali, ele se preparou para a sua especialidade, as argolas, e tinha que ficar entre os três primeiros lugares para garantir sua vaga para Tóquio. Um quarto lugar acabaria com seu sonho. Com uma exibição quase perfeita na última série de exercícios, pulou para o terceiro lugar. "Todos nós temos golpes do destino, eu tive alguns, mas tinha que lutar!" A esperança, que nunca saiu de dentro dele, o fez seguir em frente.

O psicólogo norte-americano Rick Snyder foi um proeminente acadêmico da área de psicologia positiva, que ficou conhecido por realizar um trabalho pioneiro no estudo da esperança. Sua teoria propõe que as pessoas têm maior chance de modificar o seu futuro quando possuem tanto *will power* – que se refere à nossa força de vontade e o quanto desejamos modificar o nosso futuro -– quanto *way power* – conhecimento de como modificar o nosso futuro. É a união de pensamentos como "eu tenho a convicção que posso fazer isso e estou determinado a fazê-lo" com "eu sei como vou atuar para chegar lá, mesmo que o caminho seja árduo", que nos permite criar a sensação de esperança, como foi o caso do ginasta francês.

Pessoas esperançosas costumam ser mais bem-sucedidas e mais felizes. Elas costumam se sentir menos ansiosas e estressadas, lidando melhor com os desafios e obstáculos que aparecem em seus percursos. Um aspecto-chave está na maneira como as pessoas mais esperançosas interpretam as próprias emoções. Diante de uma situação adversa que nos leve a sentir uma emoção dolorosa, podemos considerar o sofrimento como permanente e abrangente ou como temporário e específico. Por exemplo, se um atleta está frustrado por não ter desempenhado bem em uma partida, ele pode ter pensamentos como *Estou frustrado agora e isso não vai passar* (permanente) ou *Eu estou muito frustrado, minha vida é horrível* (abrangente). Essa forma de pensar, faz com que a pessoa se sinta em uma situação sem saída.

Contudo, se os pensamentos forem *Eu estou frustrado agora, mas sei que esta sensação vai passar e me sentirei bem novamente* (temporário) ou *Estou chateado agora, mas já identifiquei o que devo aprimorar e como treinar essa nova habilidade* (específico), a pessoa tenderá a perceber a situação como manejável.

Indivíduos esperançosos tendem a interpretar as emoções como temporárias e específicas, o que faz com que vejam a si mesmos como agentes ativos e não como vítimas passivas da situação. Consequentemente, têm maior chance de se engajarem em atitudes que os aproximem do alcance de seus objetivos.

A esperança pode se manifestar também nas expectativas que criamos para os eventos futuros, que têm o poder de influenciar o comportamento de outras pessoas, como falei no capítulo 9, e as nossas próprias ações. As expectativas podem afetar até mesmo a resposta fisiológica do nosso corpo.

Em medicina, é chamado de efeito placebo quando um paciente melhora sua condição de saúde, por acreditar que recebeu um tratamento, mesmo que ele tenha sido tratado com um medicamento inócuo. Ou seja, a melhora da doença se deve a um efeito psicológico promovido por sua crença de que o medicamento recebido era eficaz.

Herbert Benson, professor da cadeira de Mind Body Medicine em Harvard Medical School, defende há mais de

40 anos a importância de se estudar esse efeito, que até hoje ainda não foi totalmente compreendido. "O efeito placebo provavelmente se inicia muito antes de o paciente tomar a pílula, está associado à relação que ele estabelece com o médico, à maneira como ele encara seus sintomas e as suas expectativas e convicções com relação ao tratamento."[10]

Quando meu pai me contava sobre suas experiências nas Olimpíadas, eu sonhava em viver algo similar, mas a modalidade do polo aquático feminino ainda não era reconhecida pelo Comitê Olímpico Internacional. Eu tinha muita esperança de que essa realidade pudesse ser modificada e contagiei minha família com o meu entusiasmo. Então, nos unimos a outras atletas, familiares e membros da comunidade esportiva que compartilhavam do mesmo sonho. Tudo aquilo se tornou uma grande expectativa coletiva e isso certamente influenciou as conquistas obtidas sobre as quais contei no capítulo 7 sobre a coragem de agir.

Em resumo, a esperança é essencial para alcançarmos as metas que são importantes para nós, que, por sua vez, vão guiar a nossa jornada de felicidade. É importante focarmos o nosso olhar e descobrirmos os elementos, externos e internos, que se farão presentes nessa caminhada, que terá como consequência uma vida bem-sucedida em muitos de seus aspectos.

PONTOS PRINCIPAIS ABORDADOS NESTE CAPÍTULO

- A psicologia positiva tem mostrado que pessoas que vivem uma jornada de felicidade são mais longevas, criativas, produtivas, resilientes, têm melhores relacionamentos e mais possibilidade de prosperar no trabalho.
- A alta performance não se sustenta se não estiver associada a uma jornada de felicidade.
- A nossa plenitude não vem da conquista dos nossos objetivos, mas do processo de alcançar aquilo que é significativo para nós.
- Devemos perseguir a felicidade de maneira indireta, trabalhando a nossa jornada interna relacionada aos aspectos espiritual, físico, intelectual, relacional e emocional.
- Nosso nível de bem-estar depende daquilo que decidimos focar e na maneira como interpretamos os eventos que acontecem em nossa vida.
- Quando apreciamos o bom e a beleza ao nosso redor, a vida aprecia, se valoriza, tornando-se ainda mais especial do que já é.
- Exercícios de gratidão, quando realizados de maneira consistente e intencional, têm um efeito poderoso em mudar nossa perspectiva sobre os acontecimentos da vida e de nos estimular a viver no presente, criando um hábito de focar nas experiências positivas.
- Empresas que investem no bem-estar de seus colaboradores têm funcionários mais felizes e, consequentemente, mais criativos, produtivos, engajados e aptos a trabalhar em equipes.

- A chave para uma vida plena está na genialidade do *E*, ao associarmos garra e persistência para alcançar nossos objetivos, com paradas estratégicas nos *pit stops* da vida para reflexão e realinhamento da rota.
- Há momentos na vida em que devemos buscar ser "mais rápidos, mais altos e mais fortes", assim como em outros precisamos ir mais devagar, de um modo mais profundo e gentil. Precisamos de ambos para prosperar.
- Pessoas que têm esperança costumam ser mais bem-sucedidas e felizes, além de se sentirem menos ansiosas e estressadas.

PERGUNTAS PONDEROSAS PARA REFLETIR

- O que é felicidade para você?
- Como estão os aspectos espirituais, físicos, intelectuais, relacionais e emocionais em sua vida? Qual elemento está precisando de sua maior atenção e investimento nesse momento?
- Em que aspectos da sua jornada você tem focado a sua atenção?
- Você pode citar três coisas pelas quais você é agradecido por ter acontecido hoje?
- Quais suas expectativas para o dia de amanhã? O que está para acontecer que lhe deixa animado?
- Você tem aplicado a genialidade do *E* em sua vida? Reflita sobre os exemplos práticos em seu dia a dia.
- Você tem permitido momentos de silêncio interno *E* de intensidade criativa ao longo de seu dia?

CONCLUSÃO DA DIMENSÃO 4

SIGNIFICADO E ESCOLHAS

Nessa quarta parte do livro, apresentei os aspectos que guiam as nossas escolhas e dão um sentido para a nossa jornada rumo à alta performance.

Nessa caminhada, no esporte ou em qualquer aspecto da vida, o autoconhecimento é um conceito-chave, que nos permite identificar nossos valores mais profundos e que exercitamos durante toda nossa vida.

Para realizarmos nosso potencial precisamos desenvolver um senso de propósito que orienta nossas metas e escolhas e nos permite aproveitar o percurso em direção aos nossos objetivos.

A felicidade não é consequência do sucesso, mas um fator essencial para alcançá-lo. Cultivá-la tem efeitos positivos sobre nossa saúde, bem-estar e é crucial para sustentar a alta performance.

No método WeTeam, o enfoque da nossa atuação está no desenvolvimento de um processo de autoconhecimento, de identificação de um senso de propósito e da aplicação dos elementos que exercitamos na ciência da felicidade. Nossa realidade é composta por aquilo em que focamos nossa atenção. E, quando focamos naquilo que escolhemos transformar e atuamos com consistência, encontramos a excelência.

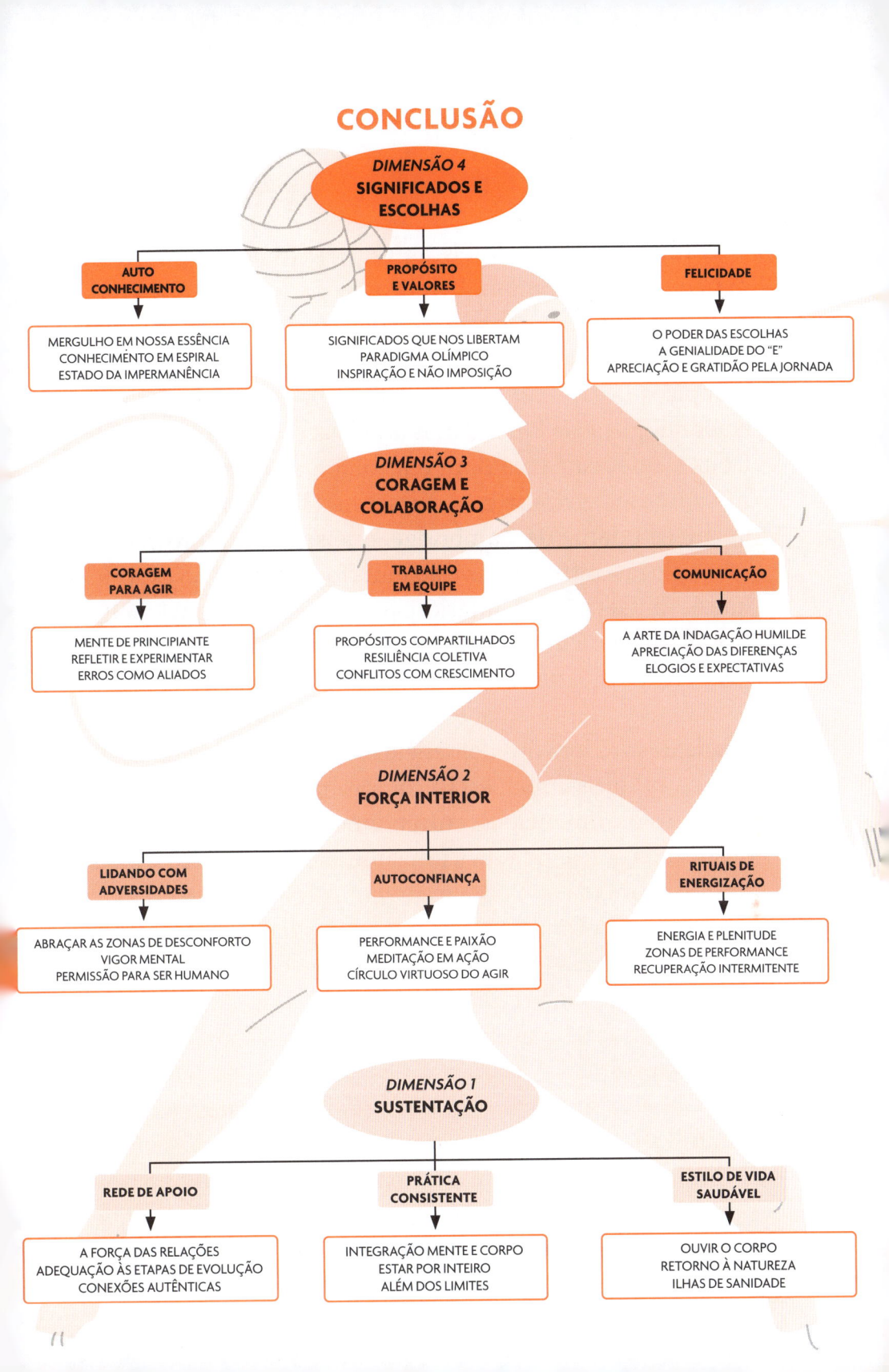

CONCLUSÃO

DIMENSÃO 4 — SIGNIFICADOS E ESCOLHAS

- **AUTO CONHECIMENTO**
  - MERGULHO EM NOSSA ESSÊNCIA
  - CONHECIMENTO EM ESPIRAL
  - ESTADO DA IMPERMANÊNCIA

- **PROPÓSITO E VALORES**
  - SIGNIFICADOS QUE NOS LIBERTAM
  - PARADIGMA OLÍMPICO
  - INSPIRAÇÃO E NÃO IMPOSIÇÃO

- **FELICIDADE**
  - O PODER DAS ESCOLHAS
  - A GENIALIDADE DO "E"
  - APRECIAÇÃO E GRATIDÃO PELA JORNADA

DIMENSÃO 3 — CORAGEM E COLABORAÇÃO

- **CORAGEM PARA AGIR**
  - MENTE DE PRINCIPIANTE
  - REFLETIR E EXPERIMENTAR
  - ERROS COMO ALIADOS

- **TRABALHO EM EQUIPE**
  - PROPÓSITOS COMPARTILHADOS
  - RESILIÊNCIA COLETIVA
  - CONFLITOS COM CRESCIMENTO

- **COMUNICAÇÃO**
  - A ARTE DA INDAGAÇÃO HUMILDE
  - APRECIAÇÃO DAS DIFERENÇAS
  - ELOGIOS E EXPECTATIVAS

DIMENSÃO 2 — FORÇA INTERIOR

- **LIDANDO COM ADVERSIDADES**
  - ABRAÇAR AS ZONAS DE DESCONFORTO
  - VIGOR MENTAL
  - PERMISSÃO PARA SER HUMANO

- **AUTOCONFIANÇA**
  - PERFORMANCE E PAIXÃO
  - MEDITAÇÃO EM AÇÃO
  - CÍRCULO VIRTUOSO DO AGIR

- **RITUAIS DE ENERGIZAÇÃO**
  - ENERGIA E PLENITUDE
  - ZONAS DE PERFORMANCE
  - RECUPERAÇÃO INTERMITENTE

DIMENSÃO 1 — SUSTENTAÇÃO

- **REDE DE APOIO**
  - A FORÇA DAS RELAÇÕES
  - ADEQUAÇÃO ÀS ETAPAS DE EVOLUÇÃO
  - CONEXÕES AUTÊNTICAS

- **PRÁTICA CONSISTENTE**
  - INTEGRAÇÃO MENTE E CORPO
  - ESTAR POR INTEIRO
  - ALÉM DOS LIMITES

- **ESTILO DE VIDA SAUDÁVEL**
  - OUVIR O CORPO
  - RETORNO À NATUREZA
  - ILHAS DE SANIDADE

O filme vencedor do Oscar, *Carruagens de Fogo*, de 1981, marcou minha infância. Lembro-me de assistir e me emocionar ao lado dos meus pais e dos meus irmãos. Baseado em fatos, a história gira em torno de dois jovens atletas olímpicos britânicos. Eric Liddell é um cristão devoto que acredita que suas habilidades atléticas são um presente de Deus e que usar esse dom em toda a sua extensão é sua maneira de retribuir esse presente. Harold Abrahams é judeu, estudante de Cambridge, que sonha em provar aos seus colegas antissemitas e ao mundo, por meio do esporte, que os judeus não são inferiores em aspecto algum. Lidell e Abrahams ganharam a medalha de ouro nos 400m e 100m rasos, respectivamente, nas Olimpíadas de Paris-1924.

Mais do que em suas conquistas, o filme foca na caminhada inspiradora dos dois atletas. Ambos têm um senso de propósito fortíssimo e estão comprometidos a alcançarem seus sonhos. Em meio ao enfrentamento das dificuldades e obstáculos que a vida lhes imprime, a obra enaltece a ideia de que a jornada ao pódio é a maior recompensa para todo esse esforço. A cena final dos corredores na praia, enquanto toca a música do grego Vangelis, que leva o mesmo nome do filme, até hoje me arrepia e me remete às minhas próprias vivências, quando, ainda criança, praticava esporte na praia com meu pai.

A melodia se tornou um hino de maratonistas por todo o mundo e, para mim, representa o poder de se aproximar da linha de chegada, com a certeza do esforço máximo despendido para estar ali. E é cantarolando essa música que recebo você nas últimas páginas deste livro. Espero que o seu percurso até aqui tenha sido de aprendizados e boas ideias para implementar em sua vida.

Minha missão com este livro é a de inspirar e fornecer as ferramentas – por meio do método WeTeam – para que você seja a sua melhor versão no momento presente e realize seu potencial em uma jornada de excelência e felicidade. A grande inspiração para o desenvolvimento do método foi a máxima que dá nome ao livro, de que o esporte é um palco para a vida. Minha vivência no polo aquático me levou para diferentes viagens e descobertas, dentro e fora de mim. O aprendizado foi indescritível, não somente na arena esportiva, mas também sobre a essência da natureza humana, a integração de nossa mente e nosso corpo, como superar limites e lidar com dificuldades.

A prática esportiva me uniu ainda mais à minha família, me ajudou a navegar e a identificar soluções na vida corporativa e a manejar os desafios de ser uma mãe presente para minhas filhas. Aprendi sobre a força de um propósito, de cultivar sonhos e da coragem para agir e experimentar. Vislumbrei o poder dos relacionamentos, das visualizações, da meditação e do estado de *flow*,* quando exercitamos algo que temos paixão e competência.

O poder do esporte, um laboratório que nos prepara para a vida e nos permite aplicar esses ensinamentos a qualquer outra atividade, ficou evidente também nas histórias de vida dos atletas que compartilharam seus aprendizados comigo e com meu pai, enquanto escrevíamos essas páginas. Foi muito gratificante perceber, em seus relatos, a mesma paixão

---

* *Flow* tem sido traduzido como fluxo e se refere a um estado mental altamente focado, no qual estamos imersos e totalmente absorvidos por uma experiência, como uma meditação em ação.

e o senso de propósito com a prática esportiva, que sempre tivemos em nossa família.

No método WeTeam, traduzi esses aprendizados, fundamentando-os cientificamente e embalando-os de uma maneira didática para melhor absorção e aplicação. As quatro dimensões estão interconectadas e fazem parte de um mesmo sistema, de forma que, ao se trabalhar em um dos elementos, todos os outros serão influenciados. Tudo se resume às escolhas que fazemos para transformar nossas vidas. Somos criaturas de hábitos bons e, outros, a aprimorar. A chave para introduzir um novo hábito positivo é focar na realidade.

AS QUATRO DIMENSÕES

Na Dimensão 1, falamos sobre a importância de uma boa base de sustentação para que tenhamos liberdade de escolha, enfatizando três aspectos fundamentais: uma rede de apoio, o investimento do nosso tempo, presença e dedicação em praticar nossas habilidades para evoluir e aprimorar constantemente e os cuidados com a nossa saúde.

Ter uma rede de apoio é importante na infância e ao longo de toda a nossa jornada. Ela pode ser composta por família, amigos, professores, técnicos, gestores, colegas de time e de trabalho, e inclui também o suporte de instituições, organizações e ações governamentais.

O tempo que passamos com as pessoas que amamos e que nos amam é o maior colaborador para a felicidade. Cultivar relacionamentos de qualidade, com quem possamos celebrar conquistas e compartilhar vulnerabilidades nos fornece a sustentação necessária para desenvolver o nosso potencial.

Para se alcançar maestria e domínio em qualquer competência, são necessários prática continuada e engajamento em aprendizado profundo. Momentos de treino devem ser encarados como se fossem uma competição, a qual nos dedicamos com toda a nossa atenção e foco no momento presente, buscando superar nossos limites e exercitar melhorias incrementais. A repetição consistente leva a mudanças neuronais, automatizando nossas ações e comportamentos, liberando-nos para agir de maneira mais estratégica.

Nosso corpo e mente estão interconectados, portanto, os cuidados com o corpo estão entre os detalhes que fazem a diferença na busca pela excelência em qualquer atividade. Uma vida saudável requer aderência à nossa natureza, compreendendo a necessidade de nos mantermos fisicamente ativos, nos alimentarmos adequadamente e, até mesmo, de nos dedicarmos ao descanso e ao sono e nos permitirmos o toque humano. Por exemplo, um abraço forte, que passa tanta energia e que está em falta nos dias de hoje com os avanços das interações virtuais.

Na Dimensão 2, discutimos sobre como podemos nos conectar com a nossa força interior para lidar com os desafios e obstáculos do caminho, tanto rumo à alta performance, como nos altos e baixos da vida. Os elementos essenciais são: o olhar ao lidarmos com as adversidades, autoconfiança e a prática de rituais de energização.

Nos últimos anos, temos acompanhado um aumento no número de pessoas com diagnósticos de ansiedade, solidão e depressão em diversos países do mundo. Não somente a quantidade de pessoas impactadas tem aumentado, mas a média de idade delas vem caindo. Ou seja, mais e mais jovens estão passando por isso. Essa é uma preocupação que impacta pais, educadores, gestores e a todos nós. Com a pandemia pelo novo coronavírus, ficou explícito que necessitávamos não apenas da imunidade à doença, mas também desenvolver nossa imunidade psicológica. Isso não quer dizer que não adoeceremos mais e, sim, ficaremos menos propensos a ficar doentes e, quando isso acontecer, nos recuperaremos com maior rapidez. E como desenvolvemos essa imunidade?

Um dos aprendizados mais poderosos de um esporte competitivo é o de que é possível exercitar e aprimorar o nosso vigor mental. Nem tudo o que acontece na vida é para o melhor, mas sempre podemos escolher fazer o melhor com o que nos acontece. Ao lidar com dificuldades, não importa a complexidade, seja no esporte ou em outras áreas da vida, fortalecemos os "músculos psicológicos", o que faz com que aprendamos a manejá-las, aumentamos a nossa autoconfiança e crescemos com elas. Tal como as habilidades físicas e técnicas, as psicológicas necessitam de tempo, prática, repetição e paciência para que se possa melhorar o desempenho e obter resultados mais consistentes.

Todas as emoções são legítimas e é importante nos darmos permissão para sermos humanos, aceitando os sentimentos dolorosos, permitindo que eles fluam por nós. Também devemos nos permitir ser felizes e celebrar nossas conquistas. Emoções prazerosas são contagiantes, aumentam a nossa autoconfiança e afetam positivamente as pessoas ao nosso redor.

Para cultivar a autoconfiança, devemos focar não só na maneira como nos sentimos ou pensamos sobre nós mesmos, mas também no modo como agimos. Atuar de maneira confiante e segura nos torna mais confiantes e seguros. Devemos buscar reconhecer e desenvolver os nossos pontos fortes, que estão associados ao que nos dá prazer quando realizamos e o que fazemos bem. Por outro lado, é importante identificarmos os nossos potenciais limitadores, para que possamos trabalhar neles com o intuito de reduzir erros e aumentar as nossas fortalezas.

Para nos mantermos na zona de alta performance, é preciso combinar momentos de superação dos nossos limites com momentos de recuperação e renovação da nossa energia. Os rituais de recuperação devem envolver os níveis macro, médio e micro – como as férias anuais, o respeito às horas de sono, e as pequenas pausas ao longo do dia, ao engajarmos em exercícios de respiração e meditação.

Na Dimensão 3, discorremos sobre como podemos cultivar a abertura para experimentar e desenvolver o espírito de colaboração. Os componentes-chave são: coragem para agir, trabalho em equipe e comunicação.

A curiosidade está relacionada ao nosso desejo de aprender, à abertura para experimentar e a fazer acontecer. Em conjunto, essas atitudes nos levam à realização do que somos capazes de alcançar. Importante constantemente focar na ação e na reflexão para acessar os aprendizados. Erros e falhas são uma grande oportunidade de crescimento e, portanto, o medo de errar é o inimigo número um da nossa evolução.

Uma equipe forma um todo que é maior que a soma de suas partes. Para criar um verdadeiro time, seja no esporte, na família ou no ambiente corporativo, é necessário investir tempo de qualidade na convivência em diversos contextos, ter disposição e persistência para passar pelos momentos de conflitos e aprender com eles. É preciso cultivar um relacionamento saudável consigo mesmo, para depois estendê-lo aos outros.

A comunicação está por trás da confiança, da conexão e da construção dos relacionamentos. É essencial nos conhecermos e estarmos genuinamente interessados em conhecer o outro, de maneira curiosa e empática, para uma comunicação efetiva.

Na Dimensão 4, falamos sobre como tornar nossa vida mais intencional em uma jornada de excelência e plenitude. Os três aspectos trabalhados foram: autoconhecimento, propósitos e valores, e felicidade.

O autoconhecimento e o aprendizado contínuo são conceitos vitais e transversais a todas as dimensões do método WeTeam. O processo de nos conhecer ocorre como uma espiral, no qual quanto mais aprofundamos nos aprendizados, mais elevamos o nosso nível de compreensão e sabedoria. O autoconhecimento requer esforço, dedicação e disposição para fazer um mergulho em nós mesmos e refletir sobre nossas vivências ao longo do dia.

Em nosso cotidiano, devemos alternar nossa visão entre momentos em que vivemos intensamente no aqui e agora (*zoom in*) – e momentos em que olhamos para as situações em perspectiva (*zoom out*), para fazer as melhores escolhas e definir nossas ações.

Identificar os nossos valores e os nossos propósitos é crucial para uma jornada de excelência e felicidade. Quando encontramos sentido naquilo que vivenciamos, ganhamos força para superar os obstáculos e as dificuldades que encontramos pelo caminho. Quando estabelecemos objetivos de longo prazo, ganhamos um senso de direcionamento para as nossas ações, o que nos permite aproveitar a jornada e o momento presente com toda sua intensidade.

Ao contrário do que diz o senso comum, a felicidade não é consequência do sucesso, e sim, um fator essencial para alcançá-lo. Cultivá-la tem efeitos positivos sobre nossa saúde física e mental, criatividade e produtividade, possibilitando maior engajamento no alcance de nossas metas. Para se ter uma vida de plenitude e bem-estar, devemos trabalhar os aspectos espiritual, físico, intelectual, relacional e emocional de nosso ser. Todos estão interligados e, em determinados momentos de nossas vidas, precisaremos focar mais em um elemento do que em outro.

Vale fortalecermos também o músculo da positividade, aprendendo a apreciar os acontecimentos diários que temos em nossa vida. Importante treinar o nosso olhar para os aspectos positivos, com gratidão e esperança, pois nosso nível de bem-estar depende daquilo que decidimos focar e da maneira como interpretamos os eventos que acontecem em nossa vida.

Para mim, a felicidade está associada às escolhas que fazemos. Como mentora e *coach* em alta performance, me baseio na ideia da interconectividade de todos os elementos em nossas vidas e auxilio desde atletas, famílias e gestores até times esportivos e corporativos, a identificarem o ponto de alavancagem para que as intervenções promovam mudanças em todo o sistema.

AGORA É COM VOCÊ!

Preparamos este livro de forma a apresentar um conteúdo profundo, com escritores, filósofos, neurocientistas, psicólogos e pesquisadores renomados que embasaram cada aspecto do método WeTeam. E, para comunicar de maneira acessível e de forma a impactar realmente a sua vida, compartilhei não só a minha história e a de meu pai, mas também a de diversos atletas de diferentes modalidades e países.

Como propôs o grande filósofo grego, Aristóteles, a excelência é sobre o que fazemos e não sobre o que pregamos.

Tudo o que apresentei aqui só faz sentido se for colocado em prática e associado ao *mesearch*. A energia é gerada a partir da ação. Idealmente, agir em algo que temos paixão. Muitas vezes focamos em coisas que não nos deixam felizes, por isso a *mesearch* é tão importante. É o ato de experimentar e descobrir novas coisas que nos fará realizar nosso potencial.

Mesmo uma pequena dose de energia permite iniciar uma atividade que se autoperpetua, ou seja, que nos leve a produzir mais energia em uma espiral ascendente de realização e bem-estar.

Desejo que você se inspire, reflita e identifique aquilo que funciona para você, no seu momento de vida atual. Convido-o a realizar seu próprio processo de reflexão e ação.

Assim como você precisa cultivar a sua rede de apoio para sustentar a sua alta performance e felicidade, você também faz parte da rede de suporte de alguém, seja como familiar, educador, técnico, gestor ou integrante de um time. Tudo o que foi proposto neste livro pode ser aplicado também para você incentivar as pessoas ao seu redor a realizar o seu potencial.

Ao apoiar alguém, devemos ter em mente que o objetivo é plantar as sementes que irão germinar, crescer e florescer em seu próprio tempo, que nem sempre será no tempo que esperamos. Para isso, não se esqueça do poder de suas expectativas sobre o outro e de que ações e exemplos valem mais que mil palavras. Seja um modelo do que você quer ver no outro e no mundo.

Em 1675, o pai da Teoria da Gravidade, Isaac Newton, escreveu em uma carta a outro físico inglês, Robert Hooke: "Se eu vi mais longe, foi por estar sobre os ombros de gigantes".[1] Essa frase ficou famosa por demonstrar sua humildade em reconhecer que não teria sido capaz de dar sua contribuição, se não fosse pelos cientistas que o precederam. Nela está embutida também a ideia de que é possível criar uma espiral positiva de evolução, a partir dos incrementos que fazemos ao que aprendemos com as outras pessoas.

Comecei este livro contando uma lembrança marcante em minha infância, na qual eu observava a praia do alto dos ombros do meu pai e comemorava o ato de superação de ter chegado "mais longe que os surfistas". Sou imensamente grata a ele por ter sido sempre esse gigante para mim, que me permitiu evoluir a partir dos seus ensinamentos, no esporte e na vida, aprendendo com toda a sua experiência e sendo inspirada por seus valores e atitudes.

Acredito no poder do compartilhamento de histórias, na interdependência e na nossa capacidade de servir de ombros para que outras pessoas cresçam, evoluam e enxerguem mais longe que nós mesmos ou sob outras perspectivas.

O meu desejo mais genuíno é que, ao ler este livro, você sobreponha aos meus os seus próprios conhecimentos e experiências e, com isso, supere seus limites e vá tão longe quanto seu potencial lhe permitir.

Memórias

PEDRO EM CAMPEONATO, COM GORRO AINDA SEM PROTEÇÃO, EM BUENOS AIRES, ARGENTINA – 1962.

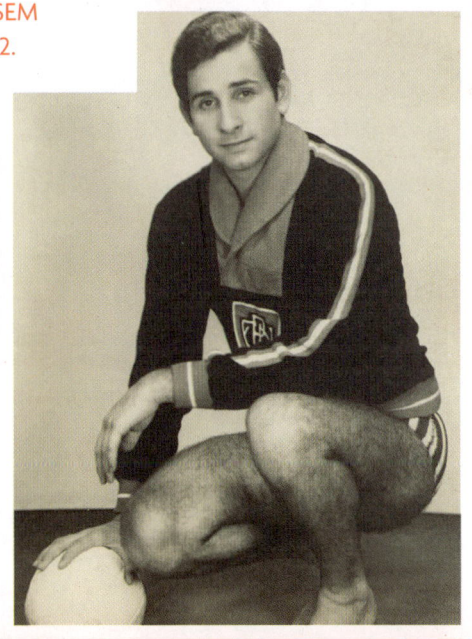

PEDRO EM CAMPEONATO MUNDIAL UNIVERSITÁRIO, DENOMINADO UNIVERSÍADE, EM PORTO ALEGRE, BRASIL – 1963.

CERIMÔNIA DE ENCERRAMENTO DAS OLIMPÍADAS DE TÓQUIO, JAPÃO. PEDRO ESTÁ NA PRIMEIRA FILA, OITAVO DA ESQUERDA PARA A DIREITA — 1964.

PEDRO ACENANDO NA CERIMÔNIA DE ENCERRAMENTO DAS OLIMPÍADAS DA CIDADE DO MÉXICO, MÉXICO — 1968.

PEDRO COM A SELEÇÃO BRASILEIRA NO SUL-AMERICANO, NA PRIMEIRA FILA, QUARTO DA ESQUERDA PARA A DIREITA, EM ARICA, CHILE – 1972.

PEDRO RECEBENDO A MEDALHA DE OURO NO CAMPEONATO SUL-AMERICANO EM ARICA, CHILE – 1972.

CRISTIANA COM 3 ANOS NA FRENTE DA PISCINA, BRASIL – 1974.

CRISTIANA SEGURANDO SEU PRIMEIRO TROFÉU NA CONQUISTA DO CAMPEONATO BRASILEIRO PELO CLUBE ATLÉTICO PAULISTANO EM SÃO PAULO, BRASIL – 1986.

PEDRO E CRISTIANA NO MUNDIAL DE ESPORTES AQUÁTICOS EM PERTH, AUSTRÁLIA – 1991.

CRISTIANA CELEBRANDO A CLASSIFICAÇÃO PARA AS FINAIS DO CAMPEONATO ITALIANO, PELO TIME VISNOVA EM ROMA, ITÁLIA – 1991.

FILIPE E GUILHERME (IRMÃOS) ASSISTINDO O PRIMEIRO JOGO DE CRISTIANA PELO TIME VISNOVA EM VELLETRI, ITÁLIA – 1991.

COMEMORAÇÃO DA CONQUISTA DA COPA DOS CAMPEÕES (INTERCLUBES EUROPEUS), JUNTO COM AS JOGADORAS DO TIME ORIZZONTE CATANIA, ITÁLIA – 1993.

RECEBENDO O RECONHECIMENTO DOS MELHORES DO ESPORTE PAULISTA EM SÃO PAULO, BRASIL – 1994.

Water Polo — WORLD STAR TEAM
Média Team Selections

MEN
1. JESUS ROLLAN — SPAIN
2. MANUEL ESTIARTE — SPAIN
3. TAMAS KASAS — HUNGARY
4. TIBOR BENEDEK — HUNGARY
5. IGOR HINIC — CROATIA
6. TAMAS MOLNAR — HUNGARY
7= CARLO SILIPO — ITALY
7= ALEXANDER SAPIC — YUGOSLAVIA

WOMEN
1= MARINA AKOUBIIA — RUSSIA
1= FRANCESCA CONTI — ITALY
2. GIUSI MALATO — ITALY
3. BRIDGETTE GUSTERSON — AUSTRALIA
4. MERCEDES STIEBER — HUNGARY
5. SIMONE DIXON — AUSTRALIA
6. CARMELLA ALLUCCI — ITALY
7= CRISTIANA PINCIROLI — BRAZIL
7= KARIN KUIPERS — NETHERLANDS

Brasileira figura entre as melhores do pólo
O Estado de S. Paulo / 22.01.98

Equipe brasileira tem vice-artilheira
Folha de S. Paulo / 18.01.98

Final Ranking — TOP SCORERS, Waterpolo Women
Date: 17.01.98 Time 22:16

RANK	NAME	NAT	GOALS
1	GUSTERSON	AUS	24
2	PINCIROLI	BRA	19
3	BEGIN J	CAN	17
	MALATO G	ITA	17
5	KUIPERS K	NED	15
	KOROLEVA S	KAZ	15
7	STIEBER M	HUN	14
8	REDEI Kata	HUN	13
	ASSILIAN D	GRE	13
	KARAGIANNI	GRE	13
	DI GIANCIN	ITA	13
12	VASSILIEVA	RUS	12
	TOKOUN E	RUS	12
	NIEUWENBUR	NED	12
15	SZREMKO K	HUN	11

CRISTIANA INTEGRA O "WORLD STAR TEAM" AO SER ELEITA UMA DAS 7 MELHORES JOGADORAS DO MUNDO E VICE-ARTILHEIRA DO CAMPEONATO EM PERTH, AUSTRÁLIA - 1998.

RECEBENDO O PRÊMIO DE DESTAQUE DO ESPORTE BRASILEIRO DAS MÃOS DE PELÉ EM BRASÍLIA, BRASIL - 1998.

CRISTIANA EMBARCANDO COM OS PAIS PARA OS JOGOS PAN-AMERICANOS DE WINNIPEG, CANADÁ – 1999.

OLGA, MÃE DE CRISTIANA E DIRETORA DO POLO AQUÁTICO FEMININO BRASILEIRO, NA CERIMÔNIA DE ABERTURA DOS JOGOS PAN-AMERICANOS DE WINNIPEG, LOGO APÓS A APROVAÇÃO DA MODALIDADE FEMININA COMO ESPORTE OLÍMPICO – 1999.

CRISTIANA NA SELEÇÃO BRASILEIRA DE POLO AQUÁTICO FEMININA EM WINNIPEG, CANADÁ – 1991.

CRISTIANA (COM BRAÇO ERGUIDO) COMEMORANDO A VITÓRIA EM WINNIPEG, CANADÁ – 1999.

CONQUISTA DA MEDALHA DE BRONZE NOS JOGOS PAN-AMERICANOS DE WINNIPEG, CANADÁ. CRISTIANA ESTÁ SEGURANDO A BANDEIRA BRASILEIRA E SUA MÃE, OLGA, ESTÁ AO SEU LADO, DENTRO DA PISCINA – 1999.

COM A MEDALHA DE BRONZE EM WINNIPEG, CANADÁ – 1999.

CRISTIANA E ROBERT SCHEIDT (IATISTA) SÃO RECEBIDOS PELO PRESIDENTE FERNANDO HENRIQUE CARDOSO, PELO MINISTRO DE TURISMO E EDUCAÇÃO, RAFAEL GRECA, E PELO PRESIDENTE DO COMITÊ OLÍMPICO BRASILEIRO, CARLOS NUZMAN, EM BRASÍLIA, BRASIL - 1999.

OLGA E CRISTIANA EM ALMOÇO COM O PRESIDENTE FERNANDO HENRIQUE CARDOSO, CELEBRANDO OS DESTAQUES DO ESPORTE NACIONAL EM BRASÍLIA, BRASIL - 1999.

CRISTIANA COMO EXECUTIVA DO ITAÚ-UNIBANCO EM SÃO PAULO, BRASIL – 2015.

MOMENTO EM FAMÍLIA, CELEBRANDO O NASCIMENTO DA TERCEIRA FILHA EM SÃO PAULO, BRASIL – 2012.

CRISTIANA, OLGA E PEDRO NA CERIMÔNIA DE ENTREGA DO PRÊMIO PARAGON AWARD DO SWIMMING HALL OF FAME A OLGA PINCIROLI, EUA – 2015.

COM AS TRÊS FILHAS NA FINAL DO CAMPEONATO ESTADUAL DA FLÓRIDA, EUA – 2021.

EM PALESTRA COM JOVENS ATLETAS PELA WETEAM EM MIAMI, EUA – 2021.

FILHA ALISSA APROVADA COMO ESTUDANTE-ATLETA EM STANFORD UNIVERSITY, EUA – 2021.

FAMÍLIA PINCIROLI E PASCUAL, A BASE DE SUSTENTAÇÃO, EUA – 2021.

SOBRE NÓS

CRISTIANA PINCIROLI

Nasci em São Paulo, atuei como atleta do polo aquático feminino e como executiva no Itaú-Unibanco. Hoje sou sócia-fundadora da WeTeam, uma consultoria de desenvolvimento humano que atua na mentoria de times organizacionais no campo da alta performance e ciência da felicidade. Vivo e sou apaixonada por alta performance! Ao longo dos meus 49 anos de vida, aprendi a ser atleta profissional, executiva no mercado financeiro, empreendedora, esposa e mãe de três meninas.

A ATLETA

Minha carreira teve início no esporte, como atleta profissional de alta performance. Fui capitã da seleção brasileira de polo aquático por 15 anos, onde me tornei medalhista de bronze no Pan-americano de Winnipeg-1999. Participei de três mundiais e, no último deles, em Perth-1998, fui eleita uma das sete melhores jogadoras do mundo, além de ter sido a vice-artilheira. Atuei também pela seleção italiana e joguei profissionalmente em times na Itália, onde ganhei campeonatos locais e a Champions League, o campeonato europeu interclubes.

A EXECUTIVA

Trilhei uma carreira corporativa, onde acumulei mais de 25 anos de experiência como executiva, líder e na gestão de pessoas. Fiz parte do

Itaú-Unibanco por 23 anos, onde trabalhei em diversas áreas, implantando importantes projetos na área de Recursos Humanos, Excelência do Atendimento a clientes e Ouvidoria da empresa.

WETEAM

Em 2019, criei minha própria empresa denominada WeTeam.

A conjugação das minhas experiências pessoais, esportivas, profissionais e com os frutos do estudo da ciência da felicidade formam a base da WeTeam, uma empresa de consultoria e mentoria especializada no desenvolvimento do potencial humano, atrelados a uma vida com alta performance e felicidade.

Minha paixão é desenvolver o conhecimento em pessoas e times para a realização de seus potenciais e de escolhas conscientes, alinhados a seus propósitos de vida e valores, para uma jornada de maior sucesso.

O LIVRO

Estas páginas são uma realização de um projeto pessoal de escrever um livro em conjunto com meu pai, Pedro Pinciroli Júnior, sobre a experiência do esporte no fortalecimento das potencialidades, habilidades e conhecimento do ser humano.

AÇÃO SOCIAL

Atuo também como curadora de Educação em uma *startup* social brasileira, denominada Arca+ (arcamais.org), com o propósito de identificar parceiros e conteúdos relevantes para promover a inclusão social e a transformação na vida de pessoas em situação de vulnerabilidade.

Pedro e Cristiana após a conclusão do livro Esporte, um Palco para a Vida, EUA – 2021.

PEDRO PINCIROLI JÚNIOR

Nasceu em São Paulo, em 16 de dezembro de 1943, foi atleta olímpico de polo aquático e atuou como executivo na área de mídia. Atualmente é presidente do grupo iFob – Innovative Family Office – e desenvolve oportunidades de negócios nos setores financeiro e imobiliário.

O EXECUTIVO

Na mídia, foi superintendente geral e membro do Conselho Superior do Grupo Folha, conglomerado que edita o jornal Folha de S. Paulo.

No biênio 1991/1992 presidiu a ANJ – Associação Nacional de Jornais – que tem como objetivo a defesa da livre expressão e valorização do jornal na construção da cidadania. Foi um dos criadores do Código de Ética da ANJ. De 1992-99, atuou como vice-presidente na Comissão de Liberdade de Expressão, Tecnologia e Operações, Mercado Leitor e Relações Internacionais.

Foi responsável pelo lançamento do programa "Jornal na Educação" no Brasil, iniciativa que levou os jornais para dentro das salas de aula.

Pedro foi o idealizador do Universo Online (UOL) e presidente do Conselho de Administração de 1996 a 1999. Esse portal é hoje o maior fornecedor mundial de conteúdos em língua portuguesa e de acesso à internet no Brasil.

Foi também o idealizador do Valor Econômico, um jornal de economia, finanças e negócios, criado a partir de uma parceria entre os grupos Folha e Globo. Sua primeira edição foi em 2000.

Participou da fundação em 1980 do Conar – Conselho Nacional de Autorregulamentação Publicitária – atuando por sete anos como conselheiro.

NO CENÁRIO INTERNACIONAL

Pinciroli recebeu da ANPA – American Newspaper Publishers Association – um prêmio pela inovação tecnológica ao apresentar o caso de "uso de chapas de impressão offset em ambas as faces" – "54ª ANPA Anual" em Dallas – Texas – 1982.

Atuou como membro do comitê executivo de 1997 a 1999 da SIP – Sociedade Interamericana de Imprensa – uma organização dedicada a defender a liberdade de expressão e de imprensa nas Américas. Foi vice-presidente do Comitê de Liberdade de Expressão de 1995 a 1999.

Em 1997, foi presidente da II Conferência Internacional de Jornais na Educação no "Memorial da América Latina", em São Paulo, promovido pela WAN – World Association of Newspapers -, organização de imprensa global que representa mais de 18 mil publicações, 15 mil sites on-line e 3 mil empresas em mais de 120 países.

Recebeu especial reconhecimento do diretor-geral da UNESCO, Frederico Mayor Zaragosa, por ter liderado uma equipe na redação da declaração dos meios de comunicação para a consolidação de uma cultura de paz. Em 2000, foi declarado o "Ano Internacional da Cultura de Paz".

O ATLETA

Pedro participou de duas edições dos Jogos Olímpicos como jogador de polo aquático (Tóquio-1964 e Cidade do México-1968) que deixaram marcas profundas em sua mente e corpo, criando um quadro de referência que domina sua forma de pensar e agir.

Nos Jogos Olímpicos da Cidade do México-1968 foi classificado entre os cinco artilheiros e apontado como um dos destaques do polo aquático nas Olimpíadas.

Foi pentacampeão Sul-americano de 1961, 62, 65, 72 e 74, vice-campeão e artilheiro do Pan-Americano de Winnipeg-1967 e capitão da seleção brasileira de 1968 até 1974.

Em 1965, foi considerado pela Federação Internacional de Natação Amadora (FINA) como jogador destaque das Américas e foi indicado pela World Water Polo Coaches Association (WWPCoach) como um jogador que poderia ingressar em qualquer equipe do mundo.

Foi reconhecido pela editora "Universo 67", publicação brasileira dos principais temas de destaque do ano, entre os 10 melhores jogadores de polo aquático do mundo pela crítica esportiva especializada.

Em 1971, foi reconhecido pela revista norte-americana – Water Polo Scoreboard – e pelo jornal italiano "La Gazzetta dello Sport" como jogador destaque em nível mundial.

O ESTRATEGISTA – CONTRIBUIÇÃO SOCIAL AO ESPORTE

Idealizou e liderou o processo de adoção da Lei Piva – sancionada pelo presidente Fernando Henrique Cardoso em 16 de julho de 2001 -, que prevê que 2% do faturamento bruto de todas as loterias federais sejam repassados ao Comitê Olímpico e Paralímpico Brasileiro – COB e CPB – ao lado do ministro Saulo Ramos, do senador Pedro Piva e do presidente do COB, Carlos Arthur Nuzman.

ENTREVISTADOS

Minha gratidão a todos os entrevistados, que gentilmente cederam seu tempo e contribuíram com suas histórias e ensinamentos, e enriqueceram o conteúdo desse livro.

ADAM KRIKORIAN

Técnico da seleção feminina de polo aquático dos EUA. Conquistou a medalha de ouro no Campeonato Mundial em Roma, em 2009. Em 2011, levou a equipe à medalha de ouro nos Jogos Pan-americanos de Guadalajara. Nos Jogos Olímpicos de Londres-2012, comandou a equipe norte-americana a conquistar sua primeira medalha de ouro olímpica na história. Nas Olimpíadas do Rio de Janeiro-2016, repetiu o feito, conquistando novamente o lugar mais alto do pódio. Também venceu a Copa do Mundo de 2014, o Campeonato Mundial de 2015 e três títulos consecutivos da Liga Mundial, na China. Como jogador de polo aquático, Krikorian se destacou na universidade defendendo UCLA — University of California em Los Angeles. Em 1995, liderou a UCLA para seu primeiro campeonato da National Collegiate Athletic Association (NCAA) em 23 anos (1995). Hoje segue treinando a seleção feminina de polo aquático norte-americana, para tentar o tricampeonato olímpico em Tóquio-2020.

ANIBAL SANCHEZ

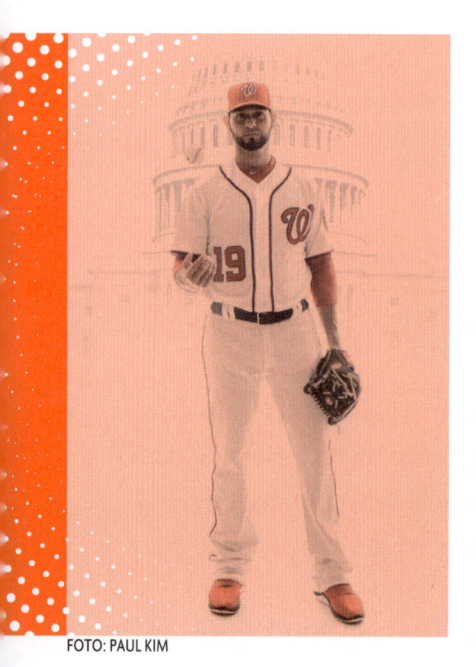

FOTO: PAUL KIM

Arremessador destro profissional que joga na Liga Principal de Beisebol (em inglês Major League Baseball – MLB) desde 2006. Nascido em 1984, em Maracay, na Venezuela, se apaixonou pelo esporte desde os sete anos de idade e jogou com os times locais de beisebol, Chamitos e SOMAC, representando seu estado diversas vezes em campeonatos nacionais. Em 2001, Sanchez foi contratado pela liga menor do Boston Red Sox como um agente livre internacional e, em 2004, foi negociado com o Florida Marlins, time que em 2006 lhe deu a chance de começar na MLB pela primeira vez. Naquele mesmo ano, Anibal lançou um no-hitter*, o quarto na história do Florida Marlins, que o tornou o 19º arremessador estreante desde 1900 a lançar um no-hitter. Sua estreia na liga principal foi poderosa e abriu caminho para uma carreira consistente: jogou com o Detroit Tigers, Atlanta Braves e Washington Nationals – time com o qual venceu a Série Mundial de 2019. Em 2021, Aníbal foi convidado a participar das pré-eliminatórias dos Jogos Olímpicos, representando seu país. No período entre campeonatos, continua treinando, aproveitando os momentos em família e aprecia o golfe, esporte que também desperta seu espírito competitivo.

---

* Quando o time adversário não consegue rebater sequer uma bola.

BRENDA VILLA

Nascida em 1980 na Califórnia, nos EUA, é a jogadora de polo aquático mais condecorada de todos os tempos. Ela foi quatro vezes medalhista olímpica (Sydney-2000, Atenas-2004, Pequim-2008 e Londres-2012) e campeã mundial em 2003, 2007 e 2009. Foi nomeada a "Jogadora de Polo Aquático Feminino da Década" pela FINA nos anos 2000. Brenda jogou pela seleção feminina dos EUA por 16 anos. Como estudante de graduação em Stanford University, ganhou o Prêmio Peter J. Cutino de 2002 como a melhor jogadora universitária. Foi eleita para o Stanford Athletics Hall of Fame, USA Water Polo Hall of Fame e o International Swimming Hall of Fame. Hoje atua como diretora de Diversidade, Equidade e Diversidade na Castilleja School, na Califórnia, na qual também é treinadora de polo aquático. É copresidente da Força-Tarefa de Equidade Racial da USA Water Polo e cofundadora de uma organização sem fins lucrativos, a Brenda Villa Foundation, que dá acesso aos esportes aquáticos a jovens de comunidades com menos recursos dos EUA.

BRUNO SCHMIDT

Nascido em Brasília, em 1986, é um jogador de vôlei de praia brasileiro. Em 2014, formou uma parceria vencedora com Alison Cerutti, o Mamute. Foram campeões dos Jogos Sul-Americanos e do Grand Slam de Klagenfurt, na Áustria. Em 2015, foram campeões do Campeonato Mundial, do Circuito Mundial e do World Tour Finals, conquistando os três principais títulos da temporada. Para culminar o sucesso da dupla, ganhou a medalha de ouro nas Olimpíadas do Rio de Janeiro-2016. Logo após os Jogos, conquistaram o título do World Tour Finals, disputado em Toronto. Antes havia formado dupla com João Maciel, Benjamin e Pedro Solberg, conquistando títulos em torneios nacionais e internacionais. Atualmente, se prepara para o tentar o bicampeonato nas Olimpíadas de Tóquio-2020.

FELIPE PERRONE

Nascido em 1986, no Rio de Janeiro, e naturalizado espanhol, foi medalhista de bronze no mundial de polo aquático em 2007 e prata em 2009 e 2019 pela Espanha. Também ganhou duas pratas e um bronze em campeonatos europeus e participou de duas Olimpíadas (Pequim-2008 e Londres-2012) pela seleção espanhola. Perrone jogou em clubes da Espanha, Itália e Croácia, e se consagrou três vezes campeão da Liga dos Campeões dos clubes europeus, além de conquistar campeonatos nacionais. Pela seleção brasileira, foi vice-campeão pan-americano em 2003 e 2015, além de participar das Olimpíadas do Rio de Janeiro-2016. Foi eleito o melhor jogador do mundo em 2018 e entre os dez melhores jogadores do século (pela publicação Total Water Polo). Fora das piscinas, foi fundador e embaixador do projeto social "Polo do Futuro" e organizador e diretor do campus "Um sonho olímpico" em 2011 e 2013. Joga pelo CNA Barceloneta, da Espanha e é o atual capitão da seleção espanhola.

FRANK STEEL

Graduado na University of Yale e com mestrado pela University of Pennsylvania, Frank Steel, foi por 12 anos diretor da Springside Chestnut Hill Academy, a maior escola privada independente da Filadélfia. Desde 2014, é Head of School na Gulliver Preparatory School, uma das mais conceituadas escolas da Florida, onde é responsável por supervisionar todos os aspectos das atividades acadêmicas, empresariais e filantrópicas da instituição; colaborar no processo de mudança para um novo modelo de liderança escolar; ajudar a repensar, revisar e melhorar elementos significativos do programa acadêmico da escola e liderar e participar de seu planejamento estratégico.

KAHENA KUNZE

Nascida em São Paulo, em 1991, é velejadora. Junto com sua parceira e timoneira Martine Grael, em 2014, tornou-se campeã mundial em Santander, na Espanha, pelo Comitê Olímpico Brasileiro, recebendo o Prêmio Brasil Olímpico de Atleta do Ano. Nos Jogos Pan-americanos de Toronto-2015, foi medalha de prata. No ano seguinte, nas Olimpíadas do Rio de Janeiro-2016, conquistou a medalha de ouro. Foi considerada a melhor velejadora do mundo em 2014 e, junto com Martine, são as atuais número um do mundo na classe 49er FX pelo ranking da Federação Internacional de Vela. Em setembro de 2018, venceu – com antecipação de uma regata – o evento-teste da Vela para Tóquio 2020 na raia olímpica de Enoshima, no Japão. Nos Jogos Pan-Americanos de 2019 foi a porta-bandeira da delegação brasileira na Cerimônia de Abertura em Lima, onde conquistou mais uma medalha de ouro. Hoje se prepara para a tentar o bicampeonato olímpico em Tóquio-2020.

LEANDRO GUILHEIRO

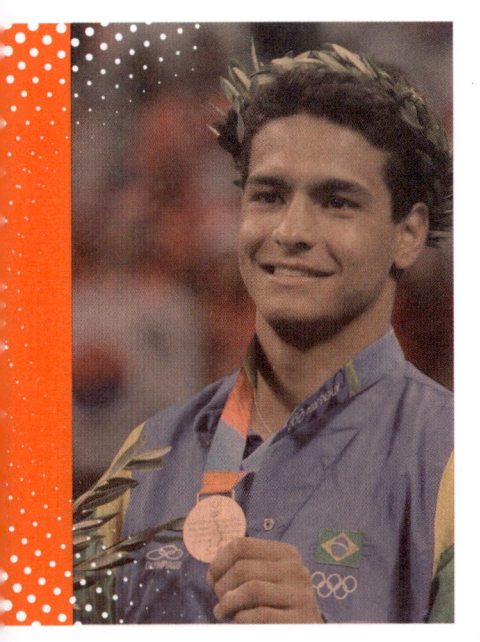

Judoca brasileiro, nasceu em 1983, em Suzano, na Grande São Paulo, mas foi radicado em Santos, no litoral paulista, onde vive até hoje. Prestes a completar 21 anos, conquistou a medalha de bronze nos Jogos Olímpicos de Atenas-2004. Nos Jogos de Pequim-2008, conquistou sua segunda medalha olímpica, também de bronze. Dois anos depois, Guilheiro ganhou a prata no Mundial de Tóquio, em outra categoria, a até 81 kg e o bronze no mundial de Paris, em 2011. Em 2009, 2011 e 2012 se consagrou como campeão pan-americano de judô. Foi medalhista nos Jogos Pan-americanos do Rio de Janeiro-2007 (prata) e Guadalajara-2011 (ouro). Em 2021, foi convidado a ser o consultor técnico e estratégico do judô no Esporte Clube Pinheiros, em São Paulo, Brasil.

LEWIS SENIOR

Britânico, Lewis Senior é um coach de liderança e alta performance conhecido mundialmente e cofundador da Equilibria, uma empresa de consultoria e coaching, especializada em aprimorar as habilidades de comunicação interpessoais e organizacionais a partir de uma ferramenta de autoconhecimento. Lewis iniciou sua carreira na indústria petrolífera, chegando ao cargo Worldwide Manager of Health, Safety and Environment. Foi a partir desta experiência que desenvolveu sua metodologia, a qual tem sido aplicada por empresas, sistemas educacionais, bem como por organizações esportivas e sem fins lucrativos em todo o mundo. Ele também é coautor, com sua filha Laura Senior Garcia, de um livro de memórias premiado, intitulado *At the End of the Day: How One Man Learned to Live Like He Was Dying***.

** No Fim do Dia: Como um Homem Aprendeu a Viver Como Se Estivesse Morrendo, em tradução livre.

MARCELINHO HUERTAS

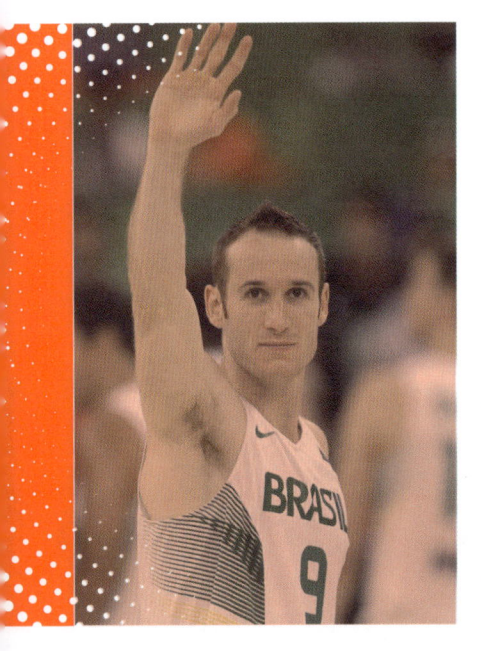

É jogador de basquete, nascido em São Paulo, em 1983. Jogando como armador, começou sua carreira no clube Paulistano, sendo eleito atleta revelação do Campeonato Paulista de 2003. A partir de 2010, se tornou o capitão da seleção brasileira, e participou das Olímpiadas de Londres-2012 e Rio de Janeiro-2016, foi bicampeão da Copa America em 2005 e 2009 e participou de quatro Mundiais em Japão-2006, Turquia- 2010, Espanha, 2014 e China-2019. Foi três vezes campeão da liga espanhola e considerado o melhor armador pela Liga ABC, principal liga de basquete masculino da Espanha, em 2008, 2011 e 2012 com 38 anos. Em 2015, foi contratado para atuar na NBA, nos EUA, o principal campeonato de basquete do mundo. Jogou pelo Los Angeles Lakers por uma temporada, ao lado do astro Kobe Bryant. Hoje atua pelo Lenovo Tenerife, onde alcançou, em uma temporada, a marca de 185 assistências, chegando ao topo do ranking histórico do clube. Foi escolhido entre os pré-selecionados para defender a seleção brasileira no pré-olímpico dos Jogos de Tóquio-2020.

MARCO TÚLIO DE MELLO

Graduado em Educação Física e especialista em Educação Física para pessoas portadoras de deficiência, pela Universidade Federal de Uberlândia, fez seu doutorado e pós-doutorado na Universidade Federal de São Paulo. Marco Túlio de Mello é professor Titular da Faculdade de Educação Física, Fisioterapia e Terapia Ocupacional da Universidade Federal de Minas Gerais, além de ser Diretor Técnico do Centro Multidisciplinar em Psicobiologia e Exercício – CEPE e do Centro Multidisciplinar em Sonolência e Acidentes – CEMSA. Pesquisador dos efeitos do sono no exercício físico, prestou assessoria ao Comitê Paralímpico Brasileiro entre os anos de 2010 e 2017, e trabalhou nas Olimpíadas do Rio de Janeiro-2016 em um projeto inédito junto ao Comitê Olímpico Brasileiro, para ajudar os atletas a adequarem seu sono para desempenharem melhor nos Jogos.

MARIA EUGENIA RISUEÑO ANJOS

Estudiosa e pesquisadora da yoga há mais de 35 anos, Maria Eugenia atua na harmonização das frequências vibratórias celulares, meditações e tem diversas especializações em técnicas respiratórias. Tem formação em anatomia do movimento pela Faculdade de Medicina da Santa Casa de São Paulo, Psicologia, Administração, Letras e Fisioterapia, além de ser Mestre em Reiki; Deeksha Giver, focalizadora em Danças Circulares, e é pós-graduada em Medicina Integrativa pela Faculdade do Hospital Albert Einstein. Desde 2018, dirige a ARHKA Medicina Integrativa. Criou a Respiração Terapêutica, metodologia e técnica que usa a respiração para ajudar na promoção e manutenção da saúde e no tratamento de doenças. Coordena o Projeto ARHKA Respiração & Mãos Terapêuticas junto ao Instituto da Criança, no Hospital das Clínicas de São Paulo. Criou recentemente um grupo experimental de prática de exercícios respiratórios dentro de um protocolo, para ajudar pessoas e dar suporte na recuperação pós-Covid.

MARTINE GRAEL

Nascida em Niterói, Rio de janeiro, começou a velejar aos quatro anos de idade pelo Rio Yacht Club. Com a companheira e proeira Kahena Kunze, conquistou seus principais títulos. Em 2014, foi campeã mundial em Santander, na Espanha. Foi medalhista de prata nos Jogos Pan-americanos Toronto-2015 e, no ano seguinte, nas Olimpíadas do Rio de Janeiro-2016, conquistou o ouro. Em setembro de 2018, venceu o evento-teste da Vela para Tóquio-2020 na raia olímpica de Enoshima, no Japão. Nos Jogos Pan-Americanos de 2019 foi a porta-bandeira da delegação brasileira na Cerimônia de Abertura em Lima, onde conquistou mais uma medalha de ouro. É detentora do Prêmio Brasil Olímpico de Atleta do Ano, pelo Comitê Olímpico Brasileiro, em 2014. No mesmo ano, foi considerada a melhor velejadora do mundo e, junto com Kahena, são as atuais número um do mundo na classe 49er FX pelo ranking da Federação Internacional de Vela. Foi a única brasileira mulher a participar da Volvo Ocean Race, a prova mais desafiadora da vela oceânica. Hoje se prepara para a tentar o bicampeonato olímpico em Tóquio-2020.

RAÍ OLIVEIRA

FOTO: JAIRO GOLDFLUS

Nasceu em 1965, em Ribeirão Preto, no interior de São Paulo, onde iniciou sua carreira de atleta profissional no futebol, jogando nas categorias de base do Botafogo Futebol Clube. Em 1987, foi transferido para o São Paulo Futebol Clube, onde conquistou o Campeonato Brasileiro de 1991, duas Taças Libertadores da América (1992 e 1993) e um Mundial Interclubes (1992). Em 1993, Raí assinou contrato com o Paris Saint-Germain (PSG), onde atuou por cinco anos, sendo campeão francês (1994) e ganhando mais quatro copas nacionais, além de ser campeão da Copa da Europa (1996). Em 2020, na comemoração dos 50 anos do PSG, Raí foi eleito o maior jogador da história do clube. Pela Seleção Brasileira, Raí foi capitão e camisa 10 por três anos e conquistou a Copa do Mundo nos Estados Unidos em 1994. A partir de 1998, Raí passou a atuar no terceiro setor, criando a Fundação Gol de Letra, organização que atende 4.500 crianças, adolescentes e jovens em situação de vulnerabilidade social em São Paulo e Rio de Janeiro. Em 2012, Raí recebeu o Prêmio Laureus, premiação de maior prestígio no universo esportivo, na categoria "Sports for Good", que reconhece a utilização do esporte como meio de melhorar a sociedade. Devido ao seu trabalho social e como atleta, em 2013 recebeu a nacionalidade francesa e uma condecoração de honra (Chevalier de l'Ordre de la Légion d'Honneur) diretamente das mãos do presidente François Hollande. Em 2017, foi convidado para ingressar no Conselho de Administração do São Paulo e, em dezembro do mesmo ano, aceitou o desafio para assumir o cargo de diretor executivo do departamento de futebol. Ministrou mais de 200 palestras em quatro continentes e publicou cinco livros. Atualmente, é presidente do Conselho Curador da Fundação Gol de Letra, fundador, membro associado da Atletas pelo Brasil e Sócio-Diretor da Raí+Velasco, empresa responsável pela gestão de seus contratos, imagem e negócios.

RATKO RUDIC

Nascido em 1948, na então Iugoslávia, é o treinador de polo aquático de maior sucesso na história do esporte. Ele ganhou 38 medalhas em grandes competições, o que o faz o segundo treinador de esportes coletivos de maior sucesso de todos os tempos. Dentre suas conquistas, ganhou quatro medalhas de ouro, das quais três consecutivas, com três equipes nacionais diferentes nos Jogos Olímpicos: pela Iugoslávia, nos Jogos Olímpicos de Los Angeles-1984 e em Seul-1988, pela Itália, nas Olimpíadas de Barcelona-1992 e pela Croácia, nos Jogos Olímpicos de Londres-2012. Como jogador de polo aquático, conquistou a prata nas Olimpíadas de Moscou-1980. Em 2007, ele foi incluído no International Swimming Hall of Fame, descrito como "um dos melhores, senão o melhor, treinador de polo aquático". Em 2012, recebeu a Ordem do Duque Branimir na Croácia e, em 2018, a Palma al Merito Técnico pelo Comitê Olímpico Nacional Italiano. Em 2012, ele se aposentou como técnico e se tornou diretor de esportes da Federação Croata de Polo Aquático. Até que, no final de 2013, recebeu o convite para treinar a seleção masculina brasileira nos Jogos Olímpicos do Rio de Janeiro-2016. Em 2018, ele se tornou treinador do clube italiano Pro Recco, até anunciar sua aposentadoria do polo aquático em 2020.

ROBERT SCHEIDT

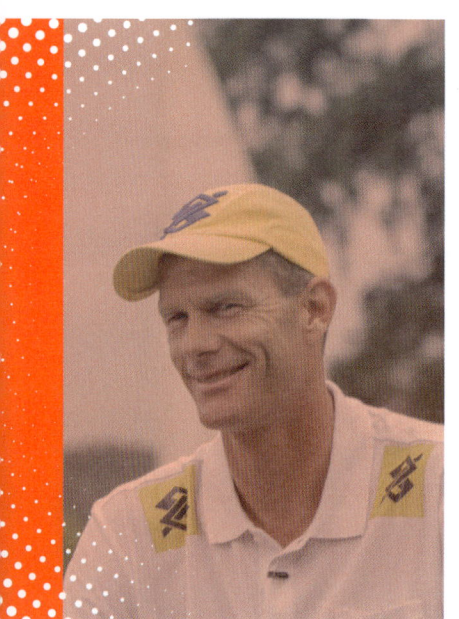

FOTO: JMENDES/DIVULGAÇÃO

Nascido em 1973, em São Paulo, o velejador brasileiro desde cedo praticava tênis e iatismo. Começou a velejar aos nove anos, após ganhar um barco de madeira de seu pai. Aos 11 anos, aprendeu a gostar de velejar em condições desafiadoras e com vento forte, característica marcante em suas atuações nas conquistas futuras – foram mais de 180 títulos na carreira no iatismo. Na classe Laser, ganhou o Campeonato Brasileiro de Juniores em 1990 e no ano seguinte, foi o primeiro colocado em dez das 11 regatas do Campeonato Mundial de Juniores. Ganhou a medalha de ouro nos Jogos Pan-americanos de Mar del Plata-1995 e seu primeiro título mundial adulto na classe Laser, na Espanha. Na sua primeira Olimpíada, em Atlanta-1996, conquista a medalha de ouro. Em 1999, nos Jogos Pan-Americanos de Winnipeg, no Canadá, subiu mais uma vez ao lugar mais alto do pódio. No ano seguinte, após o quarto título mundial, em Cancún, no México, ficou com a prata nos Jogos Olímpicos de Sydney-2000. Depois venceu o quinto e o sexto mundial. Em 2003, Robert se tornou pela terceira vez campeão do Jogos Pan-americanos, com o ouro em Santo Domingo. Nos Jogos Olímpicos de Atenas-2004, o brasileiro ganhou a segunda medalha de ouro olímpica. Depois de seu último título mundial na classe Laser, em Fortaleza, no Brasil, Scheidt migrou para a classe Star – onde formou dupla, com Bruno Prada e em 2007 conquistou pela primeira vez o título mundial da categoria. A dupla ainda conquistaria a medalha de prata nos Jogos Olímpicos de Pequim-2008 e de bronze nos Jogos Olímpicos de Londres-2102. Para a disputa do Rio 2016, sua quinta olimpíada, Robert Scheidt voltou a atuar na classe Laser, aos 43 anos. Apesar de ter vencido a última regata, terminou na quarta posição. Em fevereiro de 2019, ele reencontrou motivação para iniciar uma nova campanha, desta vez visando os Jogos de Tóquio-2020. Aos 46 anos, ele garantiu o índice para integrar a equipe do Brasil e está prestes a se tornar o recordista brasileiro em participações em Olimpíadas, com sete no currículo.

RODRIGO KOXA

FOTO: ALINE CACOZZI

Nascido em Jundiaí, no interior de São Paulo, em 1979, Rodrigo Koxa foi criado no Guarujá, onde reside até hoje. Iniciou no surfe aos oito anos de idade e aos 15 decidiu se dedicar às ondas grandes. Para adquirir o know-how necessário para se tornar um big rider, surfista de ondas grandes, morou no México, Indonésia, Havaí e Taiti. Em 2018, conquistou o prêmio máximo da sua carreira, consagrando-se campeão do WSL Big Wave Awards, uma espécie de Oscar entre os praticantes dessa modalidade. Koxa também é recordista mundial, homologado pelo Guinness World Records, quando surfou uma onda gigante de 24,38m em Nazaré do Oeste, na região central de Portugal. A marca até hoje é reconhecida como a maior onda já surfada na história do surfe. Em agosto de 2010, Koxa havia alcançado outro recorde. No Chile, ele surfou a maior onda já vista naquele país, estimada em mais de 60 pés de face, o que equivale a 21 metros, lhe rendendo o recorde de maior onda surfada da América do Sul. Tem planos de continuar surfando, treinando, fazer palestras motivacionais e trabalhar com o esporte.

SANDY NITTA

Norte-americana, nascida em 1949, na Califórnia, Sandy Nitta começou sua carreira como nadadora e fez parte da equipe que participou dos Jogos Olímpicos de Tóquio-1964 com apenas 15 anos. Após as Olimpíadas, Sandy foi a capitã da equipe da City of Commerce Swim Team, vencendo o Campeonato Nacional em 1965. Em 1968, começou sua carreira de treinadora na cidade de Commerce. Depois de dois anos, ela recebeu a tarefa de treinar a equipe de natação da Associação Atlética Amadora (AAU) dos EUA, onde preparou muitos medalhistas olímpicos júnior. Entre 1980 e 1997, Sandy treinou a seleção de polo aquático feminina dos EUA, sendo que, de 1982 a 1991, conquistou medalhas em todos os Campeonatos Mundiais que participou. O impacto de Sandy Nitta nos esportes aquáticos, especialmente o polo aquático feminino, foi reconhecido com sua indicação para o USA Water Polo Hall of Fame. Entre 1999 e 2002, treinou a seleção brasileira de polo aquático feminino, conquistando a medalha de bronze nos Jogos Pan-americanos de Winnipeg-1999. Hoje atua como supervisora da Mountain Pacific Sports Federation.

TAL BEN-SHAHAR

Nascido em 1970, em Israel, mora atualmente nos Estados Unidos aonde investe seu tempo ensinando e escrevendo. Ben-Shahar é especialista na ciência da felicidade e fundou a HSA – Happiness Science Academy. Bacharel em Filosofia e Psicologia por Harvard University, onde também fez seu PhD em Comportamento Organizacional, ele ministrou dois dos cursos mais populares da história de Harvard: a Psicologia Positiva e a Psicologia da Liderança. Em 2011, foi cofundador da Potentialife, uma empresa que oferece programas de liderança baseados na ciência da mudança comportamental para organizações, escolas e equipes esportivas em todo o mundo. Presta consultoria e dá palestras em todo o mundo para executivos em corporações multinacionais, instituições educacionais e o público em geral. Os tópicos incluem liderança, educação, ética, felicidade, autoestima, resiliência, definição de metas e atenção plena. É autor de diversos best-sellers internacionais, como "Seja mais feliz: Aprenda a ver alegria nas pequenas coisas para uma satisfação permanente" e *Choose the life you want: the mindful way to happiness****, que foram traduzidos para 25 idiomas. Ben-Shahar é marido e pai de três crianças e é meu professor e mentor que muito me inspira.

*** Em tradução livre: *Escolha a vida que você quer: o caminho para a felicidade por meio da atenção plena.*

ATLETAS DESTACADOS

Nas páginas desse livro, mencionei histórias de sucesso e de superação de atletas de elite, a quem dedico toda a minha apreciação.

ADAM KREEK

Canadense, ganhou a medalha de ouro nos campeonatos mundiais de 2002, 2003 e 2007 com a equipe masculina no remo, na categoria oito com timoneiro (8+) 8M. Ele se classificou para os Jogos Olímpicos de Atenas-2004, onde terminou em quinto lugar, e conquistou a medalha de ouro nos Jogos Olímpicos de Pequim-2008. Após sua carreira atlética, o trabalho de Kreek se concentrou na liderança executiva e no desempenho, e em 2019 publicou seu primeiro livro *The Responsibility Ethic: 12 Strategies Exceptional People Use to Do Work and Make Success Happen.* Ele é membro do Canadian Olympic Hall of Fame.

ALLYSON FELIX

Velocista norte-americana, competidora dos 100, 200 e 400 m rasos. Possui 25 medalhas entre Jogos Olímpicos e Campeonatos Mundiais de Atletismo, sendo dezoito delas de ouro. Ela detém o recorde de 15 medalhas em campeonatos mundiais de atletismo e mais uma de ouro no Mundial Indoor. Felix recebeu por três vezes — em 2005, 2007 e 2010 — o prestigioso Jesse Owens Award, o maior prêmio do atletismo norte-americano. Felix conquistou e defende maior igualdade de gêneros nos salários e condições para atletas mulheres. Aos 35 anos, ela segue competindo em alto nível e se prepara paras as Olimpíadas de Tóquio-2020.

BENITA WILLIS

Corredora australiana de longa distância, foi campeã do World Cross Country Championships-2004, na Bélgica, que é considerada a corrida mais difícil no mundo. Além disso, conquistou o bronze na World Half Marathon Championships-2003, em Portugal, e no World Cross Country Championships-2006, no Japão. Participou de quatro Olimpíadas: Sydney-2000 (nos 5000m rasos), Atenas-2004 (nos 10000m rasos), e como maratonista em Pequim-2008 e Londres-2012. Após se aposentar, passou a atuar como treinadora no Queensland Athletics e no programa de corridas da Brisbane Girls Grammar School, ambos na Austrália.

DANA HEE

Atleta de arte marcial norte-americana, ganhou a medalha de ouro nas Olimpíadas de Seul-1988, no taekwondo. Conquistou a medalha de bronze na Universíade de 1986 e de prata no US National, em 1988. Foi incluída no Taekwondo Hall of Fame em 2013. Após transição de carreira, Dana Hee iniciou na indústria cinematográfica como dublê de atrizes como Jennifer Garner, Kristanna Loken, Talisa Soto e Nicole Kidman, entre outras. Sua estreia na TV como dublê foi em 1989, na série SOS Malibu. Também atua como comentarista esportiva.

DANNY CRATES

É um ex-velocista britânico. Ele iniciou sua carreira como jogador de rugby, mas após um acidente de carro, no qual teve seu braço direito amputado, uniu-se à equipe paraolímpica de atletismo da Grã-Bretanha. Conquistou a medalha de bronze nos 400m rasos nas Paralimpíadas de Sydney-2000 e, em Atenas-2004, foi campeão nos 800m. Foi porta-bandeira na cerimônia de abertura das Paralimpíadas de Pequim-2008. Crates encerrou a carreira esportiva em 2009 e, desde então, tem atuado como palestrante motivacional e *coach* de alta performance. Participou como comentarista, no Channel 4 da TV britânica, das Paralimpíadas de Londres-2012, do Rio de Janeiro-2016 e de outros campeonatos.

DAVID BOUDIA

Atleta norte-ameicano de saltos ornamentais, conquistou a medalha de ouro na plataforma de 10m masculino nos Jogos Olímpicos de Londres-2012 e, com o companheiro Thomas Finchum, ganhou o bronze na plataforma sincronizada de 10m. Boudia e Finchum foram medalhistas de prata no Campeonato Mundial de 2009 e de bronze no Mundial de 2007. Seu atual companheiro no salto sincronizado é Nick McCrory, com quem obteve a medalha de prata na plataforma sincronizada de 10m nas Olimpíadas do Rio de Janeiro-2016.

DEREK CLAYTON

Nascido na Inglaterra, se mudou para a Austrália aos 21 anos, onde iniciou sua carreira como maratonista. Foi duas vezes recordista mundial da maratona. A primeira, na Maratona de Fukuoka de 1967, com 2h09min37 – foi a primeira vez que um homem correu esta distância em menos de 2h10min. Dois anos depois, em Antuérpia, na Bélgica, baixou sua própria marca para 2h08min34, que foi batida apenas doze anos depois. Ele se aposentou das corridas em 1974. Foi eleito para o Sport Australia Hall of Fame em 1999.

DOTSIE BAUSCH

Ciclista norte-americana, que conquistou a medalha de prata na perseguição por equipes nos Jogos Olímpicos de Londres-2012, aos 39 anos, junto com Sarah Hammer, Jennie Reed e Lauren Tamayo. Ela atribui sua longevidade no esporte de alta performance a uma dieta baseada em plantas. Bausch foi destaque no documentário de 2015, "Personal Gold: An Underdog Story" e no documentário de 2017, "The Game Changers".

EDWIN MOSES

Ex-atleta norte-americano e bicampeão dos 400m com barreiras nos Jogos Olímpicos de Montreal-1976 e Los Angeles-1984. É o maior nome da história desta prova, vencendo 122 delas – 107 consecutivamente – num período de dez anos e quebrando quatro vezes o recorde mundial. Moses tornou-se porta-voz e peça-chave de uma campanha entre os atletas pela mudança nas regras, junto ao Comitê Olímpico Internacional (COI), com relação ao amadorismo exigido aos atletas. Sua dedicação levou à criação de um fundo de investimento para esportistas, que permitia a governos e empresas bancarem o treinamento dos atletas. O projeto foi ratificado pelo COI em 1981, dando início à era do profissionalismo dos Jogos Olímpicos.

IVÁN FERNÁNDEZ

Atleta espanhol, compete em corridas de longa distância, principalmente cross country e maratona. Um vídeo de Fernández guiando seu adversário Abel Mutai em direção à linha de chegada, ao invés de ultrapassá-lo, durante a corrida de Burlada Cross Country, viralizou em janeiro de 2013. Ele foi elogiado pela imprensa internacional como exemplo de espírito esportivo. Seu melhor tempo nos 5km foi conquistado no Ibero-American Championships, realizado em São Paulo, onde ficou em terceiro lugar.

JACK NICKLAUS

É um jogador de golfe estadunidense e o maior vencedor de torneios major****, com 18 conquistas. Nicklaus foi considerado o melhor golfista de todos os tempos graças ao fato de combinar uma boa habilidade física com grande capacidade mental e psicológica. Em 1990, aos 50

**** Torneios major incluem os quatro principais campeonatos de golfe profissional de todo o mundo: o Masters de Golfe, o U.S. Open, o Aberto Britânico de Golfe e o Campeonato PGA (Fonte: https://pt.wikipedia.org/wiki/Principais_torneios_masculinos_do_golfe).

anos, passou a jogar no circuito sênior, onde também acumulou vitórias. Após se aposentar do esporte, dedicou-se a desenhar percursos para campos de golfe e em 1993 foi designado Arquiteto do Ano de Desenho de Percursos de Golfe nos EUA.

JOÃO GONÇALVES

Nadador, jogador de polo aquático brasileiro e técnico de judô, participou de sete edições dos jogos olímpicos, sendo cinco como atleta: como nadador (Helsinque-1952 e Melbourne-1956), três como jogador de polo aquático (Roma-1960, Tóquio-1964, Cidade do México-1968) e duas como técnico de judô (Barcelona-1992 e Atlanta-1996). Conquistou medalha de prata nos Jogos Pan-Americanos de 1951 e 1967, de bronze em 1959 e de ouro em 1963. Foi o porta bandeira da delegação brasileira nos Jogos Olímpicos de 1968 na cidade do México. Fora das piscinas, se tornou treinador de judô, trabalhando com diversos medalhistas olímpicos da modalidade. Foi homenageado pelo Comitê Olímpico Brasileiro em 2002 com o Troféu Adhemar Ferreira da Silva. Faleceu em 2010.

JOHN MCENROE

Ex-tenista norte-americano, conhecido por seu temperamento forte, que chegou a ser o número um do mundo, tornando-se famoso pelas suas partidas épicas contra Björn Borg, Jimmy Connors e Ivan Lendl. Possui o recorde de maior número de torneios vencidos simultaneamente em simples e duplas: 29 vezes. Também possui o recorde de maior quantidade de jogos de duplas vencidos numa só temporada: 78, em 1979. Nos anos 1990, montou uma banda de rock. Também é comentarista de tênis na televisão. McEnroe é membro do International Tennis Hall of Fame desde 1999.

JOSHUA WAITZKIN

Enxadrista norte-americano, começou a jogar xadrez aos seis, se tornou um mestre nacional aos 13 e mestre internacional aos 16 anos de idade. Atualmente, Waitzkin se dedica à prática das artes marciais – Tai Chi Chuan e Jiu Jitsu brasileiro – sob a orientação do sensei brasileiro e campeão mundial Marcelo Garcia. Watzkin é autor do bestseller *The Art of Learning: An Inner Journey to Optimal Performance******, obra que versa sobre desenvolvimento pessoal, na qual ele relata suas experiências pessoais e métodos de aprendizado. O filme Lances Inocentes, de 1993, foi baseado na sua vida e amor ao xadrez.

KOBE BRYANT

Jogador de basquete da NBA, jogou toda sua carreira como ala--armador no Los Angeles Lakers. É considerado um dos maiores jogadores de todos os tempos. Levou os Lakers a três campeonatos consecutivos da NBA, entre 2000 e 2002 e foi o cestinha da liga por duas temporadas consecutivas: 2005–06 e 2006–07. Nessas temporadas, quebrou vários recordes pessoais e da liga. Em 2009 e 2010, carregou o Lakers a mais duas conquistas da NBA. Conquistou a medalha de ouro nos Jogos Olímpicos de Pequim-2008 e Londres-2012. Em 2018, Bryant venceu o

---

***** Em tradução livre: *A arte de aprender: uma jornada interna para o desempenho ideal.*

prêmio Oscar de melhor curta-metragem de animação pelo filme Dear Basketball******. No mesmo ano, lançou o livro The Mamba Mentality: How I Play*******. Kobe faleceu aos 41 anos, em 26 de janeiro de 2020, em um acidente de helicóptero.

MAYA GABEIRA

Surfista profissional brasileira, Maya Gabeira é uma *big rider* (surfista de ondas grandes) que sofreu um grave acidente em 2013 em Nazaré, Portugal. Depois de algumas cirurgias, voltou a praticar o esporte e em 2020, bateu o recorde mundial feminino de maior onda surfada. A atleta surfou uma onda de 22,4 metros – marca oficializada pelo Guinness World Records – na mesma cidade em que quase perdeu sua vida, em Nazaré. Para isso, teve que lançar uma petição on-line, que acumulou mais de 18 mil assinaturas, para persuadir a World Surf League (WSL) e o Guinness World Records (GWR) a estabelecer uma categoria feminina para a maior onda surfada.

NATALIE DU TOIT

Nadadora sul-africana, tinha uma carreira esportiva promissora com aspirações olímpicas quando sofreu um acidente de carro aos 17 anos e teve uma perna amputada. Seu amor pelo esporte era tão grande que três meses depois, antes de começar a andar novamente, ela estava de volta à piscina com a intenção de competir nos Jogos da Commonwealth

---

****** Em tradução livre: *Querido Basquete*.
******* Em tradução livre: *A mentalidade Mamba: como eu jogo*.

de 2002. Conquistou 12 medalhas de ouro em campeonatos mundiais paraolímpico e 13 nas Paralímpiadas, cinco em Atenas-2004, cinco em Pequim-2008 e três em Londres-2012. Competiu nos Jogos Olímpicos Pequim-2008, se tornando a primeira mulher, paralímpica, a se classificar para a prova de longa distância de natação nos 10km, na qual ficou em 16º lugar. Du Toit foi a primeira atleta de seu país a carregar a bandeira em ambos os eventos – Olimpíadas e Paralimpíadas – do mesmo ano.

ROGER BANNISTER

Nas Olimpíadas de Helsinque-1952, o inglês Roger Bannister estabeleceu o recorde britânico nos 1.500 metros rasos e terminou a prova em quarto lugar. Essa conquista fortaleceu sua determinação de se tornar o primeiro atleta a terminar a corrida de uma milha (cerca de 1,6km) em menos de quatro minutos. Ele realizou essa façanha em 6 de maio de 1954 na pista de Iffley Road, em Oxford, cravando a marca de 3 minutos e 59,4 segundos. Posteriormente, Bannister tornou-se neurologista e mestre do Pembroke College, Oxford, antes de se aposentar em 1993. Ele foi diagnosticado com doença de Parkinson em 2011 e faleceu em 2018.

RYOSUKE IRIE

Nadador japonês que compete em provas de nado costas. Ganhou a medalha de prata nos 200 metros costas e um bronze nos 100 metros costas nos Jogos Olímpicos de Londres-2012, junto com uma prata no medley masculino 4 × 100m com a equipe japonesa. Durante a pandemia do novo coronavírus, manteve seu treinamento, com a meta de ganhar o ouro em seu país de origem, nos Jogos Olímpicos de Tóquio-2020.

SAMIR AÏT SAÏD

Ginasta francês e integrante da equipe nacional. Competiu no Campeonato Mundial de Ginástica Artística de 2015, em Glasgow, na Escócia, e nos Jogos Olímpicos Rio de Janeiro-2016. Nessa última, durante as qualificações para a prova de salto sobre o aparelho referido como "cavalo", Aït Saïd quebrou a perna esquerda. Com recuperação em tempo recorde, conseguiu se qualificar para as Olimpíadas de Tóquio-2020, nas argolas, que é sua especialidade.

SHANNON MILLER

Uma das ginastas mais bem sucedidas da história dos Estados Unidos, Miller é bicampeã mundial do individual geral, campeã mundial da trave, das barras assimétricas e do solo. Nos Jogos Olímpicos de Atlanta-1996, conquistou a medalha de ouro na trave e nos exercícios por equipe. Nos Jogos Pan-americanos de Mar del Plata-1995, foi campeã das barras assimétricas, do solo e do individual geral, além de também vencer o ouro por equipe. Ao longo da carreira, conquistou um total de 59 medalhas internacionais e 49 medalhas nacionais. Figura no *International Gymnastics Hall of Fame* e no *U.S Gymnastics Hall of Fame*. Hoje apresenta um programa de TV e escreve para jornais e revistas, como a Sports Illustrated.

SIMIDELE ADEAGBO

A atleta nigeriana competiu no skeleton – considerado um dos esportes mais radicais em que o atleta desce em um trenó a pista de gelo – nos Jogos Olímpicos de Inverno PyeongChang-2018. Ela é a primeira atleta feminina da modalidade da Nigéria e da África e a primeira mulher negra a competir no esporte em uma Olimpíada. Antes de competir no skeleton, Adeagbo foi atleta do salto triplo e executiva da multinacional Nike. É ativista pela transformação da imagem do continente africano e da mulher negra diante do resto do mundo. Segue treinando para disputar outra Olimpíada de Inverno.

TOM BRADY

Jogador de futebol americano, foi quarterback do New England Patriots de 2001 a 2019, e liderou a equipe em nove disputas e vitórias de Super Bowl (um recorde na NFL). Em 2020, se transferiu para Tampa Bay Buccaneers, onde foi novamente campeão e conquistou sete títulos do Super Bowl, a maior marca da história da liga entre jogadores. Também foi eleito seis vezes o jogador mais valioso (MVP) das finais (outro recorde da NFL), além de ter sido eleito três vezes para o prêmio MVP de temporada regular. Detentor de muitos outros recordes, Brady é considerado por diversos analistas e comentaristas esportivos como o melhor quarterback da história da NFL. Em 2018, lançou o livro «Método TB12 – Como alcançar uma vida inteira de alto rendimento", onde fala sobre sua dieta, além de regras de hidratação, exercícios de maleabilidade muscular e orientações para o repouso pleno do corpo.

YUSRA MARDINI

Nadadora síria, que ajudou a salvar 20 refugiados de um bote que ficou à deriva no Mar Mediterrâneo. Junto a outras pessoas, puxou o barco, a nado, por mais de três horas. Com apenas 18 anos, Yusra Mardini participou das Olimpíadas do Rio de Janeiro-2016 sob a bandeira dos de Atletas Olímpicos Refugiados, competindo nos 100m livre e 100m borboleta. Fora das piscinas é embaixadora da agência da ONU para refugiados (ACNUR).

REFERÊNCIAS

INTRODUÇÃO

1. Disponível em: https://bleacherreport.com/articles/832927--what -is-the-worlds-toughest-sport.
2. Ribeiro, S; Fernandes, V; Mota, NB; Brockington, G; Pompeia, S; Ekuni, R; *et al*. Ideas for a School of the Future. In: Victor Hugo de Albuquerque; Alkinoos Athanasiou; Sidarta Ribeiro (Orgs.). *Neurotechnology*: Methods, Advances and Applications. Stevenage, UK: The Institution of Engineering and Technology (IET) Digital Library, 2020, v. 1, p. 247-279.
3. ARISTÓTELES. Ética a Nicômaco. Tradução de Leonel Vallandro e Gerd Bornheim da versão inglesa de W. D. Ross In: *Os pensadores,* v. 4. São Paulo: Nova Cultural, 1991.
4. Disponível em: https://wholebeinginstitute.com
5. Frankl, V. E. *Em busca de sentido*. Tradução W. Schlupp. Petrópolis, RJ: Vozes, 1985.

CAPÍTULO 1

1. Dados retirados de uma pesquisa publicada em 2010 pela Kaiser Family Foundation (KKF), realizada com mais de 2000 crianças e adolescentes dos EUA – com idades entre 8 e 18 anos – sobre o uso de mídias para entretenimento. A KKF é uma organização sem fins lucrativos que atua como uma fonte não partidária de fatos, análises e jornalismo para formuladores de políticas com foco em questões nacionais

de saúde. Disponível em: https://www.kff.org/wp-content/uploads/2013/04/8010.pdf.
2. Côté J. The influence of the family in the development of talent in sport. *The Sport Psychologist* 1999;13:395-417. Nota: na pesquisa eles nomearam o primeiro estágio de "amostragem", referindo-se ao contato com as diferentes modalidades esportivas, para as quais as crianças estariam obtendo uma amostra. Optei por utilizar o termo experimentação, por considerá-lo mais generalizável para outros contextos.
3. Visek, A. J.; Achrati, S. M.; Mannix, H.; McDonnell, K.; Harris, B. S.; DiPietro, L. The Fun Integration Theory: Toward Sustaining Children and Adolescents Sport Participation. *Journal of Physical Activity & Health*, 12(3): 424-433.
4. "The Perils and Promises of Praise" by Carol Dweck in Educational Leadership, October 2007. Vol. 65, #2, p. 34-39. Disponível em: http://www.ascd.org.
5. Disponível em: https://www.bizjournals.com/southflorida/news/2018/10/02/2019-top-private-high-schools-in-s-fla.html
6. Côté, J; David J. Hancock..Evidence-based Policies for Youth Sport Programmes. *International Journal of Sport Policy and Politics* 2016, 8(1):51-65.
7. Kanters, M. A.; Bocarro, J.; Casper, J. M. Supported or pressured? An Examination of Agreement Among Parents and Children on Parent's Role in Youth Sports. *Journal of Sport Behavior* 2008; 31(1):64-80.
8. Vídeo sobre o comportamento dos pais enquanto assistem os jogos de seus filhos, intitulado "The truth about sports parents...", disponível no canal de youtube "I love to watch you play". Disponível em: https://www.youtube.com/watch?v=u2LR4c3Jsm.

9. Ribeiro, S; Fernandes, V; Mota, NB; Brockington, G; Pompeia, S; Ekuni, R; et al.. Ideas for a School of the Future. In: Albuquerque, Victor Hugo de; Athanasiou, Alkinoos; Ribeiro, Sidarta (Org.). *Neurotechnology: Methods, Advances and Applications*. Stevenage, UK: The Institution of Engineering and Technology (IET) Digital Library, 2020, v. 1, p. 247-279
10. Gardner, H. *Frames of mind*: the Theory of Multiple Intelligences, New York: Basic Books; 1983, 1993
11. Disponível em: https://www.ted.com/talks/rita_pierson _every_kid_needs_a_champion
12. The Complete Essays and Other Writings of Ralph Waldo Emerson. Editora: The Modern Library – New York. Copyright, 1940, 1950, by Random House, Inc.
13. Oldfield, Tom. *Rafael Nadal. A biografia de um ídolo do tênis*. São Paulo: Editora Gente, 2009.

CAPÍTULO 2

1. Disponível em: https://www.aft.org/periodical/american-educator/spring-2004/ask-cognitive -scientist-practice-makes-perfect
2. Disponível em: https://toplifesports.com/licoes-com-os -top-players/
3. Duhigg, Charles. O poder do hábito [recurso eletrônico]: por que fazemos o que fazemos na vida e nos negócios? Charles Duhigg; tradução de Rafael Mantovani. Rio de Janeiro: Objetiva, 2012.
4. *O poder do hábito*, p. 78.
5. Disponível em: https://www.youtube.com/watch?v= fZffBAefwUM

6. Eriksson T, Ortega J. The Adoption of Job Rotation: Testing the Theories. *ILR Review*. 2006;59(4):653-666.
7. Peak Performance in Sport: Identifying Ideal Performance States and Developing Athletes Psychological Skills: Research and Practice, 2006, vol. 37, N. 3, 233–243.
8. Disponível em: https://5meter.com/blogs/water-polo-news/worlds-greatest-coach.
9. Disponível em: https://esportes.r7.com/fotos/frases-motivacionais-de-esportistas-para-passar-por-cima-da-segunda-feira-21092015#!/foto/1.
10. James A Afremow. *The Champion's Mind*: How Great Athletes Think, Train, and Thrive. Emmaus, PA: Rodale Books, 2013.
11. Lesley Jones, Gretchen Stuth. The Uses of Mental Imagery in Athletics: Overview, Applied and Preventive Psychology, Volume 6, Issue 2, 1997, p. 101-115.

CAPÍTULO 3

1. Maslow, A. *The Farther Reaches of Human Nature*. New York: Viking Press, 1971. p. 7.
2. Dan Buettner. *The Blue Zones, Second Edition*: 9 Lessons for Living Longer From the People Who've Lived the Longest. Editora National Geographic, 2008.
3. Herskind AM, McGue M, Holm NV, Sørensen TI, Harvald B, Vaupel JW. The Heritability of Human Longevity: a Population-Based Study of 2872 Danish twin pairs born 1870-1900. *Hum Genet*. 1996 Mar;97(3):319-23. doi: 10.1007/BF02185763. PMID: 8786073.
4. Disponível em: https://esportes.estadao.com.br/noticias/tenis,os-segredos-da-longevidade-de-roger-federer,70001732987.

5. Disponível em: https://www.diamandis.com/blog/longevity-drugs-and-genomics.
6. Disponível em: https://omdfortheplanet.com/blog/olympic-cycling-athlete-plant-based-journey/.
7. Disponível em: https://www.menshealth.com/nutrition/a19535249/tom-brady-reveals-insane-diet-in-new-book/.
8. Tribe, Runner's; Johnson, Len. *Australian Marathon Stars*: Interviews and Training Insights from the Top 10 All-Time Male and Female Aussie Marathoners. Runner's Tribe Books. Edição do Kindle.
9. Disponível em: https://www.sportskeeda.com/tennis/news-roger-federer-sleeps-12-hours-a-day-which-is-helping-his-longevity.
10. Disponível em: https://www.businessinsider.com/the-sleeping-habits-of-olympic-athletes-2016-2
11. Disponível em: https://www.webmd.com/balance/features/transcendental-meditation#1
12. Disponível em: https://www.businessinsider.com/how-to-know-you-are-happy-psychology-2015-9
13. Berscheid, E. The Human's Greatest Strength: Other humans. In: L. G. Aspinwall; U. M. Staudinger (Eds.). A Psychology of Human Strengths: Fundamental Questions and Future Directions for a Positive Psychology, 2003 p. 37-47. *American Psychological Association*. https://doi.org/10.1037/10566-003.
14. Christakis, N. A., Fowler. J. H. "The spread of obesity in a large social network over 32 years". *The New England Journal of Medicine* (July 26, 2007), 370-79.
15. Brittany K. Jakubiak and Brooke C. *Feeney. Affectionate Touch to Promote Relational, Psychological, and Physical Well-Being in Adulthood*: a Theoretical Model and Review of

the Research Personality and Social Psychology Review 2017;21(3):228-252.
16. Disponível em: https://bottomlineinc.com/health/wellness/magic-touch.

CAPÍTULO 4

1. Disponível em: https://vimeo.com/500365913?mc_cid=c8b054cdc1&mc_eid=0841526f7c
2. Keller, A.; Litzelman, K.; Wisk, L. E.; Maddox, T.; Cheng, E. R.; Creswell, P. D.; Witt, W. P. Does the Perception that Stress Affects Health Matter? The association with health and mortality. Health psychology: official journal of the Division of Health Psychology, American Psychological Association 2012;31(5):677–684. https://doi.org/10.1037/a0026743
3. Jamieson JP, Nock MK, Mendes WB. Mind Over Matter: Reappraising Arousal Improves Cardiovascular and Cognitive Responses to Stress. J Exp Psychol Gen. 2012;141(3):417-422. doi:10.1037/a0025719
4. Disponível em: https://www.ted.com/talks/kelly_mcgonigal_how_to_make_stress_your_friend
5. Disponível em: https://www.psychologytoday.com/us/blog/trust-the-talent/201201/think-and-live-gold-medalist
6. Disponível em: https://www.ted.com/talks/brene_brown_the_power_of_vulnerability/
7. Neff, Kristin; Neff, Kristin. *Autocompaixão*: Pare de se torturar e deixe a insegurança pra trás. Lúcida Letra. Edição do Kindle.
8. Disponível em: https://www.paralympic.org/natalie-du-toit
9. Conversano C, Rotondo A, Lensi E, Della Vista O, Arpone F, Reda MA. Optimism and its Impact on Mental and

Physical Well-Being. *Clin Pract Epidemiol Ment Health*. 2010 May 14;6:25-9.
10. Disponível em: nytimes.com/2018/10/25/style/journaling-benefits.html.
11. Lyubomirsky S, Sousa L, Dickerhoof R. The Costs and Benefits of Writing, Talking, and Thinking About Life's Triumphs and Defeats. *J Pers Soc Psychol*. 2006 Apr;90(4):692-708.
12. Chad M. Burton; Laura A. King. The Health Benefits Of Writing About Positive Experiences: the Role of Broadened Cognition. *Psychology & Health* 2009,24(8);867-879.
13. Disponível em: https://www.usatoday.com/picture-gallery/sports/olympics/2018/10/26/simone-biles-teen-phenom-worlds-best-gymnast/1732916002/
14. Disponível em: https://www.thelancet.com/pdfs/journals/lanres/PIIS2213-2600(20)30175-2.pdf
15. Disponível em: https://swimswam.com/30-year-old-ryosuke-irie-eyes-paris-2024-if-tokyo-olympics-dont-happe/
16. Disponível em: https://www.usatoday.com/story/opinion/voices/2020/04/21/olympic-athlete-five-tips-keep-you-physically-mentally-fit-isolation-column/5145369002/

CAPÍTULO 5

1. Disponível em: https://www.ted.com/talks/amy_cuddy_your_body_language_may_shape_who_you_are
2. Disponível em: https://www.economist.com/podcasts/2020/07/30/how-do-you-become-a-world-class-athlete
3. Branden, Nathaniel (2012-03-10T22:58:59). *The Six Pillars of Self-Esteem*. Edição do Kindle.

4. Fredrickson B. L. The Role of Positive Emotions in Positive Psychology. The Broaden-and-Build Theory of Positive Emotions. *The American Psychologist* 2001;56(3):218–226. Disponível em: https://doi.org/10.1037//0003-066x.56.3.218
5. Disponível em: https://www.airbnb.com.br/d/yusramardini

CAPÍTULO 6

1. Disponível em: https://www.jimcollins.com/concepts/genius-of-the-and.html
2. Disponível em: https://www.wimhofmethod.com/science
3. Disponível em: https://vimeo.com/229017215
4. Disponível em: http://puttingitontheline.com/archery/getting-your-mental-picture/
5. Bargh, J. A.; Chen, M.; Burrows, L. Automaticity of Social Behavior: Direct Effects of Trait Construct and Stereotype Activation on Action. *Journal of Personality and Social Psychology*, 1996;71(2):230–244.
6. Disponível em: https://www.youtube.com/watch?v=fZffBAefwUM

CAPÍTULO 7

1. Todd B.; Kashdan, David J. Disabato, Fallon R. Goodman, Patrick E. McKnight. The Five-Dimensional Curiosity Scale Revised (5DCR): Briefer Subscales While Separating Overt and Covert Social Curiosity, Personality and Individual Differences, Volume 157, 2020, 109836, ISSN 0191-8869, https://doi.org/10.1016/j.paid.2020.109836.

2. Disponível em:https://www.chicagohumanities.org/media/walter-isaacson-leonardo-da-vinci/
3. Disponível em: https://www.bbc.com/portuguese/geral-54274858
4. No livro *Daring Greatly: How the Courage to Be Vulnerable Transforms the Way We Live, Love, Parent, and Lead*
5. Disponível em: https://www.airbnb.com.br/d/allysonfelix2

CAPÍTULO 8

1. Disponível em: https://sitn.hms.harvard.edu/flash/2018/loneliness-an-epidemic/
2. Holt-Lunstad J, Robles TF, Sbarra DA. Advancing Social Connection as a Public Health Priority in the United States. *Am Psychol.* 2017 Sep;72(6):517-530
3. Disponível em: https://www.apa.org/members/content/holt-lunstad-loneliness-social-connections
4. Disponível em: https://www.topuniversities.com/university-rankings/university-subject-rankings/2021/sports-related-subjects
5. Paul B.C. Morgan, David Fletcher, Mustafa Sarkar. Understanding Team Resilience in the World's Best Athletes: a Case Study of a Rugby Union World Cup Winning Team, *Psychology of Sport and Exercise*, Volume 16, Part 1, 2015, Pages 91-100.
6. Disponível em: https://www.uol.com.br/esporte/futebol/ultimas-noticias/2020/12/12/casillas-galaticos-real-madrid.htm

CAPÍTULO 9

1. Disponível em: https://www.business2community.com/communications/7-takeaways-from-barack-obamas-latest-speech-that-will-make-you-a-better-presenter-02120238
2. Disponível em: https://www.equilibria.com/
3. Disponível em: https://www.gulliverprep.org/gulliver-named-overall-best-sports-program-5a-1a-for-19th-time/
4. Disponível em: https://www.edweek.org/leadership/opinion-carol-dweck-revisits-the-growth-mindset/2015/09
5. Rosenthal, R.; Jacobson, L. Pygmalion in the classroom. Urban Rev 3,16–20 (1968).

CAPÍTULO 10

1. Disponível em: https://www.airbnb.com.br/d/allysonfelix
2. Disponível em: https://www.fastcompany.com/43221/fast-talk-innovation-conversation
3. Gottman PhD, John; Daniel Goleman (2011-09-19T22:58:59). *Raising An Emotionally Intelligent Child*. Simon & Schuster. Edição do Kindle.
4. Tribe, Runner's; Johnson, Len. *Australian Marathon Stars:* Interviews and training insights from the top 10 All-Time Male and Female Aussie Marathoners. Runner's Tribe Books. Edição do Kindle.
5. Walter Mischel lecionou na University of Colorado (1956-1958), em Harvard University (1958-1962) e em Stanford University (1962-1983), desde 1983, está no Departamento de Psicologia em Columbia University.
6. Disponível em: https://www.newyorker.com/magazine/2009/05/18/dont-2

CAPÍTULO 11

1. Disponível em: https://hbr.org/2012/01/the-power-of-idealistic-realis
2. Disponível em: https://www.gallup.com/workplace/237554/item-company-mission-purpose.aspx
3. Alimujiang A, Wiensch A, Boss J, *et al*. Association Between Life Purpose and Mortality Among US Adults Older Than 50 Years. *JAMA Netw Open*. 2019;2(5):e194270.
4. Dan Buettner. *The Blue Zones, Second Edition*: 9 Lessons for Living Longer From the People Who've Lived the Longest. Editora National Geographic, 2008.
5. https://www.theplayerstribune.com/articles/tom-brady-the-only-way-is-through
6. Ben-Shahar, Tal. *Seja mais feliz*: aprenda a ver a alegria nas pequenas coisas para uma satisfação permanente. Academia; 2018. Edição do Kindle.
7. Disponível em: https://www.youtube.com/watch?v=ITZlWQzOJPQ
8. Disponível em: https://www.bvfdn.org/our-story
9. Disponível em: https://esporte.ig.com.br/futebol/2019-09-11/metade-dos-jogadores-no-brasil-ganha-so-um-salario-minimo-e-isso-nao-deve-mudar.html

CAPÍTULO 12

1. Disponível em: https://www.etymonline.com/word/patience.
2. Lyubomirsky S, King L, Diener E. The Benefits of Frequente Positive Affect: does Happiness Lead to Success? *Psychol Bull*. 2005 Nov;131(6):803-55.
3. Disponível em: https://olympics.com/en/original-series/episode/david-boudia-valuing-the-journey.

4. Disponível em: https://www.afb.org/about-afb/history/helen-keller/books-essays-speeches/senses/three-days-see-published-atlantic.
5. Emmons, R. A.; McCullough, M. E. Counting Blessings versus Burdens: An Experimental Investigation of Gratitude and Subjective Well-Being in Daily Life. *Journal of Personality and Social Psychology* 2003;84(2), 377–389.
6. Hadassah Littman-Ovadia; Dina Nir. Looking Forward to Tomorrow: The Buffering Effect of a Daily Optimism Intervention. *The Journal of Positive Psychology*: Dedicated to Furthering Research and Promoting Good Practice 2014, 9:2, 122-136, DOI: 10.1080/17439760.2013.853202.
7. Disponível em: https://fortune.com/best-companies/2017/google/#:~:text=For%20the%20sixth%20year%20running,and%20laundry%20services%2C%20of%20course.
8. Artigo "Why Are Google Employees So Damn Happy?", que em tradução livre seria algo como "Por que os funcionários do Google são tão felizes?" (https://greatist.com/happiness/healthy-companies-google#1)
9. Disponível em: https://olympics.com/en/original-series/episode/samir-ait-said-finding-strength-in-pain?uxreference=playlist
10. Benson H, Epstein MD. The Placebo Effect: A Neglected Asset in the Care of Patients. *JAMA*. 1975;232(12):1225–1227. doi:10.1001/jama.1975.03250120013012

CONCLUSÃO

1. Disponível em: https://link.springer.com/chapter/10.1007/978-1-4471-0051-5_5

Confira todas as dicas de séries, livros e filmes que pontuei ao longo do livro no QR Code abaixo.

©2021, Pri Primavera Editorial Ltda.

©2021, Cristiana Pinciroli e Pedro Pinciroli Júnior

Equipe editorial: Lu Magalhães, Larissa Caldin e Manu Dourado
Preparação: Larissa Caldin
Revisão: Rebeca Lacerda
Projeto gráfico e capa: Nine Editorial
Diagramação: Primavera Editorial

Dados Internacionais de Catalogação na Publicação (CIP)
Angelica Ilacqua CRB-8/7057

Pinciroli, Cristiana
   Esporte : um palco para a vida / Cristiana Pinciroli. --
São Paulo : Primavera Editorial, 2021.
   520 p. : il.

ISBN 978-65-86119-59-6

1. Esportes - Aspectos psicológicos I. Título

21-2220   CDD 613.71

Índices para catálogo sistemático:
   1. Esportes - Aspectos psicológicos

Parte de cada venda será doada para a ARCA+, *startup* social brasileira, com atuação em todo o Brasil, que usa tecnologia para ajudar a transformar a vida de comunidades carentes, dando acesso à saúde, educação, informação e oportunidades e apoiando negócios locais e empreendedorismo.

PRIMAVERA
EDITORIAL

Av. Queiroz Filho, 1560 - Torre Gaivota - Sala 109
05319-000 – São Paulo – SP
Telefone: (55 11) 3031-5957
www.primaveraeditorial.com
contato@primaveraeditorial.com

Todos os direitos reservados e protegidos pela lei 9.610 de 19/02/1998. Nenhuma parte desta obra poderá ser reproduzida ou transmitida por quaisquer meios, eletrônicos, mecânicos, fotográficos ou quaisquer outros, sem autorização prévia, por escrito, da editora.